[英]丹·格里顿——著　　刘　胜——译
（DAN GRETTON）

西方文明掩饰下的罪恶

I YOU WE THEM
VOLUME 1 · BOOK 1
JOURNEYS INTO THE WORLD OF THE DESK KILLERS
BY DAN GRETTON

桌面屠夫

浙江人民出版社

JOURNEYS INTO THE WORLD OF THE DESK KILLERS ©
Dan Gretton, 2019
Simplified Chinese translation copyright © 2024
by Zhejiang People's Publishing House Co., Ltd.
Published by arrangement with the author through
David Higham Associates Ltd. in association with
Bardon-Chinese Media Agency
ALL RIGHTS RESERVED

浙江省版权局
著作权合同登记章
图字：11-2020-408号

图书在版编目（CIP）数据

桌面屠夫. 西方文明掩饰下的罪恶 /（英）丹·格里顿著；刘胜译. — 杭州：浙江人民出版社，2024.7
ISBN 978-7-213-11486-1

Ⅰ. ①桌… Ⅱ. ①丹… ②刘… Ⅲ. ①第二次世界大战 – 史料 – 欧洲 Ⅳ. ①K152

中国国家版本馆CIP数据核字（2024）第101808号

桌面屠夫：西方文明掩饰下的罪恶
ZHUOMIAN TUFU: XIFANG WENMING YANSHI XIA DE ZUI'E
［英］丹·格里顿 著 刘 胜 译

出版发行 浙江人民出版社（杭州市环城北路177号 邮编 310006）
市场部电话：（0571）85061682 85176516
责任编辑：方 程 魏 力
特约编辑：孙汉果
营销编辑：杨 悦
责任校对：姚建国
责任印务：幸天骄
封面设计：琥珀视觉
电脑制版：北京之江文化传媒有限公司
印　　刷：杭州丰源印刷有限公司
开　　本：710毫米×1000毫米 1/16　印　张：25.25
字　　数：356千字　插　页：4
版　　次：2024年7月第1版　印　次：2024年7月第1次印刷
书　　号：ISBN 978-7-213-11486-1
定　　价：108.00元

如发现印装质量问题，影响阅读，请与市场部联系调换。

"一旦我们承认还有比怜悯他人更重要的事，哪怕这种情况只发生一个钟头，或是在某种独一无二的特殊情况下发生，那么任何一种危害人类的罪行都可以在自以为问心无愧的情况下干出来。"……我在想，所有这些人，狱长啊，押解官啦，所有这些为官的人……他们大多亲切善良，只是因为有了官位才变得凶恶起来……这些人……让我害怕。的确，这些人也让人畏惧，比强盗还要可怕。强盗或许还会怜悯人，但是这些人不会，他们与怜悯无缘……

假如有人提出一个心理学问题，说应该怎样才能使我们这个时代的人——即那些基督徒、人道主义者、单纯善良的人——干出最可怕的暴行而又不觉得自己有罪。只能有一个答案，也就是保持目前的世道：让那些人去做省长、狱长、军官或是警察，在这个过程中，首先……从事这种工作可以把人当物一样看待，对他们不必保持人与人之间情同手足的关系。其次，确保这些人在做事……这样对待他们的行为与后果就不必由他们任何一个单独承担责任。没有这些条件，在我们这个时代不可能干出像我今天所看到的那种残忍暴行。

聂赫留朵夫的反思，见于俄国作家列夫·托尔斯泰的《复活》

在黑暗时代，眼睛才会看见……

美国诗人西奥多·罗特克

献给科琳娜和马克,

是他们给了我最鲜活的地图,

开启了(我们)无限的想象世界;

献给 J,

(感谢)他陪我走过这一路风景。

CONTENTS ｜ 目　录

作者原版说明 \ 1

序　言　第一天，白页 \ 3

第一章　手绘过去

　　一、探索：地图与孩子世界的好奇心 \ 8

　　二、基塔·瑟伦利、阿尔伯特·斯佩尔和桌面屠夫 \ 22

　　三、我们如何看待历史：利物浦街旁车站一刻 \ 34

第二章　时间旅行

　　一、与J同行 \ 48

　　二、一座刻意遗忘历史的小镇 \ 74

　　三、苏拉：尾声——"历史写作的盲点" \ 99

四、插曲：伦敦建筑师的第一次旅行 \ 102

第三章　机构的暴力

一、"上帝带走我的灵魂，苦难煎熬依旧" \ 106

二、从滑铁卢的一张办公桌到哈科特港的一间囚房 \ 130

三、看不见的机构 \ 136

第四章　火与水

一、格罗边塞山麓：父亲的梦 \ 168

　　有组织的人何以屠杀他人：第一要因 \ 187

二、东伦敦的一个水池 \ 196

　　有组织的人何以屠杀他人：第二因素 \ 210

第五章　走进桌面屠夫的世界——四次旅行

　　一、博士们相会于万湖湖畔别墅 \ 216

　　二、喀尔巴阡山的悠悠岁月 \ 294

　　三、走进一片清白的世界 \ 319

　　四、手与笔的坚忍 \ 342

后　记 \ 375

注　释 \ 379

作者原版说明

本书主要调查历史与现实中的"桌面屠夫"现象——那些不用离开办公室就能杀人的人，那些很少与被害者谋面的人。本套书在结构上分为两卷本，每卷分为两本书，共四本书。

本书始写于2006年，四本书分别成书于四个不同地方。每个地方都位于海滨，而且都是出于偶然的安排，并非事先设计好的。这样的环境对自己的写作产生了独特的影响，每个阶段的写作、每个探索的内容，均地点各异，纵跨四季。

第一卷

第一册（冬季）：东部（萨福克海滨）

第二册（春天）：西部—南部—西部（彭布罗克郡）

第二卷

第三册（夏季）：西部—北部—西部（楚斯巴赫湾）

第四册（秋季）：西部—北部—西部（盆领湖）

出于伦理和个人原因，书中对一些人名和识别标识已作更改。

PREFACE | 序 言

第一天，白页

2006年1月，萨福克海滨

为什么我们总是被带回那些特别的地方？

自孩提时代，我就总被带到这里。萨福克海滨这个不起眼的卵石海滩——天空一片灰蓝，大海也是深暗的灰蓝。起伏的波浪冲击着遍布鹅卵石的海滩，然后被粗糙的草丛阻断，不知以什么方式对抗那欺凌的风。我们曾在这里放过一次风筝，但是风打败了我们，将放风筝的绳子拧成了十几个结。那些年，我带过不少朋友来此处游玩，并不是想要在此宣布什么远大前程，只是希望此地风景的奇特力量无声地作用在他们身上。

通往此处的弯弯曲曲的公路也是它的一部分。昨天，我在夜里抵达此处，好似沉浸在故事的开头。这个故事如此引人入胜，迷住了孩子般的你，你会一而再、再而三地反复阅读。故事的世界如此让人醉心沉迷，有那么一个瞬间，你会感觉周围的一切都消失了，只将你留在故事里。我离开了高速公路，越过海湾，绕过想成为大城市的小镇，环城路边四散分布着免下车的汉堡店和超市。接下来又上了一条主干道，路上的白线渐渐褪去，一条又长又直的道路穿过满是松树和白桦的树林。经由最后一个村庄，我又上了一条小道，这条小道几乎没有什么标记。在这条路上你永远碰不上另一辆车。现在，开着开着神情就恍惚起来，车速也降了下来，以每小时20英里①或者15英里前行。前方经过一条林中隧道。车子在直角转弯处快速地扫了过去。路旁边电线杆上曾立有一只苍鸦。在电线杆的左边，最后一拐驶向相反的方向，车子重又驶进一片开阔地带，跨过一座白色的小桥。现在，公路两旁是芦苇丛；之后，公路变成一条小径，小径的末端就是苍茫的大海。汽车的引擎声平息了海风柔柔的呼啸声，突然灵光乍现，原来结束与开始的本质都是一样的。

*****

我正端坐在小屋的窗前，感觉像坐在小船舱里。现在，我眼前是一月的大海，海滩上有两艘翻过来的小艇，一群不知名的鸟在狂风中乱舞。一只红白色的塑料袋随风翻转，速度太快，我无法看清上边印了些什么。这地方一整天只见到两个人——一个留着胡须的遛狗男人；以及现在一个离我很远的人，只看到他的脑袋和肩膀露在鹅卵石铺就的海岸线上，正在放飞一只时尚的大风筝，风筝紫蓝相间，酷似一只降落伞。他放得很成功，比我们以前要好多了。

悖论的是，尽管风从四面八方袭来，但我几个月以来第一次感到内心如此平静。我总是认为自己的写作只能始于此处，大概就是一年前的这个时刻开始的——空空如也的一月。向东望去，越过北海那条灰蒙蒙的海岸线，这个地方过去也叫"日尔曼海"。在那片海域，施潘道监狱至今还以粉末石头的形式存在。监狱在最后一名犯人去世后，所有的石头建筑都被碾碎成粉

---

① 1英里=1.609344千米。出于准确表述考虑，本书保留原书中"英里""英尺"等英制单位用法。——编者注

末,倒进这片海域。一直以来,我都在试图理解什么是暴力,以及它和那些坐在办公桌前电脑边上的人[1]①之间的关系——他们、我们、你们、我。我回顾过去十年的探索历程,试图想要和这个问题死磕到底。十年时间,我一直不停地查找档案,走访那些惨绝人寰的灭绝营,阅读那些幸存者与作恶者的新闻访谈。然而,当我动笔写作时,我的屏幕像是冻住了。又是一页空白。我开始快速扫描寄存在脑海里的那些图片与声音,试图找到让我开始写作的方法。这些认识与经历已经在我的心中萦绕数年……当我在寒冷刺骨的一月某一天执笔写作时,各种声音、地点、走访和拜会等经历挤在一起在我脑海里打成一片,分散我的注意力:

"现在很难辨认,可它就发生在这儿,他们就在这里焚烧那些无辜的人。"

兹齐斯瓦夫正在波兰海乌姆诺的小屋里,书写那些很少有人会阅读的文字,奋力地与遗忘(过去)对抗。

万湖会议的备忘录,竟然奇迹般唯一幸存下来——它是30份备忘录中唯一存世的一份。

谋杀肯·萨罗威瓦[2]的滚滚浓烟和有毒废气,持续污染一片土地长达40余年,而我们却还让这一切继续下去。

在泰晤士河畔,玛莉亚·萨罗威瓦对着一小群人,用颤抖的声音唱起了奥格尼族赞歌,来纪念她死去的丈夫,他因拯救自己国家的土地和人民免于石油开采造成的污染,而遭到当局的杀害。

苏拉集团的企业通讯主管在她那间舒适的办公室里抗议道:

---

① 此处为作者所作之尾注,详见文后注释部分。——编者注

② 肯·萨罗威瓦,尼日利亚奥格尼族作家,生前一直呼吁抵制壳牌石油公司的石油开采对尼日利亚造成的环境污染,于1995年在环保问题引起的斗争中被杀害。——译者注

"但是现在我们对那家公司是无能为力的。"

同基塔·瑟伦利谈起阿尔伯特·斯佩尔时,只有一句话:"我爱机器胜过爱人。"

从歌德家的花园小屋出发,走出魏玛,越过埃特斯贝格山,走进一片山毛榉森林。"布痕瓦尔德①(小镇名)"你可以在一个半小时内穿越过去。

沃尔特·斯蒂尔,一名铁路官员,给通往特雷布林卡灭绝营②的火车安排时间表,再三强调:"我只是坐在办公桌前……我只是坐在办公桌边的人。"

我们的手指尽管在莫诺维茨(集中营)的大雪里快要冻僵了,但我们仍然试图在一盏残灯下阅读利未的箴言。

所有这些话语在我脑海中跳舞,挑衅着我,让我面对这些素材却无法下笔。

---

① 布痕瓦尔德,是一个位于德国魏玛的小村庄,建在埃特斯贝格山上,曾是屠杀反法西斯志士的集中营所在地。——译者注

② 特雷布林卡灭绝营,位于波兰东北部,建于1942年,在第二次世界大战期间,共计87.5万名犹太人在此被杀害。——译者注

第一章

手绘过去

一、探索：地图与孩子世界的好奇心

那是一个夏夜，当时我只有五六岁。外面的天还是亮的，我却无法入睡。更烦的是，我还能听见外面阵阵音乐声，人们笑语喧哗、觥筹交错，父母与朋友唠叨个不停，所有的嘈杂声都从楼下传来，进入我的卧室，让我辗转反侧，夜不能寐……

我再也受不了啦，于是起身，踮起脚走出卧室，来到斜对客厅的旋转楼梯最高处。透过栏杆，我看到父亲一手握着酒杯，一手夹着雪茄，姿态保持平衡，正与大学里来的两位同事侃侃而谈。我注意到，其中一位女士身着漩涡形的紫黑色连衣裙，面带微笑，也抽着烟，不时地用力点点头。我的母亲在客厅的另一端，她身着浅绿色和蓝色相间的夏日礼服，在灯光之下如水般闪烁。她从纸套里滑出一张唱片，放在唱片机上，按下唱针。音乐响起。此时，低音电吉他和鼓的合奏在室内回荡，如同滚滚的雷声。黑人歌手开始吟唱，那是一首令人闻之起舞的曲子。我溜下五个台阶，来到小小的楼梯平台处。现在我能看到我那伦敦来的姑姑，她此刻光芒四射，她的美国丈夫正在倒酒。我甚至都不知道他们今晚会来。这给了我一个机会……假如我能让她看到我。但是此刻，她正坐在客厅楼梯底端的台阶上，背对着我，与一个我不认识的人聊天。我只能看见她的后脑勺，还有耳朵上挂着两个大大的环形银耳环，耳环随着交谈而摇曳。我吃力地向下行进，爬完剩下的台阶，碰了碰她的肩膀。我能看到她转身时的微笑与惊讶："你好啊，小家伙。（还不睡觉去）是不是有点晚了啊？"她言语轻柔，悄悄地劝道。"我睡不着……我，我听到了音乐声，和……"但这些借口对姑姑来说毫无必要，她依旧记得儿时受到的不公正待遇与种种限制，她总是喜欢打破规则。我其实不必向她解释什么，根本不需要讲清楚什么。

是的，这就是好奇心使然。孩子们通常都有出自本能的好奇与痴迷，在玩乐的时候常常表现出对感官世界的迷恋与专注。正如哲学家赫拉克利特所言："一个人唯有如孩子那样痴迷于玩乐时，才最接近他自己。"[1]这种认真劲儿与人的创造性息息相关。此时此刻展示出来的那种专注程度与钻研精神，在我们还是孩子的时候就已拥有，它们会随着我们的年齿渐长而变得弥足珍贵吗？其实，我们并不是要把童年看作梦幻乐园。这些年来，我们或许经历了比余生还要多的震荡与创伤，但只要我们还有孩子游戏般的那种精神，我们就依旧能葆有远见卓识，始终对生活保持鲜明的态度。这正是"我们究竟是谁"这个问题的核心与本源。自然，这种未经过滤的思想，亦不曾触及自我。生活中的某些时候我们会发现，我们能够接触到某种一直存续的力量，不管它在心里被埋得多深。

*****

自我有记忆起，就对行游天下情有独钟——还是孩子的时候我爬过高山，寻过湖泊，还对着地图寻找目标所在，推测前方该是什么景点。我穿行过森林，逛过摩天高楼，目睹过海洋的雄姿，躲避过倾盆大雨。我观察过游隼在天空翱翔，也见过狐狸在深夜的城市中飞奔。无论是非洲夏季的酷热干燥，还是威尔士冬天的怒吼狂风，我都一样在行走。行动是一样的，一只脚始终在另一只脚前面，永远不知道哪里才是终点。

我大部分时光是在城里度过的。在城里散步也许有些怪异——人们通常不会在意能走多远，至少不会以同样的方式行走。[2]这似乎与乡间旅行的特征相反，我认为这取决于一个人散步时能看到多远。当我还是个孩子的时候，我就知道，自我从小长大的河边房子到最近的村庄恰好是1.5英里，而且我还知道，步行需要半个小时。步行主要走下坡路，穿过一片耕地。前边是村里的教堂，教堂塔尖就像磁石，吸引你不断地靠近它，这是一段让你着迷的路程，1.5英里的路途也显得没有那么远了。走在像伦敦这样的大城市里，你很少能看到前面几百米的地方有什么，所以谈论里程长短就显得无关紧要了，万事万物都有个标记——你在哪个路口拐弯，你要前往哪个商店或是公园——这些地点都在地图上被一一标注。这样，如果你停下来计算走了多少路，你会发现，在一天的正常行程里，你可能只走了四五英里。

在乡间散步似乎是一种更加自觉的行为。"出去走走"的想法与乡村的联系更为紧密，不像城市。我曾在哈克尼看到人们带着自己的狗漫步于维多利亚公园，还有些人每日穿梭行走在固定的道路上。这是功能性的行走，并非为行走而行走，而乡间"漫步"似乎更容易理解。然而，乡间散步也总是与无处不在的封建时代特权的回声不期而遇，"私人领地，外人禁入""非法侵入，严惩不贷"——19世纪初的"圈地法案"对诗人约翰·克莱尔心爱的北安普敦郡农村的公共土地施行了私有化，此类告示让他怒不可遏。诗人在乡间的自由漫步，如"春云般不羁，夏花般狂野/（也因遭到阻碍）而渐渐黯然失色"。他抱怨道："如今（所有者的土地上）栅栏一排连着一排，没有边界/田野和草地，如同大花园一般/在狭小的土地里，人们高兴不起来/男人如畜牲一样被圈养，空间局促得令人不安。"他从小走过的路被堵住了——"每个小小的暴君都用着小小的告示牌，声明着他们的所有权，从此地球不再神圣。通往自由和儿时的道路如此弥足珍贵/一个牌子高高竖起，上面写着：此路不通。"[3]

此类标识、土地所有权式和专制跋扈还残留在一个不顺从、更自由的现代社会中，这似乎是一个奇怪的时代错位。也许这就是为什么我们当中许多人被吸引到高山大海——我们会出自本能地思考原因，工作中也许还有更深层次的冲动。是的，一种让我们的视野被天地释放的渴望；同时，这也让我们感到，没有人能真正拥有我们行走的高山与地球。正如另一位杰出的诗人在亚述所观察到的："谁拥有这片风景？/买它的人或是我这个着迷的人？……这片风景是没有主人的啊……"[4]

在城市里，禁止通行的地方日渐稀少，对好奇的漫步者或探险家来说，格状街区、公路、专用车道、小街和巷道是新的行走魅力的持续来源。（说不定这是）关于生活中的民主的巨大发现，在伦敦一个陌生的地方多花20分钟闲逛，哪怕只有20分钟的闲暇逗留，那些在这里生活了一辈子的人，会讲出一些惊人的往事。上个星期，我在伦敦的肯辛顿拐弯前往某个地方，这个地方我自己通常找不到，一条无名的街道直达一个漂亮广场，广场上有六层高的维多利亚式红砖建筑，就像冬天的城堡熠熠生辉。在广场的一端，我看到一座白色的亚美尼亚小教堂，它看起来就像是从亚美尼亚首都埃里温空运的时候碰巧掉落在那里的。

但随着年龄的增长，最让我着迷的是城市里那些新鲜的从未踏足过的地方。在乡下，我们的行走取决于乡间小道或是村居小巷的线路；在城里，我们可选择的路径和线路是多种多样、连续不断的。我做过一次最生动清晰的梦，梦中我正从一场严重的事故中康复过来，在有意识和无意识之间的边缘状态中，突然呈现在我眼前的是层层叠叠的线路，它们叠加在一张硕大的伦敦地图上，所有的道路都被五光十色的霓虹灯所标识，我走过每一条街道。这些狂放的路灯让我惊诧，激起了我的回忆……我再次见到这个地图，多么欢喜啊！随之我就想到这真的不可思议，竟然能够看到其他人在伦敦城的足迹。接下来，如果按时间对这些颜色进行编码，你也许就会突然明白：11年前，在你和未来的爱人邂逅，你和她正好沿着查令十字街行走，时间刚好在那个2月的下午，你们之间只隔了几米远。你俩暂停下来，眼光同时投向书店橱窗，看着那里陈列的书籍。随后你俩都拐进了圣马丁巷，先后隔了不到一分钟，你们就抄了一条近路，穿过古德温庭院，朝着考文特花园走去；然后各奔前途，淹没在城市的滚滚人流中。

我们都在走自己的路，方式完全不同，也不可预测，看起来杂乱无章。如果你问100个人：如何从剑桥圆环走到牛津广场，并且中间穿过伦敦苏豪区。你极有可能会得到几十条不同的路线。这些可供选择的路线和作出这些选择的人一样林林总总、五花八门——有的留恋于希腊大街上的古旧咖啡馆，有的醉心于伯威克街唱片店的黑胶唱片；一位神经兮兮的游客固执地想着沙夫茨伯里大街是否安全，然后还是走上了摄政街……不过，过了一段时间，我们开始像狡猾的狐狸一样，设计自己的行走路径。我们还尽可能优化自己中意的路线，使之更完美。我曾经手绘过一张线路图——从不同的方向穿过苏豪区——这张线路图深深地印在我的脑海中，挥之不去，一晃已经23个年头了。

我第一次走"之"字形的道路是在我25岁左右，当时我和我的俄罗斯伙伴，还有我的一个朋友同住在夏洛特街的一个公寓里（后来，我的这位朋友和他的捷克伙伴也住在这里）。尽管在结构上讲，这是一套一居室的公寓，但在人生的某些阶段，我们似乎能够更加灵活，让这个公寓住更多的人。在房子后面，我们有一间小卧室，窗户正对着珀西街。而我的朋友在小客厅里摆了一张可以折叠的日式床垫，而人必须要穿过客厅才能到达厨房。

为了能够在三分钟内走进苏豪区，或是在四分钟内赶到大英博物馆，空间和隐私无法同时顾及，只好得失相抵了。

接下来的这两年半里，我们这里变得非常受欢迎，朋友们常常不期而来，顺道拜访我们（那时年代还没有手机呢）。大家自发聚在一起，从楼下的维纳斯烤肉美食店（Venus Kebab House）点来外卖和松香葡萄酒——夏天的晚上，我们有时会到屋顶平台上去消遣。我们把这里变成了一个简朴的花园，之前我们就去了好几次哥伦比亚街花卉市场，采购一些花木用来装饰这个楼顶。大街上嘈杂声、烤肉的味道和大蒜的香气四处飘溢，一阵阵地从下面扑面而来。冬天的时候，我们就在厨房里和夏洛特街道对面一家诊所上班的女孩子们隔空打雪仗。[5]

当时，平台（Platform）——这个艺术组织是我多年前和一位知己好友共同成立的——还没有建起来，因为那时资金有限，我也刚刚开始在苏豪区的一家成人教育学院做兼职教学工作，以此来增加我的收入。学院的学生们来自世界各地，其中有些是难民，几乎所有人都在伦敦干活（他们中的大多人从事低薪工作）。我很快就爱上了这里的教学，当时这里的收入相对较高，学院有一种独特的精神气质吸引了我——因为这是一所公立大学，学生们拥有一些由政府资助的好课程，这些课程通常由一些兢兢业业、才高德厚的教师主讲（其中一些教师在另外一些时间里可能还是作家、音乐家或记者）。

上班的地方离我的住处近在咫尺，确实是极为方便的事。当我开始上班的时候，我意识到"之"字形路线是最快捷地抵达上班地点的线路，我记录下了行走的大致时间，大约不到七分半钟。这意味着，如果我下午的课在四点钟开始，我可以三点五十离开住所，在我进入教室之前，我有足够的时间复印教学资料，然后快马加鞭，以戏剧性的夸张方式堂而皇之地走进教室。在我迈进教室的那一刹那，我就对聚在那里上课的学生侃侃而谈起来……这些班级很快就变得与众不同，别具一格。这里不仅是一个学习场所，而且是一个朝气蓬勃、充满生机的地方。我们所有人在这里分享各自的人生经验、政治主张和万千记忆——这是一个真正让人脱胎换骨和心心相印的地方。

流年似水，如今一晃20多年过去了，浮生如寄，如东海扬尘。昔日伙伴、旧时老友，还有逼仄的家园，都已今非昔比。如今，我就住在伦敦东部的哈克尼区——这个地方在我的伦敦岁月中，我一直无法理解，但是，现在我就只觉得心有所属，我就属于这里。"平台"这个艺术组织已经发展成一个受人尊敬的组织，这个组织由研究人员、教育工作者和社会活动家组成，并获得人们和相关部门在工作上的支持，拥有了一些社会影响力。虽然我不再需要通过教书来养家糊口，但我发现我很难完全停下来——似乎我已入迷成瘾，想来真的不可思议。因此，仍然有人时不时地能看到我在这座城市里穿梭，穿行于我自己设定的路线上。尽管现在这条线路新起于托特纳姆法院路的中心线，沿着牛津购物大街出来，向前300米，就与我20多年前发现的"之"字形路线相交接……如果有人观察细致入微，警觉性强，常在苏豪广场上伫立观望的话，在过去的20年里，他也许会看到同一个身影，大步流星穿行在广场上，几乎在每个星期二和星期四的晚上越过广场的角落，然后消失在卡莱尔大街上，沿着"之"字形拐进了圣安妮小巷……这个人从青年一直走到中年，多年来，尽管外服华冠花样不同，但是肩上的皮制双肩背包经年不变，只是背包边沿放伞的地方露出了伞柄。

理解这种跨越时间的场面连续性，着实让人欣慰，同时也会令人隐隐不安。在很多方面，当这座城市面对着你时，不知道出于什么原因，我的感觉还是一如从前——同样的酒馆,同样的门廊,同样的街道,依旧是你初见他们时那种年轻时代才有的锐利眼光。现在这些地方充满了记忆,让人浮想联翩——如果没有往昔故事,这里便没有街道,酒馆更是无从谈起。当我瞥见窗户上反射过来的映象时,我便看到一张我辨认出来的脸孔,尽管这张面孔沟壑纵横,比我记得的那张面孔皱纹更多。城市中,金石之坚,难以摧毁,而且冷酷无情,固执不通。然而,它能轻易地擦伤那张面带着微笑的温柔脸庞,或是如落花流水般揉皱它,让它从此一蹶不振。所有这些人,今夜从我身边匆匆而过,如动漫卡通展示一般一闪而过,他们终究像我一样故去,在让人目眩神摇的时光中,弹指之间,转瞬即逝。所以,有时需要暂停下来,放慢脚步,看清生活,看看我们通常没有时间刻意凝视的东西。或是仰望街上的天空,或是俯瞰地上的一切,或是远眺街道两旁的风景,也可在人生反思中检视我们自己,看看我们在平淡的生活中失去了什么。

*****

就在几天前,我从托特纳姆法院站的中线站台拾级而上,见到了我平素未曾真正看过一眼的事物。我停了下来,辨认出台阶上的小镇名称,这个名字就刻在台阶边缘的钢筋固件上。这里离我在那里长大的房子只有几英里远:

埃塞克斯市霍尔斯特德街西部:佛拉伦–鲍斯–司各特[6]

令人奇怪的是,一家公司的名字居然印在城市的建筑物上——实在是狂妄自大,难道这是资本主义灭绝与再生的永续过程的再现?接下来我又看到了另一个名字,这次是一个电话号码,这应该是多年前留下的,我注意到其中一个数字也不见了。

英国ATTI有限公司0376-346278

突然有种莫名的冲动让我想拨打那个号码。也许原因很简单，就因为它一直就在那里。也因为尽管有数以亿计的目光掠过我们城市的这个小小角落，但我怀疑是否有人曾经真的记下这个号码，并且拨打过它。我有种感觉，电话另一端的声音可能有一些相当重要的信息要与人分享。这些信息也许来自不同于我们的神秘世界？不过，思之再三，结果也可能是老生常谈，陈腐平庸，也许就是一个录制好的声音向打电话的人解释此号码已经不再使用……

算是一种冲击吧。

这是我唯一能描述它的方式。

这个时刻能改变你的人生轨迹。

很久以前，事情发生在伦敦的一家电影院。当时我22岁，正在观看一部有史以来最长的电影，这部电影让人刻骨铭心，难以忘怀——它就是《浩劫》——一部长达九个半小时来讲述奥斯维辛集中营大屠杀历史的影片。

电影里有一段情节让我心神不安，无法即时心领神会。电影里的画外音正在宣读一个官僚写给一位同僚的办公室备忘录。慢慢地，真相水落石出，原来这个信函就是在说明如何将一个移动毒气车改造成一台高效的杀人机器。这是该文件的一部分，导演克劳德·朗兹曼在该电影中朗读了几个段落：[①]

> 自1941年12月以来，有97000单商品（人）经由这三辆移动设备处理，没有发生重大事故。但是，根据观察结果，需要做出以下技术改进：

---

① 苏拉集团的故事将在本书第五章予以讲述——"有组织地遗忘历史的小镇"。

车辆正常荷载为每平方米9件（人）。苏拉集团的军用卡车空间宽敞，但空间的最大化使用已是煎水作冰，根本不可能。这不是超载原因所致，而是因为车辆满载会影响车身的稳定性。

降低载能负荷似乎势在必行。荷载必须减少一米，绝不是像以前那样通过减少装载量来救火扬沸，解决问题。那样做只会延长操作时间，因为车中空间必须要填满一氧化碳。另一方面，如果压缩载荷空间，车辆则会充塞更多固体物质，这样操作时间可以大大缩短。车辆制造商在讨论中告诉我们，缩短车身长度会导致车辆失衡。由是他们认为车身前轴会过载。但是，事实上车身平衡会自动恢复，因为这些商品会在机器运行过程中向后推门，表现出一种自然的惯性，在操作结束后通常都会发现他们大多躺在后门那里。因此，车辆前轴根本不会过载。[7]

影片中的所见所闻让我不知所措，至今依然心慌意乱，无所适从。但是某人在某处办公室以如此方式写信给另一处办公室的同僚，着实让我惶恐不安。但是令人栗栗危惧的是，这种形式的备忘录仍在我们这个世界被人书写着。杀戮的方法也许已经改变，但桌面屠夫仍然存在——事实上他们人丁兴旺，他们就在我们身边。"对，就是他们。"我本能地说道，因为"我们"已经感觉到了。

*****

对我这样一个在萨福克郡中部长大的孩子来说，如何去解释《伦敦A-Z地图册》的魅力呢？[8]我对它（《伦敦A-Z地图册》）不仅仅是迷恋，更是痴迷。它有着欢快的红白蓝三色封面，我多么想把这本平装地图册从放置在过道的地方拿出来，然后暗中蜻蜓点水般快速翻阅里面低劣的黑白图页，用我的手指去追踪介于我所知道的足球场与我所熟悉的伦敦极少数地方之间的空间。所以,(想象中)从临近(伦敦北部)纽因顿格林的伊恩叔叔家出发,穿过潘赛尔顿路上的一条小巷,从海布里山站出来,向下来到阿森纳体育场。阿森纳,多么奇怪的名字啊,它似乎不是一个真正的地方。"托特纳姆热刺足球场,"我轻声低语,对自己说起这个名字,这个名字充满了异国情调,第二个词语真是稀奇古怪——"热刺"!世界上可没有其他的足球队可以这么称呼自己的……还有他们的场地——"白鹿巷球场",抬头看看它的后面吧。《伦敦A-Z地图册》中第52页,E5广场区,我的手指还在格状地图间来回摩挲。哈哈,在那里,找着了!看看我能不能从海布里走到那里。我想知道:"这段距离有多远?"倏忽间,我看到了七姐妹(地名),究竟是什么?天啦,有七个姐妹——一个就已经足够了……然后,我突然出现在伦敦市中心,完完全全迷路了。我被隐没曲折的泰晤士河搞得无所适从,根本找不到可以乘船到达格林威治的那个地方……我的手指再次向北追踪,"金斯威王道"(离白金汉宫很远的一段路,又是很怪异的地名),大英博物馆——那里我们曾去看过图坦卡蒙法老展览,但为此不得不排几个小时的队。伦敦大学学院,那是马克工作的地方,那么他最近的地铁站是什么?"尤斯顿广场站"。好奇怪的名字哦,想想你该怎么说?尤——斯顿?欧——斯顿?

节假日上伦敦城(要么期中放假去),这真让人既兴奋又紧张,甚至让人六神无主。我贪婪地扫视着看到的每件东西、遇到的每个人,但又尽力掩藏自己的好奇(因为这样就说明我只是个游客)。我哥哥的表现几乎完全相反,他似乎对这次偶然的城里之行没有什么好感,认为这座城市沉闷无趣,嫉妒中又不乏轻蔑。只有当我们离开伦敦的时候,才见他如释重负,变得心平气和起来。这列火车似乎一直在开(火车在马克斯泰转换方向,向伦敦进发)"在下一站下吗?"我一遍又一遍地问着长年受苦的母亲科琳娜。但通常接下来的站点要么是谢菲尔德,要么是英盖特斯通,或者是罗姆福德,又或是伊尔福德……终于,来到了那些由砖砌而成的地下隧道(隧道里嵌着一道道神秘的门,我从来没有见过有人进出其中)。利物浦街车站一片漆黑——瞧，又是多么奇怪的名字啊！这里离利物浦还有数百英里呢，甚至连方向也不对。好奇地走过平台上两边有黑色金属的走廊，穿过一个隧道，然后右转，经过一个嵌在墙里的战争纪念碑，便可看到外面有什么东西在阳光下不断闪烁，原来是外面的黑色出租车正亮着橙色的光。接下来，我们会走过一座小巧、古老的建筑物，然后拾级而上，来到百老街车站，之后我们便要搭乘起点班车前往伊恩叔叔家（他的家靠近卡农伯里站）。这里离他家大概有三四站路，火车上有重型钢门，关门的时候会"铛"的一声，发出让人心里踏实的声音。但如果你想在此地暂驻游玩，也可以前往英国皇家植物园林——邱园——看看。那是约翰·伯宁罕所创绘本《宝儿：无毛大鹅历险记》结束的地方。《宝儿》是我童年时候最喜欢的绘本，这本书一定对我的潜意识产生了影响！[9]宝儿一生下就没有羽毛，还经常遭到其他鹅的嘲笑，实在让人悲伤啊。渐渐地，其他鹅都飞去南方过冬，迁徙到更温暖的地方，把它独自抛下。而它终于在伦敦城找到了属于自己的幸福，和异国的珍禽异鸟住进了邱园，其中就包括它结交的新朋友费迪南德。我一遍遍地重温着这个故事，多么想从紫褐色的埃塞克斯沼泽搬出来，喜欢那种被遗弃到温暖的城中，以及那种沉默的黑色和那些锈蚀斑斑的橘色带给我的感觉。我甚至发誓，要有一天我要找到自己的邱园，和我自己的费迪南德……

并不只是那本《伦敦A-Z地图册》让我痴迷。在楼梯口过道的地方有一排书架，上面摆满了书，其中一些书脊上印着烫金或烫银的大写书名，这些书在我脑海里开辟出一片新天地。上楼的时候，我会不经意地抚摸这些书，也许是希望这些神秘的书名能以某种方式穿透我的指间，化成知识，为我所有。即使多年以后，我的脑海里仍能浮现出这些书的影子：旅行作家芙瑞雅·史塔克的代表作《跨越幼发拉底河》和《阿拉伯之冬》，苏格兰博物学家兼作家加文·马克斯韦尔的《地图集之王》，文职官员兼作家亚瑟·格林伯尔的《岛屿的模式》，年代史作者埃尔斯佩思·赫胥黎的《锡卡的火焰树》，还有西班牙作家杰拉尔德·布雷南的《格拉纳达南部风情录》。在书架的尽头，好像其他的书都竖放着，其中是两卷本绿色封皮的《智慧七柱》，作者是托马斯·爱德华·劳伦斯——后来我发现，他因《阿拉伯的劳伦斯》而名声大噪。

像许多孩子一样，我猜，我大概是被地图搞得神魂颠倒——我去绘制地图，凭空制造一些想象中的岛屿，仔细研究这个在《燕子与鹦鹉》或《霍比特人》中由黑白地图变幻出来的世界，回到书中的逸闻趣事，试图协调文中叙事方式与地图远近和轮廓外形。有时我能发现地图上的小小差异，"他们想要不被海盗发现而又能绕到小岛的另一边，几乎是不可能的"。针对这一点我还试图与我的兄弟或姐妹辩论过，但是他们好像不曾有任何这种困扰，似乎我有此想法乃是由于缺乏地图精度所致。然而，最让我着迷的是希尔达·刘易斯写的《飞行船》。那是我父亲的藏书，里面有他的个人签名——马克·格雷顿，铅笔写的，字迹至今依然清晰可辨，这种平易的斜体风格字大概是他七岁时的手笔。

封面内就有一张不同类型的地图，是一个海滨小城的俯瞰的正视图，它并不完全是空中鸟瞰的，而是空中斜视图：海边的拉德克利夫——当中画片是用蓝白两色绘成的——音乐演奏台、码头酒店和小城边临海的悬崖。除了这些，还有故事里孩子们生活其间的房子。四个孩子，其中两个女孩两个男孩，最大的一个是彼得。故事以他们四个人的人心惶惶、忧郁不安作为开场。因为他们的母亲病得很重——这是一种让孩子感动、激起阅读兴趣的极其聪明的文学写作手法，彼得的父亲把彼得叫到一边，告诉他必须成熟起来，不要让兄弟姐妹完全知道妈妈病了。父亲今天也不能带他去看牙医，所以给他留了两先令和六个便士（本书出版于1939年，诞生于福利国家出现之前）。彼得应该自己去看牙医，剩下的先令他可以买冰激淋吃，并且还能省下钱买票坐公交车回家。

彼得拿起钱，连同他在此之前省下的六便士，便出发前往西山街道去看牙医（牙医名叫弗林顿先生）。他无所畏惧，在出发的时候他就感觉自己长大了许多，没有兄弟姐妹的牵绊，他变得自由不羁、无拘无束。这使他比往常更有机会和时间去反思自我，让自己变得更加成熟，甚至小城市的建筑在他看来也与往常不一样了，有些微妙的差异，并且情况就真的就这样发生了。那一刻很神奇，不可言喻。他在去海滨街区买冰激淋的路上，"走进了一条窄小的街，里面相当黑暗，邻近的老旧房子大门紧锁，彼得感到很奇怪，他根本不记得有这条街"。我似乎和彼得一起神游过这条街很多次，当他面对这条陌生小巷狐疑困惑时，我也变得心潮澎湃，无比激动。他驻足在一家有着大凸窗的老店门前，看着里面的东西，怦然心动。这是一艘精美的船模型，是由木头雕刻而成，大约和他的手臂一般长。店中有一位戴着眼罩的老者出现了，他听到彼得询问这艘小船时，就直言道："你拿出身上所有的钱，就能买下这艘船——稍微少一点点也行。"于是，彼得将全身上下搜了个遍，把身上所有的钱都拿了出来，包括买冰激淋和坐公交的钱，还有他自己攒下的六便士，买下了这艘船。对彼得来说，冰激淋和公交车票都已经无所谓了，此时的他很高兴拥有这艘船，甚至在口袋里摸到它都让人快乐。他决定沿着海岸线步行走回家，但是没有想到一场潮汐即将要来。此时海水已经没过他的脚，他越发感到骇惧，他明白自己可能要被淹死。突然，他大声说道："我要回家！"没想到这艘船显示出它的神奇性能，迅速地变为一艘可以乘坐人的大船。很快，彼得就飞起来了，拉德克利夫转眼在他的身后——这就是本书封面里的风景！于是，我们也就离开（这个地方）了……

你之前或许从未觉察到自己对这条街道有过什么强烈的想法——以后也不会再有了。那种惯常性的想法通常会被另一个截然不同的主意所超越。对阅读这个童话故事的孩子来说，此处情节，绝对让人惊奇。当然，后来彼得想要重返商店，将这艘神奇的小船还给主人——因为，显而易见，他不能驾驭这艘小船的魔力——但他再也无法找到那条蜿蜒曲折的小街了。对我来说，想象中的拉德克利夫比我所知道的任何地方都变得更加可爱，也变得更为真实。在故事中，我不止一次跟着彼得从牙医诊所出来，沿着山路踽踽而行，穿过那些蓝白相间的街道，想象着那条蜿蜒的小巷再度浮现在眼前……

但是，有一张地图以别样的方式吸引了我的注意。这张地图比《伦敦A-Z地图册》更加令人费解，一部分原因在于它很古老，有几百年的历史了。另一方面，它不像《飞行船》中的那张地图，它是真实存在的。这是一幅17世纪的萨福克地图，由一个名叫亚伯·斯维尔的人绘制的。这幅地图就挂在我家前门边上黑暗的衣帽间里。我总是不停地打量着它，似乎如果我检查足够仔细的话，就会找到它内在的秘密。或许，在某种程度上，情况确实如此。地图中有两个地点让我很向往——第一个就是我们常住的地方，这片区域的地图颜色已经褪色发黄：英国牛滩，过去动物们经常从这里跨到河对岸，在我们成长的过程中，这个名字与我的祖母常联系在一起。第二个地方远比第一个要神秘得多。它就坐落在海岸线上——在我还是孩子的时候，那就是个神奇的国度——它由一片狭长弯曲的土地构成，几乎就快要是一座小岛了。

我三番五次阅读着这个地方周围村庄的名字，不断地重复，仿佛在召唤精灵。"奥尔德——伯——勒"就在上方，小镇奥福德就在中间往下一点的地方。还有英国东海岸的"鲍得西"。这片区域地图的上方还有一排文字："普楼斯盖特一百"——一百？与百相关？但是一百什么呢？我会顺着手指，沿着这条曲折、迷人的阿尔德河顺流而下，来到它最辉煌壮丽的地方，河水南流，在这里入海。我多么想去那个地方，对，就是那里！即使在一个孩子漫无边际的想象中，似乎根本不可能经由这条蜿蜒的河流到达那里。说不定，河水会在某个时候冲破这片狭长的地方？这片土地之狭窄着实让人感到荒诞可笑。但是地图就是地图，是不容争辩的，这些地方一定是真实存在的。多年以来，我不断地沿着那条曲线往下摸索，我知道总有一天我会探索这些地方的。毫无疑问，我要找到属于自己的邱园乐土。如今，我就住在这个东部海滩边上，在这里开启了本书的写作。

二、基塔·瑟伦利、阿尔伯特·斯佩尔和桌面屠夫

基塔·瑟伦利，是一名传记作家、调查记者兼历史学家。这个名字将在接下来的章节有所提及。也许诸位早已知道此君。她作为一位作家，比任何其他人更加执着，常就一个概念纠缠不休，这个概念通常被懒散地简化为一个词"邪恶"。实际上，她几乎所有的研究工作都集中在一点上，即人类必须深刻理解为什么有些人能够实施骇人听闻的暴行（这些人甚至认为他们并没有犯下如此滔天罪行），并能够继续安然地生活下去，以及后来这些人是如何去理解他们的所作所为，且这些所作所为是如何改变了他们自己和其他人的生活。这些人当中有弗朗茨·施坦格尔，波兰东部特雷布林卡灭绝集中营的指挥官；还有阿尔伯特·斯佩尔，希特勒的私人建筑师，后来的战争生产部（武器和弹药部）部长。这两个人，直接或间接地对数十万人的死亡负责。瑟伦利数十年如一日，常常几星期、几个月，甚至用几年时间来研究她的这个课题。她经历了这些事件的发生，了解它们是如何发生的，以及发生的原因。对待这些事件，她不厌其烦，极有耐心，却又不留情面，毫不客气。她更感兴趣的是理解这些事件的发生，而不是对此作出价值判断。她平心静气，很少生气。对于事件中的主人公面对责任时，瑟伦利认为如果时机合适，会让事件本身作出是非判断，而不是人为刻意去断定。当然，我们作为读者，最终也能作出判断，当只有我们经历我现今认为是"静化"的这样一个过程——通过一个人漫长而又心通意会的探索与理解——当一个主体不再是人们批判谴责的对象时，他（她）才重新是一个真正意义上的人。

我和瑟伦利只见过一次面，时间是2004年10月。那时正好在伦敦摄政公园附近的一所学院举行由心理治疗师安东尼·斯塔德伦（Anthony Stadlen）组织的"灭绝心理学"的会议，会议间隙喝咖啡的时候，我们有过一次长谈。之前，我就对此作出一些贡献与努力，并在这项研究中进行了描述。我

开始进入这个桌面屠夫的人物世界（Schreibtischtäter）——这是个难以翻译的德语概念。我很好奇，她是否考虑过为什么这个词从未在英语里找到对应的翻译，"桌面屠夫"也许是最近Schreibtischtäter这个概念的同义词了。在多大程度上她认为阿尔伯特·斯佩尔那种致命的技术统治就属于这一类型？要么是她在书中详细生动地描述了他的精神分裂状况，而这种精神分裂会不会就是理解其桌面屠夫内心世界及其所作所为的一把钥匙？——借由这种处事方式，斯佩尔似乎能够把他的工作和道德分门别类，装进不同的盒子里？会谈行将结束，她试图给出答案，不过又相当直率地说："但我想，我一开始就没有回答好你的问题，也许我们可以在会议中间休息的时候继续交流？"

瑟伦利个头比我想象的要矮，眼睛富有表情，很会说话，举止像鸟儿一样敏捷轻快，绝没有脆弱的感觉。她思维敏捷，善于天马行空，很会反躬自省，常常疑团满腹，问题一个接着一个。她和我短短地聊了几句，往往单刀直入，想要尽可能多地了解我的研究。我们进行了一次饶有趣味的谈话，甄别研究中的参考资料，并能很快地达成共识。在我们的谈话临近结束时，她给了我一张名片，说道："嗯，你必须来我这吃晚饭。我们有很多事情要谈！"

次日，我就给她打了电话，进行了一番长谈。她的观点与我的不谋而合，我们都认为，斯佩尔沉溺于在抽象中寻求安全可靠的解决方法——包括整体系统、数据统计和可能出现的问题。尽管他本人英俊潇洒，和蔼可亲，甚至气宇不凡，但这掩盖了他的一个重要缺陷——即他缺少共情能力，根本无法完全理解他人的情感，甚至不能理解他自己。而当面临痛苦或爱的现实时，他似乎很惊慌。他束手无策，无法面对人们。我们谈到了1943年底的事件，当时斯佩尔参观了哈尔茨山一带的多拉武器工厂，这是彻底堕入地狱的地方，那里的奴隶劳工预期寿命往往只有几天或几周时间。"是的，你是正确的，这些研究意义重大。"她说道。这是战争中为数不多的一次参观，当时斯佩尔直接面对来自柏林发来的指令，要求减少人员损失。斯佩尔无法坦然正视那些奴隶劳工的眼神——尽管这些奴隶劳工就在他的管控之下。一旦这样做，就意味着承认了他们的人性，斯佩尔要对他们的生存状况负责。桌面屠夫这个概念已然不在他的数字与抽象的安全世界里，突然间，那种超凡自信已是鼓衰气竭，他不知道应该往哪里看。

就像我们能想到的那样，所有这些恐怖都离我们的时代并不遥远。石油公司的高管们很少离开城市，他们与外界建起一道屏障，与世隔绝，孤立存在，屏蔽了一切不需要的语言或噪音。有些顾问建议从他们的虚拟世界中"重建"世界，他们永远不会看到数百英里外的群体，因为顾问们的报告，遭到种族灭绝，也因此那些顾问得到了丰厚的报酬。我询问基塔·瑟伦利的一些看法，是什么样的心理使得像斯佩尔或是今天的一些公司高管这样的作恶者还能够安之若素、继续工作？她犹豫了一下，然后认为，是不是大多数情况下应该与你周围的人对他们的所作所为接受程度有关。想想对于弗朗茨·施坦格尔来说，一些天主教高官支持希特勒安乐死计划——所谓"仁慈杀戮"——是多么重要啊。是的，正因如此，随后我增加了阿道夫·艾希曼出席万湖会议的例证，正如我们从汉娜·阿伦特那里得悉的那样，艾希曼认为他本人"没有内疚"是因为他听到纳粹政府和行政部门的高级人物同意需要"犹太人问题的最终解决方案"——正如他所说的那样，"最有影响力的人物已经说过，第三帝国的掌权者们也说过"。①

我告诉瑟伦利，我很久以来就想进行一项相关研究：想与一位组织心理学家一起研究这个问题：采访那些来自石油行业、制药公司或军火制造商的高管们，并请他们认真考虑如何在继续进行工作的同时又能维系自己的价值观（如果他们当中有人能真正做到二者并行不悖的话）。这种想法激起了她的兴趣，但我也隐隐觉得，将我们一直在讨论的历史案例延伸到我们现今世界，会引起某种不适。我的想法触发了基塔的一段回忆，她提到了多年前她在英国南部城市切尔滕纳姆所作的一次演讲。当时，她明确地谈到了这个

---

① 《阿道夫·艾希曼在耶路撒冷》，汉娜·阿伦特著，第七章"万湖会议，或罗马总督彼拉多"。

问题：在斯佩尔的职业生涯中，这些矛盾力量是如何相互影响的。当我们会面时，她总会试图找出关于这方面的笔记。随后，我和基塔定了一个时间会面，即几个星期后，11月的某个晚上，我们在沃里克大街她的家里一起吃个晚餐。

遗憾的是，我们没能成行。这着实让我懊恼了一阵子。在约定吃晚餐的前几天，基塔打电话给我说，因为健康状况不佳，身体遭受诸多病痛，可否重新安排会面时间？当然，没问题。我回答道。其时，我和平台的一个同事正在美国出差，待了两个星期，在匹兹堡的一个会议上作主题演讲。当我回到英国时，我们又必须马上处理一堆积压的工作，所以，任何不是紧急处理的事务都会被推到来年进行……在我意识到要与基塔会面时，几个月已经过去了，一起共享晚餐的约定依旧没有成行。过了几年，我在一部关于传记作家黛安娜·阿西尔的纪录片中看到她接受采访的画面。黛安娜·阿西尔曾是基塔的作品编辑，据说她是一位才华横溢的编者。在纪录片中，基塔谈到了自己的那本关于弗朗茨·施坦格尔的著作——《黑暗探索》，该书引人入胜，书中细节令人触目惊心。她已是风烛残年，看上去越发年老多病。于是，我又想恢复二人之间联系，但并没有做到。只是岁月不居，时间流逝太快。没有关系，我安慰自己道，等这本书最终出版的时候，我会寄给她一本。

然而，2012年6月的某一天（确切时间是6月14日），其时我正在翻阅当天的《卫报》，读到其中一页时，内心止不住一阵悲伤，原来她已离世。令人悲痛的是，她那丰富而又非凡的卓见，世间已不复再有了，我们之间才开始的会晤交流已然失落，不复存在，所有的约定也永远完成不了。讣告评价她的写作和研究过程极其激烈，"渴望探明一切……道义承诺无比热切"，这些因素使她成为第三帝国心理学研究方面的翘楚。但是，尽管讣告极力赞扬她的作品，但我都不认为其间叙说能完全反映出她在关于施坦格尔和斯佩尔的研究上所产生的巨大影响。我已经记不清我和多少人谈及过这些作品，以及基塔的这些作品是如何深刻地改变了他们的思维方式。这些书是为数不多的，可以说是对我们这个世界至关重要的几本书；不仅所有的政治家们都要阅读这些书，而且那些想要弄清楚权力本质的人也要阅读这类书。

然而，即便是作者逝世之后，也许那些重要的访谈仍然可以通过这些书找到继续传承的方式。自从我第一次读到她关于研究斯佩尔的书开始，20年来，我仍然感觉到她就在我的身旁，在这段桌面屠夫探索旅程中，她就是我的一个精神伴侣。

*****

有一个德语中的复合词，一直是我20年来思考与研究的核心："桌面屠夫（*Schreibtischt*äter）。"[10]

"*Schreibt*"（与英语中的"抄写"scribe押韵）意指"写作"。

"*Tisch*"（与英语中的"盘子"dish押韵）意指一张"桌子"。

因此，"Schreibtisch"就是你写字或工作可以凭借的地方——我们称之为"桌子"。

"*Täter*"（与英语中"后来"later和"独裁者"dictator押韵），来自德语词根"tun"，表示"去做或干什么事"，因此，"*Täter*"就是"作案人"或"案犯"的意思。

但是"*Täter*"（作案人）并不是中性词——事实上，这个词在德语中的使用方式差不多总是贬义的。一个"*Täter*"（作案人）所做之事要么是犯罪之事——诸如盗窃汽车、贩卖毒品等，举例来说，"sex offender"（性犯罪者）在德语中就是"Triebtäter"（强奸犯）；要么为主流社会所不满——诸如猎杀动物、欺良凌弱或极端地违反社会规范行为等。因此，在英语中最接近的对应翻译，我想当是"perpetrator"（作恶者）。因此，如果将所有这些单词合在一起：

Schreibtisch+Täter就是桌面"作恶者"——也就是"官僚体制罪犯"。

然而，这仍然不能完全传达这个词的严肃性或重要性。"Schreibtischtäter"从早期使用来看，其最明晰的意思是指在桌边就能杀人的人——这个人，能够以发号施令的方式，利用公文、电话或电脑去杀人，而不是用枪直接去杀人。所以，我在本书中专门使用"桌面屠夫"这一名词来指代德语中的Schreibtischtäter。①

现在已经很难查明德语中"Schreibtischtaeter"一词——或者是英语中的"desk murderer"（桌面谋杀者）或"desk killer"（桌面屠夫）——的最早使用状况了，但是这一概念在阿道夫·艾希曼1961年在耶路撒冷接受审判期间就得到了广泛的流传。这个词经常与汉娜·阿伦特的作品联系在一起，常被她广泛地错误引用，用来证明"平庸之恶"，而且理解也不透彻。但奇怪的是，尽管她写了大量的关于"桌面杀戮"背后的概念，但是"桌面屠夫"或是"桌面谋杀者"之类的字眼从未出现在她于1963年出版的《阿道夫·艾希曼在耶路撒冷》的书中，那是艾希曼1961年接受审判的两年之后。1966年，阿伦特在为贝恩德·瑙曼关于法兰克福大审判（1963年至1965年，在德国法兰克福进行的奥斯维辛审判是又一次大规模的对纳粹罪行的追责行动）的著作导言中，首次使用了"桌面谋杀者"这个概念。随后，几乎就像要弥补失去的时间一样，在短短20页的序言中，她使用"桌面谋杀者"或"桌面谋杀"这些短语不少于八次。因此，显而易见，自1961年阿道夫·艾希曼接受审判到五年后瑙曼的书《奥斯维辛集中营》出版之间的几年里，这个短语已经广为人知，在阿伦特所作的导言中根本不需要澄清。要想了解这个概念从那时到现今在多大程度上进入大众文化，你只需要听听迪伦在1963年唱的歌曲《战争的大师们》——"来吧，你们这些战争的大师/你们建造大炮……你们藏身于高墙后/你们隐匿在桌子后。"

---

① 在此项研究早期阶段，我使用了"桌面谋杀者"一词。但是，通过研究，我很快就发现，许多桌面屠夫并没有犯罪意图，因此"桌面屠夫"是一个更为准确的术语。桌面谋杀者确实存在，但谢天谢地，数量很少。然而，桌面屠夫就在我们身边。

如果有一个人对发明这个术语——或者至少是这个术语背后的概念——负责的话，那么，我认为就是吉迪恩·豪斯纳——艾希曼审判中的首席检察官。豪斯纳，无论他是否受制于知识的局限或是法庭表现欠佳，他还是在1961年4月17日艾希曼审判案开庭前发表了一个精彩的演说。其中包括人们对社会上此类"屠夫"无常本性的思考，以及司法程序需要作出适度改变以适应这些新的变化："在这次审判中，我们还将面对一种新型的屠夫，这种人只需在办公桌前运用残忍的屠杀技巧就能杀人。"[11]随后，他继续描述艾希曼的权势，艾希曼是典型的桌面屠夫，一位行政官僚，根本无须弄脏自己的双手就能杀人于无形，因为诚如他解释的：

> 正是因为艾希曼的命令，毒气室计划才付诸行动；他拿起了电话，于是火车就驶向纳粹集中营；他的签名封死了成千上万犹太人的命运……我们会发现，艾希曼总是把自己描述为一个吹毛求疵、过分讲究的人，只不过是一个"白领"工人而已……然而，他就是那个策划行动、发起行动和组织行动的人，是他指示其他的人对犹太人进行血腥屠杀，并使尽一切谋杀、盗窃和折磨等手段来进行杀戮……

在这场罪行中，他的同案犯们既不是匪帮暴徒，也不是黑社会打手，而是这个国家的精英领袖们——包括大学教授和研究学者，有学术学位的达官贵人，接受过良好教育的人，还有所谓"知识分子"。我们将在后文遭遇这些人——包括医生、律师、学者、银行家和经济学家等——他们活跃在那些坚决要灭绝犹太人的委员会中。

我也认为，豪斯纳本人有可能受到一篇早期著作的影响。多年前，在此项研究一开始的时候，我就首次发现了这份材料，它是由C.S.路易斯在第二次世界大战期间创作的——《地狱来信》（首版于1942年2月）。这是一本对罪恶本质进行反思之书，故事主要以信件的方式展开，一个资深的老魔鬼和一个初级共犯之间进行有趣的信件交流。刘易斯在序言中这样写道：

> 我生活在一个管治时代，一个一切都受制于管理的世界。滔天罪行现在不会发生在肮脏的"罪恶之窟"，而这恰恰是作家狄更斯最喜欢描绘的地方；甚至也不会发生在集中营和劳改营，在那些地方我们只是看到罪行的最终结果。这些罪恶是在洁净明亮、温暖舒适、灯火通明、铺着地毯的办公室里进行的，那些举止文静、指甲修剪齐整、面部干净利索的白领官员构思罪恶计划、发布行动命令（主要包括采取行动、附议赞成、执行命令和形成备忘录等步骤），这中间他们根本不需要抬高嗓门就能得到一致赞同。

刘易斯的先见之明让人胆战心惊。这确实是非凡的远见卓识，恰恰就在1942年2月这个时刻，印刷厂正在转动机器不停地印刷《地狱来信》这本书，而阿道夫·艾希曼也和他的14位同僚——德国行政部门与安全机关那些受过良好教育的精英们——相会于柏林万湖的一座豪华宅邸，协调"犹太人问题的最终解决方案"——他们在湖畔别墅里的一张办公桌旁，平静地组织一场种族大屠杀。①

在我成年后生活的大部分时间里，这个概念一直困扰着我，主要原因并不是因为这些屠杀事件发生在六七十年前——而是因为这样的桌面屠夫一直与我们同在，甚至现在的数量比以往任何时候都要多。在我那个年代，我知道的就有一两位这样的人，你们也许遇到过更多。你们不仅可以找到在办公桌前，或是在军队的电脑里发号施令、进行屠杀的人，甚至在行政机构里也能发现这样的桌面屠夫。他们可能栖身于石油工业、武器装备、药品制造等行业，在金融财政、保险行业、政治法律等领域也能找到这样的人。他们很少刻意筹划去杀人或伤害，但是他们的行动，连同广泛分布、无处不在的政府机构和当代企业法人团体，导致成千上万的人死亡，无辜的生命遭到摧残。而且，随着高科技的不断进步，我们大步前进，桌面杀人也将不可避免

---

① 详见本书第五章第一节："博士们相会于万湖湖畔别墅"。

地变得更加司空见惯，因为现在许多正在开发的科技只会帮助加快所谓"远距离杀人"的进程。

让我给你们举一个就我所知的例子吧。无人驾驶飞行器（UAV），就是俗称的"无人机"，如今是许多国家军事和安全部队的核心装备，全世界有76个国家现在具备某种类型的无人机战斗力。无人机市场交易有望在未来五年内从59亿美元攀升到113亿美元。无人机的发展已从根本上改变了全球范围内的战争形态。那些杀人者根本无须和那些被杀者出现在同一片大陆上。每天在阿富汗和巴基斯坦使用的大多数武装无人机，都是由8000英里之外的内华达沙漠基地的操作员对着监控屏幕进行协调和指挥飞行的。一开始，绝大多数无人机操作员都是空军飞行员，他们至少有过一些实战经验，不过随着技术需求的改变，这种情形开始发生变化，人们更愿意寻求那些更年轻的操作员，即所谓的"电玩一族"。从最近在阿联酋军方征召无人机操作员广告[12]的活动中可以看出，那种对杀戮麻木不仁的程度着实令人毛骨悚然：

> 执行解决方案ME正在为阿布扎比基地的一个航空航天开发项目招募阿联酋国家无人机操作员。
>
> 这是一个令人兴奋的机会，征召有机会学习如何驾驶无人机（无人驾驶飞行器，但原文是无人Arial交通工具。说明：可能是单词拼写错误）。
>
> 对于那些将要学习如何在千里之外屠杀人类的潜在应征者来说，第一个问题是什么呢？
>
> "你喜欢玩电脑游戏吗？"

*****

在我们过去几十年的生活中，只要一想到技术进步变化如此之快，就足以让人惊叹不已。有太多太快的技术进步，让人们可以在生活的方方面面都如释重负。从20世纪90年代起，我一直在从事这方面的研究，我回想起过去那极其费时的资料搜集工作，在全欧洲的档案馆里来回折腾，不得不在几天或几周之内查阅文档——其中许多文件如今可以通过数据传送的方式瞬间获得，只需在我的笔记本电脑上轻轻一击便可做到。毋庸置疑，这对任何有兴趣获取信息的人都有巨大的好处。同样，这其中一些技术协作性也是非同凡响的，以至于我们无法想象一个不能自由查阅信息的时代。

许多技术创新对我们的日常生活产生了深远而又积极的影响——不可否认的是，人们可以把这个称之为"进步"。但是我们是否还有能力去评估我们如今所依赖的技术带来的生理和心理影响呢？而且，至关重要的是，这些新技术的每一个要素是会让我们彼此更加亲密，还是让我们渐渐疏远，彼此无法理解？

不久前，我约一位老友在伦敦巴比肯艺术中心会面，其时正是夜晚时分，天气温热，我决定从哈克尼区的住处出发，往目的地方向走。我从附近公园穿行而过，然后从运河的边门出来。刚一踏上河边小道，我就差点儿被一个骑着自行车的年轻人撞倒。他戴着耳机，显然沉浸在自己的世界中，对现实世界视而不见。有那么多人沿着小道走，低头看着手机，眼睛似乎粘在手机上了……我穿过了哈格斯顿公园，一条斯佩尔划过的线条突然浮现在我脑海里——正如他所写的那样，他是如何运用技术手段来使自己远离纳粹杀人的事实呢——这似乎就是所谓的"技术道德中立"……汉娜·阿伦特在去世前究竟说了什么？1975年，阿伦特在接受丹麦松宁奖时发表演说，她非常准确地预言了当今世界的许多发展与变化——"所有政府职能面临着威胁性的转变……在官僚机构中，统治既不是源自法治，也不是源自人治，而是匿名的办公室或计算机，它们完全非人格化的统治会对自由构成更大的威胁，胜过以往那些反常粗暴、专横霸道的暴君统治。"但是，当我们快步进入数字时代的时候，我们是否真的学到了什么？

我现在穿过老街，沿着经过邦希尔墓园的小路向前走，英国诗人威廉·布莱克被葬在这里。一位朋友告诉我（这肯定不是真的？）这就是贪婪的伦敦城,现在又想要在这个墓地的最高处建造办公室。我依旧记得诗人关于伦敦的诗歌:"我走过每条特许才能通行的街道/徘徊在独占的泰晤士河边。我看见每个过往的行人/有一张衰弱、痛苦的脸。"即使在过去那些日子里,一切事物都要"特许"方可进行,什么东西都商品化,一切都挂在他看到的每个人的脸上。

我继续前行,沿着邦希尔街一路下行,一些我以前从未见过的18世纪的精致建筑映入眼帘。然后又看到一座大学宿舍楼,学生们正在把自行车锁在路边栏杆上。我继续走着,在我的左边是一栋图书馆,学生们正在那里赶周日晚上截止的论文。我所说的"图书馆",在这个房间里,几乎没有书籍。只有学生一排排地坐在那里,就像在某种数字工厂里,所有人都盯着各自的屏幕,大多数人还戴着耳机。每个人都完全与周围的同学相互隔绝。在数码世界里,他们仿佛见到光明,一切变得豁然开朗。整个自习室散发出一股淡蓝色光芒。

*****

在德国作家W.G.塞巴尔德的最后一部作品——长篇小说《奥斯特利茨》中,叙说者雅克·奥斯特利茨回忆起他在中学时代一位富有感召力的历史老师,名叫安德雷·希拉里。希拉里的重头戏就是非常细致地再现了1805年发生摩拉维亚的奥斯特利茨那场战役,他对当时的天气、地形和所有的高级官员形象都作了细致的描绘。男孩们都对他出色的表演和对战役百科全书般的把握印象深刻。然而,故事叙事者告诉我们,希拉里就像任何真正有创造力的老师(就此而言,或是艺术家)一样,从来不会完全满意他的辛劳付出:

> 关于1805年12月2日发生的事情,希拉里可以接连谈上几个小时,然而他还是认为他不得不压缩自己的讲话时间,因为他有几次告诉我们,要想把那天发生的事完整描述出来,时间是不够的。这

是一种难以置信的复杂形式，要说清楚谁在战争中已经死掉了，谁幸免于难，或是战场到底在哪里，究竟变成什么样子，或者简单地说，战场在夜幕降临时会是什么样子，也许只能听到伤员或将死之人的呻吟与哀号。到最后，任何人所能做的都是用荒唐离奇的语言来总结那些未知的因素，如"战争的命运以这样或那样的方式摇摆不定"，或是一些微弱无力、百无一用的陈词滥调。甚至当我们都认为自己已经注意到每一个微小细节的时候，我们所有人，都诉诸那些经常被别人搬上舞台上演的固定套路。我们想要再现那种现实图景，我们越是努力，就越能发现构成日常生活图景的历史画面呈现在我们眼前：倒下去的鼓手男孩，刺杀他人的步兵，眼神突出的战马，还有将军们森严保护的皇帝。有那么一刹那，战争骚动的这一场景瞬间定格了。我们对历史的关注其实是对我们大脑中预设形象的关注，当真相还在别处，距离发现它还很遥远，还在某个地方尚未被人发现之前，我们就一直盯着这些形象在看。

三、我们如何看待历史：利物浦街旁车站一刻

城市里，层层叠叠的都市景象越来越吸引着我，让我不断地覆盖掉回忆。这种景象在乡下农村并不存在。在苏格兰，完整的村庄可能已经消失殆尽，村民们被迫迁移到沿海一带或是移民他处，只留下残垣断壁，地面也是坑坑洼洼，坎坷不平——像曾经布满牙齿的老牙床——这就是人们离开后的村庄面貌。或者好比一个农夫在两片田地之间挖出一道田埂，几十年过去了，你仍然可以看到那道隆起的土脊。你大概也可以推测出以前这里发生过什么。在城市里，你必须倚仗过去的地图、绘画和照片才能这样做。我们内心是不可能将一座建筑物长时间留存在我们的记忆里，除非这些建筑物对我们来说在某种程度上意义非凡，否则我们很难记住它们。当城市里新的地块得以开发，那么相应地，旧的建筑物拆除工作也就开始了，这时你会注意到这种开发前后的差别，但是过了几天或几周，大概人们就不大会记得以前存在过的建筑物了。近来，作为伦敦横贯铁路开发的一部分，伦敦苏豪区一整条街区突然就不复存在了。有那么片刻工夫，我没有进入街区的中心，而是在规划好的路线中停了下来，看着那里的天空，天空下方曾经布满建筑物。我对那个地方很熟悉，我最喜欢的意大利餐馆就在迪恩街的那一端。如今这一切不存在了，一切都会在几天之内消失殆尽。但如今，我再也无法回忆起那里的任何一个建筑物或商店（除了刚才说的那个馆子）。这一切都在记忆中抹去了。

尽管如此，在这个城市，即使建筑物都荡然无存，甚至连河流的长痕也无迹可寻，仍然还有一些过去与现在时光交织的情形，让人眼花缭乱。以伦敦地下河——舰队河的线路为例：从伦敦健康谷、汉普斯特荒野的凯伍德起，两条支流交汇在卡姆登，就在霍利路的北边，然后沿着圣潘克拉斯路曲曲折折行进，从底下穿过圣潘克拉斯老教堂（或者更确切地说，这应该是沿

河道路），然后横越两个车站，蜿蜒一角至国王十字路的一侧（此处你仍然可以见到河水，听到它在圣查德广场地沟入口栅栏下哗哗流动的响声），然后在罗斯伯里大道下方穿行而过，沿着华纳街下方流动，流到赫巴尔山、藏红花山的山下，最后来到法灵登路的下面，从黑衣修士大桥再次流出地面。一旦你知道在哪里你可以看到它，那么它就成了伦敦城的一部分了——潘顿维尔的大山作为山谷的一侧，突然间就变得有意义了；上面的条条道路曲曲折折，覆盖了依然在流淌的地下舰队河，总有一天它会再次浮现，尽显它圆婉的曲线美。当下水道崩毁坍塌，马路上面铺着的沥青已经裂开，长满了杂草，在最后的人类抛弃这个城市很久之后，地下河水就会再次涌出地面……

那些被掩埋的城市历史如今变得越发扑朔迷离，扣人心弦——例如，利物浦街车站就是我少年时期进入城市的第一个门户，建在欧洲曾经最大的疯人院——贝特莱姆疯人院的废墟之上。疯人院正式为官方所认定时便被围墙围起来了，从旧地图上看，我试图查找"伯利恒圣玛丽医院"的围墙；这些墙体似乎沿着伦敦墙的一侧展开，主教门大街则在另一侧，在这个地方，欧洲复兴开发银行、苏格兰皇家银行和德意志银行差不多都在此处设有伦敦总部——其中一些机构还引发了2008年全球性的经济大危机。有了这方面的认识，如今我便经常去那里看看通勤时的汹涌人流，一辆辆火车每天循规蹈矩地将一批批人运到城里，与别的交通方式截然不同。通勤的人们眉头紧蹙，脸也是紧绷绷的，他们神色凝重，紧张不已，哪怕是一个小小无意的轻慢之举就能激起他们一系列的挑衅与愤怒。这种所谓的正常情形让我越发感到不安，就像任何刚去精神病院的人一样。除此之外，你可能会对这些人更加心存怜悯。毕竟他们至少已经放弃了伪装——假面的演戏、虚假的目标，还有谎言的期限。

还有很多东西是我们未知的，依旧还有很多东西，尽管它们就在我们面前，我们每天在上班通勤、下班回家的路上从它们的旁边经过，但仍然是我们尚未与之建立联系的。只有在某一天，才会有什么东西让我们停驻下来看看发生了什么。由于某个特殊的原因，或者在某个特殊的日子里，我们才会极目远望，注意到我们以前从未凝视过的东西。前段时间，这件事就发生在我身上——有一天，我在回哈克尼的路上停在了利物浦街。

在过去25年左右的时光里，我肯定成百上千次经过这个地方，要么是在回家的路上，要么前往火车站坐火车去曼宁特里探望我的家人。30年来，这些沿途景色已经深深地镌刻在我的脑海里，不可磨灭，甚至都凝成一幅幅图画——利物浦街站的贝德莱姆墓地，最狭窄处就像瓶口一般，15条轨道顷刻之间减少到6条，这也使得火车在快要接近目的地时瞬间减速，停在此处等待通行。雷普顿男子拳击俱乐部，就在伦敦东区（传统上为工人居住区）；运河之上的一大片暗绿色的仓库，一直延伸到从贝思纳尔格林到伦敦堡区的区域；老布莱恩特和梅工厂就像维多利亚时代的城堡，高高地坐落在双程分隔车道的上方；如今拔地而起的奥林匹克场地，远远望去就像海市蜃楼；然后是马里兰—罗姆福德—伊尔福德那边奇怪的腹地，公墓与酿酒厂到处都是；接下来就是与申菲尔德毗邻的乡村；英格兰埃塞克斯郡的切尔姆斯福德——过去这里曾有马可尼工厂，如今已经废弃；然后就是埃塞克斯的威特姆，那里有个英格兰风格椭圆形的板球场，每到夏天，当星星点点的白色队员在场上不停地跑动、变换位置时，其他人坐在栗树树荫下观看表演，旁边的摊亭还留有旧迹——"《泰晤士报》——直达思想"；开福顿站至马克斯泰站—— 这条小小的当地路线，居然莫名其妙地在物理学家兼工程师的比钦博士的报告中幸存下来，弯弯曲曲地向前行进，直达科恩维利和童年记忆深处遥远的那些角落。我会心地微笑着，我还能够明确地记着它的名字叫马克斯泰，因为我的父亲经常在这一站换乘火车前往伦敦上班。现在，我即将到家，在河边出现了造型奇特的混凝土护栏，接下来火车要经过一条由橡树构成的奇异隧道，随之而来的是科尔切斯特，那里曾经是几间工厂的简易棚屋，现在的名字听起来就像是荷兰语——"科尔切斯特森林"；在科尔切斯特与曼宁特里之间最后几英里，是一个大大的园林苗圃，然后——回想起那一刻，至今仍令人激动不已——整个斯图尔河谷露出美丽的脸庞，羊儿们跪在草地上吃着青草，多么美妙的景象，这就是夏天的真相。在回家的路上，我心情平静。这么多年来，所有迎接我的人都在这里——曼宁特里车站。我还记得父亲长满络腮胡子的脸，微笑着不断挥手致意的母亲，年岁尚小的侄子和侄女们高高兴兴、跌跌撞撞地奔向我……

我对如何保证观察的潜在敏锐性感到困惑，我们怎么才能真正观察到最微观的细节？比如，观察叶子背面叶脉的纹路，或者在人潮汹涌的广场上等朋友，在数百米外，甚至在他们的脸还没有清晰出现之前，就能认出他们。一定是某种潜在的意识在发挥作用，比如就她行走时摆手的独特方式。当我们喜欢某个人或是对谁好奇时，我们会通过一千种细微的特征表现出来。但我们对待这个城市表现出了我们的敏锐与好奇吗？

我在区分山毛榉树和橡树方面没有任何困难，也能识别出谷仓猫头鹰在黄昏飞行时飞蛾扑火的样子，但我能说出对冲基金所在的伦敦街道吗？或者我知道期货交易所里到底发生了什么，或者知道套利、聚合交易及其衍生品之间的区别？金融世界的所有知识都对我们的生活产生了巨大的影响，但我们中的许多人却对这些知识没有什么真正的了解。

几年前，在我回家的路上，中途在利物浦街下了车。我想找一个可以修理皮背包的地方，最好是一家老式的小店铺。我想到了利物浦街和宽街之间的小拱廊商铺，那里有一个配钥匙的地方，但他们不做皮包的修理，他们建议我去另一个地方。于是我穿过这个广场，广场相当的宏大——这个混凝土浇筑的广场就在车站的正前方，一侧与美国汉堡连锁店相连。突然，我停了下来，因为那里立着个小小的纪念碑。雕像是个约十岁的小女孩，头戴头巾，趿着凉鞋，笨拙地站在那里，眼里充满了焦虑不安，在她旁边是一个玻璃橱柜，里面放置了细碎的生活物件——写着注释的日记本，空空的眼镜盒，一些印有祖父母和兄弟图像的黑白小照片。在这个匆匆忙忙赶火车的地方，纪念碑似乎有些不协调，因为个人的隐私干涉到以追求速度和商业效益为核心的区域。我尝试着搜索一下标题和一个解释的理由，最终在车站后面的墙上发现了一个小小的牌匾：

为了孩子（德英双语），弗洛尔·肯特 作

深切地感谢在1938—1940年间难民儿童运动期间，大英帝国的人民拯救了10000名逃离纳粹德国前往英国的孩子们。

"任何人只要拯救一个灵魂，都会视为拯救了整个世界。"

由英国中央基金专门用于世界犹太人救济

2003年9月16日

读至此处，我不由得想起了上了年纪的雅克·奥斯特利茨在老旧的利物浦街车站候车时的感怀：

> 从我能记事时起……我生平第一次回忆起小时候，那时，我突然意识到半个多世纪前抵达英国时也是在这个同样的候车室……我感觉有什么东西要从大脑中撕裂，一种羞耻与悲伤的感觉，或者是完全不一样的事物，那种情形无法言说。因为我们没有恰当的语言来描述它，正如在多年以前，当两个陌生人前来找我，说着一种我听不懂的语言，我也无法用语言去回答他们一样。我只知道，当时我看到那个男孩坐在长凳上时，我就意识到了情况变得不一样了……在过去的那些年里，我的孤寂悲伤给我带来了毁灭性的影响，一想到我可能并未真正地活着，可怕的疲惫感就扼住了我……我不知道我在候车室里站了多久……然后，我意识到……我在记忆的使用方面是何等的缺少练习啊，相反地，我必须尽可能少地去重拾回忆，回避一切与我未知的过去相关的东西。

我仔细观察了玻璃橱柜中纪念物的每一个细节——试图破译笔记本上的文字，吸收每一幅照片中的信息。我对这些物件展示的真实情形非常感动，它们与一般事物通用表征的表达方式相去甚远。①

而且，可能正因为如此，我坐在纪念碑旁边细细观察，也只有在这个时候，我才注意到后面的一座建筑上隐现着瑞士联合银行（UBS）的标识。我径直走了过去，发现这是瑞士联合银行的欧洲总部，一座不起眼的办公大楼，建于20世纪80年代后期布劳德门（又称宽门）大规模的重新开发期间。尽管自2008年金融危机以来一直存在各种各样问题，瑞士联合银行仍然是欧洲最大的银行之一，其最近的季度利润使其跻身欧洲银行业前十名。但让我最感兴趣的是，难民儿童运动纪念馆为什么如此靠近瑞银总部，因为，早些年前，瑞士的一名安保人员有一个惊人的发现……

*****

1997年1月8日，星期三，克里斯托弗·梅利是28岁的瑞士联合银行的安保人员，他在苏黎世班霍夫大街45号的瑞银的瑞士总部开始了晚间值班。[13]之前，他已经在那里工作了一年半，十分熟悉这座建筑。那天晚上，他开始了夜班巡视工作，他在文件粉碎室里注意到一些他以前没见过的奇怪事情。他看到有两辆手推车上装满了等待粉碎的文件，事实上，这些堆满的文件多是一些古旧的档案或书籍。他继续巡视了几分钟，但脑子里依旧在思考他所看到的怪异情形，一定有什么东西在困扰着他，本能使他停了下来。最近在新闻中有很多讨论，事关纳粹主义受害者因财务记录"丢失"而无法收回瑞士资产。于是他决定重回到文件粉碎室，更详细地看看这些文档与书籍。下面就是他的发现：

我看到两大本厚厚的黑色封皮装的书，大约A3纸张大小，其中

---

① 悲哀的是，弗洛尔·肯特的原始雕塑后来不再设置在利物浦街车站旁了。这件作品（连同真实的历史物件和照片）现在只能在伦敦帝国战争博物馆看到。

有借方栏和贷方栏。封皮上写着1945—1965年。我翻开其中一本，看到了1945年2月份开始的借贷条目。其中有不少德国化工公司。看到这一点，我立即意识到，始于1945年2月的借贷条目仍然是在第二次世界大战期间，因为这里涉及许多德国公司，于是我更仔细地看了其中一些条目。我看到了诸如此类的公司名字：法本公司（IG Farben）、巴斯夫公司（BASF）等，我发现了许多条目涉及1930—1945年的房地产项目。此外，企业破产拍卖也附在额外条目中有所记录。上述档案与书籍大致分为五个不同的类别：债券、股票、杂项开支、房地产等。因为牵涉的日期敏感，我从这两本书中撕下整个房地产的条目部分。我把这两本书也替换了，以便没有人会注意到其中的变化。我通过两次把房地产的条目书页与一本日期标为1920—1926年的银行档案放进了我的存放柜中。然后尽职尽责地完成自己的使命，并将房地产的书页拿回家中。在家里，我怀着极大的好奇心审视着它们，决定寻本溯源。①

梅利一到家，就把这些书页放在餐桌上。他叫醒了妻子吉斯皮纳，她在历史方面学识渊博。对于这些书页，他们研究得越多，就越发意识到这些文件极其重要。其中一些是德国公司的企业财产账户，他们与纳粹德国携手合作，从中谋利。有些公司甚至直接从奴隶劳动和种族灭绝的行动中获益（诸如法本公司、德固赛公司和德格施公司等）。在"二战"行将结束时，一些公司资产被转移到瑞士银行，试图避免被盟军没收。其他一些文件涉及柏林的房地产强制出售——在纳粹政权上台后，他们强迫犹太人以远低于市场的价格出售房地产和其他资产。在这里的书页上，白纸黑字，用自来水笔写就，存放在银行往来分类账目中，是所有这些犯罪活动的证据体现，可谓铁

---

① 摘自1997年5月6日梅利向美国参议院提交的"大屠杀时代文档碎纸化听证会"上的证词。

证如山。梅利和他的妻子清楚地知道,就在几周前,瑞士联邦已经成立一个历史(文物)委员会来调查第二次世界大战期间瑞士与纳粹政府相互勾结的情况,其中发布的一项管理法案就包括一道命令,特别禁止销毁这一时期的任何文件。克里斯托弗和吉斯皮纳需要时间来考量这一发现。他们一起外出遛狗的时候还在思考他们该如何选择。相互矛盾的声音在脑海里常常打架:"这不是你们的责任,这事非同小可,赶紧把它们还回去。"但是另一个声音,一个更强大的声音,占了上风,要求他们把这些文档公之于众。

但是,在这之前,梅利必须确信,这些档案资料是要销毁的,这意味着有人即将犯下罪行,于是他在第二天下午(1月9日)重返工作岗位,径直前往上次去过的文件粉碎室,在那里他发现两辆手推车已经空空如也——所剩无几,唯有几页档案的封面。但是在碎纸室的外面,他找到了另外两本书籍,里面主要记载了瑞士的银行向纳粹德国的公司贷款的信息。于是在轮班结束时,梅利想方设法将这些文档藏在夹克里带了出去。

第二天,克里斯托弗致电以色列大使馆,告诉他们他所发现的一切。奇怪的是,大使馆并没有表现出与他一样的急切,而是告诉克里斯托弗,让他把文档书籍复归原位。可以理解的是,克里斯托弗是不会这样做的,现在吉斯皮纳建议将这些资料交给她所知道的苏黎世犹太人文化组织机构。因此,不久之后,梅利将所有的材料交给了苏黎世最大的犹太人组织——以色列文化中心(ICZ),并将其转交给那里的工作人员。苏黎世以色列文化中心主席沃纳·罗姆和秘书长艾达·温特立即意识到这些资料的意义有多重要,并于当天下午将材料移交给苏黎世警方。

接下来的那个周末,梅利一家没有任何事情发生,但在星期一,苏黎世以色列文化中心派出一位代表拜访了梅利,向他解释道,这些材料已经交由瑞士警方处理。听完之后,梅利心里很害怕,但那个人安慰他说:"你是个聪明人,不会有事的。"

第二天,克里斯托弗得知他已经被瑞士联合银行停职。同样是1月14日星期二这天,当地法官(瑞士信贷银行的前任律师)允许瑞银就这一事件发表声明,并公开一项自己的声明。声明称,由于瑞士联合银行(以下简称"瑞银")的通力合作,这件事现在已经得以澄清。这项声明激起了苏黎世以色列文化中心的愤怒,并马上召开了一场新闻发布会。从这时起,梅利在瑞银的发现开始举世皆知。梅利在发布会上直截了当地坦承他所作所为的原因,解释道,他之所以这样做,不仅仅是为了犹太社区,也是保卫瑞士的诚信声名,以及刚刚成立的历史(文物)委员会:"瑞士人民应该知道他们的银行曾与纳粹的公司有某种利益关系。"

起初,梅利在瑞士被视为英雄,因为他揭露了瑞银令人震惊的欺诈行为。在接下来的几天或几周里,梅利和他的家人被国际媒体包围在苏黎世郊外的小房子里。苏黎世以色列文化中心为他提供了一名律师,帮助他应对媒体风暴,处理与瑞士当局正在进行的档案事件。一位美国参议员阿方瑟·达马托也卷入了这起案件,他敦促梅利前往美国向参议院委员会作证。瑞银集团对他们完全输掉公众舆论战感到恐慌,只好派出他们倒霉的总裁罗伯特·施特鲁德前往国家电视演播室,指责梅利是个哗众取宠的小偷。果然不出所料,这一策略并不奏效,尤其重要的是,他们所碰到的梅利和他的家人是瑞士非常谦虚的模范公民,具有强烈的宗教信仰和道德信念。而且,施特鲁德在电视台的亮相弄巧成拙,适得其反,他承认瑞士联合银行确实"令人遗憾"地粉碎了大屠杀时代的文件——这也可以理解成:为了掩盖罪行而使事件本身蒙上阴影,并为新闻内容添油加醋,煽风点火,助长了日益高涨的媒体风暴。瑞士政府对此有何反应?他们展开了一项司法调查——然而并不是针对瑞银的犯罪,而是针对梅利涉嫌违反银行保密法律的行为(他们从一开始就未对瑞银销毁其战时文件的行为采取过行动)!

之后,瑞士各大银行着手进行修补因档案事件造成的损伤,并为受此事件影响的大屠杀受害者设立一个2亿美元的基金。但是,对梅利和他的家人来说,事情开始变得扑朔迷离——总部设在美国的反诽谤联盟来到梅利家里,向他颁发了一个奖项,并宣布为向瑞士银行界发起的法律诉讼和梅利设立一个3.6万美元的法律辩护基金。尽管在当时,其中一些做法似乎是积极肯定的，但财务方面的问题很快就开始把水搅浑，混淆了人们的视线。梅利明确表示："我的所作所为并不是为了钱。我这样做是要对历史负责，帮助那些穷人，他们的生活因瑞士有些银行的恶行而惨遭蹂躏。但当金钱问题进入人们视野时，政治因素也就卷了进来。"

随后，瑞士媒体开始对梅利进行抨击，出现了一种丑陋的反犹太主义倾向；许多关于他的邪恶荒谬的造谣应声而起，将他刻画成以色列摩萨德特工、掘金者和瑞士的叛徒。所有这一切使得气氛明显恶化。梅利甚至不得不和家人及朋友切断联系，有记者跟踪偷拍梅利的孩子上学；然后，死亡威胁随之而来，有一封信上简单地写着："我们会抓到你的。"国际社会需要采取紧急行动来保护梅利及其家人。1997年4月底，梅利和他的家庭前往美国。7月29日，美国总统克林顿签署了一项国会法案，为梅利和他的家庭给予美国政治庇护（据说这是第一批获得美国庇护的瑞士国民）。

1998年1月，代表犹太大屠杀受害者的控方律师控告瑞士联合银行和曾与纳粹合作的其他瑞士银行，并提出了一项高达25.6亿美元的诉讼赔偿；1998年8月13日，瑞士银行界与之达成和解，同意支付总计12.5亿美元的赔偿。值得注意的是，这一和解协议中条款范围比最初预期的要广泛得多，并具体规定五类"纳粹迫害的受害者"有资格获得纳粹受害者赔偿基金会的赔偿——犹太人、罗姆人（吉卜赛人）、耶和华见证人教徒、同性恋者和残疾人。没有梅利的道德担当和无畏勇气，就不可能达成这样和解的决议。美国前商务部副部长斯图亚特·埃森斯塔特是这一解决方案谈判的关键人物，在他于2009年出版的《"二战"未完成的审判：被掠夺的资产、奴役和"二战"中未结束的交易》一书中写道，"梅利事件"对瑞士银行界决定参与纳粹主义受害者赔偿的过程是何其重要。书中还写道，梅利的行为对世界来说，联系起瑞士的银行在"二战"期间与纳粹合作的暧昧行径，和战后试图通过销毁档案文件的方式来掩盖事实的毫无歉意的企图，将他们变成国际弃民，比什么都重要。

*****

我又回到利物浦街车站外，抬头看着瑞银办公室的窗户，想知道他们是否还在使用碎纸机，或者是否已经开发出更复杂的方法来消弭那些"棘手"的信息。我还想知道，12.5亿美元的赔偿基金中，有多少实际上来自瑞士联合银行和瑞士信贷集团，以及瑞士政府究竟支付了多少钱，诸如用了多少纳税人的钱。我很想知道，现如今这些银行的高级管理层是否真的理解他们的前任在20世纪30年代和40年代所起的致命作用——实质上，正如美国外交官沃尔特·肖尔斯指出的那样，他们是"亲法西斯的金融运营商"。[14]但是，帮助德国纳粹没收犹太家庭资产的过程实际上意味着什么？还是已经接受纳粹银行的巨额资金转移（仅从德国帝国银行转出的资金就高达60亿美元），以及接受德国公司在欧洲被占领的地区利用奴隶劳动榨取的利润？克里斯托弗·梅利在瑞士联合银行的碎纸室里发现分类账本中的这些数字栏就像机枪一样，对企图掩盖历史真相的人是致命的。

瑞银与纳粹大屠杀的联系并没有就此结束。瑞银也与德国大型化工集团——法本公司关系密切，没有法本公司，希特勒就不可能发动战争。1957年8月，瑞士银行就已成为一家名为国际工商业投资公司的大股东。1929年，这家公司最初成立于瑞士，作为法本化学公司的控股公司化学产业工会——今天又细分成系列公司，包括巴斯夫公司、拜耳公司、爱克发公司和赫斯特公司。法本化学公司最大的工业综合体是位于奥斯维辛一座巨大的合成橡胶（布纳橡胶）工厂，在这里有成千上万的奴隶劳工死亡；还有一家分公司制造用于毒气室进行屠杀的氰化氢毒气。第二次世界大战结束后，盟军解散了法本公司，并将其视为国际工商业投资公司的"奖励性资产"。因此，1961年，瑞银收购国际工商业投资公司的余下股票，获得国际工商业投资公司的绝对控制权，瑞银的金融实力得到大大增强。1965年，美国盖福公司（GAF，通用苯胺胶片公司，原由国际工商业投资公司掌控）的出售使瑞银获得1.22亿美元净收入——相当于现在的近10亿美元——此举进一步改变了瑞银的股本基数，使其一下子超越瑞士信贷集团和瑞士银行，成为瑞士主要的银行和欧洲最有实力的银行之一。

如今，利物浦街的这座瑞银大楼，还有他们的公司价值观是否与这另外的现实有关呢？究竟是哪一方面使瑞士联合银行与其他数百家公司、银行和保险公司一道，为法西斯主义繁荣创造了必要条件？他们参与创造的最直接结果就是，数百万人流离失所，惨遭屠杀，在1938年到1939年间，仅有一万余名儿童逃到利物浦街，幸存下来。

第二章

时间旅行

一、与J同行

事情往往发生在一瞬间，1983年11月的一个晚上，在前往大学的中途，指顾之间，我就知道，我们的生活再也不会和以前一样了。我依然记得那个居所，墙上贴着海报，音乐声声入耳，一切都很清晰。一股旋风般的能量从楼梯传来，直达楼上，我从房间走出，来到楼梯平台，于是我们就这样第一次会面了。J顶着一头狂野蓬松的头发，身披奇异的、黑色的土耳其夹克，脚蹬马丁靴。我们客套地握手寒暄，有那么一个时刻，我们发出了忐忑不安的大笑。直到现在我都很难解释，但在那个时候，我感觉似乎找到一个从未谋面的兄弟。那天晚上，我们抽烟、喝酒、聊天、散步，进过榆树酒吧，越过帕克公园，也跨过仲夏公地。但是这一切仅是外在的表现，在内心深处，令人费解、不可思议的事发生了，它既轻松明快，同时又有深度，让人激动颤抖，甚至眩晕。正如一位研究此类现象的伟大观察家所言："我们走出人生中几乎所有那些关键性的步骤时，都是在一种难以察觉的情况下顺应内心的结果。"[1]于是，各种可能性就此展开，悄悄地指向未来。我们那天晚上聊天的弦外之音就存在一切的可能性。

在我们聚会之余，我们的组织"平台"也建立起来了——作为艺术与行动主义的会晤场所。它的诞生是源于我们的本能需要，也因为我们文化中的某些基因缺失需要弥补——当然，必须能够把戏剧和政治结合起来，把艺术和研究放在一起。毕竟，想想俄国十月革命后，宣传艺术、电影艺术和戏剧艺术的大爆发，或是德国戏剧家布莱希特在20世纪20年代到30年代所作的戏剧贡献（布莱希特领导的柏林剧团进行了戏剧革新），我们大概知道这一点了。最近，英国有一些团体，如福利国家（Welfare State）或7∶84剧团（由约翰·麦克格拉思创立，名字源自1971年《经济学人》的一项数据，即7%的人掌握84%的全球财富），它们试图通过文化策略、政治表演等方式来挑战当时的政治共识——但我们想更激进一点。

我们的聚会在我们此刻的人生中再好不过了。此前三年，我的时间完全被反核行动主义运动所占用，几乎腾不出空闲。在学校里，我成立了一个核裁军青年运动的组织，在剑桥大学，我也帮助建立了一个有效的学生组织——核裁军运动（英国反核运动组织）。20世纪80年代初期是社团的艰难成长期，彼时冷战已经达到最高峰，大西洋两岸的领导人都极其危险。核战争爆发的可能性真实不虚，并掩盖了一切。

针对这种状况，反核行动主义运动迅速发展——不久就产生了巨大的影响，这很大程度上是由于出于道德感的雷霆之怒和人类生存的本能愿望双重力量刺激。在这个时候，我被一种包罗万象的热情所驱使，也许只有在你年轻的时候才能体验。核裁军运动占据了我大部分时间，我最快乐的时候就是向那些不可知论者或不相信者详细阐述我们的工作，如饥似渴地阅读历史学家爱德华·帕尔默·汤普森（欧洲反核运动的领导人之一）的政治宣传小册子，组织主题辩论和游行示威，在夜间闯入美国空军基地（我似乎还记得，和一位后来成为坎特伯雷大主教的人一起去的），甚至还把抗议者带到当时尚未建起的莫尔斯沃思巡航导弹基地。我以前曾在剑桥周围以疯狂的速度骑着自行车（也许是象征性的疯狂，我的自行车没有闸），在收集印刷厂的传单、会见大学生代表和组织下一次抗议集会之间来回穿梭。

自然，我个人的学业只能退居其次。我也只是偶尔去英语学院上上课（但我肯定，我上过马克思主义文化批评家雷蒙·威廉斯、批评家史蒂文·希思、诗人杰弗里·希尔、历史学家丽莎·贾汀等一些知名学者的课）。但是，极端右翼保守党政府在1983年再度当选，以及新时期的政治前景并不明朗，我决定另辟蹊径，为我的运动事业开辟出路。1983年，我被选入剑桥大学学生会，有一年时间参加了全国学生联合会的会议，但我的主张从未被学生政治所认可。这似乎是死路一条，我的事业似乎陷入了死胡同。我们的出路到底在哪里？纠结于解决问题的措辞的明争暗斗并不能解决实际问题——只有学生在议会中假戏真做，也就是在那里，他们中的一些人却就此打住，不再参与其间。于是，到1983年底，我一直在拼命地寻找另一种政治策略。我一直热爱戏剧表演和电影艺术，在中学时代到大学的第一学年这段时间我做了很多表演。[2]要是有办法把我的政治信仰与艺术和戏剧融合起来就好了……

J的旅程恰与我经历的相反。在过去几年里，他一直沉浸在实验戏剧中。他与苏格兰艺术界有缘，还在中学的时候，他就有幸结识一位放荡不羁的剧院经理瑞奇·德马科。瑞奇鼓励J把剧本带到爱丁堡艺术节上去表演。在那里，他遇到了德国艺术家约瑟夫·博伊斯（此人后来对J产生了重要影响），并被介绍到伟大的波兰导演塔德乌什·凯恩特（曾任先锋派波兰剧院院长）的剧组去工作。但是，他在中学时代建立的戏剧组织已经四分五裂，因为剧组的同学要前往不同的大学去读书，除此之外，J也厌倦了实验戏剧那种指涉自我的虚妄泡沫。他一直在思考，哪里才能在更广泛的社会层面来参与政治议题？对他来说，尤其是那些越来越重要的生态问题？一想到彼此要相互成就对方，不难想象，我们可能会像沙漠中饥渴的游客一样，因为要急切地寻找水源，结果却（因干渴）相继倒下……

我要在这里补充说一下，虽然我们是在政治动荡时代上的大学，撒切尔"新右派"势力如日中天，但是我们绝不会就此情绪低落，意志消沉。20世纪80年代早期，在剑桥大学校园里还有一个充满活力并得到广泛支持的左派力量——事实上，从另一方面来说，过去大学里的左派仍然是左翼力量和进步势力有效团结与合作、齐心合力对抗右派的典范。每个星期二的午餐时间，我们都会在国王学院一间经由很长楼梯才能到达的楼上房间里定期会面——大约30—80名学生，可以讨论任何主题，这主要取决于当时发生了什么。这些人里有工党学生组织成员、自由主义者、独立社会主义者、犹太和巴勒斯坦活动人士、共产党人、男女同性恋活跃分子、环保主义者和无政府主义者，大家每周齐聚一堂，不论其他时间的政治歧见如何，都乐于以非派别的方式进行交谈，举行活动。每周的这个时候，人们都会分享新闻热点，我们也会据此确定接下来的七天里我们探讨的共同焦点。与此同时，人们也会将大学左派时闻信札分发给全体大学生代表。通常也会有来自校外的发言者（在1983年到1984年的矿工大罢工期间，其中许多人大概是来自"支持矿工"的组织）。在1983年工党选举失败、1984年矿工大罢工失败之后，这里仍然有很多关于左派未来发展方向的讨论。当时，《今日马克思主义》杂志（注：当时由英国共产党主办，1991年停刊）获得了短暂的成功，并催生了不少讨论小组。至今我还能回忆起当时的情景：兴奋地挤进那些有影响的风云人物——当时有在剑桥执教的左派教授与思想家——的教室，聆听他们的讲演，诸如剑桥大学经济学教授鲍勃·罗颂、英国新左派元老雷蒙·威廉斯等，还有一次我亲耳聆听伟大的历史学家埃里克·霍布斯鲍姆的主题讲演——几年前，他就已经完成了那篇对未来影响深远、有先见之明的演讲《工党的急行军已然停滞不前？》。

但最激励J和我的人物是一位个子不高、白发苍苍的70岁的英语学院教师玛戈·海涅曼。令人惊讶的是，她是与西班牙内战（1936年7月17日至1939年4月1日）有某种因缘的一个活着的组带——学生们会在她的课堂上低声互语：她曾经是左派诗人和英国共产党员约翰·康福德的情人和伴侣。约翰·康福德是西班牙内战中的英雄，1936年死于反抗佛朗哥和法西斯主义暴政的斗争中，当时只有21岁。她讲课非常精彩——我仍然记得她详细描述了20世纪30年代南威尔士山谷地区杰出的、自组织的文化和政治积极主动举措——他们被称为"小莫斯科"——那里的工人教育做得很好，把成千上万的妇女和男子有效地组织起来，并有他们自己的大学、剧院和音乐会。

所以，诸位可以想象，当时我们是多么兴奋。她不仅能来国王学院参加平台的成立大会，而且还在演讲的最后宣称：我们的首创精神是将戏剧与政治融为一体，是"剑桥大学政治活动中，对整个一代人来说最令人兴奋的事情"。

在接下来的一年左右时间里，我们将平台发展成一支致力于当地问题的强大力量——挑战大学在决策中的主导地位，紧接着专注于支持当地阿登布鲁克医院的清洁工的罢工。[3]这也是保守党政府的早期企图之一，他们想要以私有化的方式，将先前由英国国家医疗服务体系掌控的医疗服务出卖给私营机构，由此我们认为这仅仅是冰山一角，以后还有更多的部门与服务私有化。在短短几周中，我们创作了一部简短有力的街头戏剧——《阿登布鲁克的忧郁》——在戏剧中，使用了音乐、讽刺和幽默等创作手法。J和我，还有我们亲密的战友安娜、韦斯、梅尔、格雷厄姆和马克——形成一种强大的集体身份，彼此承担责任，在调研、写作、表演和导演等方面各有分工，这让我们在政治方面的自信心越来越强，很快就意味着我们有勇气突破大学里的种种局限。我们知道工人罢工的现状，更震惊于他们遭受到的不公正待遇——清洁承包商办公室清洁服务公司（OCS，创办于1930年）企图降低本已极低的时薪水平。我们在罢工警戒线边上表演了我们排练的街头戏剧，然后遍及整个城市；随着活动的深入开展，有数百名学生和学者参与了进来。

罢工的工人和代表他们的工会——当时是国家政府雇员工会（NUPE）和公共医疗卫生服务雇员联盟（COHSE）等——很快就要求我们支持他们的抗议罢工，在全国各地上演《阿登布鲁克的忧郁》来唤醒人们的斗争意识。在接下来的几个月里，我们的学业被抛诸脑后，完全陶醉在政治戏剧与政治运动的事业中——我们的戏剧甚至变得更加强劲有力，相关媒体报道和为罢工者的筹款也与日俱增，自我们从英国下议院开始作巡回演出（在这过程中会见了工党领袖尼尔·金诺克、政治家兼学者迈克尔·梅切尔）[①]，然后在英国工会联盟的教育中心、受到类似私有化影响的医院的公开集会与活动中进行我们的政治宣传。每一场演出都将以一首改编自杰出的美国民歌手活动家菲尔·奥克斯（Phil Ochs）歌曲的激情旋律结束：

在这片土地上，你的心已被撕裂，

撒切尔夫人，去寻别的国度，成为其中的一部分吧！

[①] 尼尔·金诺克时任反对党工党主席，迈克尔·梅切尔是在野的影子内阁卫生部长。

果然不出所料，撒切尔首相并没有采纳我们的建议。英国保守党的自由市场经济果然有增无减，矿工罢工被镇压，阿登布鲁克医院的罢工最终还是以工人回到工作岗位而告终，只是工人工资和工作条件略有改善。从当代的情形以及从现今身份政治的内向型视角来看，在20世纪80年代，学生们那种政治集体剧院为社会正义而战、想要以此改变自身这个世界小小角落的认真态度，极易受到嘲弄。这将忽略此事件更深远的意义，以及真正的激进主义一直想做的事业——试图打破大学与城市之间早已存在的壁垒，在本以教唆互不信任的各阶级之间构建起政治团结的关系。几周来，数百名学生蜂拥而至，纷纷要求加入阿登布鲁克的医院罢工活动，这让我们感到，我们做了一件了不起的事，甚至有那么一瞬间，我们瞥见了未来，它不以贪婪和个人利益为基础，而是浇筑在慷慨仗义与万众一心的根基之上。

*****

到现在为止，我认识J已有半生时间了。很难写出我们之间的这种友谊，它一直是我们生活中的中心事实，而且在不断地深化。也许很难理解，在我们这个社会里有这样的男性友谊，着实让人困惑。这些年来，J一直是我如影随形的伙伴，我们一起在陌生的地区绘制属于自己的地图。而且在这之后，我们仍然彼此关注，保持着好奇心，我们需要知道对方的想法，以及对方正在经历些什么。当里尔克曾写下爱情的诗篇——当中的爱远不是传统那种融合了多种身份的浪漫之爱——而是我直到今天才明白的那种爱：

> 两个人相知相守，没有限制，实是虚无缥缈……但是，一旦意识到，即使是最亲密的人之间还保持着不可逾越的距离，只要他们能够将爱无限延展，直至浩瀚宇宙，这样，他们就能在广阔的天空里看清彼此完整的形态，这样就能演绎出一种绝妙的爱情。[4]

当我认同这一观点时，我就认为爱情真正的力量源自相互的理解——正如某人歌中所唱的那样："就让我们孤独地待在一起，彼此看看对方是否内心强大。"[5]如今，在我和J之间，彼此碧海青天，始终保持着好奇心，注定能够紧密相依，这种近似爱情的方式，我在年轻时代是无法理解的，即使到了现在我也不太确定我能完全明白。

一直以来，我们一起在城市中游走。这种游走散步的方式似乎就是我们最基本的相处之道。我们会作一些改变，自然游走也会跟着在一定程度上发生变化，但有些方面始终一成不变，安常如故。在最初交往的几年里，我们谈了很多关于团队工作的挑战性（要知道，我们在20岁的时候就创立了平台组织）：我们应当关注哪些议题值得讨论、哪些时事政治需要追踪，以及如何筹集平台活动资金等问题。对于这个组织的未来发展和影响力，我们总是抱有一个良好的愿景，如果我们经营得当，行事正确，并能组织才华横溢的人与我们一起共事，我相信我们是能做到的。但是，在当时开创这样一个公开的政治艺术团体——20世纪80年代中期，撒切尔主义的鼎盛时期——确实有些疯狂。后来，我们搬到了伦敦，当时的大伦敦理事会——当时也许是唯一目标明确的反对党，由肯·利文斯通领导——被废止了。于是，我们想要干的事业没有了资金支持，不得不重新开始。我们收到了大伦敦理事会艺术部门的一份简简单单的书信，内容颇让人伤感，信中说道："你们的所作所为确实很棒，这正是我们本来会支持的工作，但正如你可能听说的那样，我们理事会下个月将要关门大吉。但不管怎样，还是祝你们好运！"

我们第一次一起游走是在1985年夏天。我们从萨福克的农庄出发，那里是我成长的地方，背上旅行背包，准备好在野外过夜时要用的帐篷——在那些日子里，我们乐于自讨苦吃，带上这种"真正地道"的"东德背包"（背包上面的金属长扣与背带相连，会拉扯人的肩膀），但不管怎样，我们并不在意，我们喜欢这种灰色的设计。当我们沿着山谷向下进发的时候，我们还能看见父亲在山顶上干活的情景。他也看到了我们，在车道行车线的下方停了下来，向我们挥挥手。一个独有的形象就此深深地印在我的脑海中，如今一想到这一幕就伴随着强烈的失亲之痛。在接下来的十天左右时间里，我们一路向南，行进到曼宁特里的埃塞克斯，然后向东进发，来到海滨，彼此相随，迂回往复，在溪流与河口间上上下下，沿着丹吉半岛的外围走，顺着这片荒凉而又美妙的海岸沙滩，最后抵达了克劳奇河畔伯纳姆（Burnham-on-Crouch）。正是这第一次的经历让我们有了进一步游走的欲望，我们开始新的出行计划了。如果我们余生得以继续成行，难道仅仅是游走在英国海岸一带吗？我们可以在许多想要的地方进行游走，不必按照顺序一个地方接一个地方地亦步亦趋。当我们时间少的时候，我们可以做几周或几个周末的游走，不必拘泥于时间。我们可以简单地直达海边，或是到达我们能接近它的地方也行，而且我们总是要按照顺时针的方向出行（这最后一点我们从未真正讨论过，我们从不觉得它值得讨论，这似乎是本能使然，仿佛我们两人朝顺时针方向向右前进才是正确的）。

　　自此以后，我们一直游走在英国大地上，通常每两年做长达一周到十天的旅行，偶尔也会做短期的弹性游走。也许可以说，我们在一开始就明显低估了这项挑战的难度，现在我们估计行走的总里程（如果算上穿过的每条江河入海的河口和跨过的每个大陆半岛）差不多接近7500英里的样子。这当中，有我们40多岁的时候行走的进程，到目前为止，我们已经走完了大约1375英里。必须得承认，并不是走过的每一段旅程都让我们印象深刻。我们彼此都意识到，如果我们要有什么需要渴望达成的愿景，我们都将会真诚以待。话虽如此，公平点说，到目前为止，我们一直在处理旅程中最为棘手的问题——其中一个我印象极为深刻难忘，是苏格兰最西北的那段旅程，从洛欣弗到苏格兰最北端的愤怒角，这是一次意料之外的荒野体验。我原以为这座岛屿拥挤不堪，差不多需要两天才能走完，可是在最遥远的地方，我们连一辆车都没有看到。有一天，我们惊奇地看见，在山谷的另一边，一整个的山坡似乎在我们眼前移动——原来是100多只红鹿在默默地迁移。多么永恒的景象啊，刹那间，时间停驻，就在此刻，这个世界仿佛不再属于我们了。

　　我们有意地避开东海岸和南部的一些海岸区域（多塞特以东的地方），

留给我们的中年和晚年,估算着这些景点主要多是平坦地带,不会给我们不断老化的四肢和肌肉带来负担。我们计划在2050年的最后一段旅程是前往英国的布莱顿海滨,这主要出于两个原因:首先,这是我们大学毕业后第一个公共项目的所在地;其次,这段路程主要由柏油碎石铺就的路面构成,我们乐于将它作为比赛场地,在电动轮椅上走完这里的最后一英里……

*****

我们的第一次旅程,始于1985年8月,然后很不幸地戛然而止。J的女朋友其时得了重病,所以我们不得不火速赶往伦敦。前一天晚上,我们在克劳奇河畔伯纳姆露营,正好赶上一群摩托车车手的骑行聚会。他们的摩托车极为靠近睡在帐篷里的人,对于这种人为的干扰,我们甚为厌烦。次日上午吃完早饭返回露营基地时,发现我们的帐篷拉绳均被切断了。这段插曲之后,我们再也没有用过帐篷。接下来的旅行岁月里,我们在星空下睡眠,直接在任何黄昏时分到达的地方暂驻——或是在森林里、废弃的修道院中或谷仓旁边。我们所用的睡具也只是"紧急保暖袋"中的户外睡袋(基本上是巨大的橙色衬袋)。尽管这让我们每天早上起来的时候浑身湿透,但这仍是一种浪漫的旅行方式。

在我们的旅程当中,仅有四次偏离了沿海岸线的环行,主要包括穿越德国、爱尔兰西南端、阿登森林和瑞士的阿尔卑斯山等。远离英国海岸的这些漫游总让我们心怀一丝愧疚,尽管这些地方的游走着实令人愉悦,这在本质上将我们从正在行进的漫长而又艰苦的奥德赛之旅引开了。

也许穿越德国的旅程除外。

1987年夏天,我们在布莱顿的肯普敦上演了一场环境保护主题的社区表演活动,并将以此作为结束一段紧张工作的演出。这一年,我们花了很多时间接洽与艺术家兼社会活动家的约瑟夫·博伊斯有交集的德国相关团体和个人。约瑟夫·博伊斯刚好在此前一年去世(1986年),至今仍对我们的工作产生着举足轻重的影响。在英国一党执政18个年头的最黑暗的日子里——国家发生了灾难性的分裂,从某种程度上来说,我认为我们并未真正从这中间恢复过来——于是我们将目光投向东方,寻求政治上的希望和进步的思想。在德国,我们发现了很多值得称道的地方。当信仰自由市场的理论家们在英国甚嚣尘上,而左派陷入一种令人震撼的大撤退的时候,我们却在德国找到了真正的精神食粮与启示——尤其是新近成立的绿色运动和左派的重新结盟。

在某些方面,德国迅速发展的"红绿"联盟与我和J的政治观点几乎完全一致:我对红色(即社会主义)的坚定承诺——独立自主、非派别化的左派,和J对绿色(即生态主义)的激情——生态主张与更开放的民主实践两相结合。

因此,1987年春,我们一同前往德国的卡塞尔,去拜见与自由国际大学(FIU)有关的人士,该大学由约瑟夫·博伊斯等人于1973年共同创立,旨在鼓励更多的人参与民主建设,这对我们所谓的"代表"制范畴是一个根本性的挑战。我们惊奇地发现,像博伊斯这样的艺术家居然能够跨越社会激进主义与教育两大领域,并为全国性的大讨论作出重大贡献——这极大地超越了我们本土的艺术家或作家所触及的范围,确实与众不同,独树一帜。

1987年春天,在卡塞尔,我们借住在博伊斯的前同事、艺术史学家瑞亚·特恩格斯·斯特林加里斯的家中,她骄傲地告诉我们,几年前,她、博伊斯和佩特拉·凯利(绿党创始党员)等人就是坐在我们几个正在就餐的桌前,第一次讨论了组建德国绿党的想法。这对我们来说是一个新的启示:艺术家是我们这个时代最重要的政治运动创新的核心。瑞亚带着我们在卡塞尔转了转,向我们展示了卓越的"7000棵橡树"的项目(原名为"7000棵橡树,城市造林替代城市管理"),这个项目始于五年前,由博伊斯发起。作为当时世界上最受尊崇的艺术家之一,博伊斯在1982年文献展上发布了一份公开的简报,他要使用弗里德里希阿鲁门的所有空间,还有卡塞尔的主要画廊,以创造他想要的任何东西。博伊斯决定做一些了不起的事情:他全然背离了画廊和艺术世界的安全、白色的空间，让他的作品穿过城市的街道。他在卡塞尔市种植了7000棵橡树，并在树旁放置了7000根玄武岩石条（每棵树旁放置一根玄武岩石条）。这个项目不仅给城市带来了树林，同时也使之成为时间的雕塑。当橡树树苗被种植的时候，旁边放置的玄武岩石条只不过与之高度相当，不过几年之后，幼树长大，使得石头相形见绌，显得过于矮小。这个项目也有着巨大的历史意义——卡塞尔这座城市在第二次世界大战期间曾遭到狂轰滥炸，而橡树叶也一直是纳粹的象征，所以博伊斯有意识地为绿色运动去重新调整它的蕴意。他一举创造了一座既美丽又惊人的活雕塑，并在现代艺术史上作了一次气势恢宏的艺术展示。

  我们完全沉浸在激情当中，在德国漫游了两周（当然是沿着顺时针方向），向南到了达姆施塔特、哥廷根，然后是奥格斯堡和巴伐利亚；向西到了杜塞尔多夫，在这里我们第一次见到博伊斯的伟大作品，包括他早期的玻璃橱窗作品《奥斯维辛集中营》——这部作品既令人心神不安又无比卓越，他后续所有作品中都有这部作品中所蕴含的某些元素。接下来是和他的前同事会面，他们都参与了博伊斯的那些了不起的艺术实验作品，作品涉及当地的经济和公民投票运动（直接民主——政府由民众直接通过全民投票的方式产生）。我们的旅程在杜塞尔多夫结束，在这里给博伊斯献了100朵玫瑰，放在了他的遗孀伊娃位于德拉克普拉茨的房子外。之后，我们与约翰纳斯·斯图特根会面，他自创办自由国际大学时起，就一直与博伊斯密切合作。

  随即，我们返回伦敦，发誓也要在英国开办一所免费的国际大学。在接下来的一年里，我们将布里克斯顿租住的排屋改造成可以持续讨论七天七夜的国际温室——"168小时，新思想"，正如我们曾经在脑海里设计过的那样。于是，墙壁变成了黑板，卧室变成了表演空间，房前也用巨大的黑色横幅盖住了"伦敦自由国际大学"几个大字（连同博伊斯最喜欢的金兔图案标识），一个星期里有数以百计的来客从中进进出出，其中不少人来自欧洲其他地区（足见其影响之大）。在房子的前面，人们种植了一棵橡树，只是没有给予它太多的生长空间。但是，在这些激动人心的岁月里，橡树的象征意义似乎比实际意义更重要。

1987年8月，鲁道夫·赫斯——第三帝国疯狂的最后遗存，在柏林施潘道军事监狱内身亡，我们也在布莱顿项目结束后重返德国的卡塞尔。其时，刚好当地的文献展快要开幕，瑞亚和她的同事们正在完成一个由博伊斯发起的挑战，即"7000棵橡树，城市造林替代城市管理"的项目，只是此公业已离世。我们也满腔热情地投入其中，以尽绵薄之力，我们对橡树办公室（Baumburo）的组织安排印象深刻，其旗下的一切工作安排是如此协调完美。在现存的档案中，还有一些黑白照片，展示了我们在帮助种植了7000棵橡树中的最后一些橡树的镜头。在这几周里，我们遇到了一些有意思的人物，也对令人耳目一新的无宗派主义印象深刻，这种倾向已经使英国的左派受到严重摧残——而德国的许多人对此却表现释然，在红绿政治之间定位宽泛，彼此包容。在这样一种文化氛围中，人们能够如此关注艺术和思想，着实令人振奋欢欣。能够作为英国的使者参与到这些事业中，我们觉得自己很重要——这至少表明在那些卑劣的政治氛围当中仍然存在国际主义精神的光芒。

我们开始构思一条从英国伦敦前往德国卡塞尔的路线，然后进入当时属于华沙条约组织成员国的民主德国境内，了解我们的核武器的对准目标和苏联的核武器的存放地点。时任苏联总统的米哈伊尔·戈尔巴乔夫此时已经开始实行开放政策，但是"相互确保摧毁"的核武恐吓政治仍然是一种正统政治观念。其时，美国总统里根还在台上。

我们把这条路线称为"西线东进"路线，并将其详细地绘制到地图上。这样，在伦敦与卡塞尔之间的游走会直接体现出我们的承诺，将我们已经创建的自由国际大学与之连接起来。随着戈尔巴乔夫开放政策的展开，这条线路也许会不断地延伸，进一步向东——并随着时间的推移——也许会到达一个无墙可隐的光明德国。

这年8月，我们开始了旅程，经历了一系列的前往卡塞尔的探索之旅，从西到东，然后从东到西，尽可能与我们事先绘制的地图路线接近。然后对卡塞尔整个城市作一个环游之旅——当中包括一次长达35英里的步行，我们从中午走到午夜，实在是精疲力竭。游走途中，我们惊讶于任意一条线路所展示的风景；于是，我们开始决定以另一种不同的方式进行我们的旅程。游走总能揭开一些隐藏的奥秘，能够将一些平时看似没有关联的事物联系起来。一次，在卡塞尔的郊区，我们发现一个环境极其恶劣的居民住宅区，母亲们推着婴儿车踩过破碎的玻璃碴，男人们用油乎乎的手摆弄着破旧汽车的引擎。我们尽可能远离"德国经济奇迹"，而且，体力允许的话，可以爬到城市周围低矮的山丘上，在那里，整座城市的面貌尽收眼底。在热浪形成的薄雾中，这座城市闪闪发亮，就这样在我们面前一览无遗——我们看到了富尔达河的流向是如何决定这个城市的地理位置的。

  8月行将结束，持续数周的交流对话与艺术实验也随之告终。这似乎是某种蜜月期快要结束的感觉，我们开始更加挑剔起来，自由国际大学的许多研讨越发变得内向与封闭——讽刺的是，我们觉得，在大学名字中间居然还有"国际"一词。而且突出理论而非实践方面的探索也令人恼火，难以接受。这年的8月28日，我们受邀在卡塞尔的自然历史博物馆，即奥托纽姆博物馆，进行终场演出。在此之后，我们就会踏上返回英国的旅程。因此，我们决定以真正博伊斯艺术的风格样式，使我们的演出更能激发人心，尽可能地脱颖而出。

  先是在博物馆大楼外，我们将一把镐带到了混凝土浇筑的停车场，在先前停放汽车的地方开辟一个花园。这种形式让自由国际大学的年轻成员们感到兴奋，但没有使其他成员开心，其中包括市政厅的一名（气得）满脸通红的官员。我们在场内的表演，使用了这座城市的巨幅地图，通过这些地图，向大家展示了我们在几周时间内的城市游走中所收集到的东西，最后，我们提出了一个关键性问题，那是自由国际大学的百余名成员共同关注的焦点——我们将其写在大厅后部的黑板上（为了致敬博伊斯）。[6]这引起了观众们的震惊，他们之间产生了分歧，一部分观众对我们的问题表示赞赏，一部分则认为我们的做法超越艺术的界限。随之而来的就是事关德英两国文化差异的热烈争辩，一些人坚持认为，思想必须首先被视为一种政治行动；而我们则说，这种主张肯定也不能排除卷入激进主义的可能。当天晚上，在威廉斯霍勒阿勒一家单调乏味的小餐馆里，我们和瑞亚等结束了后续讨论，J和我还不太确定我们的所作所为是否推动了德英两国关系的发展。但是，正当我们在午夜时分准备离开，开始继续行走之际，不少人过来送别我们，他们对我们这两个"疯狂的英国佬"表示深情的道别。在那个温暖惬意的夏夜，我们向着大力神纪念碑的方向进发，内心有一种抑制不住的喜悦，情绪高昂起来，终于可以离开了，回想起我们离开之际的惊愕表现，不免觉得有些啼笑皆非，终于松了一口气。然后继续前行，进而向西，越过德国的城堡洛斯，进入一片松树林……

*****

经过前几周无休无止的争辩讨论后，我们决定在接下来的几天里，尝试以沉默的方式行走，只在黄昏过后说话。这就像一种镇痛软膏，能抚慰我们的阵痛。这让鸟儿的鸣叫声进入我们的耳朵，让我们置身于风景当中，让我们的脸庞亲触大自然的气息，不要因为我们的话语而劳心分神。入午之前，我会时不时看看地图，直到停下来吃午饭；下午，我们会换过来，J来看地图，直到找个地方停驻下来过夜，通常我们都会在村外的小树林中过夜。为此，在行走途中，我们想出了一种令人惊讶的传神语言来指示方向，譬如路径方法的选择全在眉毛是否皱扬、脑袋是否倾斜，或者是否发出表示认同或有疑问的声音。

在接下来的旅程岁月里，这些记忆依旧清晰如昨。我时常想到这种寂静无声的游走与我们记忆之间的关系究竟是怎样的。我仍然怀有一种人生游走如河之支流的感觉，就像能够沿着小支流的路线，一直能流到某个大的江河，然后奔向江河入海的河口，最终汇入大海。这么多年以后，我仍然记得路途中的弯弯曲曲、排列成行的树木，山顶上清晰可见的教堂塔尖。我的日志中还有这一次游走的记录与说明，还有一种情绪在诱惑着我删去那个23岁的自我（那时的他是多么不成熟啊）。当时的他，观察事物会有一些笨拙，也会盲目轻信阅读的文字，不会加以批判；现在的我会抵制这些幼稚的做法——会保留原初的文字记录——因为在这次的人生游走中产生了一些新的见闻，这些见闻让我能够以全新的观点看待周遭的世界。

1987年8月29日（星期六）

天气阴沉，雨水滴滴答答淋在树叶上。正如我们之前决定的那样，今天的旅程也是在沉默中开始的。早餐喝酸奶，吃面包、奶酪、苹果和一些"学生零食套装"（主要是干果和坚果）。然后照惯例给装备打包（抖抖我们的锡箔纸盒、卷起我们的睡袋等），接着出发离开。我首先看看地图，选择前进的方向。薄雾就在我们的下方萦绕，挡住了卡塞尔的一切风景。雨渐渐地大起来。我们沿着松树之间的一条小路行走——雨越来越大了，让我们的旅程变得更加沉重，且湿漉漉的。在这里，人们一定会见到刺草和常见的粉红色喜马拉雅凤仙花。我们开始进入行走的流畅状态了，步伐、靴子和我们的脚掌之间相互配合的节奏感表明我们还能持续步行10—12个小时。薄雾笼罩着这片郁郁葱葱的田园牧场——你知道这里并不是英国吗？从表面上看，道路、树篱、橡树苗、牛群——这些错觉会让我们以为自己正穿行在英格兰西南部诸郡，或是萨福克的原野上。在这寂静行走的背景下，从愤怒于J向我示意一只我早已看到并在空中盘旋的老鹰，到因兄弟情谊和共同愿景走到一起的温暖，我很想知道他的内心是如何激荡起伏的。

我们转眼进入一个山谷，顺着众多木头搭建的小径进发。雨还在继续下，于是我们停在一家小酒馆里喝点咖啡。店中，一位士兵正在另一张桌子旁和房东聊着天，试图说服他的女儿，要吃她做的菜肴。此刻，我们坐在店中，又能烘干身上的衣服，其间烟草的香味与咖啡的暖意相伴而来，真的很惬意。J和我开始通过在啤酒垫上写字的方式来进行交流，虽然我们还不太确定这是否会削弱我们沉默游走的理念。

之前，我们路过一个涂鸦的德国极左翼恐怖组织红军军团（RAF）的标识。突发奇想，是不是在联邦德国仍有一个活跃在地下的武装政治团体。当我们来到德国黑森州哈比希茨瓦尔德时，天上的乌云开始散去。这里有一家周末还在营业的小店，我们很惊讶，超市的人们对我们出奇友好——超市的经理给了我们二人小小的金属徽章，收银员也好奇地笑对我们这些奇怪的英国佬。"到伦敦?！真的吗?！"现在天气变得闷热，我们也越发感到难受。我们折返向南，回到森林，然后重新踏上我们的路线，此刻背包变得比先前更加沉重。我第一次停止了行走，也停止了徒步沉思——汗水完全浸透了我的衣背。我们终于上了从卡塞尔到伊斯塔的公路，那天晚上我们搭上了车。

我们越过了从卡塞尔到多特蒙德的高速公路——路上着实有点令人胆战心惊！我们爬上了布格豪森根的村庄的最顶峰，那里有一座由木质框架撑起来的大仓棚，被古旧的赫色砖墙围着，与邻近冷冷的红砖砌成的新房比起来，异常显眼。我看到三个女人走过一片细致整洁的墓地。我依稀想起一首古老诗篇中的几行诗句，其中有"如他们所闻，郁金香在这里开放/这些树篱随风凌乱/一束英国野玫瑰"〔诗歌出自鲁伯特·布鲁克的《格兰切斯特的牧师老宅》（*The Old Vicarage, Grantchester*）〕。[7]再次停下来，喝点水……接下来，互相帮助背上各自的背包，沿着一条小溪，穿过山毛榉树林——傍晚时分，正当我们绕过伊斯塔伯山，太阳也从云层中钻了出来。随后我们穿过一片密密麻麻的布满矢车菊和野草的麦田，头顶上方时不时有两三只秃鹰在盘旋翱翔。这是马丁·冯·玛肯森家的农村场景，他是自由国际大学的一位农场主。我们穿过菲利普本伯格，这是一个只有一条道路的小村子，每家每户都有个带仓棚的小农场。我看到一位带孩子的父亲正要开着拖拉机出发，一位女士正在清理着猪圈，还有一个男人正通过机器给牲畜喂饲料。当我们穿行而过的时候，有几个人停下手中的活，倚在门上或是站在门口，看着我们这两个外来的陌生人。顿时，我有一种强烈的感觉，我们大概是近期第一批路过此处的陌生人，大概几天才有一次，或是几周，也许是几个月才有一次。再一次地，和善的好奇心萌发，村民们不断向我们打听——啊，你们这些游走的人，要去沃尔夫哈根？是的，最终的目的地是伦敦！……我们一边走着，一边向围观我们的村民微笑着。这是一个多么激动人心的夜晚，我们的前方是一座圆形的小山，真是美极了。路上，我们一直在想着刚刚走过的村庄，虽然离城市这么近，但一个小小的传统农业（农民）村落的痕迹仍然顽强地存在着。

一路向下走，来到了沃尔夫哈根平原，一路常见的输电高塔跨过河流，高低起伏，开始跳向遥远的城镇。一个农民驾驶着拖拉机，在耕作的土地上犁出几道深深的沟痕。他从驾驶室出来，个头矮小敦实，戴着毡帽，有着一张饱经沧桑的面孔。"英—格—兰？啊哈！徒步旅行。今天刚从卡—塞尔过来？不错。不错！要去伦敦？！"他对我们的行为有些不解。越过两三个树林，我们来到了圆形山的山顶，并在那休息了片刻；在第二座山的顶上，我们决定暂驻下来，就地过夜。于是，我们找了一块铺着干枯松针的空地，挂起湿衣服，藏起了背包，然后下山，前往沃尔夫哈根找杯啤酒喝，顺便也可以读读书。其实在见到沃尔夫哈根之前，我就知道这座城市是什么模样。这是一座新兴的城市，有着现代化的地产和工厂。我说得并不离谱——我感觉这就是一幅东盎格鲁的景象——这就是一座静谧的乡间小城。

我们在一家店里要了啤酒和一些土豆牛肉汤。随后出门走走，此时已值黄昏时分，我们看了一眼那里美丽而古老的教堂，然后大声朗读布鲁斯·查特文（1940—1989，英国作家）的《歌之版图》。当地原生态的风景与中欧文化的碰撞产生了某种微妙的韵味。经过长达14小时的静默行走之后，我们在此刻发出的声音，听起来既熟悉又陌生。很快天就黑了，于是我们找了一家小店，在小店的角落坐下，喝了两小杯咖啡，抽了最后几支骆驼牌香烟。我们决定，现在是时候可以交谈了，阅读完毕后，我们又爬回先前的山顶，我们害怕找不到先前安置东西的所在，终于在一阵担心之后，还是确定了背包的位置。然后我们来了一顿更为丰盛的晚餐，之后很快就各自进入温暖的睡袋。J说我昨晚睡觉时说梦话了。我说什么了？大概是说"我们还有6分钟的路要走，对，只有6分钟"。然后很显然，我又用流利的意大利语说了一分钟！这听上去真的有点荒诞不经了。尽管这比较有趣，但这种能够揭示某种潜意识的梦话，也会让人感觉困惑不安。

1987年8月30日（星期日）

　　早晨寒气袭人，我们很快收拾好行李，打好包，再次沿着通往沃尔夫哈根的环山小路下山，然后顺着那条曲曲折折的路出发。星期天早上，我们离开主干道，沃尔夫哈根也落在我们的身后，此时耳边钟声也渐渐小了（一刻钟响一次，半小时响两次……）。好像作为回应，我们也开始唱出我们的全部关于英格兰和威尔士的赞美诗的保留曲目——"我们的主耶稣基督今天复活""天上的粮食""耶路撒冷"等——而且越是纵深进入这个国度，我们的歌声就越大。

　　不久，我们来到了先前在地图上看到的"限行区域"。几块"注意安全"的标牌激起了我们的兴趣，上面写着"军事禁区，禁止通行""帝国部长应当……""禁行者应当……"等字样。我们绕过这些警示性的木牌和铁丝网。这片区域很大，我们走了将近40

分钟,仍然行走在这个军事区域的边缘。我现在走得很快,对这条道路的质量和即将面对的狂野国家感到兴奋。我们沿着树林和禁区向右走去,随后穿过树林后隐约看见,一系列看起来像导弹发射井的设备——五个、六个,也许总共有八个的样子。这给人一种不祥的感觉,混凝土制的发射井贮藏库部分被覆盖起来。但奇怪的是,这里荒无人烟,几乎看不到一个士兵或一个穿军服的人。

现在天更热了,我们在路边短暂地休息了一下,喝了点水,抽了根烟。

在下午一点前,我们进入德国莱茵兰-普法尔茨州的兰道,这里有一个典型的德国原始村庄——远处的小山上,坐落着一个教堂。教堂周围被一片坚实的、方木打制的房子包围着。我想到了作家普鲁斯特对教堂塔尖的描述,"那是马丹维尔(Martinville)的教堂尖塔吗?"这大概是塔尖产生的光学错觉吧。我们对兰道很感兴趣,于是进入这个村庄,它依偎在一座平缓的小山上。就这样,教堂塔尖的风景渐渐让位给整个村庄的美色。这让我想到了相机的镜头——身体快速、急促地移动前进,景色也跟着不断地转换——几个世纪以来,究竟有多少人领略过我们看到的景象。它又让我想到了故乡——一个地方的概念是通过世代相传、政治气候和季节变换等因素渐渐形成的。想象着欧洲三十年战争(1618—1648年)期间,神圣罗马帝国的雇佣军来到此处,当地农民拿着干草叉、刀子与之抗争——即使有一小群陌生人从山顶上进入村庄,也会激起一阵恐惧。

中午,我们在教堂的背阴面吃了午餐。随后,在正午的炎热中,我睡了半个小时。天太热了,实在是很难再走了,我也发现右脚后跟起了一个水泡。我们还是沿着村外一条威尔士风貌的河流行进。啊,白杨树,一排排杨树!这让人联想到一个故事的开场白——"在没有见到白杨之前,他就听到它那高贵的声音了。"蓝铃花和风信子居然也生长在这片树篱中,在这夏末时节能够见到它们，真的有些出乎意料。我们再次走进森林里——开始享受这片仁慈的树荫。在我们这些外行人看来，很难确定这片森林中的松树和针叶树看起来是否半死不活，其中的四分之三的树在8月就变得光秃秃的。许多树身还涂有一块块白色颜料。难道德国三分之二的森林因酸雨的破坏而濒临死亡的情况是真的吗？若是这样，这就能解释德国绿党崛起的原因了……

我们休息了片刻，便起身向松林深处进发。柔软的针叶林道分出许多小径，不时诱惑我们远离主路。偶尔还能看到由长木高高撑起的狩猎小屋……《浩劫》这部电影，如此深刻地影响着我——电影中，反复出现的沉默寂静就是通过摄影镜头一遍遍扫过松林小径的方式展现出来，使这片松林景观显得充满了险恶气氛。林中的寂静似乎被包裹起来，悄然无声（就像菲尔·奥克斯曾在歌中所唱的那样——"林中亮丽的树儿隐藏了一千种罪行"）。海乌姆诺集中营和特雷布林卡集中营的罪恶已被埋进森林深处——很少有人会听到那些悲惨的叫声。

不久，我们又进入一片山毛榉林，再就是越来越多的混生树林，越来越宽的林间小道。在夏日午后光影摇曳的林间游走，着实令人着迷，让人沉醉其间。光影在倾斜的林木树干之间不停地闪烁，我的整个身体似乎也在随之摇摆起舞——与这狂野的大自然步调一致，完美而又和谐。

就在抵达特威斯特河之前，我们回过头看看走过的地方，极目所至，一片青翠。远处小山茂密苍翠，山谷郁郁葱葱，完全被树木覆盖。这种景观在英国是永远看不到的（尽管存在着酸雨的威胁）。在特威斯特的郊区，我们在一家废弃工厂的背阴面找了地方休息，这个地方与其是说废弃工厂，不如说是已经坍塌的废墟。我们站在前方的墙上（我想起了父亲在韩国游历时给我的忠告，而且在威尔士山上又重申这点：只管躺下，放松自己，让血液从你受伤的脚下流出）。

　　特威斯特——一个混乱不堪的小城——是我们进入的第一个显然并不富足的地方。这里随处可见一些破旧的福特护卫车，大街上的年轻人穿着廉价的花里胡哨的衣服，既不合身也不时尚。我们刚刚从待过的现代化富裕的德国出来就发现这样的景象，确实令人诧异。要知道，现代化的德国有大理石建造的食堂，和拥有最新催化转换器技术的梅赛德斯公司。这相当有趣。我们还是设法在相当简陋的酒吧弄了点吃的，除此之外，什么也没做。当我们问询的时候，那里所有人的动作戛然而止（当时有十个外表脏兮兮的男人正坐在酒吧的凳子上）。很显然，他们的态度极其不友好。我们躬身退出，看到一张粘贴在墙上的悬赏海报，内容是出价300万德国马克捉拿巴德迈恩霍夫（德国左翼恐怖分子集团）和红军军团的恐怖分子，并附上他们当中六位嫌犯（有男有女）迷人浪漫的脸部照片。

　　我们进入另一家小酒馆，要了两杯啤酒。（大家都在观看电视上的比赛）小城的一半人大概喜欢罗马田径锦标赛。我们在酒馆的电视上看到了惊心动魄的田径100米比赛，一项新的世界纪录，9.85秒，由一名我从未听到过的加拿大选手[8]创造，卡尔·刘易斯屈居第二。我们的食物做好了，我们拿起它又疲惫地在街上往回逛，途中碰到了一个"可口可乐烧烤"的摊位。于是，我们要了两份炸鸡、土豆沙拉和巧克力奶昔。这些食物确实是我们非常需要的。

　　天色渐渐转黑，我们向前方走去，穿过教堂和战争纪念碑，赶往附近我们栖身的树林。记得我们上次一起游历的时候，路过埃塞克斯，也见到战争纪念碑，我的心里一直念念不忘，心灵备受震撼。战争中，许多家族被杀戮殆尽，但这个地方的屠杀情况整体看起来更为严重，更具毁灭性。这里最值得注意的是，在英国，"一战"中的死亡人数相对"二战"中的死亡人数的比率通常是3：1或4：1（具体详见战争纪念碑上的记录），这里的数字或多或少，大体相当。30年间，两次全面战争，两次大屠杀。我从未觉得这样的比较毫无意义或徒劳无益，而是触目惊心。所有那些在1914年、1915年、1916年等年份出生的孩子们，25年后等待他们的只有死亡……德国注定要受到打击和伤害。任何国家都需要化解这样巨大的历史责任。这样就完全可以理解，为什么这个小城的年轻人今天仍在经历着持续几代人的痛苦和创伤。

其实，我们并没有一路走到伦敦，你们也许会备感惊讶。事实上，我们只是又用了两天时间，走了40英里左右的路程——我们身上的钱也差不多花光了，而且脚上的水泡越发严重。在施瓦特梅克小溪（Schwartmecke）与我们行进的小径交叉的地方，我们离开了最初规划的"西线东进"线路，并且标识了这个确切的地点，将两块刻有"平台"字样的石头放进了金色维吉尼亚锡烟盒，埋在这里作为旅程的纪念。我们发誓，终有一天，我们会重返此处，继续未完成的游历。然后，我们前往名字很好听的小镇贝斯特维格（Bestwig），换乘火车去梅舍德（Meschede），再去科隆（Cologne），从那里回家。但是，至少在我们的心中，"西线东进"的旅程至少是真实发生过的，它在德国中部的某处森林中，在那里仍然埋有一个生锈的锡烟盒，里面还有一些奇怪的内容……

*****

自此之后30年的游历中，我们没有再用过这种沉默游走的方式进行我们的旅程。事实上，情形恰恰相反。有过一段时间，我们的游历开始专注于一些功能性的事务——譬如要解决某些问题、化解资金危机、游说同人继续参与事务，以及规划下一步的工作等。这有点像把我们的办公室搬到室外，整天都在游走中度过，沿着壮丽的苏格兰或是威尔士海岸踱步，弯着腰，低着头，皱着眉。我和J开玩笑说，几米之外可能就有老鹰和水獭在跳舞，但我们看到的只是轨道和我们的靴子，因为我们正在努力解决一个困惑许久的问题。

但更多的时候，我们游走时讨论的是丰富而多样的生态性主题，很难说一件事的起点在哪里，另一件事的终点在哪里。有些交流能持续好几天，最终又回到交流的原点，就这样反反复复，来来回回。有时，我们靠在门上休息，一只知更鸟的歌声又会引发我们另一种想法。我们偶尔会发现苏格兰小农场上的一片废墟，然后就会谈到高地圈地运动（Highland Clearances），突然，J就会向我谈起他那童年时期令人不快的记忆。当事情变得令人痛苦不堪时，在所有的家庭中，解决的最好方式就是约定共同遗忘。当海湾在我们面前不断延伸向远方的时候，更多的问题出现了。村庄大概在四五英里之外吧？我们今晚要在那里落脚吗？（随着中世纪早期那种带早餐的家庭旅馆的兴起，客房住宿往往代替了睡在星空之下的快乐。）在接下来的一个半小时里，黄昏降临，小径弯弯曲曲，向海湾延伸。我一直专心致志地听着对方的谈话，偶尔问一个问题，如果听到了J的犹豫，我会鼓励他继续讲下去。我们听到海边蛎鹬的召唤。我卷了根烟抽起来。小径在一处柏油路处终结，于是我们朝右拐。我们的靴子发出了异样的声音，从小径上软软的啪哒声变成了公路上艰涩的嗡嗡声。J现在反问我——他对他父亲要求太苛刻了吗？然后是沉默，走了100米，间歇了一分半钟。只有背包摩擦包框的声音，还有我们的靴子声（我不太确定）。现在天色黑了下来，在这个村庄的一角，小酒馆的灯亮了起来。

两个穿着T恤和短裤的大男人，在一个夏日的夜晚来到这个简陋不堪的海边酒吧，但一旦你解下背包，就可以看到汗水浸渍你的后背。要的酒来了，在这儿你总能得到一种尊重，大概出自同情，想想，两个大男人，在如此炎热的时节，背着沉重的包裹，跨越这片地带，终于到达这里。（这是什么样的精神？）当朝圣者穿越这片土地，在沿途的小旅店停下休整，吃饭喝水，这难道不是一段尘封已久的民间记忆吗？或是旅行的玩家，或是游吟诗人，或是滑稽小丑，要么是四处表演的马戏团。这些浪漫冒险的经历并未因工业革命和城市化而彻底消失。这是一种绝对自由的感觉，将你的人生扛在你的背上,而且只要你想,就能够随时停止或继续前进。

于是,"地图仪式"随之而来,就像任何宗教仪式一样,遵循一定的常规。假如第一轮由J打头,我展开了由英国地形测量局绘制的、粉红封面的探路者地图(1∶50000,或是1英寸∶1英里),计算了一下我们今天徒步的距离。依据地势地形、脚底起泡等因素,无论是刚开始徒步或走到一半路程,通常的距离介于15—20英里之间。当然,涉足的徒步行走尽可能靠近大海,我们喜欢沿着某个半岛或海峡游走,只是偶尔会因遭遇军事设施而不得不从内陆行进,或是碰到没有桥梁的河道只得转向而行。有些岛屿总是遥不可及,其魅力依旧,让人神魂颠倒。行走的过程中,历史也一直伴随着我们,在我们早些时候穿过的小镇,那里有一个人生于18世纪晚期,后来成为一名最有影响力的奴隶制废除主义者。想想真是奇怪,在这个小小的地方居然还有人成长为一名贵格会教徒……想想,当他还是孩子的时候,目睹这个世界或面对不公时让他愤怒的时候,他会有什么反应?接下来,我们又讨论了第二天行程中可能要走的线路,现在我们二人彼此很好地适应了地图上的代码和线路示意图,地图一展开,就能在我们眼前变得鲜活起来。我们能够凭直觉想象到那片落叶林的美丽景色,还有那里的山谷陡峭险峻,能够一览山腰间连绵起伏的黄色公路全貌。只要我一进到常去的酒吧一角,拿起啤酒,J通常都会展开他的英国地形测量局地图——橙色探险者地图(地图比例为2.5英寸∶1英里)——他会在这张地图上找到教区的边界、一些古墓,而且最重要的是,他会去寻找一些河流分支的岔口,这是河流流域的明确边界,他喜欢这些河流的流动,将其称为"地球的动脉"。这一切完毕之后,我们之间的谈话重启,那种彼此间的交流又回来了:你知道,早些时候你说的那些,让我想到一些我之前从未告诉过你的一些事……

是信任!彼此相互倾听,甚至分享一些从未和情人分享的东西,诸如让人伤神的怀疑、种种潜伏的危机、为父之道的恐惧、失去恋人的悲痛,还有我们再也见不到的人,等等。唯有相互间的倾听与理解。在彼此的攀谈中,我们内心的情绪开始高涨起来。在行走的过程中,我们一直维持着一种罕见的平等关系，在这种关系中，彼此心灵的伤口也会逐渐愈合。可能会在某次旅程中，J会不明原因地心烦意躁起来。下一次就轮到我变成这样，茫然不知所措，内心充斥着疑惑。然而，我们依然彼此保持耐心，毫无怨言。

我们坚信自己一定会克服这一切，渡过难关的。这源于我们的信念，要用长远的眼光看待人生。我们深知自己经历过什么，一切顺其自然。我们彼此见过对方的自由飘扬，偶尔会欢欣鼓舞，我们激励着一同奋斗的战友，紧紧抓住观众的胃口；我们也看过彼此的郁郁寡欢和黯然神伤，像是被命运的转折和人生的失意击垮。这并不意味着仅仅是相互理解——有很多时候，我故意为难J，一度到了他崩溃的临界点。J也是差不多这样对待过我，甚至固执成见，一而再再而三地谈论一直令我困惑的问题，从不让我摆脱困境。确实，这些时候着实让人发狂，甚至怒不可遏，但是这一切都已经过去。当然，知道这么多，也就意味着我们彼此知道情绪的爆发点究竟在哪里，也就是我们的弱点，并且不时地，无论是否意识到这一点，我们知道哪些点是能够触及的。

自然，有时我们的旅程没有多少强度，不那么紧张，也没有必要去谈论任何特别的话题。不可避免的是，旅程中当然会有那些枯燥无味的时刻——那些不能让人激动兴奋的景色（比如，那片我寻找许久的荒原，事实上却是光秃秃的，没有一棵树）。有时候，我们会厌烦某个主题，尤其之前我们已经讨论过很多次但永远不会达成一致的话题。这些时候，我们的回应通常是一系列的不同口音——响亮的德语、澳大利亚英语和南非英语的口音是最受欢迎的——要么举止忸怩作态，要么对着天空飙一阵下流的幽默笑话。此外，唱歌发泄也是一种可能，或来几段新式伦敦腔的押韵俚语顺口溜，像是一场语言网球游戏（verbal tennis），你问我答，有来有往。

但最重要的是，J和我总会回归到一个简单的词——（保持）好奇心。我们保持着对世界、历史、政治变幻和革命等的好奇心，以及我们彼此之间相互保持的好奇心。很多时候，在没有开口交流之前，我们就知道彼此想要说些什么，难道是心有灵犀吗？我们深深地意识到还存在一个基本的现实——

那就是自己的无知，即使我们总是认为自己洞悉了一切。对外面的世界来说，我们的看法似乎惊人相似；但是在大多数情况下，我们彼此之间仍然保持着神秘，我们之间所有的魅力皆在于此。我知道，我们既把世界视为一个整体，又看作是众多分裂的个体。通常情况下，我确信J会主动对一些事作出反应，但当他把问题抛给我的时候，我也很高兴。能深入那些不可预知的领域进行探索，这让我精神振奋。经过了这么多年的相处，我依旧感觉到，我们无法通过独处来臻至完美。爱是对我们彼此欠缺的理解，而且要对此始终保持谦逊。"我领悟了：我所欲之，必先予之……"[9]

二、一座刻意遗忘历史的小镇

2000年8月22日　博登湖畔阿尔邦，瑞士

抵达这里，我们花了13年时间。当火车绕着博登湖徐徐前进的时候，我开始反思这段不紧不慢的旅程。J和我正顺着博登湖的南岸行进，"康士坦茨湖"——曾经是大陆旅行（Grand Tour）的观光者们称呼的湖的名字。我们眺望着湖对面，向德国那边的低矮山丘看去，多年前我们曾一起前往那里旅行。J正在阅读一篇圣加仑的胡格诺派教徒难民（1685年，法王路易十四颁布《枫丹白露敕令》，迫害胡格诺派新教徒）的报告。我们刚刚在这座小镇换乘火车，这些火车为圣加仑的纺织工业作出了诸多贡献。历史上，小镇主导了整个瑞士的纺织工业。我朝窗外望去。现在是8月底一个慵懒的日子，傍晚时分，太阳的炙热业已散去。孩子们在湖岸与缓慢行驶的火车之间的地方随意地骑车玩耍。上了年纪的夫妻坐在松树下的长凳上休息。终于，小镇阿尔邦映入眼帘。距我观看克劳德·朗兹曼导演在此拍摄的长达九个半小时的著名电影《浩劫》已经有13个年头了。[10]

1987年1月，那时我20岁出头。接连几个午后，我坐在寇松梅菲尔电影院里不能动弹，完全被电影里的画面吸引住了。电影中充斥着连续追踪拍摄的画面，不断地在波兰森林、火车和铁道等场景之间平移聚焦，还有一连串满目疮痍的面孔对着镜头说话的场景。这部电影的节奏着实扣人心弦。电影的意图极其简洁（主要是记录第二次世界大战中那些作恶者、幸存者和目击者的证词），但形式极其复杂（主要是季节变换和地理位置的错位迷失、电影叙事的不断分层和层层重叠），我认为这恰恰是电影让人着魔的魅力之所在。我曾拜访过电影中的一些人，他们的言谈举止与那些苦难记忆，我会铭记一生。电影大概有一个可以预期的奇怪反转，这些面孔仅仅在屏幕上出现了几分钟，现在却好像越发清晰，胜过我对父亲的回忆。西蒙·斯雷尼（浩劫中的幸存者）在重返海乌姆诺集中营表现出困惑的表情——"是的，就在这个地方，他们就在这里焚烧那些无辜的人。"当菲利普·穆勒试图要找合适的词汇描绘自己的工作，却发现根本不可能找到的时候，眼神里充满了恐惧——因为他在奥斯维辛-比克瑙集中营的特遣队（Sonderkommando，由关押的年轻力壮犹太人组成）里工作。杨·卡斯基泰然自若，像鹰一样傲慢不逊，可是一回忆起华沙犹太区的生活，他的脸一下子变得扭曲起来，30多年从未对人提起的回忆，如今突然向他袭来——"不不，我不想回到过去。"在这些人的证词中，似乎有一种静滞的特质，让时间停驻在话语之间，这是我们在电影中从未见过的。作为切实的行动，它与你紧密相连，共同见证思想与记忆的过程。比如，快速眨眼或者突然间的匆匆一瞥，都可以彼此交流思想，记录历史。

但是，在电影《浩劫》中所有的事件中，最让我萦绕心头、挥之不去的是"备忘录"——即电影开头的第一部分。电影并没有对它作过多的叙述，甚至也没有与具体的人联系起来，只是一个空洞的声音在朗读一封信，仅仅是一个商人写给另一个商人的一点消息。电影中冗长的镜头，将鲁尔区、潮湿的道路、工厂、冷却塔，以及卡车头的特写展现得一览无余。摄像机的镜头由远及近，投向一个支架，聚焦在一个奇怪的蓝白相间的徽标上——"苏拉"——这个名字我从未听到过。

人们发现，这封正在朗读的信，是一份备忘录[①][11]，是一名党卫军官员（极具讽刺意味的是，此人名叫贾斯特，英文为"Just"，即正义）送给另一位同事的——党卫军一级突击队大队长劳夫，事关如何改进苏拉卡车以更快速、更高效地用毒气屠杀犹太人。这是一封典型的官僚作风的信函，也是一封商业交易的信件。语气务实，近乎无聊。在寇松电影院的那几分钟时间里，尽管那时我还没有意识到，但是我的内心已经悄然发生了一些变化。我

[①] 朗兹曼在电影《浩劫》中的这份备忘录的版本相当简要，所以我在本书附上全文。

近乎本能地认为，这封信无比冷血，又看似陈腐，其意义尤甚于我之前看过的一切关于纳粹大屠杀的报告，主要是因为这封信的语言是如此平实普通，它原本就是一封常见的交流信函，在过去50年间，任何一家机构的部门之间都存在这样随时的交流情形。此刻，我瞥见的某种真实，也是我后来才意识到的一个至关重要的真相——我们通常所认为的纳粹大屠杀的"现代性"，不过是一个遥远的历史事件所展示的那样。哦，不，不仅仅是过去的历史，而是如语言本身展示的那样，因此，那些交流这个备忘录的人，他们的行为与心理，却完完全全地在我们这个时代也存在着。认识到这点之后，我就不太可能将那些年的纳粹大屠杀历史视为遥远的过去，因为过去与现在碰撞交集，我不得不作出改正——它在过去促成了我们将那种语言和恐惧绝对联系起来，现在也依旧如此——其实，正当诸位在阅读这一页的时候，类似的备忘录正在某个地方写着呢。备忘录的主题可能会有些变化，但结果依旧是大规模的死亡。阿富汗无人机运营商的备忘录、华盛顿律师的备忘录、试图为非法"干预"辩护的政客的备忘录等等，皆是如此。如今，这一切以印有"机密要件"的备忘录位居榜首。

我最终找到了那份原始备忘录的副本，当中包括贾斯特本人在信中所作的下划线。值得注意的是，他仅发送了这份文件的副本，这反映了他与劳夫的通信极为保密。

一、说明

要点：对现行使用的或行将生产的专用厢式货车进行技术改造。

自1941年12月以来，已使用三辆厢式货车处理9.7万宗物品，使用过程中未出现车辆瑕疵。我们知道，发生在库尔姆霍夫（Kulmhof）集中营①的爆炸当是一起孤立事件，与车辆本身无关，原因可归于

---

① 库尔姆霍夫集中营是波兰海乌姆诺集中营的德国名称。

操作不当。为避免此类事件再次发生，已向有关部门发出特别指示。这些指示使安全工作得到不断加强。

以往经验表明，下列方面的调整对安全生产不无裨益：

1.为便于快速散布一氧化碳，避免压力剧增，应在车尾顶部钻开两个槽口，规格为10cm×1cm。这样，余压将由通风口外部易于调节的金属绞接阀门控制。

2.正常厢式货车的货仓面积为9—10平方米。而苏拉制的专用货车的容量并不是很大。超载问题并非原因之一，而在于全地形的越野机动性能，这些性能在专用货车中大幅降低。显然，减少货仓面积实属必要。这可以通过缩短仓内隔间距离约1米即可实现。这个问题仅通过减少受试产品数量是无法解决的，正如迄今所做的那样，无法达成既定目标。此种情形下，则需要更长的运行时间，因为仓内空隙也需要及时填充一氧化碳气体。相反，如果车内仓区面积较小，所有空间可以完全占用，则操作所需要时间将显著减少，因为仓内已无空隙。

制造商在会商中也指出，减小货厢体积势必会导致车厢前部的位移不便。这样就有车轴过载的风险。事实上，车厢中重量分布会有一个自然补偿的机制。当货车在运行时，负载中所有的力量集中到厢尾，将大部分负荷集中到车身尾部。因此，前轴并没有超载。[12]

3.连接车厢的排气管道会被流入其间的液体锈蚀，因此易于生锈。为避免此类情形发生，排气管口应向下设置。这样，就会避免液体流入（管道）。

4.为便于车辆清洁，应该在车厢地板上开一出口，利于液体排放。这一开口可由一个直径约20—30厘米的水密盖关闭，同时装置肘头虹吸管，利于稀薄液体排放。肘头虹吸管的上部将安装一个过滤器，以避免管道受阻。这样，车辆在清洗时，较为厚浊的污垢可通过大的排水孔予以清除。车辆的地板可略微倾斜，这样，所有液体便可流向车厢中心处，避免流入排气管道。

5.到目前为止，已安装的观察窗几乎从未使用过，建议清除。这样，因为免除了窗户安装和配置密封锁的环节，在生产新型厢式卡车时便可节省大量时间。

6.车辆照明系统需要更多防护。要使包裹护车灯的格栅无法打破灯泡，格栅应当与车灯之间保持足够距离。根据用户观察，似乎这些车灯从未开过，所以用户建议可把它们拿走。但是，经验表明，当车厢后门关闭时，里面便会黑暗一片，装载之物便会猛烈推门。基于此，当车内变得黑暗时，装载之物会冲向弱光之处。这将妨碍厢门顺利上锁。有一个现象需要注意，锁门的声音也与黑暗引发的恐惧有关。因此，权宜之计是在行动之初的前几分钟和在机器运行之前，保持开灯状态，此外，开灯对夜间工作和货车内部清洁也有帮助。

7.为便于车辆快速卸货，应在车厢地板上放置移动式网格，这种网格可通过滚轴在U形铁轨上滑动。它可通过放置在车身下方的绞车来移除或就位。负责改装的公司表示，由于缺少人员和相关材料，此时改装工作无法继续进行。当务之急，是必须找到另一家公司来完成此项业务。

当认为现已投入使用的车辆有必要进行大修时，对其技术改造的计划也将随之执行。对已购的10辆苏拉卡车的改装将尽快进行。汽车生产商在一次会议中已经明确表示，除了小型的改造可行之外，当下进行结构性的更改已不可能。因此，必须设法尽快找到能进行车辆改造的其他公司，至少要对其中一辆进行改造。相关经验表明，车辆的改造和调整势在必行。我建议让霍恩莫托（Hohenmauth，今天捷克境内帕尔杜比采州的一个旅游城市）地方的公司来负责此事。

鉴于目前情况，我们不得不期望这辆车的改造晚些时候完工。

这样，它既可以用作改造的样板车辆，也可以用作备用车辆。一旦此车测试完毕，其他卡车也将退出现行工作业务，进行同样的改造。

二、致

党卫军一级突击队大队长劳夫，由您审查决定。

威利·贾斯特

遇到此等文字，该当作何理解？究竟是怎样的麻木不仁可以让一个人以这种方式——"装载的货物""货运之物"——来称呼（被屠杀的）男人、女人和孩子？仅有那么一个时刻，备忘录作者几乎无意中提到了人类的情感，而非冷冰冰的机器："有一个现象需要注意，锁门的声音也与黑暗引发的恐惧有关"（在此重点强调一下）。

想想在这六个月里，他们是如何将这些词与9.7万人的死亡联系起来？很快，得益于上面提及的技术改进，死亡人数估计达到30万到35万人左右。就像在十辆苏拉卡车里，纳粹杀光了如诺丁汉或赫尔城规模大小的城市里的每一个人。这份简简单单的备忘录应当成为人们理解纳粹大屠杀的主要象征，因为绝大多数的大屠杀不是"自发的"枪击或集体迫害——这些屠杀计划安排周详，按时间有序进行，并作详细记录，一切显得有条不紊。这些受害者的金钱与财产都被逐一列入档案，一切皆由如贾斯特和劳夫那样的官僚操作完成，他们的数量成千上万，只是在战后很快融入德国社会，几乎不留痕迹。

那么，这份备忘录的发件人和接收人究竟是谁呢？我们对这些人又有多少了解？对于威利·贾斯特，备忘录的作者，我们知之甚少，他生于1899年，曾在第一次世界大战中服役，在加入帝国保安部（党卫队属下一个情报机关）的保安警察队伍之前，先是一名焊工和机械师。后来他前往盖世太保总部，1938年加入德国党卫军，后在柏林帝国保安总局二处D部门（主管工商业）结束了其职业生涯（海因里希·希姆莱管辖下的保安总局下属的技术与自动化部门）。

人们了解更多的是他的上司沃尔特·劳夫，他是保安总局二处D部门的总管，是改造毒气车，并将其发展成"机动毒气室"的关键人物。如果先前没有来自几位具有科学背景的专家的专业知识，劳夫的机械创新和卡车框架的重新设计就不可能发生。最终导致毒气车发明的原初动力源自希姆莱的担心，他担心特别行动队（Einsatzgruppen，机动屠杀分队）大规模枪击的杀戮效果不佳，从而导致士兵士气低落。1941年8月，希姆莱在明斯克目睹了对犹太人的大规模枪杀事件后，他要求帝国刑事警察局局长阿图尔·奈比博士尽快实行更为有效的大规模屠杀方法。随之，奈比转身向两位在刑事犯罪技术研究所（KTI）工作的化学家——沃尔特·海斯博士（研究所所长，1925年获得化学博士学位）与阿尔伯特·威德曼博士（1938年获得斯图加特工学院的化学博士学位，毒理学方面的专家）——寻求帮助。海斯博士和威德曼博士早些时候曾秘密参与了纳粹的"安乐死计划"中，在最有效的致命化学品方面，为该计划提供建议。[①]后来，他们三人（加上第三位同事、化学家奥古斯特·贝克尔——1938年获得吉森大学的化学博士学位）推荐一种使用瓶装一氧化碳进行毒杀的方法，并且对整个实验过程进行了监测。此方法后被德国巴斯夫公司采购，随后又被用来对帝国境内的六家精神病院的病人进行屠杀。

1941年9月，奈比博士咨询海斯博士，问他是否想过可不利用瓶装废气的方式来进行大规模屠杀。于是，海斯博士和威德曼博士就此问题进行讨论，这次探讨异乎寻常，令人诧异。据威德曼的回忆供述，他们是在柏林的一次地铁之旅中——是在威登堡广场到悌尔广场之间——讨论此事的。威德曼博士随后于9月晚些时候前往明斯克，并监督了第一次使用废气对人体进行排放的测试——人们利用软管泵入的方式将室外一辆卡车的废气引入室内，五名

---

① "T4"计划将在本书第五章"博士们相会于万湖湖畔别墅"中进行更详细的讲述。

精神病患者就这样在密闭的房间中被毒气杀死。在这次试验成功的基础上，帝国保安总局局长莱因哈德·海德里希就要求劳夫设计开发一种机动毒气室。劳夫相对动作较快，使用了从瑞士苏拉集团定购的五辆卡车，然后召集帝国保安总部的机动化师负责人弗里德里希·普拉戴尔和他的首席机械师哈利·温特里特，要求他们对卡车进行技术改造。当时，二人的工作间正是设在柏林奥布莱希特亲王大街的国家保安总部，在三人相互配合下，机动毒气室不久就化为现实——劳夫的最初想法很快由普拉戴尔和温特里特的行动而变成实体。他们设计出一个U形管将废气与车后身的密封隔间连通，以实现对苏拉卡车的改装。

历史学家克里斯托弗·布朗宁（犹太人大屠杀研究专家）在其著作中描述了1941年10月温特里特驾驶改装的苏拉卡车原型车到刑事犯罪技术研究所（KTI）大院进行测试的场景。威德曼博士随后为他所在部门的年轻化学家开了一场小型的研讨会，主题是如何以最佳方式杀死人类：

> 威德曼……解释道，通过调整点火时间，可以最大限度地提高废气中有毒的一氧化碳气体的含量。他还解释了如何测量密封隔间的一氧化碳含量……他的一个手下甚至戴上了防毒面具进行了气体含量测量。

几天后，海斯博士开车送两位见证过这次演示的年轻化学家前往萨克森豪森的集中营（位于柏林以北30千米的小镇奥拉宁堡，"二战"时所有德国占领区纳粹集中营的指挥总部所在）。在那里，他们再次看到了苏拉卡车，卡车被党卫军军官团团包围着。他们看着40名裸体的俄罗斯战俘被带到卡车上，锁在后车厢里。然后，卡车大约行驶了10分钟，海斯和他的年轻学生跟着汽车后面步行。他们可以听到车内的痛苦呻吟声，但20分钟后一切归于沉寂。于是他们从驾驶室里的窥视孔检查了下车厢，确认所有战俘都已死亡。这是机动毒气室的又一次测试，对帝国的化学家们来说，他们又取得了一次成功。

现在，机动毒气室的全面生产完全可以开始了——他们订购了30辆卡车，较大型的卡车来自苏拉集团（约可携载50—60人），稍小型的卡车来自欧宝公司和戴蒙德公司（约可承载30人）。随后，在温特里特的监督下，在柏林一家名叫高博夏特公司的帮助下，人们对这些卡车进行了改装（高博夏特公司提供了可安装在卡车内的密封金属箱体）。几个星期之后，至1941年12月8日这天，在党卫队一级突击队中队长赫伯特·兰格的指挥下，特遣队开始在海乌姆诺集中营切姆诺采用新型的机动毒气室屠杀犹太人。其中，苏拉公司和戴蒙德公司制造的厢式货车被送往东部前线，前往里加、维捷布斯克、明斯克和莫吉廖夫等市，以供特别行动队执行屠杀任务——部队指挥官们视之为及时的圣诞礼物，他们非常担心自己的士兵在大规模枪击杀戮中所遭受的心理创伤。

战争后期，在1942年，劳夫在维希占领的突尼斯领导了一个特别行动小组，在那里继续他的工作——杀害犹太人和游击队。如果阿拉曼战役没有扭转北非战场的形势，不能阻止北非的纳粹军队，那么劳夫还会带着他的机动毒气室在整个中东地区继续灭绝犹太人。1943年，他负责意大利西北部的盖世太保行动，后来他在那里以党卫军旗队长兼武装党卫军上校的身份待到战争结束，并于1945年在米兰被美国人逮捕，然后被押往意大利里米尼的一个营地，并最终从那里逃脱。他设法逃到罗马，并得到梵蒂冈宗教官员的庇护，直至其与家人相聚。随后，凭借伪造的红十字会文件（一个规定的程序文件，许多在逃的党卫军军官在梵蒂冈的帮助下借此得以逃脱），他们全家坐船前往叙利亚。然后从叙利亚出发，劳夫和家人最终辗转来到南美洲。最后他在皮诺切特将军统治下的智利找到了避难所，随后一直生活那里，并于1984年5月14日在那里去世。

我发现，在引渡和起诉他的问题上，是否判他死刑是一场漫长的法律斗争，而且皮诺切特政府还会继续保护他。一位朋友传了一部纪录片《独裁者的影像》，其中包含了20世纪80年代初纳粹追捕者贝蒂和瑟奇·克拉斯菲尔德（即克拉斯菲尔德夫妇）在智利圣地亚哥劳夫的房子外呼喊的镜头："驱逐纳粹刽子手劳夫！"随后，影片又出现了劳夫葬礼的镜头，正当装着劳夫的棺材缓缓下降的时候，一些身着皮衣的暴徒行礼向他致意："希特勒万岁！劳夫万岁！"

*****

由于电影《浩劫》里鲁尔工业区的背景中有苏拉公司的镜头，我最初一度以为苏拉汽车公司是一家德国公司。然而，几年前朗兹曼与我相晤时，他就告诉我，他碰巧在现实中也遇到了电影《浩劫》中的苏拉卡车。有一天，他和电影摄制组的人员从瑞士拍摄回来，注意到有辆苏拉卡车就在他们身后行驶，于是他们开始拍摄这辆卡车。随后，这个镜头与鲁尔工业区的镜头在电影中交互出现，在概念上将其与德国的军工复合体联系了起来。

我在20世纪90年代中期开始这些研究时，关于这家公司的信息着实很少。我给德国商会打了电话调查此事，结果没有回应。我甚至通过商务图书馆和一些运输杂志查找相关资料，但一无所获。最后，在一名英国《金融时报》记者的帮助下，我发现苏拉公司实际上是一家总部位于阿尔邦的瑞士纺织品制造企业。据我所了解，苏拉公司在20世纪早期就实现了业务的多样化，进行卡车的生产与制造，但在20世纪70年代或80年代早期又回到了纺织机械的核心业务上来。

终于，我找到了一个瑞士电话号码，并拨打了这个电话，最终和米克尔森先生通上电话，他是苏拉集团的财务总监，同时也是非官方的公司研究的历史学家。我向他解释道，我正在对苏拉公司的汽车制造方面进行研究，并询问是否还有公司以前的档案。电话中，他的声音听起来有些谨慎："不，公司没有正式的档案，但他知道一些公司的历史。"无论如何，什么样的研究角度才是我所探求的呢？我向他嘟囔了一些我的总体研究概况，询问一些关于苏拉公司何时开始制造汽车的问题。他告诉我苏拉公司成立于1853

年，当时是圣加仑郊区的一家铸铁厂，但公司很快就在纺织品制造领域站稳脚跟，并搬到了阿尔邦地区。公司第一辆汽车生产于1898年，最后一辆卡车生产于1983年。他告诉我，这些卡车是由阿尔邦和奥尔滕的一家子公司生产的。最后，我问他公司是否出口了很多卡车，以及出口到了哪些国家。又是一阵停顿：

"请问您指的是哪几年？"

"嗯，我对从20世纪20年代到1950年左右这段时期很感兴趣。"

又是沉默。"请稍等一下，我这里有一些公司的文件，但那段时间的资料不是很多，也许只有10页或20页的样子。"

"您能把您那里有的资料复印件发给我吗？"

"但我需要知道，您究竟是要什么样的信息。"

"这段时期公司有什么汽车出口方面的信息吗？"

"几乎什么都没有，只有一份年度报告中有几行说明，主要讲产品出口到南美、德国、英格兰等国的情况。仅此而已。"

事到如此，我决定问得更直接一点，不过这样通常总会犯错："我听说苏拉公司在第二次世界大战期间向德国政府供应卡车，但我不知道是否这是真的。您能说明一下吗？"

一声惹人恼怒的叹息！很明显，米克尔森先生的语气突然变得不耐烦了："是的。我想，这大概就是你一开始就想要的。我不能给你这方面的信息。目前，伯尔尼的一个联邦委员会正在对公司的所有这些案件进行调查。不久将会有一份关于公司战争年代运营的报告。我不能告诉你更多的信息了。"

事后，我回想起这段谈话。对我来说，最有趣的是米克尔森先生提到了"一份年度报告中仅有寥寥几行提到出口的情况"。历史消隐得无影无踪，数十万人在苏拉卡车里窒息死亡，相关资料居然只剩这些。在接下来的几周里，我试图找到苏拉集团在纳粹大屠杀中所起作用的可靠信息，但一再走进死胡同，没有任何进展。维纳图书馆，通常是一个很好的资源库，但它根本没有关于苏拉集团的任何信息，不过它确实保存了一些关于沃尔特·劳夫的资料。我对所收集到的新信息如此之少感到沮丧，于是决定直接前往阿尔邦进行调查，看看在那里究竟能找到什么。

现在，几个月过去了，我们来到了这里——我们的小火车正沿湖"卡嗒卡嗒"地驶向一个小镇……

*****

昨天的时间非常宝贵，我们了解到关于瑞士和"二战"的一些更为广泛的历史背景：我们和我之前教过的一位学生住在纳沙泰尔小镇上。他是经济史学者，专门研究瑞士的地区银行和国家银行之间的关系。如果我们的所作所为让他听起来枯燥无味，也算是给他带来莫大的伤害。然而，他有着无政府主义者的机智和充沛的精力。他对我们的研究很感兴趣，在那天的行程中，他向我们详细描述了瑞士和战争年代的情况，尤其是瑞士的伯杰尔委员会（Bergier Commission）的活动。伯杰尔委员会成立于20世纪90年代末，是一个政府机构，专门从三个方面调查瑞士在"二战"期间扮演的角色——银行业（瑞士银行及其与纳粹德国的关系）；难民及瑞士的难民待遇问题（包括将难民遣返轴心国占领的欧洲的可耻之事）；"二战"期间瑞士工业问题，特别是武器生产工业和化学工业。他向我们提供了该委员会中所有历史学家的个人简历，包括他们过去的研究领域，甚至他们的政治倾向。他对苏拉集团了解不多，只是他认为瑞士邮局和其他一些政府机构过去常常使用苏拉公司生产的卡车，他们应当是"非常可靠的"。

J正将头探出火车窗外，兴奋地喊道："我们终于到了阿尔邦。"我们取下背包，在车门边等着出去。我突然感觉，这个国家北部有种不受重视的感觉。与我们今天早些时候穿过的瑞士富裕中心，即苏黎世和楚格的新建大楼与华丽的城市景观相比，这个地方破烂不堪，满目凋敝。在看了《浩劫》、第一次听说备忘录的13年之后，感觉电影里面描述的，在这里有些不真实。

我们进了车站，对接下来要发现什么一无所知。不知道这里会不会有苏拉卡车的踪迹，或者是关于汽车制造的信息。忽然，J指着车站另一端冲我喊道："看，就在车站外面！"

那是一个蓝白相间的"苏拉"特色标识，带有奇怪的三角墙和小窗。当我们下火车的时候，我发现它就在车站的另一边。挂着这个标识的巨大工棚业已腐烂衰败，屋顶也凹陷塌陷了。我顿时本能地意识到，这些工棚就是所谓的装配库房，这里就是制造卡车的地方。随后，我们来到湖边。那里立着一座阿道夫·苏拉的青铜半身像，他是苏拉公司创始人弗朗兹·苏拉的儿子。

我们看到了附近的一个布告栏，上面有关于这个城镇和风景名胜的信息——其中有一个是"老爷车博物馆"，展馆主要收藏老旧的苏拉汽车，每周三下午对外开放一次。这个小镇的人们似乎为小镇厚重的历史感到自豪。

我们找了个地方住下来，开始寻访车站一带的建筑综合体。我们开始在车站周围四处走动。随即，我们看到了第一辆苏拉汽车，一辆老旧的军用卡车，停在停车场里，车身锈迹斑斑。随后，我们来到了这些木棚后面。后来，我们才得知，这里是另一家纺织厂——海恩娜纺织厂，后来被苏拉公司接手。苏拉公司的起步是从圣乔治的一个小村庄开始的——就在圣加仑的郊外，随后在1853年将其纺织业务转移到这里。但是，这里的大部分建筑都被用于汽车制造。最后，我们偶然发现了一个现代化的建筑综合体，毗邻老厂区的装配库房——新苏拉公司。

这里立了三面旗帜——瑞士国旗、当地州旗，奇怪的是，还有印度国旗——甘地的解放象征（我们随后发现苏拉公司现在在印度有许多子公司）。黄昏时分，我们完成了整个建筑综合体的环行——它的占地面积出奇地大，绕着它的外围，我们大概走了40分钟。当我们重返这个古镇的时候，大多数餐馆已经结束了晚餐服务。小镇给人一种忧郁的空虚感，不过还好，最终我们在小广场上找到了一个地方，喝了点汤。随后，我们漫步到湖边，希望能找到一个酒吧，但结果什么也没有。我们坐在木头建成的码头上，远眺德国南部的星星灯火，想起了十多年前那次在德国拜访博伊斯以前同事的疯狂之旅，当我们坐不到车时，只好在路上搭便车，要不就在高速公路服务站里过夜。J让我想起了一次搭乘便车的经历，一个爱尔兰司机一根接一根地抽着大麻烟卷，驾驶的速度每小时120英里，而且速度还在往上升，直到我们的车子在高速公路车道中间追尾了一辆梅赛德斯客货两用车。然后我们的车身不停地打转，疯狂地越过三条车道，却又奇迹般地没有撞到任何东西。的确，那次我们的九条命牺牲了一条……

我们清楚地记得那些引人瞩目的会面，在杜塞尔多夫，我们与约翰纳斯·施蒂特根交谈；在奥格斯堡，我们与政治哲学家鲁道夫·巴赫罗进行会谈；在阿贝格，我们与直接民主运动的先驱们——威尔弗里德·海特及其朋友——直接面对面地交流。此时，我还不觉得累，于是继续绕湖岸行走，最终我们发现了一个酒吧。酒吧靠近小码头，相当耀眼。我们一边喝着威士忌，抽着香烟，一边反思今晚究竟有多少收获。转而想到，如果真的有一个地方能给你很多信息，而这些信息又是你永远无法从图书馆或档案馆得到的，那究竟又能怎么样呢？只有站在这片土地上，行走在这片土地上，你才能感受到苏拉公司的巨大体量。这些工厂和装配库棚，在它们的鼎盛时期占了整个阿尔邦的三分之一——创造出了"苏拉镇"。这种经济主导的绝对优势对依赖该公司工作的人们究竟有什么影响呢？同时，它是怎样开始以许多微妙的方法去影响一个社区的整体文化呢？

*****

2000年8月23日

我们的廉租小屋紧挨着教堂。夜间，每隔一刻钟，教堂的钟声就会响起，因此，今日晨起我们的心情就没有那么好了。在吃早饭的时候，我们告诉房主钟声扰人的问题——他似乎觉得很有趣，但也同意今晚给我们换个房间。然后，我们就去镇上的书店，准备买几本关于当地历史的书籍。路上，我们经过一个模型商店，里面出售许多迷你型号的苏拉汽车。书店里的老板讲起话来滔滔不绝，向我们提供了许多苏拉公司的信息，他说，有3000多人在苏拉汽车工厂上班。当工厂在20世纪80年代初关闭时，还引发了巨大的骚乱——因为镇上的大多数人就此失去了工作。现在公司仅保留一小部分人，主要从事汽车维修工作。在镇上，我们发现两个明显不同的区域：一个位于老城的中心，就在城堡边上，那里一直是公司的行政中心；另一个就在车站旁边，主要建于20世纪20年代，大多数的苏拉汽车都在那里生产制造——我们昨晚也在那里走了走。

然后，我们起身向城堡和公司的行政总部走去，突然我看到了我从未想过会看到的东西——一辆卡车从山上正向我们驶来，车上的苏拉标识非常醒目，毋庸置疑。我立刻抓起相机，就像疯狂的狗仔队一样，快速地拍摄。

卡车司机处之泰然，似乎完全不担心。J走上前去和他攀谈——是的，有许多人喜欢这些卡车。这些车子可能已经有20多年了，但是它们仍然可靠耐用，依旧强劲有力。我们可以看看在他车库里的另一辆苏拉卡车吗？我问道。这是一辆车型更老的卡车。我们还获得了可以拍车内仪表面板的照片的机会，很明显，这是卡车迷们最感兴趣的事，毕竟有人欣赏他们的车子。

最终，我们找到了苏拉行政总部，一座引人注目的白色装饰艺术的大楼，有几层楼高，藏身于城堡旁边的一条小巷里。8月的燥热令人昏昏欲睡。我们设法进入楼下的大厅，然后爬了两层楼梯，再沿着走廊到处看看，旁边根本没有人。最后，我们还是遇到了两位秘书，他们对我们不期而至的来访似乎很惊讶。我们开始向他们解释我们正在做的研究，其中涉及苏拉卡车方面的研究，我们能同谁谈谈吗？他们说米克尔森先生是合适的人选，不过此刻他正在度假。有没有其他的主管呢？没有，他们几乎都不在这里。其中一位秘书说，我们可以试试和赫斯先生谈谈——他是车站附近经营苏拉汽车修理部门的负责人。他们二人随即给赫斯打电话，而且很快就安排好了，我们可以马上前往那里。在出去的路上，我们也拿到了去年苏拉汽车年度报告的复印件。在大楼外，我们看到了一个壁画群雕，画上的内容主要纪念公司三代创始人——弗朗兹、阿道夫和希波律·苏拉。

赫斯是个50多岁的男人，和蔼可亲，蓄着小胡子。他学识渊博，对苏拉公司非常熟悉，对我们很有帮助。他用了大约一个小时带我们回顾苏拉公司的历史。历史事实表明，苏拉汽车曾是瑞士国家身份的一个标志——他们为瑞士的邮局、军队和建筑工业供应了大量汽车，在20世纪60年代的生产高峰期，他们提供了瑞士卡车市场50%以上的供应量，在企业生产最高峰的时候公司雇用了当地4500名工人。他们的主要优势是将目标瞄准有利可图的细分市场，通常为客户设计满足特殊需求且规模较小的系列卡车。他们还特别擅长与世界各地的其他汽车制造商进行特许经营和合资经营，例如，他们与英国的维克斯-阿姆斯特朗有限公司和利兰公司建立起了合作伙伴关系。赫斯向我们确认了苏拉公司在1983年停止制造车辆的事实，但这前提就是要有20年担保期，确保一切车辆及其维修部门正常运行，因此他们还有一些生产车间，就像此刻我们所在的车间，主要负责苏拉汽车的维修。在我们访谈结束之际，他自豪地向我们展示了他的酒柜。酒柜上贴有标识，上面写着"苏拉/英国利兰"。

赫斯先生还送给我们两本详细描述苏拉公司历史的书籍，我们当时没有时间详细阅读，因为还要赶在博物馆关门之前参观两个博物馆。他很乐意与我们交流，以前从未有人从英国来专程拜访这里。在我们临走之前，他还送给我们一些特别的礼物——小小的苏拉卡车徽章、苏拉卡车模型，甚至还有一个苏拉标识的烟灰缸和一根苏拉标识的雪茄（这支雪茄至今还保存在我的公寓里，被珍藏在一个银蓝相间的玻璃管里，上面印有"三十年已往，依然还能强劲"的字样），以此来庆祝梅赛德斯-奔驰公司和苏拉公司之间的合作。

在当地的博物馆，我们做了进一步的研究，那天正好是星期三，我们前往"老爷车博物馆"——这里面摆满了苏拉公司的汽车、发动机，并有一些数据图表。很快地，J就和一个参观的年轻人康拉德结成了朋友。他显然也是被这些卡车迷住了，很高兴找到志趣相投的人。当他们在谈论发动机大小尺寸的时候（J总是给人一种资深的卡车极客印象），我在博物馆里四处搜索，看有没有关于苏拉汽车在战争年代所起作用的参考资料。可以断言的是，这里几乎什么相关资料都没有。一辆20世纪40年代生产的军用卡车，在生产日期上算是最接近我们正要寻找的卡车。我们开始翻阅一本详细描述苏拉车型的书籍，试图找到那种为客户量身定做的机动毒气车，但是一无所获。

现在我们感觉有点累，只好返回我们的出租房。当J在休息时，我打开电视，想要看看距离这里不远的球队比赛新闻报道。我从童年时代起就支持的利兹联队，今晚将在冠军联赛资格赛中对阵慕尼黑1860队。此前，利兹联队在埃兰路球场仅以2∶1获胜，所以今晚的比赛至关重要——我在一堆频道间切换，最终找到了我想要看的节目……下半场开始5分钟，慕尼黑1860队禁区内出现了一个破绽，阿兰·史密斯猛扑过去，抓住了这个得分的机会，0∶1，利兹联队领先，现在利兹联队只要坚持到最后就会赢得比赛……

比赛结果振奋人心，顿时困意全消，于是我们决定出去吃点什么。我们找到一个热闹一点的地方，一个露台上的露天啤酒馆。我们从外面的烧烤摊店里点了大杯的啤酒和一些烤鱼，然后坐在这里，计划在这里的最后一天该做哪些调查研究。我突然想到，为什么我们不去找当地的报纸呢？在这个小镇，如果苏拉公司与机动毒气车曾经是这里最值得报道的事件，那么他们一定知道。J认为这可能对我们的研究有帮助，于是我们决定明天上午到那里看看。

我们还查阅了当天早些时候收到的关于苏拉公司的报告，标题是《你们一直想知道的苏拉：事实、数据与分析》，报告封面是灰红白三色搭配而成的，设计新颖，报告的内容就是按照从A到Z的顺序介绍公司的方方面面。

报告从"醋酸纤维"（Acetate）开始讲起（醋酸纤维皆由人造，主要从能溶于丙酮的醋酸纤维素中提取，特点：温度均衡性好，手感丝滑，尺寸稳定性佳，速干效果好。应用：装饰面料），至"青泽尔（Zinser）"结束（苏拉公司的业务部门，注册办公所在地在埃伯斯巴赫……一个环锭纺纱系统部门的领先公司）。正如销售饼状图那样，棉花和羊毛的国际市场价格的曲线图和最新纺织机械示意图，穿插在这些页面中，都是关于"刺绣"和"丝绸之路"3000年历史的知识性条目。然而，苏拉公司的另一段历史几乎看不到，报告中只有一段是关于"卡车"和"交通工具"的，尽管事实如此，正如报告中所说："如果一个人问起，在瑞士苏拉的名字背后是什么，那么即使在今天，在大多数情况下，人们也会得到是'卡车'的答案。"

后来，我们阅读了赫斯先生送给我们的那两本书。第一本书就极其不同寻常——A3大小，制作精美，主要是为纪念1953年苏拉公司的百年庆典制作出版。此书内含15幅水彩画、铜版画和水墨画，画中多是公司历史上的关键人物与建筑，还刊登有思想高尚的道德文章，这些文章出自当时的董事长汉斯·苏尔寿、总经理阿尔伯特·杜布瓦等人之手，"雇主秉承的诚实、正直、责任精神也是员工和国家需要的精神"。

> 苏拉公司百年诞辰正值经济显著繁荣时期，随之而来的是所有的幸福与不幸的结果……诗人歌德说过，世界上什么都能忍受，但唯有一连串幸福的日子最难以消受。如果歌德所言可以用来描述工业发展现状的话，那没有什么比用来形容瑞士出口工业更贴切的了。
>
> 我们将一如既往，努力证明自己会无愧于我们苏拉公司辉煌的过去，做好自己的本分之事，尽力维护和提高苏拉公司的世界声誉。

翻过这一页，我们看到了1953年苏拉公司的董事会和管理层名单，共15人，此时距离"二战"结束刚好过去了8年。我们很想知道，为公司百年诞辰而写的文字是怎样打动这15个人的。

汉斯·苏尔寿博士，董事会主席

阿尔伯特·C.努斯鲍默，董事会副主席

阿尔伯特·杜布瓦，总经理

查尔斯·德切夫伦斯

C.奥古斯特·赫格纳教授

H.C.保罗·雅贝格博士

弗里茨·斯坦费尔斯

海因里希·沃尔夫·维克托·迪姆博士

维克多·迪姆，经理

沃纳·弗勒里

阿道夫·哈格，经理

雷内·哈布斯，经理

爱德华·鲁普雷希特，经理

奥托·齐普费尔，经理

罗伯特·步琪博士，副经理

他们当中是否有人知道他们的"中立"瑞士公司曾经在战争中向纳粹德国提供卡车？这些人有没有与湖对面的邻居讨论过如何改装卡车来满足客户的特殊需求？难道他们当中没有人讨论过如果减少货厢体积会在多大程度上影响车身的稳定性？在与德国人的会面中，他们有没有向党卫军解释道："除了小型车辆外，（对已定购的卡车进行）车身结构性改造，目前还不能做？"

赫斯先生送给我们的第二本书名为《苏拉公司之旅》，出版于1945年底，距之前苏拉卡车在海乌姆诺集中营的投入使用的时间相隔不到一年。这本书的封面设计和内容安排从两个方面揭示了以下几点：首先，它通过本书精致的现代主义方式，向我们展示了苏拉公司的良好形象与勃勃雄心，以及作为工业设计先驱的成功典范——以精美的黑白图像彰显阿尔邦地区苏拉工厂与行政总部的方方面面，展示了整个车辆制造过程，每幅图片均配以短文简介。其次，考虑到这本印制精美的书是在欧洲其他地方的战争结束几个月后才出版的因素，因此，这本书的出版还证明了，不仅"二战"期间瑞士生意兴盛，而且在战后依旧繁荣，发展良好。要知道，那时的纸张供应就像其他的产品一样实行限额配给制，并在欧洲大部分地区持续了多年。

书的第一页就是一张苏拉汽车引擎的照片，就像一件雕塑，上方写了这样的话，至今还有令人不安的历史回响：

我们工作质量给予我们强大与自由

导言介绍如是说：

苏拉公司决定出版这本宣传小册，并非因为有什么庆典需要纪念，而是因为我们的最新工厂除了理应受到圈内那些令人尊敬的客户们的青睐，也需要引起圈外人士的关注……尽管苏拉汽车在几乎每个欧洲国家的道路上来回穿梭——这主要归功于苏拉汽车拥有众多的授权生产商——从而使苏拉公司名声远扬，得到用户的认可，但相对而言，其旗下工厂（产品）却鲜为人知。

书里接下来便是庆祝劳动理想主义的照片。这些照片显现出一种奇异的美和秩序感，似乎体现了现代主义和创新工业设计的理念——苏拉公司作为模范工厂，处在世界领先地位，工人工作环境优越，管理效率堪称完美。

然后，我们看到一张汽车的图片，是最接近在海乌姆诺集中营使用的车辆——一辆大容量的大型货车。

这会不会是参与讨论过对在海乌姆诺集中营服务的卡车进行必要"技术调整"的人员之一呢？在不改变负载能力的情况下需要将卡车车身减少一米。这纯粹是技术问题。然后，就是这个人或是他的同事，就会开始解决问题的进程。图纸也许是重新绘制过的，并且也做出了比例模型，接下来，新型卡车就会在离车站半英里外的装配车间组装完成。也许，苏拉公司的一名董事会亲自负责这个特殊的改造项目。毕竟，客户才是最重要的。如果这份合同进展顺利，毫无疑问，未来还会有更多的德意志帝国订单……

*****

2000年8月24日

待在阿尔邦的最后一天，正如我们昨晚商讨的那样，今天开始拜访当地报社。在这里，我们第一次遇到一个公开谈论苏拉公司和"二战"岁月的人——当地日报的大胡子编辑恩里科·贝希托尔德（他让我们叫他"里科"）。这个中年人不停地吸着烟，看上去精力充沛，是个典型的记者模样。他告诉我们，这个小镇及其与苏拉公司的关系，有两个不一样的历史——一个事关记忆，一个则事关遗忘。第一个是社会民主党人调查的历史。过去这里曾有一个工人报纸，叫作《图尔高工人报》，其思想主张一直是反纳粹反苏拉的；在20世纪60年代到70年代，《图尔高工人报》曾对苏拉公司与纳粹德国的合作做过一些研究。悲哀的是，这份报纸在20世纪80年代就已经停刊，现在只剩下一份档案。这个镇上的大多数人思想保守，就像他的报纸一样。说到此处，里科抱歉地耸耸肩，接着又补充道，历史上，小镇一直完全依赖苏拉公司，他们只是假装什么也没发生。这是一个想要根除过去、遗忘历史的小镇。接受完采访，里科向我们告别，他热情地和我们握手，并祝我们好运。在这片有组织的健忘海洋中，他像是一个良心的孤岛。

我们走回苏拉公司总部办公室，路上我们还在兴奋地讨论从编辑里科那里获取的信息。我下定决心要去总部探探究竟，看看我们是否能见到公司的高层人士——毫无疑问，那里此刻一定会有人"正在度假"。令人惊讶的是，通过哄诱讨好总部前台的两位秘书，我们还是设法搞到了苏拉公司公关总监丽莎·卡斯特尔曼博士的手机号码。过了一会儿，我给卡斯特尔曼博士打去电话，她接到电话居然有点惊讶。不过，她试图让我和米克尔森先生通话（电话中我已向她说明，我们早已和他通过话，但他此刻正在度假）。在我向她解释之后，她同意一小时后见我们。现在，我们居然有些兴奋紧张，于是决定先吃点东西，计划一下如何进行这场会面——有些事肯定需要深思熟虑、反复斟酌。随后，我们又回到城堡边的办公室，再次上楼。这一次，我注意到一个以前从未见过的重要标识——一扇贴有"档案"标记的门——这是一个饶有趣味的细节，因为我想到，米克尔森先生曾在电话里告诉我这里没有公司档案。

有人引我们进了丽莎·卡斯特尔曼的办公室——办公室四面白墙，里面配有黑色真皮沙发，玻璃桌子——完全是让人不讨厌的现代艺术风格。丽莎大约三十五六岁，穿着大方得体，看上去有点谨慎，但尽量不表现出来："嗨，你好！你们是从伦敦来的吗？我曾在那里度过愉快的时光。我在伦敦的大学攻读了工商管理硕士学位。你们认识圣路加来的人吗？他们真的很酷。我们曾在一起做了一些项目。不管怎样，你们是什么样的艺术家？为了声名，还是为了金钱？！"

"不，不。"我说道，想方设法说出一些让她不那么警惕的事情，"我们是环境艺术家，对教育颇感兴趣。我们这个团体目前正在研究社会上的一些公司，尤其是着眼于公司过去和现在之间的关系研究——你知道，英国石油公司（British Petroleum）、壳牌公司（Shell）、福特公司（Ford）……当然还有汽车制造企业，关于苏拉公司，我们已经听说了很多，这也是我们前来贵处进行调研的原因了。"

我们从苏拉公司的年度报告谈起，这是她的专业长项。在报告的创新设计与外观上，我们恭维起了她。她说："谢谢。是的，设计很巧妙，难道不是吗？"她迷人地晃了一下头。我们问了几个苏拉汽车制造时期的几个具体问题，以及公司的发展现状、公司员工、公司不断拓展的领域、纺织机械和他们在印度的业务开展等情况。

交谈了15分钟左右，她真的对我们产生了好感，也觉得我们没有恶意，感到踏实安全。于是，我将话题引到公司的历史方面来。她随即向我们提供了一份公司官方报告总结的打印件。我问她公司有没有什么一段"艰难"的历史。她看起来一脸茫然。我给她看了一页讨论苏拉卡车改装的备忘录。结果，她呆住了，这个样子我从未见过。她匆匆浏览了这一页。很快，我们的谈话从轻声细语变得嘈杂起来。我说道："毫无疑问，你一定知道这件事吧？"她连忙回复说不知道，她从未见过这样的报告，然后开始对我们起了戒备之心，也变得很生气。她质疑我们是从哪里得到这些备忘录材料的，我们会面讨论的议程是什么。然后，她又对我们的文件横加指责，怀疑我们的文件不是真的。我告诉她，这份文件已经广为人知，并在一部重要的电影《浩劫》中以特写镜头出镜。如果有必要，我们可以向她提供备忘录的副本和文件来源的参考资料。我重申了一下，我们只是对过去的苏拉公司和现在的苏拉公司之间关系很感兴趣。"不，它们之间没有什么交集。"丽莎坚持这样认为。然后她又说，是的，苏拉公司当然有它的历史。但是，它并不活在历史中，不是生活在过去，就像一些公司一样，譬如李维斯、可口可乐那样的公司，它们不以过去为荣，也不留恋过去。公司的员工只会对当下发生的事情更感兴趣。正当她辩解的时候，我勃然变色，我想到了约翰·伯格（John Berger，英国艺术史家、小说家、公共知识分子）的作品《猪的土地》（*Pig Earth*）中的"历史后记篇"写到的那样："资本主义本身的历史作用……就是摧毁历史，断绝一切与过去的联系，将人们所有的努力和想象都引向可以预见的事情上。"

我甚至还想到了某种距离——这是无法想象的距离——这种距离介于这个舒适明亮的办公室、丽莎·卡斯特尔曼本人、她的国际友人、她那老于世故的公关和备忘录中的野蛮事实，以及数十万人因窒息惨死在设计完美的苏拉卡车中的暴行之间。也许工程师们和绘图员们就曾在这座大楼里工作，讨论如何对卡车进行修改？说不定沃尔特·劳夫本人就曾有一天在这里和苏拉公司的董事们一起吃过午饭，并用微笑和杜松子酒来庆祝项目的顺利完工。

我正告丽莎，我不同意她的某些观点——一个公司如果不反思历史怎么可能向前发展呢？从更实际的角度来看，她有没有遵循伯杰尔委员会的工作要求？苏拉公司是不是已经联系过他们了？丽莎一无所知——但她说会给我们回复的。丽莎是否意识到瑞士银行刚刚不得不向犹太人团体和解，并向他们支付超过12.5亿美元巨额赔偿金的事？是的，她知道这一点。她开始记笔记了。J向她问起苏拉公司的风险和负债基金的事，以及公司为此类突发事件预留了多少资金。她依旧一无所知，她再次说有的话会给我们回复的。

最终，我们选择了离开，而她的心情现在大概也恢复了平静。我们说，如果苏拉公司愿意公开他们过去的档案，我们也很乐意分享我们的研究成果。丽莎回应我们说，她必须要和董事会谈谈这一切才行。随后，我们走出这座办公大楼，再次置身于这个8月下午的酷热当中。J开玩笑地跟我说，他能听到碎纸机启动的声音。我说，他们早就有50年的时间来处理这件事，大概也没有多少档案可以剩下了，但毫无疑问，今天下午肯定会有一些电话打向那些在地中海度假或是自家花园中劳作的苏拉公司董事们。

没想到，仅仅是备忘录的一页纸就有如此神奇的力量。这股力量足以让一个公司上上下下慌乱无措，也足以摧毁过去和现在之间的距离。我们在小广场上的一家阴凉的咖啡馆纳凉，挡一挡太阳的炙晒。我们突然一阵兴奋，转而又有一股强烈的愤怒和悲伤。除了这张纸，那逝去的30万人什么也没有留下。但是，就在那一瞬间，我们感觉到，那些死去的男人、女人和孩子还是以某种方式存在着——或者更确切地说，是以这种方式重新呈现了他们——就像我们刚刚在苏拉总部办公室做的那样。想想他们在黑暗与难以想象的恐慌中死难的59年后，又一次短暂地出现在这个瑞士小镇，出现在那个宽敞明亮的苏拉公司总部的办公室里。这个公司不得不重新被人提及，历史被他们如此轻蔑地埋葬在记忆里，如今它又回来了。那些死难者正在被人们再次提起。在那个非常短暂的时刻，他们再次出现了。苏拉公司必须要面对他们，给他们一个解释。

在我们离开小镇之前，我们决定重回那个破旧的车辆装配库棚，那里曾是制造苏拉卡车的地方。爬上破碎的窗户，我们向里面观看，发现树苗从地板缝里生长出来。阳光穿透屋顶上的巨大裂缝，照在地面上。这种复返自然的景象让人有一种充满希望的奇妙感觉。这里似乎包含了某种真理，超越所有的办公室、所有的世故公关、所有的技术官僚和所有的公司暴利。一切也会像这样结束，伴随着成千上万的工人幽灵，公司的健忘失忆，一起沉入地下，直到树根撑开混凝土，小树苗从中生长出来。

三、苏拉：尾声——"历史写作的盲点"

伯杰尔委员会，也称为"独立专家委员会"，根据瑞士政府1996年12月13日颁布的法令成立，目的是对"德国纳粹独裁统治时期和整个第二次世界大战期间的瑞士"与纳粹合作项目进行历史调查。委员会由知名的瑞士经济史学家让·弗朗索瓦·伯杰尔教授担任主席，其中专家小组的主要成员有瑞士历史学家和大学教师（雅克·皮卡德、雅各布·坦纳、乔治·克雷斯）、瑞士法学家（丹尼尔·蒂雷尔、约瑟夫·沃亚梅），以及美国历史学家（哈罗德·詹姆斯，来自普林斯顿；西比尔·米尔顿，以及美国大屠杀纪念馆的学者），一名国际货币基金组织的经济学家海伦·琼兹，一位波兰作家兼外交官瓦迪斯瓦夫·巴尔托舍夫斯基，一名以色列建筑师索尔·弗里德伦德尔。该委员会还有一个由40多名研究人员、顾问和译员组成的小组，并由同等数量的行政服务人员提供支持。在这个委员会存在的五年中，发布了25项研究及其报告，所有这些研究资料均是为2002年的最终报告提供翔实的调查研究结果。[13]调查研究的主题范围涉及面很广，人们可以全面地思考瑞士在"二战"纳粹活动中所扮演的角色及其义务。以下是1997年至2001年发表的一些报告的选编，便于诸位读者对委员会的工作范围有所了解：

- ◎ 逃逸的财产——被洗劫的财产：1933年至1945年间进出瑞士的文化资产及其归还问题
- ◎ 瑞士的公司和强制劳工：第三帝国内的瑞士工业企业
- ◎ 第三帝国内的瑞士化工企业
- ◎ 纳粹时期的瑞士军火工业和战争物资贸易：公司战略——市场趋势——政治管制

◎ 纳粹时期的瑞士金融中心和瑞士银行：主要的瑞士银行和德国（1931—1946）

◎ 瑞士银行的休眠账户

◎ 纳粹受害者的存款、账户和银行保险箱，以及战后的归还问题

◎ 第二次世界大战中的瑞士和黄金交易

◎ 罗姆人、辛提人和叶尼西人：纳粹时期瑞士对吉卜赛人的政策

在伯杰尔委员会成立之初，500万瑞士法郎的原始预算显然不足以进行所需的研究。1997年春，瑞士政府又为该项目拨款1700万瑞士法郎。五年之后，即2002年3月22日，伯尔杰委员会的最后报告出炉，并以四种语言发表。该报告长达597页，现在可以在网上进行全文查阅通读。

在这份报告的引言介绍部分，我看到了一个相当有趣的分标题——"历史写作的盲点"，这也许可以算是一个比较贴切的墓志铭，用来纪念这一特殊委员会调查的终结。这一部分提到了瑞士在"二战"后的初期将自己定位为"世界政治发展的受害者"，以及这种定位如今发生了怎样的实质性变化。但这远远不够，因为甚至在最近的瑞士史学界，这样的表述还在延续：

> 纳粹政权受害者的命运与其观点继续遭到无视（我在此强调一下）。究其原因，主要是因为瑞士学者与官方的历史兴趣和调查研究更多地聚焦于战争和战争经济上，而不是大屠杀，这种似是而非、自相矛盾的做法再现了当时已经普遍存在的公众态度：尽管自1942年起，瑞士人民就能够获得在第三帝国控制下的地区正在犯下的大规模屠杀罪行的信息，但是他们选择了无视。

我一度希望这份报告最终能全面论述瑞士企业在大屠杀中与纳粹勾结合作的情况。当我翻阅到这份看似全面的报告索引时，也许你能想象我的错愕表情（总共花费2200万瑞士法郎，涉及近100人的辛勤劳作，共历时五年），

因为整个报告只有一处提到苏拉公司:"阿道夫苏拉股份公司,阿尔邦——第202页。"于是,我翻到了第202页。在苏拉这个主题之下我能发现什么呢,一家瑞士公司生产了许多机动毒气车吗?

什么都没有。

或者,更确切地说,一句话都没有。只有一份公司名称的清单,包括一份表格。这份表格显示苏拉公司在战争年代是第九大最有价值出口商(介于联合皮格能士生产股份有限公司和奥托芬电信公司之间),在1940年至1944年向德国出口了价值440万瑞士法郎的产品。关于出口的产品是什么,报告中一个字也没有提。

1940年至1944年瑞士签发许可运往德国和
其他国家的战争物资(单位:百万瑞士法郎)

公司名称(所在地)	德国	其他国家	总额
联合皮格能士生产股份有限公司(格伦兴)	13.8	0	13.8
阿道夫苏拉股份有限公司(阿尔邦)	4.4	2.3	6.7
奥托芬电信公司(索洛图恩)	6.4	0	6.4

苏拉公司在1940—1944年对德国出口的那价值440万瑞士法郎物资的事实传达出怎样的意义呢?以及这些数字背后隐藏着多么深的恐惧?

四、插曲：伦敦建筑师的第一次旅行

　　飘落在历史裂罅中的细节，会告诉我们很多真相。一位31岁的男子正要飞往伦敦，这是阿尔伯特第一次到英国，正在执行柏林政府的一项委托。他向窗外望去，在飞机推进器的下方，肯特的田野里，庄稼业已成熟，正在等待收割，林地一片接着一片，小镇一座接着一座。现在飞机飞得更低了，建筑师的眼睛正好可以注意到教堂塔尖的每一处细节，甚至还能看清这些屋顶结构与德国的有多大差异。时值1936年7月，当飞机开始下降时，他坐回自己的座位上，努力回想过去的四年，恍然如梦，虚幻缥缈。四年前的夏天，他的人生起伏不定，四处漂泊，几乎没有工作。他和玛格丽特准备去东普鲁士的湖里玩一个月的划艇。一切准备就绪，行李都收拾好了，划艇也早已送到了火车站，然后就接到了卡尔·汉克打来的电话。卡尔邀请他前往沃斯大街的柏林总部进行建筑装修工作，但时间很是紧迫，需要用几周时间完成工作。每天工作18个小时，需按时按预算完成。[14]这时，他的心中涌起一种满足感，但也仅此而已。然而，现在回想起来，那的确是人生的一个转折点……翌年，在三月选举后的某一周，他再次受到汉克的邀请前往柏林。汉克的语气很急，又一次显露出紧迫感。于是，他和玛格丽特连夜从曼海姆出发，前往柏林。在第二天，他见到汉克。汉克告诉他，纳粹的宣传部长戈培尔要他将位于维尔海姆广场的政务部大楼重新改造一下。随后几分钟时间里，他与戈培尔晤面，并被送到老利奥波德宫，和戈培尔一道穿过宫中的那些房间，一切就像在梦中。"这个地方要装灯，很显然这里光线不足！有了灯和明亮的线条——就可以摆脱灰泥的侵扰和昏暗的环境带来的沉重感……"紧接着，他又一次通宵工作，同样又在几周内完成工作。

　　当阿尔伯特从飞机上出来的时候，大使馆的车子就已经在等着接他了。很快地，他们朝伦敦的卡尔顿府联排大街赶去，直到现在，人们还只是通过新闻短片和照片知道这个地方。汽车驶在两旁种满了梧桐树的道路上，穿过一辆辆电车和伦敦那著名的红色公共汽车。他一边认真看着车外的景色，一边问司机左边那些雄伟壮观的建筑是什么地方。啊，是的，当然——这边是维多利亚和阿尔伯特博物馆，那里是自然历史博物馆。一幅幅巨大的国旗立在这些建筑物的前面，装点着这些建筑——啊，国旗的纯净光泽真是耀眼！他微笑着，想起1933年5月那次著名的滕珀尔霍夫大集会，自那之后，德国大大小小的建筑事务皆由他来做。他的设计思想如此简单，就在那个大讲台上，三面巨幅的旗帜立于希特勒的身后，并辅以巧妙的灯光照明，烘托了整个集会的气氛。随之而来的是公众非同寻常的反应——除了他的导师、著名的建筑师海因里希·特塞诺，阿尔伯特一想到他就很害怕。特塞诺认为这是"彻头彻尾地炫耀，仅此而已"。随后，又有人要求阿尔伯特为纽伦堡一个更大的集会进行会场设计。阿尔伯特在完成了设计的初稿后，又被带往慕尼黑的摄政王街希特勒的私人府邸，并将手稿交给希特勒，请他批准设计的方案。这是阿尔伯特第一次见到元首，他把图纸放在办公桌上的时候，双手止不住地颤抖。他和元首没有眼神交流，只看到桌子上放了一把手枪。元首一个简单的"同意"之后，他就被送了出去。这一切在几分钟里就结束了。但那些改变人生历程的时刻，有许多依旧留在人们心中，挥之不去……现在，车子驶过海德公园角（海德公园的东南角，是一个重要的交通路口），沿着皮卡迪利大街前进，而阿尔伯特的脑海里不断回放着过往的情形。

又一次晋升——阿尔伯特被任命为保罗·特罗斯特在柏林的联络员，负责重建帝国总理府——这是德国最负盛名的建筑设计项目。有时，希特勒参观这个地方，他也跟在身边引导说明，不过他只是那些建筑师当中的一个，而且还是资历很浅的那一位。所以，那天他感到很是惊讶，因为希特勒转身对他说："上来吧，一起吃个午饭！"接下来的时刻更像是一场梦。阿尔伯特谢绝道，他的西装袖子弄脏了，上面有石膏粉。希特勒挥手表示不在乎："我们会在楼上搞定的。"于是，他被带进希特勒的私人套房。希特勒把自己的深蓝色夹克给了他，夹克上面还别有独特的金色纳粹徽章。阿尔伯特欣喜若狂，走路轻飘飘的，他走在"世界上最厉害的男人"后面，穿着这个男人的夹克衫，还跟他一起走进他的餐厅。戈培尔见此情形大吃一惊，问阿尔伯特究竟在干什么。希特勒笑着从中求情："他穿了我的夹克。"[15]随之，阿尔伯特坐在这个德国人最崇拜的大人物旁边，是这个人选择了他，选择了这个不知名的建筑师。那天他是大人物唯一的对话伙伴！这也是一种爱的开始……仅仅就在一年之前，他觉得自己就是一个无名之辈，在一个偏远的外省小镇上，几乎没有工作。他对自己的职业选择充满了疑惑，做事唯唯诺诺，缺乏自信，一直在父亲的掌控之下。现如今，他——著名的年轻建筑师阿尔伯特·斯佩尔居然能待在这里，坐在豪华轿车中。车子停在了有柱廊的伦敦大使馆前，受到德国驻英国的大使里宾特洛甫（后来担任纳粹外交部长）和其妻子的迎接。斯佩尔要在这里监督大楼的扩建和整修工作，为英国新王乔治六世的加冕做好准备。此时，德国开始对英国展开密集的积极外交，大使馆必须发挥作用，必须给英国人留下深刻的印象。

在伦敦的那段夏日时光里，阿尔伯特与里宾特洛甫妻子的接触要比大使多得多。那时，大使多半心情不太好，对外交部长纽赖特男爵返回柏林，就其所见干涉他在伦敦的外交事务十分愤怒。建筑师阿尔伯特的任务并不繁重，部分原因是里宾特洛甫的妻子早已从慕尼黑请来了一名室内设计师。阿尔伯特设计了大楼的中央楼梯，绘制了另外一些图纸来改善窗户的采光、密封与通风的效果。这时的阿尔伯特更担心来自柏林的消息，希特勒威胁说要取消奥运会的开幕式，因为他对体育场馆的部分"现代主义"设计感到愤怒——主要是因为玻璃和混凝土用得太多了。他每天都打电话过去，建议把玻璃移掉，用石头压住混凝土；只要希特勒和原建筑师同意作出这些改变，那么一切就可以在奥运会开幕前搞定。一想到几周以后，世界将目光聚集于德意志帝国，阿尔伯特内心就开始澎湃起来。借此，可以向世界展示一个不断前进的德国。阿尔伯特认为自己与时代精神完全一致，是一颗冉冉升起的新星……

第三章

机构的暴力

一、"上帝带走我的灵魂，苦难煎熬依旧"

2006年11月24日

J和我坐在一辆黑色出租车上。车快速驶过英国伦敦塔桥，穿过伦敦金融之城，向克拉肯威尔飞奔而去。在那里的一家宾馆里，我们准备接待著名的社会活动家兼作家安吉拉·戴维斯教授，这是她多年以来首次访问伦敦，特地来支持我们今晚发起的"永生纪念碑"纪念活动，这场活动在市政厅举行，主要纪念肯·萨罗威瓦和其他八名奥戈尼族社会活动人士。自我们创立"平台"这个组织以来，我感觉我们过着梦想中的生活，一直很兴奋，肾上腺素分泌过多，希望尽可能让今晚的活动产生强大的力量，这是三年以来我们这个组织活动的巅峰时刻。三年时间足以让这一切发生，使我脑海中的一个想法变成一个实实在在的现实。但是，距我们第一次听说尼日利亚石油产区尼日尔三角洲发生的事件以来，已经过去了很长时间。那是在20世纪90年代初，离现在也有10多年了。当我们第一次听到人们在说肯·萨罗威瓦，第一次看到这些照片时，我们还无法相信——在那个遥远的国度，巨大的滚滚烟火还在无尽地燃烧。而一切灾难的始作俑者竟然是壳牌石油公司，这家公司一定程度上也可以说是一家英国公司。在20世纪末期，这简直就是厚颜无耻的暴行。

*****

环境恶化和践踏人权的行为相互交织在一起，这让我们愤怒。那么，它究竟是怎么一回事呢？像世界上某类社会活动人士一样，不——这对象也太具体了，换个说法吧，就像这个世界上一知半解、似懂非懂的一般民众，他们对持续的暴虐罪行、酷刑折磨、传染疫病、无衣无食、食不果腹、贫富悬殊、资源掠夺、环境污染和人为制造的灾难性生态破坏都有一定的认知。但是，大量的苦难信息也会导致他们认知过载，反过来可能会造成所谓的"数字麻痹"——在这种情形下，即使（想要正确）处理这些事实，也已然超出大多数人的能力，更不用说对事实做出某种回应。

就像在过去某个时候，也许是在15世纪晚期，一位有着松柏之寿、凡事孜孜以求的阔绰富足之人，还是有可能读到以其语言印刷的所有书籍。这是一种极其辉煌而又疯狂的博尔赫斯（图书馆）思想。我们还是回到我们这个时代的事情上来吧，几年前我就听过布莱恩·伊诺（英国音乐人、作曲家、制作人和音乐理论家）在英国广播公司（BBC）世界频道中说，在20世纪60年代，他还是个毛头小伙子，理论上仍然可以听懂每一张某一特定类型的黑胶单曲唱片，比如新奥尔良爵士乐或是苏格兰民谣。因为当时录音技术费用相对昂贵，也就导致唱片的数量极其有限。（要知道）每一张单曲唱片（价格不菲）！我至今还记得，当我听到这些唱片时，内心无比惊喜，激动得不停大口喘气。当然，今天随着数字音乐制作技术和音乐产品经销的大爆发，现在有无限多的音乐可供人们消遣。虽然这些无穷无尽的音乐、书籍或其他一切事物所隐含的自由解放初看上去很是诱人，但我一直在想，这是否有点像在远离光污染的山里仰望夏夜星空的经历。一开始，你诧异地看着星空，从一个星座转到另一个星座。银河系的清晰让你无比惊讶，无数个以前你从未见过的星星也让你茫然不知所措。过了一会儿，天体世界渐渐让你头晕目眩，不久之后，一种沉醉迷思的感觉占据了你的整个身心。一切似乎都毫无意义，今夜我们在这里所做的一切到底有什么意义呢？我们所有的热爱、悲伤和激情，我们所有的努力、奋斗和痛苦，哪怕是从最小、最接近的星星的视角来看，真的相当荒谬。甚至连荒谬都谈不上，根本就是无足轻重。一切归于零，什么都没有。为了应对这无限的挑战，我们一直不断地过滤一些东西。我们许多人现在大部分时间都盯在电脑屏幕上，或是盯着手机看，或是两者兼而有之。我们绝大多数心智都耗在了信息的选择与接受上，变成了信息过滤器。这种过滤现象现在已经涉及人们生活的方方面面。我们过滤收到的新闻，过滤看过的娱乐。现在，甚至要过滤我们的朋友和家人。现在在电话里和一个人谈心实属罕见。当发送信息或收发短信占用了一部分时间时，为什么还要劳神烦心地去说话交流呢？而且这样也避免了彼此情绪卷入的潜在危险。生活，和其他一切事物一样，现在已被简化、被过滤（情感的因素已然消失）。

但是，话题再回到尼日利亚和作家肯·萨罗威瓦。早在真正的全球互联网诞生之前，我们在1993年就收到了关于壳牌石油公司和奥戈尼族事件的第一条新闻。这意味着我们事实上只能阅读报纸上的相关文章，或者观看英国第四频道电视台和英国广播公司二台播放的纪录片。我们必须自己搜寻相关信息，而不是简简单单地在搜索引擎中输入一些东西，就能查到我们想要的信息。其结果是，与搜索引擎的搜索相比，我们获悉的资料都有品质保证。我们之间会传递相关文章，追踪纪录片里的录音，然后与众人分享。

通过调查，我们发现，尼日利亚拥有世界排名第七的石油储量，其国内生产总值的95%来自石油行业，但那里的国民人均收入每天不到1美元。关于这个国家的历史，我们还获得了更多信息——早在16世纪70年代，英国皇家非洲公司（有英国海军做靠山）就沿着非洲的沿海地区即现在的尼日利亚开始了奴隶贸易。从这场被称作"黑人大屠杀"[1]的奴隶贸易中所获取的巨额利润，最终夺去了近4000万人的生命。这些巨额利润又流回伦敦，确立这个城市的世界金融和银行中心的地位。19世纪后期，在奴隶贸易废除后，皇家尼日尔公司（拥有自己强大的私人军队）在内陆地区开疆拓土，并进军利润丰厚的棕榈油市场。1899年，英国政府撤销了它们的特许执照，并在皇家尼日尔公司入侵的领土上建立了"保护国"（尼日尔海岸、尼日利亚北部和拉各斯地区——后来被英国政府于1914年1月合并为"尼日利亚"）。英国首相索尔兹伯里勋爵曾赞扬创立尼日利亚国家的官员们，称他们的工作开创了英国文明在地球"黑暗之处"开花结果的先河。

作为这种非自然的关系延伸，英国石油公司（今天壳牌石油公司和英国石油公司的前身）在20世纪30年代和40年代就开始积极在尼日利亚勘探石油。它们第一个重大发现出现在1956年的伊贾（Ijaw）族聚居区的奥罗伊比利地区，1958年2月第一次运输高质量石油"博尼轻油"，当时油船满载石油驶离哈科特港口。据估算，从那时到今天，英荷壳牌石油公司——尼日尔三角洲运营的最大和最重要的石油公司——已从尼日利亚石油中获得超过3500亿美元的收入，而尼日利亚国民的平均年收入不过是其收入的十亿分之一左右——每年250美元。研究中我们还发现，一些其他石油公司在尼日利亚也存在利益关系——比如雪佛龙股份有限公司（美国）、阿吉普石油公司（意大利）、道达尔石油化工公司（法国），而尼日利亚大部分石油蕴藏量丰富的地区都集中在尼日尔三角洲——尼日尔河从那里延伸到非洲西海岸的几内亚湾，整条河流长约450千米，并向内陆延伸了近150千米。我们还了解到更多关于石油开采过程的信息和当地惊人的石油污染状况。

还有一个叫作"天然气燃烧"的过程。我们了解到，对石油公司来说，将此类天然气（石油钻探的副产品）燃除——就像这样烧掉——比收集这些天然气或将其注入岩石更为便宜。这种处理工艺已在世界大部分地区被禁止使用，但是很明显，西方的石油公司认为在非洲地区这样做是可以接受的。即使石油钻探点就在村子中央或是居民定居点的中间，它们也是这样不间断地操作，一天24小时，一年365天，夜以继日地烧。这样做的后果就是，附近的土地很快开始碳化——因为土地被燃烧到很深的程度，无法生长任何东西。在燃烧发生的村庄里，呼吸道疾病的发病率急剧上升，这点毫不奇怪。此外，石油管道在三角洲的大部分地区纵横交错，油气泄漏和爆炸频繁发生，已司空见惯。自该地石油首次出口以来，已有数百人死于此类事故。甚至，此类污染已经蔓延到许多水道和红树林沼泽中，对曾经富饶的渔场产生严重的毒害作用。①

为什么壳牌公司和其他石油公司都认为这种行为是完全合理的？不管出于什么原因，其结果一定是种族主义思想在作祟，这种思想在60多年来已经产生了许多致命的后果。尼日利亚政府（大部分是由军阀控制的政府）也必须承担起自己应负的责任，但我们也要记住，在这个国家还没有形成自己的政府之前，国际上的石油公司已经在尼日利亚逍遥法外30年了。

*****

我从未见过肯·萨罗威瓦本人，但他的积极行动主义给我和全世界成千上万的人留下了深刻的印象。我甚至一度认为，在过去的25年里，我一直在以某种方式与他同行，追随着他。他写作的文风与接受的采访总是激情澎湃。他对讽刺和反语技法的使用令人印象深刻，但又从未脱离他对人类命运的关怀。和那些最有成效的社会活动家一样，他从来都不是面无笑容的清教徒，而是一个对生活怀有巨大热情的人。他也会有狂放不羁的笑声，爱喝上等的白兰地，爱抽精致的香烟，对他人总是怀着强烈的好奇心。看上去，这是多么自相矛盾！也许是这样吧，就像我们所有人一样。他在从事写作之前，是一名极其成功的商人，但他有时会自称还是个"穷人"；他怒斥英国殖民主义的不公平，却还把自己的孩子送到英国公立学校去上学。但是，这些都不重要。非同寻常的是，他能够替他的族群——奥戈尼人——发出人民

---

① 联合国环境规划署的一项为期两年的研究（《奥戈尼地区环境影响评估》，2011年版）发现，"奥戈尼地区的石油污染区域分布广泛，已经严重影响到当地环境的生态结构"，石油开采已经使当地环境受到严重污染。"生态环境修复……可能需要25—30年的时间"，治理费用将会高达10亿美元。研究还发现，几十年来，生活在尼日尔三角洲的许多人长期暴露在因芳烃污染而导致的严重健康风险环境当中。

的怒吼。奥戈尼族是一个约40万人的部落族群，他们生活在石油污染破坏最严重的尼日尔三角洲地区。萨罗威瓦能够将戏剧家布莱希特在其著名诗歌《怀疑颂》中歌颂的精神变为现实：

> 但是，最美的怀疑就是
> 当被踩踏的、失望的人儿抬起头，
> 不再相信压迫者的强权。

肯·萨罗威瓦帮助奥戈尼族人，要让他们意识到自己所拥有的强大力量。就这样，他们一起斗争，随着时间的推移，他们不再相信石油公司的力量，也不再相信尼日利亚政府至高无上的权威。这一变化过程花了很多年：20世纪80年代末，肯放弃了他非常成功的写作事业（他写过许多作品，其中《索扎男孩》和《巴斯和公司》是尼日利亚最受欢迎的电视剧），并开始到处奔走呼号，大力宣传，要求结束针对奥戈尼人的非人待遇。他看到在西方石油公司的掌控下，奥戈尼人走向"缓慢的种族灭绝"。20世纪90年代，他与年轻的律师莱登姆·米特，以及奥戈尼地区的其他社区领袖成立了一个名叫"奥戈尼人民生存运动"（MOSOP）的组织。同年，他们发表了一份小小的宣言——《奥戈尼权利法案》，在尼日利亚产生巨大影响。这份宣言清楚地表明，奥戈尼人民在过去30年中遭受到种种不公，他们要求尼日利亚政府进行彻底改革，并增加人民的权利，终结壳牌公司和其他石油公司造成的"奥戈尼环境完全退化"的污染问题。

不久，肯·萨罗威瓦就意识到，要想让尼日利亚在日益全球化的世界里实现变革，就需要国际社会的参与和关注。他开始让联合国参与进来，他去了日内瓦和纽约的联合国总部，热情地与那些愿意倾听奥戈尼人遭遇的团体交谈，经常向他们出示他自己拍摄的奥戈尼地区遭受破坏的视频片段。观众看到这些视频，起初感到震惊，进而无比愤怒：没想到这样的事情还会在20世纪90年代发生，而且西方的石油公司居然在这里如此荒唐地串通一气。最重要的是，肯非常聪明地阐明西方社会每个人的责任；他在欧洲待了很长时间，深谙西方人所谓的语言力量，比如说，"这是以你的名义做的！你想让自己良心不安吗？"

你们的大气已经被碳氢化合物烟雾、一氧化碳和二氧化碳污染，这种气体在燃烧，一天24小时从不中断，一周7天从不休息，早上、中午和晚上不分时段，无论风雨，从不终止，至今已经持续了33年！如今，这一切的后果是，你们一直有酸雨陪伴……这是个雨量充沛的地区，因此酸雨又回到土壤中，其直接结果就是，曾经是尼日尔三角洲粮仓的地方现在变得一片贫瘠，寸草不生……壳牌却始终无动于衷，满不在乎，实际上这是种族主义者的陋习，因为他们知道他们（应该）做些什么。为什么只有在尼日利亚的奥戈尼才会这样呢？在那里，他们燃烧天然气已经长达33年，有些燃烧竟然就在一些村落的中心。为什么他们一点都不在乎呢？……壳牌石油公司能逃脱谋杀的指控吗？他们毁灭了奥戈尼人，无论他们身在何处，只要他们勘探开发石油，他们就会毁灭那里的少数民族。

我试图调动人民的舆论，尤其是在西方社会，要调动那些壳牌公司的股东与他们的国家政府、欧洲人民、英国人民、德国人民、法国人民、意大利人民，以及那些在尼日利亚勘探石油的西方公司里工作的人们，（让他们）意识到他们正在尼日利亚犯下罪行：破坏环境，并剥夺那里人民的尊严。因此，我的使命就是让西方了解尼日利亚正在发生的事情的真相，而这些真相一直被刻意隐瞒，不为人知。我相信，如果人们知道尼日利亚正在发生的一切，他们必然会对此采取措施，来阻止在20世纪末光天化日之下的抢劫和谋杀。要知道，所有在尼日利亚生产的石油都被卖给了美国、欧洲和日本等发达国家和地区。如果他们坚持认为——"嗨，我们是不会买这种石油的，除非你们确保那里的环境得到保护……除非在产油区生活的人们不再因为这些公司的勘采石油而饱受非人的待遇",那么故事就会完全不同。尼日利亚的国民政府不能重蹈覆辙了。现在看来,西方社会要负很大的责任。尼日利亚的石油利润流入英国的口袋……正是……西方国家的信用使尼日利亚这个国家得以生存……因此,(西方社会)有道德责任干预局势,调和当地人民与西方公司之间的矛盾。

1993年6月,肯·萨罗威瓦会见了英国著名的化妆品公司美体小铺(Body Shop)创始人安妮塔和高登·罗迪克,此外他还与极具全球影响力的社会活动人士晤面,不断地扩大个人的社交影响。他们在一起策划了众多社会活动,极大改变了这场运动的媒体形象认知。不久,他们就推出了更多的纪录片,在西方世界的报纸传媒上刊发了更多的关于西方公司在尼日利亚开采石油的系列文章。这使得尼日利亚政府和石油公司第一次开始真正感受到来自西方社会的压力。尼日利亚政府和西方石油公司的丑闻也不断被曝光,1993年1月4日,在新宣布的"奥戈尼日"这天,30万民众走上街头抗议政府与西方公司的危险做法,示威中展现出难以置信的团结。随即,壳牌石油公司迫于无法回避的压力,停止了奥戈尼地区的所有石油勘采作业——对于奥戈尼族这样一个一直被视为在自己的土地上无能为力的少数民族来说,这是一个惊人的成就。这一切的行动都是运用圣雄甘地的非暴力不合作原则,让妇女站在斗争运动的最前线。通过诸如此类的斗争,其成就不能只凭结果——政治上的成就——来评判,同样,抵抗的过程也包含了整个族群社会斗争的彻底化。人们逐渐意识到教育才是权力的核心,因而争取平等不仅挑战了政府当局的权威,也使斗争中双方的势力发生变化。

奥戈尼人的非暴力对抗对西方石油公司和尼日利亚政府造成了极其严重的影响。如果萨罗威瓦这种成功的斗争模式也在三角洲的其他地区得以实现,那么它将威胁到尼日利亚的整个石油工业。不仅壳牌公司、雪佛龙公司和其他石油公司的丰厚利润不复存在,而且严重依赖石油收入的尼日利亚军政府也将受到生存威胁。肯，雄心勃勃，并未因奥戈尼人获得的惊人成功而沾沾自喜、忘乎所以。尽管奥戈尼人将壳牌赶出了奥戈尼地区，但他还要走得更远一点。在1993年一整年中，这场运动持续深入，尼日利亚军政府开始恐慌起来。军政府在想：要怎样做才能阻止奥戈尼人的抵抗运动，让壳牌公司重新回到那里继续运营？

1993年4月，尼日利亚国家安全局第一次拘捕了萨罗威瓦，但是一天后就被迫释放了他，并未指控任何罪名。5月，壳牌公司执行主管与尼日利亚政府安全官员会面，就奥戈尼地区的发展局势达成共识。1993年6月，萨罗威瓦再次被捕，这次他被当局监禁了一个月，理由相当荒唐，政府指控他引发了选举"动乱"。在拘押期间，他写成了《一月又一天》，书的末尾显示了他毫不妥协的决心和意志：

> 我被拘留了一个月零一天，在坐牢期间，我见证了邪恶势力特有的高效率。在一个实际上什么都不管用的国度，国家安全部门却配备了现代化的新型小装置，确保所有命令都能做到军事行动般的精确。这些人不可思议地忠实于他们接受到的指示。

最后，他叙述道，有人告诉他：

> 1993年7月15日，共有132名奥戈尼男人、妇女和儿童从他们在喀麦隆的住所返回奥戈尼时，在阿多尼河畔遭到一伙武装分子的伏击，并被他们残忍地杀害，仅留下两名幸存的妇女报告这起恐怖事件。由此可见，对奥戈尼人的种族灭绝呈现出一个新的发展态势。如果我能活着讲述这个故事，我将在下一本书中道出它的来龙去脉。

1993年末，尼日利亚又发生一次军人政变，全国临时政府垮台，萨尼·阿巴查上将夺取了政权，成为尼日利亚总统，危机进一步升级蔓延。阿巴查一直就是尼日利亚军中恶霸，他要求军方采取一切必要手段，对萨罗威瓦和奥戈尼人民生存运动的领袖采取更加果断的行动。根据公司内部文件，1994年4月30日，壳牌驻尼日利亚公司的新任董事长布莱恩·安德森首次与阿巴查总统会晤，强调壳牌公司对"奥戈尼族群和肯·萨罗威瓦其人"的担忧——因为他们已有一年时间没有在奥戈尼地区开展石油勘采业务了。后来二人结束了会面，安德森离开的时候也认为阿巴查总统会采用武装力量或警察力量干预这起事件。安德森后来也说，他曾向阿巴查总统明确表示，他要求壳牌公司在近来的政治事件中不要牵涉到任何政治实体（军队或警察），因为公司担心事态会升级，对公司影响不好。大赦国际在2017年的年度报告——《犯罪企业？壳牌石油公司20世纪90年代卷入尼日利亚侵犯人权事件调查》中——引用了这一点。

但阿巴查采用了武装镇压的方式来平息此事，派出由反社会倾向的保罗·奥昆提摩少校领导的河流州内部安全特遣部队（ISTF）前往奥戈尼地区。这支机动部队以突然袭击的方式制造恐怖浪潮对待非暴力抵抗的奥戈尼人——奥昆提摩少校的做法就是夜晚发起行动，命令手下士兵包围城镇或乡村，然后"用连射500发的重机枪进行连续射击，进而朝这些村镇扔出手榴弹……你们能想到那些被包围的村民会作何反应。而部队已经在主干道上设置了路障……我们当时的目标就是，我们应该把这里所有的男孩，所有人赶到附近的丛林里"。目击者后来描述说。[2]

当村民们四散逃往丛林的时候，军队乘机开进城镇和村庄，在里面胡乱射击。士兵和机动警察纷纷冲进房屋，用脚踢、枪砸、刀砍的方式砸坏门窗。那些逃跑不及、与他们迎面相碰的村民，包括儿童和老人，均遭到严厉地毒打，被迫缴纳"和解费用"，还有村民被无辜枪杀，许多当地妇女遭到强奸。

在1994年6月的一份报告中估算出，当时大约有30个村庄遭到内部安全特遣部队的洗劫，"超过50名奥戈尼人被法外处决"。到了7月，荷兰大使告诉布赖恩·安德森，军队已经杀死了大约800名奥戈尼人。根据同一份报告，奥昆提摩依旧执迷不悟，没有任何悔意，并向尼日利亚军政府当局施压说，如果不采取坚决无情的军事行动，壳牌公司想要恢复在奥戈尼地区的业务几无可能。

根据肯·萨罗威瓦的家人在纽约对壳牌公司提起的诉讼中目击证人的证词（2009年，在案件审判前壳牌公司与原告达成赔偿和解），这些行动的其中一部分是由壳牌公司资助完成的，公司支付给他们所谓的"外勤津贴"，以保证公司的设备获得所期望的"安全"①。在这些费用中，其中有一笔被描述为是"对（壳牌公司）在未来发展中保持持续有利态势的感谢与激励"②。壳牌公司否认向尼日利亚安全部队提供后勤支持和资金支持，但是，这种说辞遭到奥昆提摩的否认——因其在内部安全特遣部队的特别表现，奥昆提摩现已升任陆军中校——他在1995年底公开告诉记者（根据英国《星期日泰晤士报》1995年12月17日的报道）："壳牌公司通过财政支持的方式为后勤工作尽了心力。为了完成此次行动，我们需要一些资源，而壳牌公司正好就提供了这些资源。"然而17年后，已经退休的奥昆提摩收回了他最初声明中的一部分，与此同时，他又证实在20世纪90年代中期壳牌公司一直与他保持秘密联系，并怂恿他对奥戈尼地区的奥戈尼人采取行动。壳牌公司却表示，这些指控缺乏可信的证据支持。公司还说，壳牌公司多次表示反对暴力，并对当时的暴力恐怖行为予以公开谴责。

但是，不管怎样，就算这是阿巴查的个人意志，即通过内部安全特遣部队进行残酷的干预，其目的是镇压奥戈尼地区的反对派，那么他的行动恰好起到了相反的效果。其结果是，整个三角洲地区爆发了越来越多的抗议。随

---

① 关于壳牌如何受到指控，并以现金直接给付奥昆提摩的描述，请参阅埃吉奥古先生的证据，具体参见2010年年12月5日的《英国独立报》中《肯·萨罗威瓦受到诬陷，秘密证据曝光》一文。

② 引自大赦国际2017年报告《犯罪企业？壳牌石油公司20世纪90年代卷入尼日利亚侵犯人权事件调查》，第10页。

着骇人听闻的强奸和杀戮事件浮出水面，国际上的抗议声与日俱增。1995年5月21日，萨罗威瓦前往奥戈尼，准备参加当地集会。途中，在距目的地只有几英里远的一个军事检查站被拦下，最后不得不放弃集会活动，只好转身回家。于是集会在萨罗威瓦本人没有到场的情况下继续进行，结果演变成一场暴乱。在随之而来的混乱中，四名被认为支持军政府的奥戈尼长老被杀害。阿巴查政权借此机会，以"煽动谋杀"的罪名构陷萨罗威瓦——尽管当时他已经置身于事件发生地数英里之远，正朝着集会相反的方向行进，结果是萨罗威瓦和他的15位奥戈尼同仁被捕。几乎就在同一时期，布莱恩·安德森和其他壳牌公司高管再次与阿巴查将军和军政府官员会晤商谈壳牌公司在奥戈尼地区的运营事务，萨罗威瓦和他的同事被投进大牢监禁起来，无法与律师会面，时间长达九个月，其后在1995年一个特设法庭上受到了审判。这场审判就是一场闹剧，军政府显然操纵了法庭，其中还包括所谓"目击证人"提供的大规模贿赂，而且萨罗威瓦等人还没有上诉的权利。少数几个获准进入法庭的国际法律观察员一致认为，这是一个不按法律程序进行审判的法庭，即"袋鼠法庭"（kangaroo courtn）——英国律师迈克尔·伯恩鲍姆（Michael Birnbaum）断言，这场审判存在着"根本的缺陷，极其不公正"。[3]1995年11月2日，这场注定要发生的裁决结果公布——萨罗威瓦和他的八名奥戈尼同仁被判处死刑。

然而，从1994年5月萨罗威瓦被捕到1995年11月法庭宣布判决结果期间，壳牌公司的高官们本可以在其中任何一个时间点进行干预，来阻止这场明显不公正事件的发生。他们本可以有多种不同的方式来与尼日利亚军政府交涉，或直接与阿巴查总统交流，或与尼日利亚的石油部进行特殊的接触，或与英国外交渠道进行会商沟通，或发表公开声明以表关切。鉴于西方石油公司在尼日利亚一直拥有强大的影响力，他们去干预政府打压民众的集会活动还是极有可能的，而且很有可能富有成效。但是他们没有采取行动，无所作为，这才是最致命的。当时，壳牌公司首席执行官马克·穆迪·司徒慕德和整个公司都再三声明，壳牌公司干预尼日利亚政府的行为是不适宜的。"公司不能卷入政治"，那样做是"极其危险和错误的"。可是，在过去的50年间，他们一直在尼日利亚做这样的事情——如果不是对该国进行显著的干预的话，那他们又做了些什么？如果不是"干预"的话，那么布莱恩·安德森和他的公司同事们分别在1994年8月5日、1995年3月16日和1995年7月22日与阿巴查将军和尼日利亚军政府代表的会晤中究竟谈了些什么？当时他们这些会议的记录应该予以公开，让人们搞清楚这些会议上他们到底说了些什么（尤其是萨罗威瓦的情况），同时人们也可以知道当时是壳牌公司的哪些高管参加了与阿巴查将军的会晤。可能有些高管想在自己的职业生涯中追求"更高远"——无论是在石油行业还是在政界，都想有所拓展。

事件发生后，教皇、南非总统纳尔逊·曼德拉和一些著名的英联邦国家领导人发出呼吁，要求释放萨罗威瓦及其支持者。[4] 不过，曼德拉这次犯了人生中一个最大的错误（他本人后来承认了这一点），要求与尼日利亚这个昔日非洲人国民大会的老盟友进行"温和外交"。尽管各方付出了努力，但是这一切来得太晚了，根本无济于事。1995年11月10日上午，在哈科特港监狱，肯和他的八名同事被处以绞刑。肯是第一个受刑的，被带到绞刑架上时，他大声喊道："你只能杀死信使，你不能消灭讯息！你只能杀死信使，你不能消灭讯息！……"由于绞刑架机械故障，第一次行刑没有成功。刽子手们试图进行修复时，肯被带离了绞刑架。第二次，绳索重新套在肯的脖子上，但这次杠杆失灵了，肯又被带了出去。刽子手们对绞刑架作了进一步处理，最终杠杆结构恢复工作。随后，刽子手们决定让肯看着他的朋友一个个被处决。首先是约翰·克普尼恩，奥戈尼人民生存运动的青年领袖；接着是巴里内姆·基奥贝尔博士，河流州的前专员。然后，剩下的六个人，一个接一个地被处死。最后，刽子手们绞死了肯。他死前最后的话是："上帝带走了我的灵魂，但斗争仍在继续。"

*****

以下九人于1995年11月10日被处决：

巴里博尔·贝拉（Baribor Bera）

塞托德·多比（Saturday Dobee）

诺杜·埃沃（Nordu Eawo）

丹尼尔·格博库（Daniel Gbokoo）

巴里内姆·基奥贝尔（Barinem Kiobel）

约翰·克普尼恩（John Kpuinen）

保罗·莱沃拉（Paul Levula）

费利克斯·努亚特（Felix Nuate）

肯·萨罗威瓦

五天之后，壳牌石油公司和尼日利亚军政府宣布将在尼日利亚联合启动一项价值40亿美元的液化天然气项目。布莱恩·安德森表示，壳牌石油公司"仍然坚定地致力于尼日利亚国家和人民的长远未来"。

J和我听到这个消息的时候，我们正在英国的格拉斯哥。极具讽刺意味的是，我们还在一个庆祝约瑟夫·博伊斯遗产的大会上发言——艺术如何在社会变革中发挥重要作用。我们待在我的一位巴斯克朋友的合住公寓里。J出去取牛奶了。我至今清楚地记得，当时我坐在小厨房的餐桌旁，J拿了张报纸走进来，拿出了头版："他们居然做了，这些混蛋。"

尼日利亚藐视世界，公然绞死肯·萨罗威瓦

我真不明白。和许多人的看法一样，我也认为国际社会对尼日利亚政府施加的压力会让他们无法执行死刑判决。那一刻，我内心深处仿佛有什么东西点燃了，像保险丝熔化了。那是一种深刻而又真切的事业未竟的感觉，一种深刻而又真切的愤怒。我知道，媒体焦点很快又会从尼日利亚和奥戈尼移走——媒体记忆通常跨度很短，很快就会忘掉——但我们不会，我们会反其道而行之。我们永远不会忘记这一耻辱，更不用说这样一个事实，如果没有一家英荷石油公司50多年来的野蛮行为，一切悲剧都将不会发生。

可想而知，绞刑之后会出现可预见的全球性大抗议。肯·威瓦（萨罗威瓦的儿子）认为，壳牌公司对他父亲的死负有连带责任——"他们虽然没有把绞索套在我父亲的脖子上，但是如果没有壳牌公司对政府的干预与激励，这种悲剧也就不会发生。"[①] 甚至就连性格温和的约翰·梅杰也对此言辞激烈，认为阿巴查的所作所为完全就是"司法谋杀"（即合法但不公正的死刑判决）。南非总统曼德拉极其糟糕地看错了阿巴查总统，因此心怀痛悔，后来他成功地让尼日利亚暂停了英联邦成员资格。壳牌和其他西方石油公司也在公开场合假装悲伤，但毫无疑问，萨罗威瓦的声音的彻底消失，也让他们松了口气。[5]

但是，这些谋杀着实是一个难以置信的转折点，因为，其后有成千上万的激进人士纷纷投入反对环境污染的运动。1996年，在我们的组织平台上，我们发起了"90%原油"的倡议，要求对全球范围内的石油行业的文化、心理及影响进行调查。我们开始将肯的相关信息带到世界各地，以组织会议、创作表演、出版书籍、刊发文章等多种形式进行宣传——所有一切均聚集于石油企业的本性、责任与义务，详细研究这些企业对全球环境和人权的影响。

2003年11月，我开完在美国匹兹堡举行的一个会议，回来的时候有了一个想法。平台组织曾经在卡内基梅隆大学举行过一个关于"艺术和社会变革"的主题演讲，当时大厅里挤满了人，前来观看的人很多。像往常一样，我们在演讲活动结束后会有一个访谈活动，通过播放肯的采访纪录片（肯最

[①] 引文选自由安德鲁·罗威尔、詹姆斯·马里欧和洛恩·斯托克曼合著的《下一个海湾》。

后一次接受采访），我们直接讨论了艺术最具力量的潜在可能性：

> 我最感兴趣的是，我的艺术应该能够改变许多人、整个社区或一个国家的生活，但我的文学作品就必须完全不一样了，我所讲述的故事必须与西方世界艺术家们的创作初衷有所差异。现在，这不是追求自我满足的时候，它极其严肃，是一种政治，是一种经济，更是所有的一切。在此种情形下，艺术意义非凡，对艺术家和艺术的消费者皆是如此。

在回伦敦的飞机上，我一直读着他的那本《一月又一天》。在乘坐皮卡迪利线地铁回家的路上，时差反应让我疲惫不堪，偶然间我读到这段话："对我来说，这就是原因，奥戈尼地区的环境必须要比总部坐落在伦敦泰晤士河畔豪华办公室的壳牌国际公司更为重要。但我不能允许这样的公司装模作样、沾沾自喜，因为伦敦的舒适办公环境意味着奥戈尼地区孩子们和同胞们的死亡。"

突然间，我感觉这一切好似显而易见，为什么不让罪恶大白于天下呢？为什么不在伦敦建造一座奥戈尼九名遇难者的纪念碑，最好是立在壳牌石油公司中心的外面，在他们遭遇谋杀的十周年之际揭幕？我与朋友及同仁详细地商讨过这种想法，其中就有安妮塔、高登·罗迪克，他们建议我们应该与肯·威瓦联系。不久，我们就在平台工作的地方组织起了第一次会议，这个地方紧挨着伦敦塔桥附近的泰晤士河，会议打着"人类与权力的斗争，就是记忆与遗忘的斗争"（摘自米兰·昆德拉的《笑忘录》小说中人物米雷克的一句名言）的旗号。我们很高兴得到了志同道合者的响应——许多组织派出代表参加了我们这个会议。此外，经过不懈努力，我们也争取到了绿色和平组织、大赦国际、地球之友和国际笔会等机构的支持，他们纷纷派出主管来参会。

为了这个项目，我们也筹集了一些资金。在大卫·A.贝利的帮助下，大家开始构思我们想要的纪念过程，然后，与平台组织的同仁洛恩·斯托克曼和简·特洛威尔一起合作，为活动设计了宣传资料，随即"记住萨罗威瓦"的运动启动并运行起来。我们决定，不让这个运动成为一个传统意义上的公共艺术活动，而是一个"永生纪念碑"，让我们重新将注意力投射在尼日尔三角洲地区，这个地方因开采石油，近来环境不断恶化。

一年后，即2005年3月，我们在市政厅举行了正式启动的仪式。那天大厅里座无虚席，人潮拥挤，会议由伦敦市长肯·利文斯通、肯·威瓦、安妮塔·罗迪克等人主持。活动仪式上，我们为此次"纪念肯·萨罗威瓦和8位奥戈尼人"的活动征集相关资料与文章。中间的时候，林顿·奎西·约翰逊、克地彻·塞萨伊和赫隆·哈比拉朗读或表演他们的作品。威廉·博伊德描述道，当他听到萨罗威瓦等九人被处决时，心情无比震惊，随后他讲述了肯在监狱里写给他的最后一封信。

我很痛苦，极其悲伤。肯·萨罗威瓦，我所认识最勇敢的人，已经不在了。时不时地，肯会设法将一封封书信托人偷偷带出监狱。他最后的几封信中，有一封是这样结尾的："此刻，我精神状态很好……毫无疑问，我的理想迟早都会变成现实，只是我必须把此刻的痛苦埋在心间，独自承受……对我来说，最重要的是，我已经用尽作为作家的才华与天赋，让奥戈尼人民勇敢地面对摧残他们的人。这让我心里稍感慰藉。我内心已经做了最坏的打算，但又怀着最好的希望。我以为，我已经在道德上战胜了他们。"

你已经做到了，肯！安息吧。[6]

*****

2006年11月24日

在出租车上，我们想起了曾读过的新闻报道，报道由安迪·罗威尔和约翰·维达所写，主要反映发生在奥戈尼的石油事件。我们是13年前才见到这些报道的照片，也是第一次听到肯·萨罗威瓦这个名字，以及随之而来发生的一切……包括我们那天早上在格拉斯哥许下的誓言，自此以后，我们走过很长一段旅程。克拉肯威尔·格林，我们到了。出租车在我们下榻的酒店停了下来，我们深吸一口气，让自己平静下来。我们让出租车司机在外面等候，然后走进大厅。我对前台接待员说："我们是来接安吉拉·戴维斯的。"大约1分钟后，电梯门打开了，一位60多岁的女人，面带微笑，向我们走来。她的脸型与和发型一眼就可认出，这可是20世纪70年代初期黑人权利运动的标志性特征。她将我们介绍给她的同事兼同行学者吉娜·登特，随即我们四人乘坐出租车重返伦敦塔桥。安吉拉·戴维斯因有点时差问题心怀内疚，向我们道歉。她想了解今晚更多的事情，并就伦敦市长肯·利文斯通和英国左派的现状向我们提出了许多问题。很快，我们就回到了塔桥附近的平台组织办公室，并将安吉拉和吉娜介绍给我们的同事，还有肯的遗孀玛丽亚·萨罗威瓦和她的儿子肯·威瓦。

这时，我收到了市长助理的一条短信，他询问我们什么时候到达市政厅。其时，市长和官员们都在外面等着呢。嗯，就让他们再等一会儿吧，毕竟无伤大雅。我们在塔桥下穿行，朝市政厅走去。我可以看到为纪念奥戈尼九位死难者设计的"永生纪念碑"获胜作品，在我们面前闪闪发光——由索卡里·道格拉斯·坎普创作的光荣"战斗巴士"，在夜空里泛着银光，熠熠生辉。

我们到了，他们就在市政厅外面等着我们。市长肯·利文斯通和他的副手李·贾斯珀，以及其他官员，像紧张的小学生一样排队等候。在我们走向这些政治家的时候，我细心地品味这一刻，这大概是他们生平中仅有的一次，如此地尊重艺术家和社会活动人士。我首先将安吉拉·戴维斯和肯·威瓦介绍给市长等人，闪光灯不断地在我们面前闪烁，所谓的官方照片就这样被拍摄下来。

我们先是带着赞赏的心情审视纪念作品，然后就被引到市政厅里面，很快被带到七楼——市长的内部密室。一路走过的时候，市政厅的助手抬起头，热情地望着我们。我们被带到一个房间，那里视野开阔，伦敦塔桥美景尽收眼底。房间内放了一张长桌子，上面摆了点心小吃和玻璃杯。在交流正式开始前，我们在这里寒暄了大概半个小时。市长肯·利文斯通以东道主的身份向我们问候致意："好吧，诸位要喝点什么？葡萄酒？啤酒？威士忌？还是朗姆酒？"考虑到我们还要讨论一些事，所以大多数人要了果汁和白水。市长似乎对此不太满意，他说道："天啊，我不知道这些天来左派发生了什么事！居然没有人再喝酒了。哦哦，什么时候我们变成新教主义者了啊！"不久，利文斯通就和安吉拉就查韦斯总统和委内瑞拉问题进行了深入的交流，J和我坐在桌子另一端，我们和市长助手李·贾斯珀聊了起来，但我心里一直想着要把今晚要说的事先定下来。

过了一会儿，我们被迎进内部大厅。在一片嗡嗡的期待声中，我们出现了。今晚市政厅济济一堂，座无虚席。有三四百人出席了今晚的活动。我坐在安吉拉·戴维斯和肯·利文斯通之间，在我们身后是绿黑白三色的巨幅投影——"怀念萨罗威瓦"。这场活动从三年前我在皮卡迪利线坐地铁的那一刻起，经历了很长一段风雨。在这段时间里，奥戈尼人的斗争事件差不多快要在我们的文化中被遗忘。壳牌石油公司也开始松了一口气，他们希望公司不再受到奥戈尼事件影响，希望事情已经"向前发展"——这是众多公司和政客们最喜欢用的套话，他们依靠人们的短期记忆逃脱谋杀的指责。

现在我能看到玛丽亚·萨罗威瓦坐在第二排向我微笑。过去几年里，我从她身上学到很多：她所承受的伤痛，犹如斗篷一样始终覆在她的头上，这种悲伤永远挥之不去；她坚定而执着地认为，人民的正义终究有一天会来到，所有的牺牲都不会是徒劳无功的；还有她对儿孙的爱是如此的温柔。我永远不会忘记一年之前她对我说的那番话：肯被尼日利亚军政府杀害后，她把全家人召唤到一起来交谈和祈祷。她告诉家人，她做了一个梦，在这个梦里，肯来到她身边，向她许诺"未来会有一只正义的狮子帮助你们所有人"。她感谢我们对她和奥戈尼人所做的一切，感谢我们即将做的一切。

每当我们的事业遭遇重大挫折的时候，我总会想到玛丽亚，想到她和她的家庭所遭遇的一切。她给了我们不可思议的力量和灵感。我能想到这个纪念碑对她、对孩子们、对肯、对吉娜、对诺、对广大的奥戈尼地区的人民意味着什么，无论它在伦敦还是在尼日尔三角洲。

市长肯·利文斯通正在向来宾介绍今晚的活动，谈到了女性黑人政治活动家安吉拉·戴维斯对社会产生的重大影响。他甚至还回忆起自己的人生经历。当他还是个小男孩的时候，就是青年社会主义党的党员，常在伦敦南部为拘押的黑豹党成员筹集资金。今晚，我很想听听市长本人内心发出的声音，想知道他是怎么看肯·萨罗威瓦的，以及萨罗威瓦的正义运动给世界带来了什么。随后安吉拉·戴维斯上台讲演，她受到参加者的热烈欢迎。演讲中，她很快就说到了萨罗威瓦事件是如何令世人关注并影响了世界，谈到了这种抗争模式与其他许多为争取民族自决的斗争之间的联系。她发言的要旨更多地关涉当权者的奇怪想法，他们想要创造一种持久的幻觉，现在看来，这种幻觉是多么的肤浅无力。她引用戏剧家布莱希特的一句评论："因为事情原本如此，因而也不会老是如此。"她将这句话与自己在美国种族隔离城市——亚拉巴马州伯明翰市——的成长经历联系起来，当她还是小女孩的时候，她不能到图书馆读书，不能去博物馆参观。但是她的母亲告诉她，终究有一天是要发生变化的，而且它也确实改变了——尽管今天如果她再回到伯明翰，她仍然会感觉自己就是"这个城市的陌生人"，因为在她小的时候，黑人是不能进入这个城市的绝大部分地区的。尽管现在社会取得了进步，但是几个世纪传承下来的制度化的种族主义和暴力仍然给这个世界留下了巨大的遗产，以美国的监狱系统为例——至今仍有超过220万人被监禁在美国监狱里，其中非裔美国人被监禁的比例高得不成样子。

最后，她又回到了肯·萨罗威瓦这个活动主题上，认为在当今全球背景下，萨罗威瓦事件的意义影响深远。其行动主义的榜样力量和护卫人民福祉的大爱精神永远激励着我们，今天仍然是反抗种族主义和种族屠杀的"一座光明灯塔"。萨罗威瓦始终坚持认为，艺术也应该在改变人们的生活中发挥至关重要的作用，因为"艺术家能够鼓励我们以一种不同寻常的方式去梦想"，这也正是索卡里·道格拉斯·坎普所创作的"永生纪念碑"的力量之所在。

在安吉拉的演讲结束之后，我们组织播放了肯·萨罗威瓦最后一次接受采访的部分片段，视频投影在会议厅后面的大屏幕上。这部采访视频我已经看过很多遍了，但今晚它似乎有一股来自心灵深处的特别力量，就像电影的镜头在直接对着我们说话：

> 想要否定一个民族自决的权利长达100年，就要奴役他们，让他们屈服。
>
> 想要剥夺一个民族的资源，拒绝给予他们任何回报，就要奴役他们，让他们屈服。
>
> 想要抢走一个民族赖以为生的土地，拒绝向他们支付任何赔偿，就要对他们进行种族灭绝，让他们屈服。
>
> 我谴责统治尼日利亚的多数民族对少数民族奥戈尼人实施种族灭绝的行为。我控诉在奥戈尼地区勘探石油的西方公司对奥戈尼人实施种族灭绝的行为。我指控壳牌石油公司和雪佛龙石油公司对奥戈尼人实行种族主义的丑恶行径，因为他们在奥戈尼地区的所作所为，在世界上他们想要勘采石油的其他地区并没有发生。

自此，电影剪辑的片段结束。大家默默地看完，整个大厅里静得可以听到人们的呼吸声。然后，我听到今晚的活动主持李·贾斯珀开始介绍起了我，他说我有一些神奇的、与众不同的经历，这些经历带来的经验，可以带领大家以自己身体以外的视角来俯瞰自己。我走向演讲台，开始了自己的演讲。我首先对这部精心剪辑的纪录片的片名——《尼日利亚之耻》——提出异议，可以肯定的是，难道杀害肯及其他八名同仁的事件不同样是英国之耻、荷兰之耻？试想一下，如果没有壳牌石油公司对尼日尔三角洲进行的破坏性石油开采，怎么会一开始就需要开展环保运动呢？然后，我用手指向泰晤士河对岸可以看到的一些城市景观，向与会的人说道，那些曾为奴隶贸易提供融资和组织的公司或机构应当负起更大的历史责任——他们是英国巴克莱银行的欧洲总部、苏格兰皇家银行、英国伦敦劳埃德保险公司。英国银行业和保险业的所有这些支柱，都直接建立在人类贸易的财富基础之上。我们所谓的"文明"有多少是来自几个世纪以来英国犯下的所谓"成功的暴力"？我又回到了肯那激励人心的行动主义，对索卡里非凡的永生纪念碑的创作作品获奖表示祝贺，接着我又引导大家反思艺术的作用，援引了约翰·伯格的华丽词句，来说明艺术是怎样"评判审判者，为无辜者的复仇辩护，向未来展示过去的种种苦难，因此艺术永远不会被人遗忘……那强大有力、令人敬畏的艺术……当艺术这样做时……因此它让生活中的罪恶暴行变得有意义，尽管罪恶暴行本身没有意义，这种感觉……最终与正义密不可分。当艺术如此发挥功效时，它就成了勇气和荣誉的汇合之地，无形无影，不可复归，历久弥坚"。[7]

现在，空气中弥漫着激动的气氛。轮到肯·威瓦演讲了，他向我们介绍了尼日尔三角洲当下的最新情况，向我们解释了纪念活动和我们的运动已经在国际上产生了怎样的影响——尼日利亚人民和奥戈尼地区的人民知道，正是国际社会的团结一致，他们的斗争才不会被人遗忘。J也作出了自己的贡献，他向大家介绍了石油公司所谓的"碳网"及其对我们社会产生的千丝万缕的影响。随后，女爵士萝拉·杨将本次活动主题拓展开来，将其与更加广义上的反种族主义和平等问题联系起来，并在最后朗读了作家本·奥克瑞的诗《纪念肯·萨罗威瓦》：

> 那样他就活该被囚禁/就是因为热爱土地/他惨受折磨/就是因为要保护他的人民/就像古老的城市在哭喊/为这地球的饱受污染/却又如此极其不合时宜/我们生活在一个造作的时代/我们必须再让它顺其自然/用我们的歌声/还有我们有头脑的愤怒

随后，大厅里气氛热烈，大家谈论着与会者的贡献，讨论着各种各样的问题，最后是关于今昔政治对策的讨论。大家也提到了南非的黑人抵抗运动，李·贾斯珀询问我们这些演讲者对此事件的意见或是任何其他的终极解决想法。我回答道，关于反种族隔离运动的这种精神，我们当然是需要的，但是我们更需要想出新的策略和新的斗争方法。但是，这些年的斗争，我们究竟有多少经验收获呢？今晚与会的一些人士过去常常在周五聚集在南非驻英大使馆外抗议示威，就曾得到一个消息说，一个看似无法撼动的国家突然间垮塌了。正如安吉拉今晚在演讲中所说的那样，那些永恒不变的东西从来不会存在。至于新的斗争策略，如果我们去掉那些"企业社会责任"这一类的陈词滥调，转而谈论企业员工的"个人责任"，那将会发生怎样的变化呢？如果我们开始追究壳牌石油公司内部员工的责任，那又会怎么样呢？还是那些在肯和他的八位同仁被处决时还在公司掌权的那些人吗？如果开始将这些人真的绳之以法又能怎么样呢？

最后，我要求大家多反思压迫者总是在想做些什么——他们总是要企图压制真理的声音，这种做法是何其荒谬，就像试着用手指抓住空气。我讲了一个奥西普·曼德尔施塔姆的故事，一位伟大的俄罗斯诗人，曾被关到西伯利亚的古拉格劳改营，直到1938年在那里离世，享年47岁。曼德尔斯塔姆生平最后一首诗并没有被辑录下来，而是被他的狱友们记在了脑子里。这四行的小诗告诉我们真理永远不能被压制的确切原因，以及为什么肯·萨罗威瓦、巴里博尔·贝拉、塞托德·多比、诺杜·埃沃、丹尼尔·格博库、巴里内姆·基奥贝尔、约翰·克普尼恩、保罗·莱沃拉和费利克斯·努亚特这些人永远不会被人遗忘：

你们带走所有的海洋和空间，
你们只留给我鞋子大小的土地，周围还竖起栅栏。
它究竟要把你带往何方？无处可去。
你们留下了我的双唇，即使是在沉默之中，它们也要形成词句。

是的，斗争今晚当然还会继续——我们能感受到肯在俯视着我们，带着微笑，然后又笑咯咯地走开。还有壳牌石油公司里的人们，就在对岸的河边，看到我们的运动开始慢慢地积蓄力量，并与志同道合者结成同盟，他们的神情越发紧张……这次活动最终以对肯·萨罗威瓦、对他的家人、对奥戈尼人民的雷鸣般的感谢而结束。

是的，这样美好的夜晚不常有。当他们这样做的时候，我们就应该把他们像使用电池一样使用起来，为将来的时代做好准备，就像是即将到来的冬天准备好过冬的谷仓。

二、从滑铁卢的一张办公桌到哈科特港的一间囚房

曾有很长一段时间，我的脑海里总是浮现着一部虚构想象的电影。随着时间的流逝，这部虚幻的电影变得越发生动起来，活灵活现。两位主要人物出生时间差不多相隔一年：一位出生在1940年，另一位则是1941年。两人都生在相对富裕的特权家庭，第一个生在英国的萨塞克斯郡，另一位则在尼日利亚的博里。第一个主角在一家石油公司勤勤恳恳工作多年之后，终于在1991年晋升为公司总经理；第二个主角一开始是一名教师，后来转行成为一名成功的商人，再后来又转型为一名作家，同时也是一名社会活动家。电影将我们带入他们二人各自平行不悖的人生活动轨迹，同一天——1995年11月10日。

第一个男人50多岁，高高的个子，分明的轮廓已经有了皱纹，一双浓眉大眼让他的脸看起来像一只和善的猫头鹰。一如往常，在闹钟响之前，他就醒了过来。萨塞克斯镇的外面依旧是茫茫黑夜。黎明来临之前总是寂静一片，除了妻子发出的那种几乎察觉不到的呼吸声，什么也听不见。他轻轻地从床上起身，用脚去摸找自己的拖鞋，小心翼翼地，生怕惊醒了妻子。他穿上便袍，打开卧室房门，穿过楼梯平台，径直来到浴室。他的脑海里开始闪现今天的工作日程安排，从昨晚工作事务停止的地方继续开始——如何确保今天公司里的每个人各就各位？如何剔除那些持怀疑态度的人？在他为公司效力的这些年里，这几个月才是最艰难的。是在为公司救火啊！对，就是这种感觉。等到盥洗完毕，他抽起了烟，烟头的星火在黑暗里闪烁。媒体的采访要求不断地传来，这些问题都是不能等闲视之的。然后，他不得不接受采访，冷静地重复着公司经营理念的重要原则，即公司从来不会干涉别国的主权事务。

他看到了采访者眼中那种强烈怀疑的表情，而不是那种熟悉的弯弯眉，也非那种熟稔媒体行为的轻快眼神。这种让人不安的感觉着实有些怪异。

*****

突然间醒来，竟发现疲惫不堪。令人惊讶的是，仍然有阵阵睡意袭来。乘机记住这个梦，哪怕是梦的一小部分——一张渐渐褪去的脸——他不能确定梦中人到底是谁。他的儿子？他死去的儿子？但是，说出的话语是模糊不清的。现在，梦魇般现实的声音轰击四周的墙壁，沉重的门关闭了起来，刺耳的金属般的回声传了过来，声音突然抬高了许多，靴子在水泥地上发出"哒哒"的响声，门开了。无线电对讲机发出"噼噼啪啪"的声音。最艰难的一天可能就要在这里度过。"可是，你会哭泣的，你知道是什么原因。"这一句是诗歌中的，许久以前在学校里学过，今天上午，居然又出现了。记忆的运作方式总是很奇怪，但是他已无法想起这诗歌的下一句是什么了……这真让人抓狂。隔壁牢房的费利克斯大喊大叫。"先生！先生！"今天，他需要勇气面对他们所有人。他首先必须成为他们的父亲。他瞧了一眼那块锯齿状的玻璃，这几个月来，他一直拿它当作镜子。全世界都看到了萨罗威瓦，这个面带微笑、抽着烟斗的社会活动领袖。费利克斯看见肯回了下头，这个疲惫不堪的男人54岁了，现在看起来苍老了不少。这一天终于到来了。突然间，一股清晰的回忆涌上心头，他好像回到了自己出生的村庄，和祖母一起做饭，在玉米还没熟的时候偷偷地掰下来。祖母还开玩笑地用长木勺轻轻敲打他的手。那时多大？大概三四岁吧？在我们意识到生命的美好之前，生命就是如此的惊人神奇，畅游在天地间，与森林、河流和众鸟一起疯狂地漫游。感觉一切慢慢地展延开来，还是生命最初的模样，还是那种最可爱的迷狂。一切都来到你面前，父母的谆谆告诫，比森和妈妈，一切都来到你面前……停下来吧，现在快没时间了。即使想要记住这荒谬的一天，时间也不够了。他有一种感觉，能从很远的地方俯视一切，甚至是他自己。如同从望远镜的一端向下看去，一切变得渺小，让人尤为厌烦。他的脑海不知从什么地方浮现出校园小诗中的几行："人生来注定会枯萎……你会哀悼。然而，你会哭泣，你知道这是为什么。"[8]试着向上天祈祷，试着让内心平静下来吧。但是，回忆还在他的脑海中一直持续闪回，令他无法进行别的思考。他抓起了椅子上的白色长袍，不想让他们看见自己的任何脆弱。

*****

这部想象中的电影又开始在我脑海中播放——那是这两人在这个星球上共度的最后一天——我一直在想，如果现在他们可以打破时空的障碍，他们彼此会向对方说些什么呢？他们是否可以超越"领导人"身份的角色，也即那种所谓的公众视野下的自我？不可思议的是，我居然还能想象着他们在一起喝威士忌的情节。他们彼此苦涩地微笑，看着命运的捉弄，将他们的生活带入这个世界的冲突当中，一个是石油公司的高管，一个是自由运动的战士。但是，现在所有这些猜想都为时已晚。想象中的电影还是变成了一部纪录片，所有的事件皆是通过目击者的视角得以描述出来的：

> 我们都从监狱的囚窗向外窥视，极目所视，每一个小小的空间都逃不过我们的双眼。那个地方，还有绞刑架，离我们的监区并不远。我看到他们从囚车里一个个地走出来，惊恐地听着他们刺耳的尖叫、无助的哭泣和控诉的呐喊。

这是哈科特港监狱最不同寻常的一天。这天，监狱囚犯们上午9点醒来的时候，发现他们再也不能像往常一样出去放风，而是一直被监禁到下午4点45分。早在上午8点，全副武装的士兵便控制住监狱的大院，监狱管教人员和囚犯们对此情形并不知情。很快，监狱就来了一辆装运棺材的绿色厢式货车。随后，一辆由全副武装的士兵把守的黑色警用囚车开了进来，很快就在监狱大楼前方停了下来。罪犯们相继从车上被押了下来，他们双手绑在背后，双腿戴着脚镣。其中有萨罗威瓦，世界知名作家和保护少数族裔权利的斗士；巴里内姆·基奥贝尔，河流州的政府专员；还有约翰·克普尼恩，奥戈尼人民生存运动组织的年轻领袖。和他们一起的还有塞托德·多比、保罗·莱沃拉、丹尼尔·格博库、巴里博尔·贝拉、费利克斯·努亚特和诺杜·埃沃这几位奥戈尼族的勇士,这几个人相对年轻,并不知名。他们的死刑判决得到了尼日利亚临时执政委员会的最终确认,尽管国际社会此前强烈抗议,多番请求,呼吁停止对这九人执行死刑……这些人看上去茫然失措,一脸惊慌,眼睛四处张望。监狱里的情形似乎让他们大吃一惊。尽管临时执政委员会早在48小时前就已经确认了这些死刑判决,但是他们没有得到这个消息。他们可能仍然心存一丝希望,希望国际社会的压力能把他们从死亡的绝境中拉回来。[①]

但一切为时已晚。萨罗威瓦显出一副大义凛然的样子。他穿着一件当地产的阿迪尔套衫,手上戴着一块有联合国标志的镶钻手表。他提出要见自己的妻子。同样,又是为时已晚。看押他的守卫就是这么说的。萨罗威瓦的双手被绑在背后,他似乎有些感觉不适。他示意旁边一名疾言厉色的看守,要求松下手铐,以减少疼痛。但是,这名看守并没有给他松绑,反而奚落他:"放轻松,等下就好了。想想你即将要去的地方,不会让你更痛苦吗?"(想想你即将要上的绞刑架,不会让你更痛苦吗?)萨罗威瓦试图引起另一名看守的注意,但为时已晚。一位牧师走上前来,为他作临死前的最后祈祷。

然后,剩下的八名奥戈尼人开始哭起来。萨罗威瓦大声地斥骂他们:"你们这些家伙为什么要哭?"顿时,他们停了下来。"好的,先生!好的,先生!"即使这些人知道自己行将赴死,却依旧敬重萨罗威瓦。萨罗威瓦是第一个被押上绞刑架的人。

*****

次日发生了一件小插曲。1995年12月11日,主要牵涉到我们早在萨塞克

---

① 此话源自巴里图尔·勒比和波格巴拉·佐尔佐尔的证词和20名奥戈尼人的证言,详见《今日非洲》1998年11月所载的《释放俘虏》采访笔录。

斯郡见过的那个人，壳牌集团公司总经理，开始了他一天的工作。他驱车来到位于滑铁卢的壳牌公司中心——从现在的后门进入，以避开约克大道上那些愤怒的抗议者。我在想，他是否考虑过最近几天发生在尼日利亚的杀囚事件？他知道发生了什么，也知道这九个人已经不在人世。难道他自己不想想，他的公司在这场事件中所起的影响？

试想一下，在此种情境下，一个人要做什么样的心理建设才能心安理得地继续工作？但这和我们想的可能不是一回事儿。尤其当这个人认为自己还是心怀良知的。而谈到的这个人就是这样看待自己的。他的妻子是一位虔诚的贵格会教徒，多年来就一直参与社会公共活动，尤其关注监狱改革。我一生下来就对贵格会教徒怀有无比崇拜之情，他们对20世纪80年代的反核运动起到了至关重要的作用。我喜欢他们，是因为他们的行动中总是透着一股平静和刚强，他们的非暴力运动中总是透着一丝温和与倔强。尽管我自己从来都不是一个和平主义者，但我敬重他们，敬重这种由信念而生的勇气。然而，现在这个世界已经远离了非暴力的立场。九位囚犯的身体被绳子紧紧地勒住，不能动弹。这些绳索居然是军政府当局与壳牌石油公司合谋生产的。

难道是公事公办？难道是损害控制？难道是危机公关？如果能够听到那天集团公司总经理和投资团队之间的对话，听到他们和公司主要股东，即养老基金的负责人之间的对话，我们就能了解桌面屠夫的群体思维。如果能在壳牌公司中心大楼顶层看到当天的会议记录，也许就能瞬间窥见一家大型企业的灵魂。这里的人们，行为处世从不考虑3000英里以外的其他人遭受他们公司所造成的伤害。事件发生后，公司股价在全球范围内出现震荡，在这座如肯所言"泰晤士河畔华丽的办公室"的大楼里，人们只会想到如何去化解这场危机，如何让这场噩梦尽快消失，如何去维护壳牌公司的利益。这个国家里一些薪酬最高的法律专家会不会已经研究因该事件致使壳牌公司产生的潜在债务和风险问题？壳牌公司的公关团队是否和智威汤逊广告公司（由J.沃尔特·汤普森创立）的公关专家召开过紧急会议？在公众面前公司应当采取什么样的危机化解路线？"深感愧疚……悲剧性结果……公司呼吁军政府宽大处理……悲伤的一页……翻开新的一页……汲取的教训"?公司的法律团队是否检查了所有这些言论,以确保没有任何措辞可以被公众解释成为"道歉",以防坐实与哈科特港发生的事件之间存在着某种联系?

*****

"本公司绝不会干预影响审判结果,一切与本公司无关……我们公司的业务是继续从事石油勘采。"[1]9

---

[1] 壳牌尼日利亚公司总经理布莱恩·安德森在1996年谈到,壳牌公司曾对19名被监禁的奥戈尼族活动分子一事采取"不干涉"策略。

三、看不见的机构

2004年4月15日　星期四　圣约翰巷25号

虽然我们无法确定在萨罗威瓦行刑那天位于哈科特港的壳牌公司中心大楼里发生的事件，但可以肯定2004年4月15日这天发生在圣约翰巷25号伦敦莉达律师事务所内的事情。我们知道，就在这天，马克·司徒慕德爵士（其时已经离开壳牌公司，并因其对石油工业的贡献而被授予爵位，在英美矿业公司担任独立非执行董事一职）来到这家克拉肯威尔的办公室，开始在威瓦起诉荷兰皇家石油公司和壳牌运输和贸易公司一案中供词作证（案件编号96 Civ. 8386-KMW，美国纽约州南区地方法院）。朱迪丝·乔姆斯基（来自拉特纳-狄卡皮欧-乔姆斯基公司律师事务所）代表原告，汤姆·拉弗蒂（来自克拉瓦斯-斯温-穆尔律师事务所）代表壳牌石油公司作为被告。

值得注意的是，我发现司徒慕德证词中的事确确实实发生了。在萨罗威瓦等人被处死九年之后，也就是司徒慕德离开壳牌石油公司的三年之后，这位壳牌公司前总裁不得不在律师面前花整整一天的时间，重温发生在1995年的事件的细枝末节。尽管壳牌公司在当时为此事件支付了大量的律师费用，还聘请了所谓"世界级"公关人员来试图化解公司危机（公关人员似乎总是以"解决此类难题"为荣）。现如今，司徒慕德仍然被要求前往现在的律师事务所，花一整天时间回答律师们的问题。

我们在这份证词中了解到更多的细节，其中包括在肯·萨罗威瓦受审期间，壳牌石油公司与尼日利亚阿巴查将军直接沟通的情况。[10]

<blockquote>乔姆斯基女士（代表原告威瓦一方）问：您是否还记得从布莱恩·安德森（壳牌尼日利亚公司总经理）那里得来的信息？根据布</blockquote>

莱恩与阿巴查将军的会谈，他能断定肯·萨罗威瓦将会被判有罪。

证人（马克·司徒慕德）答："没有"就是答案，但据我所记，阿巴查将军曾向布莱恩·安德森表达过他对萨罗威瓦事件引起的国际抗议极为愤怒之类的话。因此，我当然意识到阿巴查将军非常关注萨罗威瓦案件审判的进展，但不能因此从他对布莱恩说的话或布莱恩对我所说的话中，就能断定他会被判有罪。我不记得有那回事儿。

司徒慕德试图解释为什么壳牌石油公司会在萨罗威瓦案件审判中秉持那种奇怪的立场。首先，他声称，他们无法判断案件审判的公正性，因为他们没有这方面的专业知识：

……我认为，任何关于批评政治进程或卷入政治活动，从来都是壳牌石油公司基因的重要部分，没有哪一家公司会这样做。这里面有两个强有力的因素。这些商业原则非常复杂，通常人们只会得到那些共同原则的回答——如果有人问起："壳牌公司的商业原则是什么？"他们会说："我们不去行贿，也从不干涉政治。"在这一框架下，公司才会有表态的范围空间，诸如每个人都有公平审判的权利，但这并不意味着会对正在进行的案件审判进行批评……如果有一份声明已经在暗示审判不公平，这也许会让我颇为惊讶，因为我认为我们并没有能力对此作出判断。

接着，司徒慕德继续详述壳牌公司的法律团队是如何工作的——但在这种情况下，从未有人要求他们去调查萨罗威瓦案件。

问：石油服务公司有没有法律工作人员？
答：有。

问：法律工作人员究竟在哪家服务公司？也就在这个时期，1995年末？

答：……在英国伦敦和荷兰海牙。这两家联合的公司只有一个领导人。我们分别在这两家服务公司花了一些时间去解决公关危机。当时，我认为公司的领导人理应是杰克·施拉芬，但我并不十分肯定……

问：公司董事会有没有考虑过让控股公司的法律工作人员去分析一下萨罗威瓦和其他共同被告的案件？

答：没有。

问：公司董事会有没有要求壳牌石油开发公司去提供一份萨罗威瓦和其他共同被告案件的审判程序法律分析报告？

答：没有。

但是在后来的证词中，司徒慕德说，他和壳牌公司都知道有一份国际法律报告。这份报告强烈批评萨罗威瓦审判案，认为审判不公，令人不满。但是他并不认为自己有必要去阅读这个报告，也不认为壳牌公司的任何人有必要去阅读它。

问：您是否知道会有独立的法律组织对萨罗威瓦及其共同被告案件的审判程序进行法律评估？

答：知道。是的，我总是相信伦敦的律师协会——不管它现在是不是全球律师协会的一分子——我相信他们对此有自己的看法，而且表述了他们的观点，即依据这个国家的现行法律标准，这次萨罗威瓦案件审判并不能不令人满意。

问：您知道英国律师协会……在萨罗威瓦及其共同被告案件在宣判之前就已经发表关于此案件的书面报告吗？

答：我记得新闻报道过。我当然记得律师协会的声明。那是一个很特别的人，①他的名字我已经忘记了，就是他写了这个报道，但是我……

问：您……对不起，您说完了吗？

答：是的。

问：您读了那个报告吗？

答：我想，我大概读了关于这个报告的新闻报道。但我不确定我是否完整地看了这份报告。

问：您有没有要求壳牌集团的人去阅读那份报告，然后向您汇报它说了些什么？

答：没有。

那种认为执行死刑让人备感意外的想法，着实被下面的证词大大地动摇了（这里再次提出了这个问题——当壳牌公司明知萨罗威瓦等人即将被执行死刑，为什么不在这之前采取行动阻止他们呢？）。

问：你对死刑执行时间和实施死刑判决的态度改变有一个时间点吗？

答：是的。

问：那是怎样发生的呢？

答：我想，大概是出自布莱恩发来的一条信息，就我记忆所及，大概是三四天前，就在实际上执行死刑的三四天前，布莱恩发来这则信息。我认为这则信息未必是书面形式的，但肯定是一条信

---

① 参见英国王室御用律师迈克尔·伯恩鲍姆备受推崇的报告《尼日利亚：基本权利剥夺——萨罗威瓦及其他人士受审案件的调查报告》，即由19条款律师公会联合英格兰和威尔士律师人权事务委员会与英格兰和威尔士法律协会发表于1995年6月，该报告发表于萨罗威瓦等人被处决前五个月。

息，上面讲道："看看，与我们预期的恰恰相反，看来这些家伙真的要完蛋了，真的要执行死刑了。"

司徒慕德的证词还表明，壳牌公司曾在公司内部建立一个专门的机构来公关处理尼日利亚不断发生的混乱，以减少公司的损失。

问：在您看完这个报告后（附件653），您还记不记得瓦茨被任命为壳牌尼日利亚公司危机处理小组主席的事？

答：没有，这并没有什么特别的。但是我想，壳牌公司当时发生了很多事，都需要处理。事实上，我们是以全球协调一致的方式来应对这一事件的。是的，我当然记得，但是我已经不记得危机处理小组的最终人员构成了。我想，我应该告诉你们，菲尔·瓦茨先生是一个办事非常有条理的人，他总会用系统的方式去思考问题。这大概是菲尔·瓦茨先生最优秀的地方，某种程度上我非常敬佩他。他办事有计划有步骤，远胜于我，他根本不在乎组织和结构那一套规则……

问：我想请您注意一下菲尔·瓦茨先生写给布莱恩·安德森的信。这封信在贝茨盖着印戳的14016号那一页。

答：好的。

问：您看到了粗体部分那里写着"信息"的字样吗？

答：好的。

问：上面写道："与此同时，围绕尼日利亚审判事件引起的危机需要得到有效的管控。要做到这点，需要整个集团上上下下齐心协力，无论我们在尼日利亚的行动和意图受到什么样的逼迫或指责，我们都需要向外界传达一致明确的声音。"

答：是的。

所有这些材料都非常重要。实际上，每家公司都会把信息"公开透明"作为他们最高的价值观。不过，除非法律强制他们这样做，公司通常还是想尽可能在暗地里开展公司业务（就在我编写这篇稿子的时候，2011年8月，我们看到了《新闻国际》的最新揭秘，如果不是《卫报》调查小组出色的新闻报道，他们还会继续披着隐形斗篷干着操纵犯罪、窃听电话和霸凌恐吓的罪恶勾当），但我们也对这种心照不宣、人所共知的问题印象深刻——律师们专注细节与程序方式的处理手段有时会蒙住他们，进而也会让我们无视真相，看不到更广阔的图景。让我们看看在这里面没有讨论到的内容吧。律师们也许可以花上六七个小时来澄清某个文件是否X或Y部门看到的最小细节，但从未有人问过司徒慕德，他在公司担任高管时是如何为壳牌公司在20世纪70年代、80年代和90年代继续采用开采过程中天然气燃烧（这是公然无视联合国、无视国际法，因为这种方法直接导致空气污染）的方法进行辩护的。这是典型的只见树木、不见森林……在这片话语的森林里，其他的话语都消失不见了吗？司徒慕德一次也没有提及他自己对尼日利亚局势应负的责任——或是他和他那些运营公司的同事们的共同责任，尽管这些人曾被再三提及。他自己也从未被问及道德或伦理问题。至于壳牌公司，他们断定在纽约公开审理威瓦起诉荷兰皇家石油公司和壳牌运输贸易公司一案显然对他们极其不利。于是在2009年6月8日这天，就在审判开始的前几天，他们同意以1550万美元的赔偿了结此案，或许是为了避免因审理此案而带出他们污染环境和侵犯人权的更多细节。这种在众目睽睽之下的蒙羞并没有阻止壳牌公司的公关活动，他们企图对如此明显的让步做出不同的解释——1550万美元赔偿只是作为一种"人道主义关怀"，其中一些资金将用来建立一个教育和社会信托基金，以"重新认识到奥戈尼地区事件的悲剧性"①（很明显，壳牌公司认为他们对此不负任何责任）。肯·威瓦说他感到很欣慰："我们终于能

---

① "壳牌公司支付1550万美元以解决尼日利亚事件争端"，详见《纽约时报》2009年6月8日报道。

够与过去划清界限了，从法律的视角来看，这个案件意味着企业的经营活动必须要更加小心谨慎。"

但是，那些公司很多年来的经营行为如此恶劣不堪，悍然违反人权，无视基本的环境保护，其实是很难"对过去划清界限"的。国际法院对壳牌公司的案件诉讼仍在继续，其中包括埃丝特·基奥贝尔（巴里内姆·基奥贝尔博士的妻子，与肯·萨罗威瓦一道被执行死刑的九名奥戈尼族人之一）于2002年在美国联邦法院提起的诉讼；另一起诉讼，是在荷兰国内对壳牌公司提起的，由基奥贝尔联合维多利亚·贝拉、贝莱辛·埃沃和切瑞特·莱沃拉（他们分别是九名奥戈尼族人中的巴里博尔·贝拉、诺杜·埃沃、保罗·莱沃拉等人的遗孀）于2017年6月29日一起发起的。这起诉讼指控壳牌公司在非法逮捕和拘留九名奥戈尼族人方面与尼日利亚军政府串通，参与了侵犯了他们的公平审判权和生命权。

2017年，壳牌公司负面消息接踵而至，这主要是因为一份公开发表的题为《犯罪企业？壳牌石油公司20世纪90年代卷入尼日利亚侵犯人权事件调查报告》的调查报告，这是有史以来关于壳牌公司在尼日利亚所作所为的最详细的调查报告，内容清晰明了，毫不含糊。报告调查了壳牌公司在尼日利亚尼日尔三角洲的发展历程，以及在奥戈尼地区侵犯人权事件中所发挥的作用，并在调查结尾阐述了公司此番行为的法律后果。其最终结论是：

> 壳牌公司明明知道干预会对当地人生命构成威胁，却依然一而再、再而三地鼓励尼日利亚军方和警察当局采取行动对付奥戈尼社区的抗议活动。即使这些威胁真的发生了，数以百计的奥戈尼妇女、男人和孩子遭到袭击或被无辜杀戮，壳牌公司却来到尼日利亚军队，要求他们保护公司在奥戈尼地区的利益，并一度参与到军方的活动中……
>
> 壳牌公司曾数次向尼日利亚军方或警方提供后勤协助——特别是在交通运输方面。如果没有公司的运输支持，尼日利亚军队或警

察就不大可能来到奥戈尼地区镇压当地人的抗议，随后发生的暴力事件也许就不会发生……

最终，当时壳牌公司与尼日利亚政府当局不同寻常的关系使得人们有理由怀疑其是否共谋或者参与了奥戈尼地区侵犯人权的暴力犯罪。因为公司与政府高层人员有着频繁而深入的接触，有时甚至还与安全部门一些人员保持沟通。

这封报告的最终建议是：

尼日利亚政府与壳牌公司的母国荷兰和大不列颠联合王国应当着手调查壳牌公司和（或）以前在该公司担任决策或监督职务的个人，查清他们在20世纪90年代尼日利亚安全部队在奥戈尼兰地区侵犯人权的罪行中是否也曾卷入其中。

然后，壳牌公司只用一页纸的声明来回应大赦国际的调查报告。在这封声明中，壳牌公司声称，公司曾呼吁尼日利亚政府当局宽大处理肯·萨罗威瓦及其奥戈尼同事。但是让公司"深表遗憾"的是，这些呼吁最终还是石沉大海，无人理睬。公司还声称，公司不存在与军方当局勾结以镇压奥戈尼社区骚乱的情形，也没有在尼日利亚"倡导或鼓吹任何暴力行为"。

调查"壳牌公司DNA"

位于圣海伦广场上的这座漂亮的维多利亚风格建筑，距离主教门大街不远，从1913年至1932年一直是壳牌公司总部，直到1932年泰晤士河岸边的壳牌麦克斯大楼完工。这里离利物浦街站和难民儿童运动纪念碑只有一步之遥。我又回想起司徒慕德在克拉肯威尔的律师办公室说过的话——"部分壳牌公司基因"。迄今为止，我一直在思考这个，并为之写作，想要搞清楚这个隐喻真正的内涵是什么。一家企业实际上是如何演化发展成现在这副模样的？假如我们视之为一个有生命的实体，而不仅仅是几套年度报告和财务报表，那结果又会是怎样呢？他们是如何学习并适应新的社会环境呢？过去建立起来的企业模式又是如何影响这个如今正在成长的企业的呢？

亨利·迪特丁爵士，1866年生于荷兰，是壳牌公司的董事长。从1900年加入壳牌工作到1936年退休为止，他先将总部设在圣海伦广场，后来又迁到壳牌麦克斯大楼。他在公司任职的这36年里，壳牌公司真正意义上发展成为一个全球大型实体企业。然而令人奇怪的是，在公司历史发展的正式记录中，他似乎并没有什么太多的好口碑。更何况，如果从英国宏大历史背景上来看，考虑到他本人对第二祖国的贡献，结果也是相当令人意外的。"一战"中，亨利·迪特丁爵士是使英国皇家海军从煤炭动力输出一跃变为石油动力输出的核心人物，大大提升了海军的作战效率，一度被丘吉尔等人认为这是为协约国的胜利作出了重大贡献——是他"凭借大量石油帮助协约国驶向胜利"。事实上，战争结束后，迪特丁甚至获得了英国给予他的英国公民身份——这是专为外国公民颁发的殊荣——对此，他予以婉拒，同时却接受了英国授予的"荣誉骑士"这一称号。

那为什么现在迪特丁就近乎消失于无形了呢？当然，他那举世公认的金融业绩、狂热的工作干劲和犀利的反"左"观点，自然会引起伦敦金融之城和媒体的共鸣。而且现如今，他那偏激的民粹主义招牌无疑会越来越受到西方极右势力的热烈欢迎。譬如，从他1934年写的自传中，我们就可以读到他对失业人士的看法。

> 上天要求我们每个人都工作，我的看法是，任何心智健全、体格健壮的人都应该能够正常生活……除非他自己胡作非为、不能生存，这样就是违背上天旨意，形同犯罪，不可饶恕。如果我是这个世界的独裁者——打印机先生，请把我接下来的话字体放大一

点——我会毙了所有游手好闲的人。[11]

不管怎样，绝大多数时候，亨利爵士都是舒适地坐在他的豪华轿车里，在温莎附近的豪华公馆与圣海伦广场之间来回穿梭，在车的后座上翻阅公司财务报告和往来信函。通过这里的办公总部，和拥有最新通信技术的电话银行，他果断作出决定，向全世界发送那些影响深远的讯息——这当中就包括在"一战"前几年他与丘吉尔就采用壳牌公司石油为英国海军提供动力一事进行的交流。随后，在20世纪20年代和30年代，他与世界上不同的客户进行频繁的国际交流，成为一股重要的经济影响力量。

迪特丁在政治上是极右翼的顽固派分子，但是到了20世纪30年代，他的政治倾向发生了改变，正如英国著名评论家安东尼·桑普森所言，迪特丁开始"疯狂崇拜希特勒"。他越来越崇拜希特勒，德国纳粹党与壳牌石油公司之间的同盟关系也越来越密切，尽管壳牌石油公司在官方的正式历史文件中经常淡化处理这种关系，但是有关的历史记录直观地证实了这一点。壳牌公司的历史学家认为，迪特丁和希特勒从未真正会晤过，但我们知道他们二人是见过面的。壳牌公司的历史学者还最大限度地淡化处理迪特丁与其他纳粹高级官员之间建立了多年的联系，壳牌公司曾经还暗示，当有明显的证据指证壳牌与纳粹之间的关系时，公司也要认定迪特丁与壳牌公司并未帮助过纳粹，与纳粹也没有什么重大的金融交易或石油贸易往来。更明显的是，在壳牌石油公司的官方历史上，壳牌公司的历史学者非常诡异地试图将与纳粹合作的历史责任从公司转嫁到个人身上——不仅是迪特丁本人，他德籍妻子的"政治倾向"和他自己的具有"法西斯"倾向的私人秘书也被认为是致使壳牌公司同情纳粹德国的罪魁祸首。

大家可以参阅壳牌公司这几年的全部官方历史档案，但无从得知荷兰皇家壳牌公司也是盎格鲁-日耳曼伙伴关系协会中最有影响的成员之一。这个机构成立于1935年10月（大约在德国邪恶的《纽伦堡法案》生效的几周之后），旨在加强英国与纳粹之间的密切联系。正如英国历史学家伊恩·克肖在其历史著作《与希特勒为友》中写到的那样，该协会很大程度上充当了纳粹在英德上层人士中间宣传的间接工具，也是德国对英国施加影响的重要手段。壳牌公司不仅是该机构的企业会员（此外还有联合利华、帝国化学工业公司、泰莱公司、普华国际会计公司和几家主要银行），而且壳牌公司总经理安德鲁·阿格纽爵士还是该机构的杰出个人代表。在1935年12月到"二战"正式爆发这段时间里，德国纳粹政府的高级官员定期到伦敦举办协会会议，其中德国外交部长里宾特洛甫、希姆莱的副官哈乔·弗雷尔·冯·哈登就曾主持过这些会议。盎格鲁-日耳曼伙伴关系协会中其他有影响力的会员还包括时任英格兰银行董事长蒙塔古·诺曼，时任英格兰银行董事、施罗德集团总经理、英伊石油公司合伙人（和英国法西斯主义者联盟成员）的弗兰克·提亚克斯，《泰晤士报》编辑杰弗里·道森。

更加令人诧异的是，官方的壳牌公司史中居然也没有提及迪特丁在1931年至1933年与纳粹的三次重要会面。前两次会议发生在他和臭名昭著的纳粹理论家阿尔弗雷德·罗森堡之间，当时罗森堡是德国外交政策办公室的负责人（后来担任德国在苏联的东部占领区政府局长），也是《二十世纪的神话》一书的作者，此书仍是迄今为止讴歌纳粹主义、宣扬极端反犹主义的著作之一。罗森堡在"二战"结束后第一次纽伦堡国际法庭审判中被判犯下战争罪和反人类罪，是1946年10月被绞刑处死的10名纳粹高层人士之一。

迪特丁对希特勒和纳粹党的支持始于20世纪20年代初，并渐渐凸显，这主要出于他们对共产主义极端的仇恨。这要从壳牌石油公司的利益说起，公司在俄罗斯、格罗兹尼（今俄罗斯车臣地区城市）、马科普（原苏联欧洲部分南部一城市）和巴库（里海西岸的苏联阿塞拜疆之首府）等地区都有石油利益，然而自1917年俄国革命胜利后，这些地方的石油全部被苏联政府国有化。这自然会导致迪特丁与那些反共产主义势力形成共同的阵营，于是，他开始以极大的热忱追随德国的希特勒，并与反抗苏联的白俄组织建立起合作联盟。1924年，他迎娶了一位沙俄时期塔什干将军的女儿莉迪娅·帕夫洛夫娜·库多亚罗夫为妻。莉迪娅本人也是一名执着的反共分子，同时也是支持白俄事业的积极活动分子。此外，迪特丁还出钱资助反共的反叛组织，譬如《纽约时报》在1924年9月报道的那样，苏联的格鲁吉亚战争就是"由……前巴库油井的所有者提供资金援助的"。迪特丁还向乌克兰分离主义分子提供财政支持，多方参与到反抗苏联的行动中去。

据迪特丁本人的传记回忆和其他人的印证，他正是通过参与反抗苏联的行动，第一次与德国纳粹主义挂上钩。在与纳粹交往当中，既是德国商人又是政治代理人和掮客的乔治·贝尔博士成为迪特丁派驻德国的代表，此人甚至代表迪特丁出席了在法国巴黎举行的准军事纳粹组织乌克兰爱国者会议（当然，贝尔也是希特勒的代表）。贝尔其实是个处世阴险的人物，与纳粹恩斯特·罗姆（纳粹高级官员，统领希特勒的民兵组织冲锋队）关系密切，也与罗森堡熟识。正是通过贝尔，迪特丁才开始向纳粹提供资金支持。据那时一位消息灵通的德国人透露，"自1926年乌克兰爱国者会议在巴黎召开时起，迪特丁就大笔资助希特勒的纳粹活动（这些资金也正是经由贝尔博士流向了希特勒的国库）"。荷兰的不少报纸报道称，在纳粹资金极其匮乏的那段时期，贝尔博士从中帮忙，让迪特丁捐出了"不少于400万荷兰盾"的资金给希特勒的纳粹组织。但是，很快地，迪特丁与德国纳粹之间的交流通道越来越直接了。

在1931年10月一个天寒地冻的下午，两个男人乘小船来到哈维奇港口，执行一项秘密任务——在纳粹运动与英国权势集团之间发展更为密切的关系。但是此次任务并非正式访问，因此二人的抵达显得神秘低调。事实上，二人随后又从哈维奇港搭乘港口联运列车前往伦敦。其中第一个人就是罗森堡博士，那时他刚刚当选为德国国家社会主义工人党的国会议员。就在此前一年，他出版了《二十世纪的神话》一书，极力丑化犹太人，宣扬犹太人种"退化"的观念。陪同罗森堡一道前往的还有一名长驻柏林的英国记者威廉·德罗普男爵，他也是一名纳粹的拥护者。他们二人在利物浦街车站与德罗普的中间联系人弗雷迪·温特博瑟姆少校会晤，此人曾和德罗普在"一战"期间同在英国皇家空军服役。温特博瑟姆对罗森堡的第一印象就是，他是个"目光敏锐、机智聪慧、乐观向上"的人……他似乎急于展现自己,想要给对方留下好印象,尤其是,他迫不及待地讲起了他所热爱的运动。人们把罗森堡带到一家豪华的酒店入住,其后几天,除去在英格兰萨里郡的乡间旅行(纳粹罗森堡喜欢上了这里英国乡民的举止风度),人们更多地介绍他与英国权势集团的重要人物会见,当中就有迪特丁。

罗森堡会见的人物中还有《泰晤士报》的杰弗里·道森、《每日快报》和《标准晚报》的老板比弗布鲁克勋爵、英格兰银行的蒙塔古·诺曼,以及其他银行金融业界的大佬。这些会晤的战略目标非常明晰——它并不是简简单单地拉拢英国权势集团,而是让英国的舆论界确信日益壮大的德国纳粹运动具有合法性,而且也会产生实实在在的重要成果。当然,更为有利的媒体报道也是他们此行的初衷之一,道森随后就将报道纳粹在德国的暴行的新闻清除出了《泰晤士报》。更重要的是,罗森堡已经为蒙塔古·诺曼向未来的德国希特勒政府提供银行贷款奠定了基础。诺曼在学生时代便是一名亲德分子,在德累斯顿上学的时候就对德国产生好感,认为20世纪20年代《凡尔赛和约》要求德国做出战争赔偿,简直就是"经济上的疯狂"。据为他作传的作者所说,他"骨子里就蔑视犹太人",就像罗森堡对待犹太人一样。毫无疑问,在诺曼位于针线大街的办公室里,此二人在交谈中找到不少共同点。他们还有一个共同的朋友——德意志帝国银行的前任行长、银行家亚尔马·沙赫特博士,也是一名希特勒的支持者,杰出的纳粹筹款人。

在此次英国之旅中,诺曼向罗森堡敞开了大门。通过他的安排,罗森堡得以见到英格兰银行的另一位董事弗兰克·提亚克斯。提亚克斯对罗森堡来说地位更为重要,因为他同时还是施罗德集团的总经理。提亚克斯后来将他引荐给银行的其他高管,这当中还包括库尔特·冯·施罗德男爵本人。根据安东尼·萨顿的《华尔街与希特勒的崛起》一书提供的资料表明,施罗德男爵当时也是科隆施泰因银行的董事,他是希特勒的重要支持者,曾为纳粹集团积极筹款。就这样,通过施罗德男爵的关系运作,施泰因银行后来也渐渐成为向希姆莱的党卫军提供金融支持的重要推手与渠道。

鉴于罗森堡首次到访伦敦是秘密进行的，我们只能知道他所接触的一些人物，很难知晓他具体筹集了多少数额的资金。但是迪特丁的传记作者引用当时的报纸（《英国每日电讯报》和维也纳的《工人报》），认为伦敦的国际资本家在与希特勒政权的领导人罗森堡会晤后，"纳粹政权随即获得了巨额的信用贷款"。这些向纳粹提供金融贷款的消息在当时就已传遍，当时就有事实清楚地证明了这一点，即在罗森堡返回德国之时，《犹太电讯报》就报道称，"此事已经成为德国国会议员奚落罗森堡的把柄，众人将其描述为'迪特丁的工具'"——一次会议期间，罗森堡甚至扬言威胁要"打那些借此事实挖苦他的议员们的耳光"，以至于国会不得不宣布休会。据1931年底至1932年的其他报道称，迪特丁向希特勒提供了3000万至5000万英镑的金融贷款，"以换取对石油垄断的承诺"。但20世纪30年代美联社驻柏林的负责人、受人尊敬的记者路易斯·洛克纳将这一贷款数额故意写得很低，但他也认为，迪特丁为纳粹事业至少贡献了1000万的帝国马克贷款。

1933年5月，罗森堡第二次到访伦敦，这一次比上一次要正式得多，因为此刻他已经是德国刚刚上台的纳粹政府外交政策办公室负责人。他与英国外交大臣约翰·西蒙爵士、战争事务大臣海尔什勋爵、罗斯福的代表诺曼·戴维斯等人进行了会晤，所以人们会以为在罗森堡访问期间，他会进驻卡尔顿府联排大街的德国大使馆，但事实并非如此。我们从当时的一篇新闻报道中得知，"1933年5月5日，罗森堡博士……希特勒正式任命的全权大使抵达伦敦……在前往德国驻英大使馆之前，罗森堡博士去了位于阿斯科特的巴科赫斯特公园，那里正是亨利·迪特丁爵士的老家。正是在这次行程之后，他才要求德国大使馆安排与英国外交部的会晤"。罗森堡博士访问英国的消息也可以通过1933年5月9日的《纽约时报》的报道得以证实：

> 整个周末，这位德国特使都暂驻在巴科赫斯特公园，和荷兰皇家公司的负责人亨利·W.A.迪特丁爵士待在一起。鉴于罗森堡博士对俄国很感兴趣，曾长期关注过俄罗斯，人们有理由推断他们会在

一起讨论苏联的国家石油垄断问题。亨利爵士极其仇视苏联政府，因为公司在巴库地区的油田被苏联政府充公没收，并进行了国有化改造。

有两家英国报纸《标准晚报》和《雷纳德新闻报》也分别报道了罗森堡博士与迪特丁待在一起的情形，《雷纳德新闻报》曾这样评论道：

> 鉴于当前的欧洲形势，希特勒的外交顾问与欧洲"石油政治"领军人物的私人会谈意义深远。它坐实了在消息灵通的政界通行的观点，即石油巨头们一直与德国纳粹党保持着密切的联系。

而迪特丁与这位纳粹高级领导人的第三次会晤记录的文献最为重要。尤其是——如果你要相信壳牌公司的历史学家的话，那么这样的会晤就从未发生。壳牌公司的官方史书至少有三次明确肯定迪特丁和希特勒从未见过面。根据这段"公司史"，迪特丁曾于1933年3月寻求谒见希特勒，但是遭到"回绝"，德国政府拒绝批准希特勒接见迪特丁……受此动机影响……要对他敬而远之。关于这份所谓要求晋见元首的请求，公司对此段历史对外宣称，"迪特丁遭到了帝国总理府的断然拒绝"。

然而，现实与事实相去甚远。其实早在1933年希特勒上台时，壳牌公司与纳粹领导层之间的关系就已经极为密切，甚至在不久之后，迪特丁就与希特勒建立起了直接的联系——这一切都要归功于罗森堡，他通过先前访问伦敦，与相关石油金融大佬会商，为二人的直接沟通埋下了伏笔。这种新型关系通过一个事实生动地体现出来，即我们知道迪特丁不仅晋见了希特勒，而且还是在元首的私人府邸进行会晤的。1934年，他在元首位于巴伐利亚州伯希特斯加登的山中别墅里待了四天。1934年10月26日的《纽约时报》还以"迪特丁寻求帝国石油垄断"为标题刊发了一篇新闻报道，讲述了迪特丁此次晋见希特勒的相关细节：

> 伦敦，10月25日电：据柏林地下可靠信报，亨利·迪特丁近期在巴伐利亚州的伯希特斯加登晋见德国总理希特勒，并在那里停留四天，此行目的是讨论授予荷兰皇家壳牌石油公司长期在德国境内供应石油的垄断问题。

如此长时间地待在希特勒的私人府邸进行会谈，着实非常罕见，这种机遇只有希特勒的亲密盟友才能享受得到。相比之下，1938年9月，在与希特勒寻求解决捷克斯洛伐克危机的会谈中，内维尔·张伯伦仅获得在上萨尔茨堡的度假住所里三个小时的会面机会。希特勒与迪特丁在会晤期间讨论的其他问题，还包括壳牌石油公司向德国提供一年期石油信贷的提议，以及公司在帝国境内主要干道和高速公路建立起一套加油网络系统（目的在于"防止敌人发动突然空袭"）。除了《纽约时报》的报道外，《蒙特利尔公报》（10月26日）和《每日回顾》（10月29日）等报纸也报道了迪特丁与希特勒的会晤。

在接下来的两年里，直至迪特丁从壳牌石油公司退休，他都在想尽办法尽其所能，确保德国和意大利两国的法西斯政府能从他的公司获得最优惠待遇。迪特丁不仅与德国关系如胶似漆，他也积极拉近与意大利独裁者墨索里尼的关系。1934年，他在自传《国际石油商人》中写道："不久前，我去了趟意大利，有幸与墨索里尼会面交流，他在……国家治理中展示出无与伦比、无人可及的激励力量……我和墨索里尼的几番对话表明，我们两人在许多问题上意见一致。"诸如此类的交际很快就给公司带来了巨大的红利回报。一家美国报纸曾在1936年9月刊发头条新闻，题为《欧洲石油界的拿破仑在世界贸易中战胜美国对手》，报道称迪特丁和壳牌石油公司在与欧洲新兴政治力量打交道时没有浪费任何时间。报道详细记录了壳牌石油公司在随后的埃塞俄比亚战争中获得向意大利军队提供石油燃料的独家垄断权，"而在希特勒上台前，德国从苏联大量进口石油及其衍生副产品的情形已被大大地抑制……亨利爵士如今垄断了纳粹德国的石油进出口业务"。报道可能有些夸张，但毫无疑问，迪特丁的勃勃雄心始终有迹可循，一清二楚。

1934年，美国驻汉堡领事向美国政府报告称，迪特丁不仅在纳粹上台之前就向纳粹党的财务部门捐献了相当大额的资金，而且还向德国当局提出"向德国提供所有的石油需求，以赎回被德国政府冻结的资金（德国马克）"。而且这与美国的驻外记者埃德加·慕若在其畅销作品《德国重开历史倒车》中宣称的那样，早在1934年之前，迪特丁就与纳粹党达成过一项秘密协议。但到了1934年，壳牌石油公司与德国政府之间的合作就已达到了一个完全不同的层次。

众所周知，1934年4月，迪特丁就与罗森堡做了进一步商谈，目标是要达成一项新的石油交易，这场会谈一直持续到5月。罗森堡在他的日记中回顾道，他与迪特丁在1934年5月终于达成协议，这项协议允许壳牌公司在德意志帝国境内建造地下储藏槽，"储存100万吨石油产品"。但是迪特丁对这项协议并不十分满意，他认为德国不仅是反对共产主义事业的盟友，而且也是一个巨大的潜在市场。越来越多的证据表明，纳粹政府不会丝毫放松对政治对手的残暴打击。他一度认为，希特勒于1934年6月发动的血腥清洗（即"长刀之夜"）是必要之举，并表示希特勒此举只会"增加他本人对纳粹领导人的尊崇"。此后一年，美国领事馆就有了更多关于这方面的报告，报告指出壳牌公司旨在获得在德国境内的石油垄断经营权，迪特丁同意向德国政府提供一笔大额贷款，其目的就是要达成此项协议。外国记者协会的记者慕若也证实了这些报告中的观点："1935年，迪特丁同意向德国提供一年期的石油供应信贷。"

到了1935年，德国不断增加其武器装备重整计划，于是这些交易成了公开的秘密，尽人皆知。对英国政府来说，确实会有些紧张不安，但毕竟可以理解，因为英国政府与德国纳粹在许多问题上立场并不一致。英国政府要求外交部和英国驻德大使艾瑞克·菲普斯爵士对此事展开进一步调查，但个中细节无法得到证实。但无论如何，迪特丁提议的石油信贷协议似乎成了此次危机调查的最后一根稻草，使他不得不于1936年70岁时辞去荷兰皇家壳牌公司董事长一职。毫无疑问，英国政府对伦敦的壳牌公司董事会施加了压力，并在他的辞职中起了很大的作用。1936年6月，迪特丁带着他的新任妻子夏洛特·克纳克，及其年轻的家人们搬到了德国。

他于1936年12月31日正式放弃壳牌公司董事长一职，在他生命的最后岁月里，迪特丁终于可以彻底撕开老脸，公开表达他对法西斯主义的支持了。1936年12月（当时他仍是壳牌公司董事长），他捐出1000万荷兰盾（约合4000万帝国马克）以建立一个基金，用于在荷兰购买余粮，并将其重新分配给德国人——所得收益用来支持纳粹慈善机构。戈培尔曾在1937年1月12日的日记中赞许道："迪特丁已经向德国捐赠了4000万帝国马克。"1937年，迪特丁还帮忙资助了一家荷兰法西斯组织的报纸，并给了希特勒一大笔政治捐款。所有关于这个人的资料均出自官方的壳牌公司史，他们依然将他描述成"没有什么政治信仰"，是一个"很少在信中提及法西斯主义或纳粹主义的人"。

*****

以上我所勾勒出来的大部分情形都涉及迪特丁本人与纳粹高层人士以及法西斯分子的实际接触与联系。我们应当明白，在20世纪20年代和30年代这段时间里，无论从哪一方面来看，考虑到纳粹统治的专制独裁特征，迪特丁与壳牌石油公司无论如何都脱不开干系，他们是不可分割的同一个实体。事实上，英国外交部早已预见到这一点。时间回到1927年，当时就有一位忧心忡忡的外交官写道："亨利爵士的话语就是律法，他能够在董事会成员不知情的情况下控制董事会。"因此，调查这段时间的资料，我们需要记住这样一个事实，即一家英荷公司在支持希特勒上台这件事上扮演了重要角色，然后在20世纪30年代促成了德国武器军备的重整，提高了纳粹军队的作战能力——1932年至1938年，英国石油出口量成倍增长，特别是纳粹赫尔曼·戈林手下快速发展的德国空军燃料用量出现了急剧增加的情形。迪特丁与纳粹政府打交道时毫无顾忌，根本不关心因帮助独裁政权导致的道德问题，其实纳粹政权早在上台执政的前几周时间里，就已经明确申明法西斯独裁的意图和立场。

正如1933年3月21日《曼彻斯特卫报》的一篇报道所描述的那样，仅仅在两个月时间里，纳粹政权就在慕尼黑郊外开设了达豪集中营，开始围捕"居心不良分子"，譬如工会会员和社会主义分子。1935年，正是迪特丁向德国纳粹提供石油信贷交易的那一年，纳粹在纽伦堡举行的"自由的党代表大会"上通过了极端野蛮的反犹太主义的《纽伦堡法案》。那么这种所谓具有历史意义的壳牌公司箴言——"我们不干涉国家政治"——又是怎样与之关联的呢？那些被赶进壳牌公司的厢式卡车、送往达豪集中营的所谓犯人会作何感想呢？还有那些犹太人，他们的生意被纳粹"雅利安化"接管（也即窃取），被迫移民海外，他们又是怎样看待这种英国商业资本和德国法西斯主义之间的联姻？

其实，不只是壳牌公司一家这样做的——到了1938年，随着纳粹德国的战争准备全方位展开，壳牌公司、盎格鲁-波斯石油公司（即后来的英国石油公司）和美孚标准石油公司（即后来的埃克森公司），彼此心照不宣，通过为德国提供近三分之二的石油，实实在在地为纳粹德国添砖加瓦，助其势力不断发展壮大。我们要怎样才能理解这些公司在经济上向纳粹提供至关重要的支持所产生的影响？如果没有石油，纳粹的工厂怎么可能满足他们日益增长的需要？德国的高速公路怎样才能建成？德国空军如何发挥作用？然而，德国历史的这一面——或可更确切地说，它应当这样表述，即英国与纳粹德国的历史关系中的这一面——几乎很难被人提及。要知道，在伦敦金融中心的圣海伦广场，迪特丁与他的朋友们作出的决定仍然散发出巨大的威力。他们在办公桌上签署了支持纳粹的文件。签名的水墨线条与笔印轨迹意味纳粹的车轮滚滚向前，军队可以向欧洲东部延伸，入侵数百英里远的地方。我们甚至还没有恰当的语言来描述他们之间的这种联系，很难讲清楚这些人应负的责任，他们通过钢笔签发文件来进行种族屠杀，他们是桌面屠夫。

*****

与此情形类似，我们对纳粹的财政基础又有多少真实的理解？我们对这些支持法西斯主义的商人与高级白领人士又有多少认知？历史让我们知道了纳粹的兴起、慕尼黑政变（1923年）、希特勒在兰德斯堡监狱的监禁、《我的奋斗》一书的写作，以及其他100件关于希特勒的事情，让我们了解到他如何在1933年1月掌握了政权。但是，早年间纳粹党的经费是谁出的？又是谁将他从濒临破产的边缘救了回来？又是谁资助了1932年至1933年的竞选活动？又是谁资助了纳粹的全国性宣传活动？纳粹党的办公机构又是怎么建立起来的？办公秘书与电话联络的费用又是怎么支付的？

1927年，纳粹党濒临破产。7月4日这天，右翼出版商人雨果·布吕克曼和他的妻子艾尔莎在慕尼黑的家中将希特勒介绍给实业家埃米尔·基尔多夫。经过四个小时的商谈，基尔多夫同意帮助偿还纳粹党的大部分债务。但是，更为重要的是，他还将希特勒介绍给许多实业界的领袖和金融资本家，这些人很有可能会支持希特勒政权，帮助纳粹党度过极具挑战性的经济大萧条时期。希特勒大概永远不会忘记德国商界在纳粹党困难时期资助这个新兴的国家社会主义运动，但是历史似乎总是容易被人遗忘。

1933年2月20日，也即那个臭名昭著的三月选举（此次选举发生在国会纵火案之后，让希特勒进一步稳固了政权）开始的两周之前，一场特别会议在新近任命的国会主席赫尔曼·戈林的柏林别墅内举行。当晚6点，25位德国实业界和商界的领袖齐聚一堂，其中就有德意志帝国银行总裁亚尔马·沙赫特、古斯塔夫·克虏伯（军火工业与重工业）、乔治·冯·施尼茨勒和法本公司的三位董事（化工和制药工业）、君特尔·科万特（军火工业和金属制造工业）、阿尔伯特·福格勒（钢铁工业）、西门子的路德维希·冯·温特菲尔德（电气工业），以及安联集团的库尔特·施密特（保险业）等。希特勒和戈林都在会上作了演讲——其中希特勒的演讲持续了一个多小时。他们公开说起他们的目标就是要摧毁现行的议会政治体制，结束左派的共产党在德国的活动。戈林甚至直言不讳地表示："即将到来的选举无疑会是接下来10年，甚至100年中唯一的一次选举。"听到他们二人这样解释，这25位德国商界精英开始承诺，向纳粹党提供200余万帝国马克作为竞选经费，帮助纳粹上台。这里需要指出的是，其时纳粹党活动资金匮乏，正是需要钱的时候。

果然，两周之后，在3月5日的选举中，纳粹党的得票率增加了10.82%，占了总票数的43.91%。自上次选举以来的4个月中，纳粹又得到了550万张选票。正如戈林先前预测的那样，接下来的16年里，德国没有举行过一次真正的民主选举。在此期间，有6000多万人在史上最致命的战争中失去生命。那么，人们不禁要问，为什么这些对纳粹生存起到重要作用的商界精英与工业大佬不去公开一些他们与希特勒、希姆莱和海德里希之间的那些历史丑事呢？如果没有德国这些大企业的资金支持，纳粹主义的梦想就永远不会实现。

*****

即使在今天，我们也很难发现，居然是一个荷兰人曾经在20世纪30年代掌管了世界上最大的石油公司。1936年，正当许多人试图想方设法逃离纳粹德国时，令人震惊的是，刚好从壳牌公司退休的亨利·迪特丁却走了与众人相反的路。他拖家带口地从温莎郊外的巴科赫斯特公园出发——来到柏林，住进了绿树成荫的万湖郊区的一座别墅。在这里，他的邻居包括纳粹高官阿尔伯特·斯佩尔和约瑟夫·戈培尔。迪特丁还买下了柏林北部梅克伦堡的一处大型房产，在那里，他经常与纳粹好友赫尔曼·戈林一同狩猎消遣。他甚至还为戈林在罗明滕森林狩猎庄园买下一处猎人小屋。作为回报，他收到了一幅帝国元帅即赫尔曼·戈林本人的画像，上面写道："致亲爱的迪特丁，感谢您送我的罗明滕狩猎小屋这样的尊贵礼物。"在迪特丁的新住所里，还有一幅元首希特勒的画像，来自希特勒的馈赠："以德国人民的名义，感谢您慷慨捐赠了100万帝国马克。"正如我们调查到的那样，迪特丁在退休之后仍然积极支持德国纳粹。1939年，迪特丁去世，梅克伦堡地区纳粹党为他举行了国葬，希特勒也发去了个人唁电，有意无意地将其姓名日耳曼化，称其为真正的德国人："我向您致敬，海因里希·迪特丁，德国人民的伟大朋友。"

但是，如今你在壳牌公司的官方公司史中查阅这一部分历史资料时，你们会发现什么呢？只有寥寥几行字，只是对迪特丁晚年的怪异行为表示遗憾之情，以一种校长风范的"哀多于怒"的语调来对他进行评价：

> 迪特丁晚年时期因与纳粹有染，名誉受污，给以前的同事可能留下最让人悲伤的记忆……他是他们最喜欢最钦佩的人，而事实上，这个人已于几年前离开人世。

而关于壳牌公司在帮助纳粹主义这方面所起的作用这一实质性问题上，人们又能找到什么呢？什么都没有——除了下面两句不怎么光彩的话：

> "二战"爆发之前，作为公司客户，德国、意大利、日本等均是不祥之兆，令人不悦，公司交往也仅限生意往来方面。然而，同年，墨西哥国内政治转向左倾，公司与之商务往来已是不可能。

*****

2004年9月20日，距离萨里郡赖盖特不远的农舍[12]

一个悠闲的秋日午后，在经历了一连串怪诞诡奇的事情之后，我居然发现自己坐在一栋陌生的屋子里，时不时轻抚着身边的一只黑色拉布拉多老狗，等待着一个人的人生故事的开启，不，是好几个的人生故事。在正对着我的地方，一位老妇人，躺在翠绿色的扶手椅子上，身体像是陷了进去。之前我从未与她谋过面。她开始向我诉说，她的声音沙哑，是多年的吸烟史导致的。她大概80岁，眼神依旧显得轻浮，看样子是精心化过妆的，举手的动作轻盈，让人看不出她的实际年龄。她是亨利·迪特丁的女儿艾拉，她将我带回了70年前。

"我的脑海里常常浮现那座花园。对我来说，它就是天堂乐土，我只能这样描述它。人到了晚年，废话唠唠叨叨，却是千真万确的。童年时的记忆往往会随着年齿日增而变得清晰鲜活……我们的巴科赫斯特公园的庄园实在太大了，住在里面，即使过了几年，我们还在探索新的去处。就在我说这话的时候，我还可以清晰地看到两旁栽满樱桃树的林荫道，还能感觉到飘落到我脸上的花瓣。然后我们向右转了过去，踏进一座法式园林，我静静地坐在日晷边上，看着我的妹妹奥尔嘉在一旁制作雏菊花环。那时我们不知道庄园有多完美，或者能住在那里是我们享有的特权，那里只是我们当初成长的世界。

"春夏季节，我们会一直在外面玩到黄昏日落。对，只有我们姐妹两个人，不，我认为我们也不会介意这样的。我还有只边牧犬戴维和一些马，还有托马斯，他是园丁总管的儿子，我们经常在一起玩。如果我们玩腻了，厌烦了，家里就会派辆车送我们去温莎的朋友家玩。这些美好，只有在你年纪大的时候才能理解，才会懂得失去的意义。在某种程度上，我意识到成年后的大部分时光都寻找那个儿时的天堂，想要重返那座花园。当你还是孩子的时候，你完全不能理解特权是怎么一回事。看到什么就能得到什么，对，就是这样。即使骑上一个小时（的马或自行车），也仍然不能抵达庄园的边缘。在这片世界里，我们总是探索新奇的角落，比如溪边的林中草地，我们在那里修过小水坝；断壁残垣的旧花园，里面还有维多利亚花房；还有正对着冰库的大门，上面长满了苔藓；还有某年夏天在冰库后面发现的李子树，上面的李子可是让我们饱餐了一顿。现在回想起来，真是让我兴奋不已。这一切都是我们的小玩意。当然，还有吃饭的时候。用现在的标准来看，那是非常正式的，仆人们全都身着黑白色衣服，还有我们那个男管家也是这样（他从匈牙利来的，名字听起来很有异国的风情）。餐厅摆了一张长长的餐桌。'始终保持优雅哦。'如果妈妈不在，我们的保姆会告诉我们的。但这大概就是我还切切实实记得的自由，确实与现在千差万别——现今的孩子们也许只会大惊小怪，受宠若惊……"

艾拉的声音渐渐地低了下来。我注意到她左手上戴了枚精美别致的红宝石戒指。她的手指修长而优雅，指甲也是修剪过的，与她手臂上的褐黄斑并不相称，显得怪异。那只手在客厅里不断地打转挥舞，她似乎想要借助这个动作找到合适的语言表达。

"……有人在监督我们！就在那里。有人监督我们，那么我们根本就不会有什么危险。他们甚至都不能让我们摔倒。今天看来，这些都是关爱孩子们的偏执之举，对我来说是有点疯狂了。那样将会造就出什么样的成年人呢？难道是怀疑我们，将我们置于保护罩下来养育我们？难道是那些小怪物，这就是他们以后要变成的模样吗？"

我从未想过会喜欢艾拉，不过现在我居然对她有好感了。她的性格有些直爽，不会夸夸其谈，也不感情用事。她喜欢直截了当，不兜圈子。也许是随着年岁的增长，她变得越来越坦率。也许她的抽烟习惯能起点作用。正当她去取另一支卷烟时，我就在想，为什么我会对抽烟者产生诸如此类的好感。他们通常看起来要比不抽烟的人温和得多，嗯，确实要好很多。也许他们深刻地意识到，他们自己犯下的错会让他们待人更加宽容，抑或是抽烟的节奏感能给人带来平静感……

我一时间分了神。现在，艾拉又说起了家族错综复杂的关系。迪特丁早期婚姻有两个孩子，分别叫作亨利和罗兰。迪特丁的第一任妻子是位荷兰人，住在英格兰诺福克一座名叫凯琳霍尔的大房子里。我试着将她拉回正道上来，慢慢地引导着她去讲述自己的人生经历，以及她和她父亲之间的关系。这才是我拜访此处的原因：想要搞清楚迪特丁传奇背后的神秘世界还隐藏着哪些不为人知的故事。

我们来到了厨房，那只耷拉着耳朵的拉布拉多犬也跟了进来。艾拉放好水壶，又去找一本相册。此刻我居然有些心神不宁。那只狗在盯着我，那种信任的眼神让我有一种内疚感。人一旦上了年纪，还有多少人有兴趣听你的故事呢？我是在利用这点（来达成我的目的）吗？我把烧开的水壶从雅家炉取了下来，这时艾拉也回来了，一只手拿着一大本相册，另一只手拿着一本书。我们开始翻阅相册里的旧照片。这些照片向我们展示了一个失落已久的世界。照片里有司机，有橘园，有帝国。

"那是邓巴——自我搬到那里的时候，它是我最喜欢的马——一匹漂亮的栗色大马……当然，你现在已经不能从相片中看到它的真实颜色了。我妹妹坐在福特车上，这辆车是一位福特车友送给她的礼物。"

"和您一起的这个人是谁？他是园丁的儿子吗？"

"不，不是他，他个头儿更高一些……"她把这幅照片拿得更靠近一点，仔细地看了看。"不，我还不能确定。也许他是司机家的孩子，我已经不记得了。"

"这位女士一定是您的母亲吧？"照片中，一位女士身着白色服饰，戴着一顶漂亮的帽子，靠在一辆敞篷汽车上，面带着微笑。

"是的，就是她——莉迪娅。实际上，这是一张相当讨人喜欢的照片。"我感觉到她话中有话，甚至有种受到过伤害的感觉。

"她是个什么样的人啊？"

"哦，她是……嗯，她有些轻浮妖娆，特别聪明，人也很有趣。在碰到我的爸爸之前，她嫁给过一位亚美尼亚将军——巴格图弥将军。至少，她曾经这么对我们说的——关于她的故事，你是无法确信的，这些故事一半真一半假，很难搞得清楚。不过，莉迪娅确实活泼可爱，魅力四射——这一切我们是无法与她相比的。我认为她大概真的不想要孩子。她的事太多了，不是忙于聚会，就是忙于旅行。当然，我很崇拜她，但她从未真正花时间陪过我。我想我大概是天资不高，长相平平，没有什么特色。相比之下，她更喜欢我的妹妹。过去，她深深张开双臂去拥抱妹妹，把她从地上抱起来。偶尔她也会看看我，只是表情很茫然：'我真的不知道艾拉以后会长成什么样子。'人们常说，人不应该有所偏爱，这句话听起来似乎荒诞。其实事情本来就是如此。后来，我跟爸爸更为亲近，而奥尔嘉则和妈妈关系更好。"

"那您的父亲又是什么样的人呢？你还没有真正地谈过他呢。"

艾拉停了一下，抽身去取一支烟。就在那一瞬间，我隐隐地感觉不安，也许我问得太直接了。她肯定会为她的父亲作番辩护的。她抬眼看了下我，几乎有种挑衅的味道："你想知道什么？"

"我想知道,您对您父亲的第一印象是什么?"

她鼓起腮帮,慢慢地呼出一口气,似乎是在寻找过去的记忆:"他大概是——我是说,我几乎记不清楚对他的第一印象了——不过我想,在我的记忆里,他总是精力充沛的。他个头不高,脾气有点暴躁,常常耐不住性子。当然,我们还小的时候,他也不怎么陪家人。夜里,如果我们还没有睡着,时常能听到汽车回来的时候发出嘎吱嘎吱的声音。妈妈告诉我们,大概他是与丘吉尔或是某位勋爵会晤去了。要知道,当时我们还是小孩子,这对我们来说并没有什么特别的。而他总会重复以前说过的那些话。我还记得,有一次他教我们跳水——那一定是夏天的时候了。

"不管怎样,当时天应该很热,我们都在别墅后面的泳池里。我们各尽所能,努力地游泳,想要取悦爸爸,但是奥尔嘉一度想要放弃,她说:'我游泳不行。'而我还记得,他听了这话,当时气得脸色通红,竟对我们咆哮起来,好像我们就是受检阅的士兵:'不行?没有什么不行的!拿点胆量出来吧!'他命令奥尔嘉继续坚持下去,直到成功地做了一个腹部没有先落水的潜水动作。我想,这大概就是他在商业上如此成功的原因吧。他本性执拗偏执,总觉得自己不太合群。即使他已经爬到公司的最高层,但看起来仍是事事不顺心的样子。他不喜欢说谎,这与宗教信仰无关——他只是认为这样做是很愚蠢的表现,因为说出一个谎言,需要20个谎言去圆谎。实际上不说谎,的确是个好建议……"

大概是一个夏日傍晚时分,天空中最后一缕阳光渐渐遁去,暮色降临,花园里只能看到树的轮廓。艾拉打开一盏泛黄色的灯。我似乎分裂成两个自己,一个我想要继续挑战她,去追问她父亲的经历;另一个我对她的坦率开放,既愉悦又惊奇。我想,最好还是不要打断她的回忆之流,就让记忆之流随浪沉浮吧。

"你知道吗?我爸爸从未上过大学,他的两个兄弟都上过,只有他是个例外。他数学很好,凭借这个在阿姆斯特丹的一家银行找到了工作,不久就被派驻荷兰东印度公司。在那里,他帮忙解决了公司棘手的财务危机,但银行并没有因此提拔他。至于他与壳牌公司的第一次联系，我不太确定具体时间了，但我还记得当时有个名叫凯斯勒的男人。当时，荷兰皇家公司主要生产灯用煤油。当凯斯勒遇到大麻烦的时候，爸爸总是用煤油作信用抵押来贷款。就这样，爸爸帮助他渡过了难关。不久，凯斯勒就邀请爸爸加入公司。然后，公司就进入蓬勃发展时期，它一下子真的从一家生产灯用煤油的公司发展成一家大型石油公司。大概就在这个时候，爸爸说服了荷兰国王，让她购买了荷兰皇家银行的大量股票（他说话能力很强，几乎总能让对方心服口服，让他们做任何事情），并和女王威廉敏娜成了好友。当然，后来英国海军也开始用石油取代煤炭作为动力来源，这一点至关重要，这也是爸爸与丘吉尔成为朋友的时候。他用一个极低的价格帮助他们拿到了石油。不久，丘吉尔就给予他英国公民身份，不过他自己却说：'我要保留我的荷兰人身份。'于是，英国方面授予他大英帝国骑士勋爵的名誉称号。"

艾拉几乎没有停下来歇口气，又从香烟盒中抽出一支烟，轻盈地点上，继续躺在椅子上，长吁了一口气："爸爸接管壳牌公司的时候，公司不景气，经营非常困难——这也宣告了壳牌公司塞缪尔时代的结束（马库斯·塞缪尔——壳牌公司创始人）。不管如何困难，我爸爸还是尽心尽责，逐一解决公司运营问题，公司经营很快走上了正轨，但仍有一个问题没有解决好。爸爸一直对亚美尼亚和里海附近的石油耿耿于怀，只是后来俄国发生了革命。是的，苏联的布尔什维克将这一地区的石油全都充公。于是，他一生反左——事实上，这也是他娶莉迪娅的原因之一，在反对布尔什维克方面，他们二人观点极度一致。同样，他也不怎么喜欢犹太人——他常称犹太人为'小偷'，说'他们会毁了这世界'。这种想法现在听起来糟糕透顶，但在当时，有很多人是这么认为的⋯⋯无论如何，这一切事件都发生在我出生以前。我生于1925年，奥尔嘉生于1927年。我最初的记忆就是巴科赫斯特公园，正如我先前跟你说的，这是个非常美妙的公园。然而到了20年代末30年代初，一切都变了，屋子也变得静悄悄的，只能听到拉布拉多狗深呼吸的声音。"

"这样的世界什么时候结束的？"

"大概是因为他们的离婚吧。当时我11岁,时间是1936年。根据离婚协议,巴科赫斯特公园归莉迪娅所有,然后就有人告诉我们,说我们要去德国,和爸爸待在一起。大概也就在这个时候,他从壳牌公司的岗位上退了下来。随后几年的变化毁掉了他亲手创造的一切。如果这种情况没有发生,他大概会是有史以来最伟大的荷兰人,被人一直铭记至今。在靠近波兰边境的地方,他还有一处巨大的庄园——多比纳[13]——他酷爱狩猎,特别崇拜希特勒,对其所作所为敬佩不已。我不知道他们是什么时候进行第一次接触的,但我知道我爸爸曾去柏林见过希特勒,而且也达成了某种交易。是的,当时爸爸还在荷兰皇家公司,后来,他又借给希特勒许多钱。此外,他们还有另外的交易,我想大概是20世纪30年代初,当时他首次通过信贷协议的方式向德国出口石油。"

"当时你们去往德国的时候,你是什么感觉?"

"嗯,我们对此没有任何兴趣,但是别无选择,只能继续和爸爸一道走下去。保姆也随我们一起前往,这很明显,她很喜欢我们。我们就住在柏林郊外的万湖边上,和巴科赫斯特公园的庄园相比,这里的房子显然小了很多。在那里,我上了戈尔措的一所文法学校——全是德语教学,所以我们必须得很快学会它。记得一开始,我们真的不懂德语。我们每天都被车子送来送去,我当时迫切地想要尿尿,但是我们不能让司机停下车来让我们方便。所以我只好就地解决,然后将尿液扔到车窗外。这真不是年轻女子应该有的举止。那也是我们第一次见到洛特时发生的事。洛特是爸爸的新妻子,曾是爸爸的秘书,所以我们理所当然把爸爸离婚的原因归咎于她。她的控制欲特别强,对我们也很是冷漠。记得在万湖待了几个星期以后,保姆就和她大吵了一架,随即保姆就离家出走了。但这让我们很是为难,毕竟我们与她待在一起已经很长时间了——保姆、奥尔嘉和我。我们甚至都没有看到她对我们说再见。后来,洛特当着我们的面,把我们在巴科赫斯特公园的照片全都撕毁了——这着实是一件可怕的事。而且它确确实实地影响到奥尔嘉,她毕竟不像我到哪里都能挺得过去。自此,她越来越封闭,陷在自我的世界里不能出来。这大概就是她抑郁的先兆吧。几个月后，我们被送往德累斯顿的一所寄宿学校，在那里上学。自那以后，我们几乎很少见到爸爸。你也许觉得好笑，但那个时候我们甚至都不知道怎么打扮自己。要知道，在过去，这一切都是有人替我们打理好的。

"当我们还在学校的时候，就听到了关于爸爸的坏消息。这真的让人害怕。有人把我们叫到管事的女监那里，第一天，她就告诉我们，'你们的父亲现在病得很重'。第二天，她又告知我们，'你们的父亲过世了'。对，就是这个消息。然后她要求我们打包好回家的行李，但不能携带有颜色的衣服。当时，我们只有一种感觉——恐惧。然后，我们被一些陌生人带到柏林，来到选帝侯大街上的一座商铺里，我们在那里换上了全身黑色的服装，最后又被带回多比纳。我们到的时候，洛特仍然在圣莫里茨，和爸爸的遗体待在一起——爸爸就是在那里过世的——奥尔嘉乡间小屋。时间是1939年2月。爸爸一生从未生过病，是猝然逝去的。他的死着实有些奇怪，也没有人来进行尸检——这还是我后来知道的。

"于是，我们等着爸爸的遗体运回多比纳。当时的我们不知所措，有些迷茫。过去，悼念亡者都是要身着黑色服装的。如今，我只记得我和奥尔嘉在这边巨大的仓房里瞎玩，忙着抓老鼠。当时我们穿着黑色的衣服。反常的是，那时我们和洛特也待在一起，这是我们一生当中仅有几次中的一次。多比纳的自然风光令人印象深刻——它拥有大片松树林，地势平缓，有点像英格兰东部诺福克郡的布雷克兰。夏天的时候，我们能看到溪流里有许多鳟鱼逆流而上。我们也可以骑着自行车，一英里又一英里地闲逛。这一切全凭自行车来决定，能骑多远就骑多远，只要我们能回来吃饭就行。穿着绿色夹克的男管家总是为我们端上饭菜，甚至有时我们先吃掉第二道菜，然后将餐巾盖在其他的菜肴上（不让他看见我们没有吃），接着又跑回树林里去玩。我们赤着脚在树林里来回奔跑。直到今天，我甚至还能感觉到在奔跑的时候林间的松针挠着我们的皮肤，有些发痒。

"爸爸的葬礼就在多比纳曾经的骑术学校里进行。我还记得他们砍来成百上千的圣诞树树枝，将这个地方装饰成绿色的世界。爸爸的棺材也就在那里。洛特现身了，她告诉我们：'你们必须要和你们心爱的爸爸说再见了。'但我们二人跑出去了，来到了林中世界。第二天，我们看到一排长长的黑色车辆、旗帜、制服，壳牌公司和荷兰皇家的大人物都出现在那里。当然，还有许多纳粹高层人士。那时我们还只是孩子，不知道那些人究竟是谁。我们只认得希特勒，但他没有来。我想他只是送来了花环吧。我们的继兄弟亨利和罗纳德，爸爸第一次婚姻的孩子，他们乘坐一架小型飞机来参加葬礼。他们着实不错，看上去比我们大很多，看起来也让人放心。只是后来在德国人入侵荷兰之前，亨利飞去了阿姆斯特丹，飞机载满了爸爸的股票证书，然后又飞了回来。他是个很有个性的人，喜欢狩猎和钓鱼。几周后，我们又被送回英国，但是莉迪娅没有同来，她不想与我们有太多瓜葛。我还记得我们最后一次去巴克赫斯特公园，在那里，她告诉我们（其时她已经再婚，也有了更多的孩子）：'我和亨利都认为，我们自己已经有了四个孩子了，所以就不能带上你们，因此我决定把你们送到我的姐姐家。'就这样，我们被带到了巴都，后来又寄宿在圣费力斯的一所学校里。

"洛特继承了爸爸在多比纳的财产，当然也包括奥尔嘉乡间小屋。她在蒙得维的亚度过了大部分战争岁月，我想，她可能帮助不少德国人逃到了阿根廷。最终她还是回到了日内瓦一所四周是高墙的房子里，人已经是完全的偏狂型精神分裂。我不能说我还很同情她，毕竟她没有善待过我们。她去世后，有人告诉我们，我们应该收回我们对多比纳的财产权，但是这么多年过去了，无论如何，奥尔嘉和我，还有我们对她的记忆，毕竟都是和爸爸的离世，还有在德国的那些不堪回首的岁月联系在一起……后来，奥尔嘉通过了高级水平考试，拿到了高级毕业证书，差点儿进了牛津大学，而我只是通过了普通水平考试。而且在战争年代，莉迪娅也不想见到我们。更何况，巴科赫斯特公园也被英国海运部接管了。战后我就结婚了，当时想要生几个孩子。顺风顺水，结果也还不错。但是，奥尔嘉有一段糟糕的时光，到现在为止，我认为她还没有从离婚、德国那段不快的经历，以及其他所有的混乱中跳出来。虽然她曾与哲学家兼医生的阿尔伯特·史怀泽在非洲工作过一段时间。不幸的是，她在20年前就去世了。其实，奥尔嘉自长大成熟之后，人就变得很消沉，每当我开始提及巴科赫斯特公园时，她总是打断我。她似乎想要抹去与童年经历有关的一切——无论是积极快乐的，还是那些令人伤感痛苦的。莉迪娅再婚后又有了几个孩子，不过我想，她的自私自利或多或少地摧毁了他们。最终，她还是搬去了摩纳哥的蒙特卡洛，并于1980年在那里去世。她活着的时候，我们还时不时见个面。

"我一直无法用理智来解释这种现象，她似乎对我有某种掌控力。我想大概是因为她和我们是母子关系吧。这样的理由再也简单不过了。纵使在经历了那么多她给我们带来的痛苦之后，我仍然感觉我还深深地迷恋着她。我总是渴望有朝一日她能理解我，感激我。我希望她会对我说：'你做得真棒，比我们好多了。'但是她从未这样说过。"

现在天色已晚，我搭乘出租车穿行在萨里郡的街道上，前往市区。在温暖的车上，我在极力地想着最后几个小时的谈话。这次谈话让我们不仅了解到更多关于迪特丁、壳牌公司与纳粹之间的合作，对他们之间这种关系的理解也产生了深深的疑问；而且我们发现了这些人更多的生活细节，尤其是亨利·迪特丁和他的家人。原来在历史与官方记录中的宏伟建筑，以及商人和政客的自我辩白的背后，这才是切切实实的存在。也许这就是现实，生命如此脆弱。一个渴望着被人爱的孩子，一个从未走出童年阴影的妹妹，这种悲伤一直伴随着我们。

第四章

火与水

一、格罗边塞山麓：父亲的梦

今天，我终于将多年未读的普里莫·莱维写的《缓刑时刻》读完了，当我翻到此书最后一页时，回忆一下子跳到眼前，记忆的神经突触一下子被激发起来。书的内封印着一幅画——并非是我画的——一幅黑色墨水的速写涂鸦。画中是一张年轻女子的肖像，我立刻认出来她就是艾琳。时光回到25年前，当时我们一起住在意大利。我突然间仿佛看到运河边上我们小公寓的客厅，公寓前门有棵樱桃树。我恰好沿着圣安东尼奥大街来到市中心，中间穿过维罗纳的香草广场，去拜会来自赞内莱托的朋友们……我似乎又闻到秋天里香甜的烤栗子味道，看到广场上火盆里熊熊燃烧的火焰，甚至可以触摸到春天来临时怒放的杏花。所有这一切的记忆居然来自这幅不经意的涂鸦。

*****

在那一年全部的旅行中，独有这一次令我记忆深刻，至今仍如在眼前，大概是这段回忆让人刻骨铭心。天气转冷的时候，我再次故地重游，那种独特的气息依旧扑面而来。

晚秋与初冬渐渐融合，暮色笼罩下来，远处燃烧木材的芳香沁人心脾。我总是将它与山脚下的那座小村庄联系在一起。这次，我和艾琳住在一个朋友那里，他的家就在格罗塞托的一个古老的伊特鲁利亚定居点里。待在这古老的房子里，我感觉自己已经完全远离了20世纪。沉浸在附近的栗林里，什么意大利，什么其他让人疯狂的时事浪潮，骤然间不可思议地变得遥远。先前两个月，我们疲惫不堪，心绪烦乱，焦躁不安——先是出走伦敦，然后又是忽然间不得不离开佩鲁贾，再然后在波洛尼亚作短暂停驻，最终我们还是在帕多瓦找到了活干。但我们仍然住在一家宾馆里，一切都不容易，起居工作都是在同一间小小的房子里。所以，暂居这个地方，对我们来说是精神上的慰藉。

艾琳的朋友洛伦佐是位体态轻盈、雄辩机智的意大利裔美国艺术家，几年前就搬到了这里。艾琳对那些不喜欢循规蹈矩的人总是保持着强烈的好奇心，对那些人迹罕至、宁静悠闲的地方总是充满憧憬——这也是我喜欢她的地方。我以为她夸大了格罗塞托这个小小一隅的偏僻，事实证明她并没有夸大其词。村子里仅有一部电话，而且还是在上述的托托利亚意大利餐馆里，当你想要联系洛伦佐时，你得先把电话打到餐馆。一个女人接听了电话，她的声音里带着惊奇与疑问。接着你就会听到脚步声、开门声，然后那个女人的嗓音响彻整个村子上空，"洛——伦——佐！！洛——伦——佐！！你的——电——话！！！"两三分钟后，跑步的声音传来，来的正是洛伦佐，只听到他上气不接下气，抓起电话："立刻马上？嗨！"

*****

经历了几个月的奔波劳累，我与艾琳终于可以在这里过上几天宁静的日子了。夜晚时分，我们从寒风中来到这栋石头小房子里，感觉这就是我们的庇护所。低矮的横梁，厅间的炉火，一张木制桌子，三把结实的椅子，一张床，几根蜡烛，还有壁炉，一切简简单单。闭上眼睛，就能感受到家中泥土香甜的芬芳，还有壁炉里木头噼里啪啦的燃烧声。这大概就是我们希望的生活吧，希望我们能很快重整旗鼓，燃起斗志来。在火焰不断的跳跃中，我们端起了红酒杯，不禁欢笑起来，突然间又觉得一切皆有可能了。没想到我们的情感变化如此之快，着实令人惊讶。我们的情绪也在不断地高涨，带着火一般的激情与希望……那天晚上，我们就裹在一张雕花木床上睡觉，洛伦佐告诉我们，这张床是和房子一起来的，和房子一样古老，差不多有几百年的历史了。洛伦佐的左邻右舍都走了，今晚他会睡在他们那里。他很热心，临走之前确保我们有足够的毛毯可以盖。看着壁炉里闪烁的小火苗，想着这里的人们千年来都是用同样的方式来度过寒冬，我们很快进入了梦乡。

在完全醒来之前，我们感受到彼此身上传来的暖意，双脚合在一起，手指舒适地展开。外面就是凛冽的寒冬，但是我们在室内倍感惬意舒适，就像蜷缩在子宫里的婴儿一样，彼此相互依偎。肌肤相互摩擦，睫毛也贴在彼此的脸颊上，脚趾向下抻开，顺着腿的曲线不断舒展摩擦，如此轻柔，却又撩人心弦，连毛发都是痒痒的，相互间不断作出反应。很快的，前几周的那种紧张的不适感就渐渐消退了……后来，我们一直期待着这一天。我们将百叶窗拉了起来，阳光下的世界立刻显现在我们眼前，让我们无比地惊讶——就在我们的下方，是几乎让人头晕目眩的陡峭险峻，一条林木幽深的山谷，一道弯弯曲曲的溪流，两座石头桥横亘在小溪之上，远处是一座裸露着岩石的大山，让我们想到圣维克多山和现代绘画之父塞尚的作品，不过只能欣赏它的大致轮廓，因为这里的岩石不是普罗旺斯的红赭色，而是火山岩的灰白色。林间蜿蜒曲折的小径向着山谷迤逦而去，晨间的清风晃动着骨白色的树枝，就像纤细的刷子温柔地刷着这天空。阳光也照耀下来，在枝梢间摇曳。

接下来的日子里，我们就穿行在伊特鲁利亚的小道上，惊讶于这里独特的景观。数百年来，当地农民通过人的双腿和毛驴的四蹄造出这些嵌在岩石里的独特民居，有些地方深达10到12英尺，它们是被一点点雕刻、削挖或掏空出来的。在山谷的外围，我们也发现了一些古老的民居，零星分布在山坡上、森林中。尖角屋顶的陶土水池被树木掩映环绕，自然很快就会想象出三四百年前，也许会有一个孤独的骑手骑着马儿从林间穿出，与我们看到一样的景象。夕阳在山脊外渐渐西沉，气温也随之下降，于是我们很快返回先前的村落。在越来越接近村子的时候，我们看到有人在村庄围墙边的屋顶上干着活，旁边就是80英尺深的悬崖。

有个人影停了下来，向我们挥手致意，这时我们才意识到他就是洛伦佐。他正在上面干着活，想要修缮一下他的工作室。他示意我们上去一探究竟。洛伦佐已经做了很多的结构性改造工作，实际上也刚刚安装完新的屋顶，但是离完全入住大概还需要一年时间。他向我们展示了正在用的16世纪制造的瓦片，这是他的邻居送给他的，这些瓦片至今保存完好，洛伦佐像孩子一般向我们热情地展示它们。他拿出一片瓦，刮去上面的苔藓，让我们看他的发现——这块瓦片上刻有"Wivere Pace"（和平万岁，旧时拉丁文拼法为"vivere"）。在其他瓦片上，他还发现了猫狗的爪印。400年前的动物活动印迹竟然冻结在黏土中，如今又为另外一个时代提供一种文字和寓言的庇护所。

我们来到村落最高处，那里正是村里餐馆的所在地；随后穿过一道拱门，这道拱门将村子最古老的地方与其他地方分开。拱门下方钉有几百颗锈迹斑斑的钉子，每颗钉子都代表一个已经逝去的村民。白纸黑字的告示早已随风而去，只有钉子留存了下来，在拱门的表面留下坑坑洼洼的麻点，那些古老一点的钉子已锈进石头里，就像一滴滴干涸的血。每一颗钉子都代表一个人在这里度过的一生。再往前走一点，我们碰巧遇到了马里奥，他也是洛伦佐的朋友。马里奥看起来70多岁，戴着一顶怪异的绿色三角帽，帽子下面是一张皱巴巴的脸，撇着嘴露出一脸怪笑。洛伦佐央求他将另一车木头卸到房子里。马里奥抗议，不想干了。他不想晚上做这活，于是准备起身离开。洛伦佐对他做了个鬼脸，又做了个"祈祷之手"的手势，解释道，他有客人来访，如果村子不能为客人提供木头的话，那他们会怎么想？我们的好客之道又在哪里呢？马里奥冷笑了下，意识到自己被他问住了，于是开玩笑似的拍拍胸口告诉他："洛伦佐！你会把我送进坟墓的！好吧，好吧，我妥协，但是只有一车，行吧？我投降了！就今晚啊！"于是他走开了，沿着鹅卵石径，朝着身后的我们挥了挥右手。

我们来到餐馆，向洛伦佐问起他和村民的关系。嗯，当然，一些村民认为他是疯子，但是其他村民尊重他的所作所为。事实上，他正在修复其中的两栋房子。他和这里的人并没有什么深入而有意义的交流，要是在城里，他会经常这么干，但这也没有什么大不了的。"这里让人感觉惬意轻松，比较适合我。快活啊（Allegro）。"假如你明白我的意思，你就会知道。这里有一种行为准则，不用完全说出口，但是所有生活在这里的人都能理解。人们总是互帮互助，他们必须这样做，这是他们唯一的生存方式。几年前，在他刚来这里不久，正在修缮房子的时候，一位老妇人，也就是最初租给他房子的人问他是否对汽车有点了解。她带洛伦佐去了村子边上的一间棚屋，参观里面的汽车。让他吃惊的是，这里居然有一辆1949年产的银白色的蓝旗亚轿车。这辆车是她丈夫的骄傲，是她的快乐源泉，现在她想把车子送给他的侄子，但是，她又耸了耸肩——车子已经多年没有发动过，不知道还能不能开。洛伦佐在朋友的帮助下，设法让车子动了起来，这让老妇人非常开心。次日，洛伦佐散步回来，就发现五根巨大的房梁撑起了他的房子。谁干的，也不知道。没有人留下纸条什么的。他四下打听究竟是谁干的，没有人知道这些房梁来自哪里。一周后，老妇人突然离世。在她的葬礼上，她的女儿问洛伦佐是否收到了木头，她的母亲希望洛伦佐拥有它们。

  我很高兴自己能在一两天里就化身为社交达人，但很快就感觉到我有一种迫切需求，需要时间回归自我，静下心来写作和思考。第二天，艾琳拿着相机离开了，而洛伦佐还在工作室的屋顶上干着活，我则借了他邻居的房子来忙于写作。一开始，我生起了火。这种行为是一种本能，在农村里长大的孩子都会这个。小时候，孩子们很喜欢用火柴点燃旧报纸，然后把幼小干枯的树枝放在火上，看着火焰不断升起，再添加些厚重的易燃物，过了几分钟，我们就知道强烈的火光能够烧着一根小木头。我非常熟悉英国的橡树木、梣树木、榆树木和苹果树木是如何燃烧的，但对意大利的这些原木的燃烧本性一无所知。它们是完全不同的树种，有些是栗树木，有些树木的树皮上还有些奇怪的光泽，这让我想起了英国的樱桃木。火很快就燃起来了，在引火物的周围发出噼里啪啦声，我伸手取一些细小的木头放在上面。起初，火在木头周围发出咝咝的嘈杂声。过了10分钟，火焰就起来了。我把洛伦佐从工作室丢弃的那块沉重的旧屋顶梁当作添加的燃料，它会一直燃烧到黄昏，也许会烧过整个晚上。今天，我的这个木头同伴要释放出几个世纪以前储存的能量了。

  就在这座房子里，我穿着外套，披着围巾，坐在破旧的木桌边上，这个房间也是呈不规则的形状，里面也没有什么东西，炉火熊熊燃烧起来，透过长方形的窗户望去，能看到山谷对面的景象。时不时地，我还能听到洛伦佐在屋顶上敲敲打打的声音，他距我大概有十几栋房子的距离，偶尔我还能听到什么东西开裂的噼啪声，还有人们的叫喊声和欢笑声，但更多的还是木头燃烧时持续发出的嗞嗞声。在房间的一隅，我看到了布满灰尘的盒式磁带录音机，出于好奇心，我按了一下"播放"键，居然是大提琴独奏曲，显然是巴赫的旋律。这首曲子听起来就像是浓缩了此地木头自身的精华，终于在这个下午绽放，回荡在这间石木制成的房子里。

我又看了看火焰，依旧如往昔一样对它痴迷。这样的时光着实弥足珍贵啊！它就是我们对时间的争夺啊。在我们这个所谓富足的世界里，我们多数人的生活就包含了这一点。那些"幸运一些"的人们会说，他们一年当中会有五到六周的假期，真的让人羡慕。其实，很多人不得不屈从自己，在城市里做着消磨精神的工作，然后动情地感激自己还有几周时间的豁免。这一切究竟是为了什么？"为了休假。"可这根本说不通。而我一直在想，接下来的几个月里我究竟能写出多少东西，并试图在必要的教学与一段恋情之间保持平衡。我用一种前所未有的方式审视24岁的我，仿佛从远处观察自己，带着一种近乎冷酷反讽的超然来批判自我。我关掉音乐，从蓝色的箱子里拿出了我的旧打字机。

*****

炉火的声音听起来很舒服，不需要录音机里的音乐来相伴。房间里的光线也足够亮，不需要什么灯泡来照明。炉火已经带来足够的温暖。他伸了伸脚，感觉到一股刺骨的寒冷。热量开始渐渐散开，身体里的血液快速流动起来，流经血管，他越发感到温暖。

突然间，他似乎又和父亲在一起了。几年前，一个冰天雪地的晚上，在老房子不远处的山上，他们正从田间砍完柴回来。拖着疲惫的身躯下山，走在拖拉机的车辙印里，不远处的谷仓在黄昏最后一缕阳光的映照下，衬出了轮廓。就在快走到家的时候，他停了下来。他们一起停了几秒钟，然后俯瞰了一下自家的房子。家里的窗帘还没有拉起来，灯光透过两扇窗户散射出来。他们保证了家的温暖，燃烧的炉火，暗色的大梁，还有暖和的晚餐，温馨的家人。他们二人什么话也没说，只是保持沉默，静静地欣赏那美好的瞬间。

我的父亲喜欢这带来光明与温暖的火。我有时发现，他在天黑以后会静静地坐在屋外，拨弄着篝火中扬起的灰烬。他痴迷于火这个元素的简单——在中心白火的边缘，焦化的木材排成整齐干净的环状——他背对着一棵树，正抽着烟。或是收集那些远离火焰、分散而又细长的枝条，将它们采来放回这如太阳的篝火里。或是花一些力气，拿来一些较有弹性的大树枝，放到篝火中，将激起的火星送上这黑暗的天空。

父亲是靠火而生的人。

在屋里，我多次看见他坐在炉火边的椅子上，读着书，又放下书，对着火焰沉思。他常用手轻柔地抚着自己的鼻子，仿佛若有所思，在樱桃木燃烧的噼啪声或是榆树木即将烧塌——木头烧为灰烬，余尘腾空而起——的声音中，沉浸在卢克莱修的哲思中或是里尔克的诗中。黑色线条的图案，交织在跳动的红色上。时间在此刻崩塌。

父亲也将在火边死去。

1985年9月23日，星期一。那是我最后一次见到父亲。在一个人的意识深处，这个日期竟有如此巨大的魔力。对一个孩子来说，它并不比12月25日这天漫长，却更为恒久。在温和的夏日清晨，有人陪在你身边，用手挠你的肋骨逗你发笑；或是在二月的午夜，在你耳畔低语（伴你入眠）。如今想来，让人不胜唏嘘，悲伤不已。

他和我走在屋前的小径上，帮我把包拿到车上。那天稍晚时候，我就将要搬进伦敦城第一次租的公寓里。那个周一早上，我像其他人一样出发远行。当然，我们都不会知道彼此可能再也见不到对方了。我试了很多次，想要重拾记忆，回到那次我们短暂的同行，从房屋前门到车子停放的地方也就40步左右的距离。我不断地将细节拾起，就好像这样做，随着时间流逝，那天下午发生的事也许会有所转变。

我清楚地记得那些时刻所赋予的能量。我觉得这是我人生大事的庆祝仪式，是我成人后完全独立自主的第一天。搬到伦敦，是我的夙愿，我一直对这个城市充满了渴望。讽刺的是，也是在这一天，他也经历了人生中的一件大事，尽管我们方向相反，天各一方，事实上也确实如此。那天是他从伦敦大学学院提前退休的第一天。于是，尽管出于不同的原因，但我们二人情绪高涨，彼此相互温和地逗笑，我们意识到，今后再也不会以这种同样的方式成为儿子与父亲。我们把行李放在车子的后备箱里，然后相互拥抱。这时我有一种奇怪的意识：你的父亲，曾经多么高大，如今却比你矮了一两英寸。这大概是时间的捉弄吧。汽车倒车的时候，我把车窗玻璃摇了下来，对着他说了几句话，说我们的电话本周晚些时候接通，到时候我会用新号码与他联系的。完全是普通的日常对话。对着父亲说完最后一句话，我们就驱车离开了。当车子驶出车道，我回头看了看——我至今还仍然这么做——看到一个身影在向我们挥手致意，然后沿着小径回家。

我完全忘记了时间，沉浸在炉火与往事回忆中。但我很快又被拉回现实，有人在敲这扇沉重的门，原来是艾琳。她问，现在是什么时间了，晚饭差不多备好，燃气也快没了，快过来吃饭吧！我只好让炉火继续烧一会儿……

*****

2006年7月，萨福克海岸

我又回到了萨福克，还是在萨福克海岸的同一扇窗户前，但一切已物是人非。那片将我与大海分开的鹅卵石，看上去似乎冷酷无情，在那块石地里长出数百棵小灌木，上面开着叫不出名字的白花。通往村舍的小径差不多湮没在一堆齐肩高的欧芹中间,人从中间穿过的时候,欧芹总是会发出奇怪的刺鼻味道。现在,1月无情肆虐的北极狂风已经让位给温和的夏日微风,空气中带来三叶草的香味,还有云雀连绵不绝的叫声。昨天晚上,当我开始整理行装的时候,恰巧看见一只毛发蓬乱的黑猫,两只琥珀色的眼睛在黑暗中闪闪发亮。它跟我进了房间,径直来到小小厨房的一角,去喝我摆在地面上的牛奶。想到我已经快一个月没有来这里了,这种行为无疑会引起我关于动物记忆的一些问题。

就在一周之前,我还待在中国。[1]在那里,我获得了一种城市化进程快速发展的体验,这是在英国无法体会到的。当时是好奇心使我接受了英国皇家艺术学会的邀请,由此成为一个由艺术家和教育工作者组成的中国考察团的一名成员。这个考察团致力于考察中英两国如何应对气候变化问题。但是,这次行程让我困惑不已,对我的同行人员来说也是如此。看到一些城市每年以300万(人口)的数量不断扩充,我见证了人类历史上最为庞大的建筑工程,这些经历让我的思想聚焦一点,并不断生发。

回国以后,我的睡眠十分混乱,一开始是长睡13个小时。然后,接连几天,尽管已是深度疲劳,疲惫不堪,却也只能睡四五个小时的觉,而且醒来以后,再也难以入眠。部分分裂的我认为这种情况正常——飞行了1.2万英里,就是为了进行为期一周的气候变化问题的讨论,确实相当匪夷所思。此次访问的环境保护与政治目的并没有将这种情形计入成本,反而深化了环境悖论。但是,有时候恰恰是在这种混乱无序、心绪不安中,蛰伏已久的想法突然从身心俱疲的你那里冒了出来,于是新的意识突破旧有的思维框架,新的观念也会随之产生。

在伦敦,我家花园里的狐狸幼崽现在步入了青春期,它们的妈妈总是按住它们,用前爪清理它们的身体,现在这些幼崽也只有妈妈体形的一半大,小家伙们几乎无所畏惧。我打开厨房的窗户,它们也不会感到有所侵扰冒犯。有一次,我直接跑上前去观察它们,离它们也只两三英尺的距离。它们似乎也感觉到另一种动物的存在,我的沉默静观似乎激起了它们的兴趣。我们相互凝望，时间大概有1分钟，也许更长。幼崽们眨眼，我也跟着眨眼，似乎彼此都要用一种最原始的方法让对方消除疑虑。此时此刻，我觉得自己摆脱了理性世界的束缚。我多么希望这些时刻能长留在我的世界中，希望这些麻痹我们感官的信息与事实嘈杂之声能够彻底远去。那只小狐狸的凝视眼神包含了整个宇宙，而且这与报纸或是互联网并无任何瓜葛。当我们所有的飞短流长、哗众取宠都被掩埋在垃圾下面的时候，它就会出现在我们的眼前。

近来，有两个梦一直困扰着我，但每次醒来的时候，梦中之事了无痕迹，只留下情感的印迹。在第一个梦里，一位作家朋友去世了。从体质上讲，他现在可能就是一位上了年纪的老人，不过他葆有青春的活力，仍然保持着年轻时代作为社会活动家和批评家所拥有的激情，他的死几无可能。从梦中醒来的时候，我仍然心有余悸。意识到这仅是一场梦而已，才稍微宽心一点。我从来不用这个有损人格的副词"仅仅"（just）来描述梦。直觉要我马上给约翰打个电话，但我琢磨到，我已经有几个月没有和他通话了，尽管他的精神一直鼓舞着我。在我开启写作的最初几个月里，他一直与我保持联络，极具耐心，如影随形地伴着我，教诲我。我通常等他等到晚上，白日里我总是心绪不宁，无法静下心来。我听到电话里那头长长的哔哔声，想到了在远方山林的厨房里电话声响起的样子，是约翰的搭档布丽奇特低沉的应答声。电话里我们交谈了夏季迟来拜访的想法，但我还是迫不及待地想要知道约翰的近况，并说我一直挂念他。他还好吧？"还行，"她慢吞吞地答道，"据我所知，他现在还好。"但是，你的潜意识里有点偏离谈话主题。"他现在不住在这里，而是在巴黎。"于是，在她的帮忙下，我拨打了另一个号码。又是一个女人低沉的嗓音，原来是娜塔莉亚，约翰的朋友兼合伙人。她的声音有些沙哑，极富表现力，仍然带着浓重的母国俄罗斯口音："嗨，丹！真的不可——思议啊！我们正谈到你呢，就在刚才！谈到了你和约翰初次相遇的情形呢。关于你和约翰第一次见面的事……"现在，我能在电话里听到她在呼喊约翰过来接电话。"约——翰——简直不敢相信！是丹，他的电话！"

我能辨出电话里几种不同的声音，电话那头传出的欢笑声。约翰家估计来了一桌子朋友。接下来就是约翰那种熟悉的"NO？！"——不可思议声，也就是那种突然爆发的惊讶与怀疑声。听到是约翰，我的整个人轻松了许多，顿时有种如释重负的感觉。我能猜到他如熊一般的激动，匆匆忙忙地来到电话前，手里也许还夹着一支雪茄。

"你好啊，丹！是的，就在你打电话的时候，我们还聊着你呢！没想到你的电话就来了，真是心有灵犀，不可思议吧？这种情况以前发生过吗？"

"大概有那么一两次吧。是的。但是今晚，空气中一定有什么谜一样的东西，约翰，我们的潜意识一定是在相互交谈，因为昨晚我做了一个奇怪的梦，是关于你的。"

（我犹犹豫豫地，仅凭迷信这个理由，我不敢告诉约翰梦里关于他死亡的情形。毕竟，如果告诉朋友说他们在自己的梦境已经死亡，这成何体统？）我决定含糊其词，变相处理："……这确实让人心情不安，实际上，非常让我心烦意乱，所以一听到你的声音，我就舒了一口气，宽慰了许多。你一切都还好吧？"

"嗯，最近膝盖还是有点硬，但并不严重。除了这个，一切都还好！我现在精神抖擞，心情很好。你怎么样啊？写作进展得如何了？"

我告诉他，海滨小屋让我心绪安宁，能够专心致志地写作。而且，相反，我发现，如果重返伦敦，我就很难心志专一。大概是太接近现代通讯的缘故吧。即使我并未使用这些通讯设备——知道隔壁房间的电话在任何时间内都有可能响起，或是还有成堆的电子邮件尚未阅读，就总是叫人心神不宁。海滨小屋的简单生活没有什么让你劳心分神的，那种不被打断的美感总是让人心情愉快。正如新寓言派文学的代表人物米歇尔·图尼埃在其著作《星期五，又名太平洋上的虚无飘缈境》所言：

孤独影响人本身的人格，这种转变……他发现，对我们所有人而言，在生活中存在的他者是分散我们注意力的强大力量，并不仅是因为他们不断侵扰我们的活动，打乱我们的思绪，还因为他们的所作所为还会照亮处在我们意识边缘的那个令人关注的世界，而且这个边缘世界随时都有可能成为我们意识的中心。

我还跟他说起花园里狐狸幼崽的故事。约翰听罢，发出既惊奇又欣悦的感叹，然后又相当隐晦地说道："那些狐狸就是你的文章。"这似有所指，可能是暗指未来的不可预知性吧。正在写作的这本书，永远不会和计划中写的一样出现在世人眼前，总会有所变化。新的思想不时跃入书中，就像那些小狐狸不经意间进入人的世界。我又回溯到先前潜意识中奇怪的运行方式，并试着学会去信任这种潜在的直觉，但是约翰并没有提及这点："但是，'潜意识'的这些说法不就是弗洛伊德式的胡说八道吗？因为，实际上你描述的是在可能性的最边缘地带一种观察世界的方式，难道不是吗？"

"就像在《奥斯特利茨》里说的那段话，即我们是如何以错误的方式来对待历史的问题……"

"是的，没错，确实如此！"

我听到他又啪嗒地吸了一口烟，对我说："让我来告诉你吧，最近在我身上发生了一些事。当时我在西班牙，准备乘坐火车回来。在巴塞罗那火车站，我们在那里等了几分钟火车。火车很是拥挤，而我在一旁看着书，一定是我视野边缘地带的意识在作怪，我当时隐隐地觉得焦虑不安。那里有一群亚洲面孔的人，我并不确定他们是哪国人，看起来他们似乎不太确定是否应该在此地下车。他们来来去去，引起了一阵骚乱。正因为如此（这很不像我做事的风格，我通常不会这样做的），我于是检查了一下，看看我的手提箱是否还在我的座位后面。手提箱里面有几本素描本，还有一些我正在写作的手稿。总之，手提箱并不在那里了。此刻火车就要开了，我急匆匆地起身，去寻找我的手提箱，即使在现在我还是无比的激动，是的，我的手提箱就在站台上，就是我的箱子，谢天谢地。我又快速返回到火车，它差不多马上就开了。现在，你可能会说，这大概就是我的潜意识在起作用。"

"但是实际上还是你的边缘视界在起作用。"

"是的,就是我们的边缘视界,没错!"

*****

第二个梦是三天前做的。事实上,这个梦恍恍惚惚,模糊不清,我只是在醒来的时候留下一点瞬间的印记,就是一只手从脸上轻轻滑过。但是,在那种介于似醒非醒与完全清醒之间的迷离状态下,一场梦迅速开始又结束——我坐在花园里,正喝着茶,眺望着远方,我知道,父亲晚上来看过我,我们还在一起走了一些路。但是我越想抓住交流的细节,梦中的世界就离我越远,让人无从把握。

在晨间的迷雾中,随着收音机的突然打开,我的思绪仿佛又回到21年前。纵然已过了半生,但一切记忆依旧清晰。1985年9月23日,那天晚上我们是从北伦敦的外围出发的,前往科尔切斯特。这些往事的细节永远不会从我的记忆中抹去——如今又历历在目。我被这种心灵的震撼彻底惊呆了,一种无法抑制的悲怆油然而生。在阿伊莎家的楼上房间里,我们正在庆祝人生真正独立的第一天——我们刚从伦敦北部的特夫尼公园搬进这边山上的公寓里。而在此前,我们很难想到现在会是什么模样。这大概就是那个时代的生活常态吧。我们在等着阿伊莎的妈妈开车来送我们一程,楼下大厅里堆满了我们的东西,我们则躺在楼上的地板上。在所有奇奇怪怪的事物当中,就是电视节目《沃根》(Wogan)从房间一角的电视里传出声音来。[2] 出奇的是,那一刻在我的记忆里却一直让人紧张不安。就在电话铃声响起的那一刻,我们正在观看一部双簧剧。阿伊莎把电话递给我,是我弟弟打来的。很奇怪!他怎么知道这个号码?我拿起听筒,他在电话那头气喘吁吁。

我不太确定接下来会发生什么事,或者他会说些什么。我记得他并没有直接告诉我发生了什么事,但我很快从他那哽咽的声音中推知,一定是发生了什么令人震惊的大事。然后我把电话搁在地上。或许是一种出于本能的反应，一种对即将发生之事的厌恶，好像这种举止就能阻止那不快的发生。我停了一会儿，大概两三秒钟，我感觉几乎有些喘不过气来，开始骂骂咧咧起来。房间里的阿伊莎惊恐地看着我。家里有人走了，我的弟弟正想告诉我这些。犹如疯狂的俄罗斯轮盘飞转，我的大脑不停地飞闪，大概有三种可能性——妈妈、爸爸、姐姐、科琳娜、马克、梅格……其中有一个人死了？不可能。但这一切真的发生了。可能死的不止一个人？难道是意外？我重拾起电话，跪在地板上。莫名其妙地，我问一个问题。我想先问下是科琳娜吗？我就是这么想的。不——不是她。我无法去描述这一时刻，也无话可说。难道是父亲去世了——是他，马克。弟弟说起了田间着火的事，人们在地势最高的地方找到了他，已经烧伤了。我失去了理智，似乎听到自己在电话一端急切地耳语："他还好吧，是吧？他被烧伤，但是还有希望的，是这样吗？"我知道这是不可能的，但我需要听到这种结果来安慰自己。如果，他奇迹般地活着，还有一口气，犹如镜中迷雾，那么还是有办法挽回的。我们会去照顾他几个月。只剩一口气，一切皆有可能。"不，太晚了，他已经死了。人们找到他时，他就已经死了。"

接下来的几个小时里，我失魂落魄，如在梦魇中一般。和你所爱的人告别，不顾一切地想要赶回家，越过城市，来到遥远的地方。这些年来，此般人生细节一直蛰伏在我的脑海深处，随着莫名其妙的心灵感应与记忆触发，这些细节在21年后的这个夏日清晨再次浮现。我坐在汽车右手边的后座上，眼睛紧盯着窗外。阿伊莎的妈妈开着车，阿伊莎也坐在后排，紧靠着我，拉着我的手。车子行驶在环城北路上，向东前行，这时候天空下起了毛毛雨。我脑子里满是马克的身影，他那张胡子拉碴的脸，聊天时也是轻声低语，读书的时候喜欢用手指划过鼻子，温文尔雅，充满睿智。此外，他酷爱苏格拉底。但是又有什么好说的呢？现在，我们在车子里，除了指路，我什么也干不了。车子终于驶向科尔切斯特的切尔姆斯福德A12公路。我似乎失去了知觉，眼睛也闭上了。这一切都会消失的。透过被雨水弄脏的车窗玻璃向外望去，我搞不清楚那辆红色的公共汽车是怎么穿过那些街道的，汽车是怎么在交通指示灯处加速离去的。在我的世界被摧毁殆尽时，这个世界疯狂的常态模样居然是这般不可理喻。随着伦敦市区最后一辆老牌黑色出租车在我视野中的消失，伦敦郊区融入茫茫夜色中。透过公路上的反光路标，我发现我们的车子正在朝东北方向沿弧线公路前进。坐在车上，我们只感受到汽车发动机的嗡嗡声，还有路途中的起伏颠簸。我一度从恍惚中清醒过来，便感谢阿伊莎和她的妈妈为我做了这么多。她们回答道，当然，还好啦。当时我整个人都已经疲惫不堪，快要虚脱了。现在我们驶向通往科尔切斯特的高速公路岔道。又是熟悉的环形交叉路口，我指引着大家沿纪念大道驶向第二个环形交叉路口，前方向左就是车站。多么熟悉的会面处啊，今晚却变得让人难受。在站台上，年轻的神父迈克尔和我的妹妹站在那里，等着我。我们相互拥抱，不停地啜泣，也不知过了多久。悲剧总是在某个地方上演，总会发生在那些不太幸运的人身上，现在我已经沉痛地感到了这一点。我们现在成了别人同情的对象，成了静默目光的凝视对象，成了他人激动颤抖的安慰对象。我们的经历也许使他们感觉到，那天晚上发生的令人望而却步的事并不是不可以面对的。

沿着向下的车道行进，奇怪的是，我甚至还能记得神父迈克尔的车子——一辆深色蓝金。他带着我们走了一条不同以往的路回家，并没有经过斯托克拜奈兰德，而是沿着经由库派拉农场的乡间小路，来到了博克斯福德岔道上。在我家的旁边，停了一辆警车，还有一辆救护车。说也奇怪，我居然无法回忆起当时见到母亲的情形。是不是我们回来的时候她就已经在那里了？或是她已经去正式辨认父亲的遗体了？那天夜里，我和弟弟一起走在林间小道上，我们发誓说，不管我们以前有如何的不同，今天这事会让我们兄弟情更加亲密。随后，我们来到了事故发生的现场察看，想知道父亲死亡的更多细节。需要有人告诉我们这一切，我们静静地站在这片缓坡上，似乎还能闻到空气中植物残渣烧焦的味道，还能看到那片烧焦的土地。父亲在田边烧那几块他在夏天里囤起来的野燕麦堆。时间大概是六周前，正当J和我第一次出发远足时，父亲就在那块田里忙活。我们离开的时候，父亲停了下来，向我们挥手致意。一定是一阵微风吹过，将点点星火吹到一个麦茬堆上，父亲见状后想要扑灭它，结果反过来被烟火熏着了。科琳娜和梅格发现了他——那时，他们正在树篱顶采摘黑莓果。还有一些细节，我无从知道，也不想知道，从来也没有过问，包括父亲被火烧死的那一刻。我们又开始往回走，快要走到家的时候，我无意中听到一位女警察正对着她那噼啪作响的对讲机讲话，听到了一句"受害者是一名上了年纪的先生"的话。这些话应该无甚紧要，然而又十分重要，我甚至对那位女警察感到十分愤怒。你对我父亲一无所知，你怎么这样说他？文雅温和？是的，他就是一个文雅温和的人。上了年纪？绝对没有。他才53岁，那天是他从英国伦敦大学学院提前退休的第一天呢。

顺便说一句，悲伤从未离你远去，只不过它改变了模样。

*****

但是，为什么是现在，为什么要在这6月的清晨，要让这些影像浮出水面？当然，是梦，我做的梦。是的，但是为什么一开始就是个梦呢？无疑，那不能称之为边缘视界。而且，今天，也是我第一次想到阿伊莎和她的妈妈也出现在那段旅程当中。她们送我回家的那几个小时里，会有什么感觉呢？他们知道，最好什么话都不要说，说什么也帮不了坐在汽车后座的我——一个悲痛欲绝的我。阿伊莎即使在状态最好的情况下也不善于表达情感来安慰我开导我。她陪着我，对她来说一定是个折磨。她们在返回北伦敦的途中究竟又会聊些什么呢？在她们踏进我家的时候，这对她们来说有什么不同吗？也有个电话像幽灵一般挂在楼上的房间里吗？

但是这里还有一些与众不同的东西。那晚他们沿着A12公路来回行进。直到现在，我才意识到，在过去的几个月里，我一次又一次地重复着那段同样的旅程。在海边的这个地方写作，这个决定意味着我差不多能每隔两周就能回到我的过去。从伦敦驱车回家的那个晚上，我不断认为，夜间开车路况必将很好，也没有什么大卡车，但肯定还有其他原因，而且是更深层次的原因。仿佛那个分裂的我从未接受那天晚上家中发生的一切，仿佛夜间疾驰也是我在努力地寻找真相，因此，我驰骋在夜间的公路上，高速行进，穿过茫茫黑夜。也许人生当中有些事情只有通过快速的运动来驱动思维的高速运转。在我的大部分时光里，伦敦是不需要汽车的，我只要在利物浦街乘火车就可以去我想去的任何地方。那趟旅程，每一个细节我都异常熟悉，差不多是轻车熟路了。只是最近几个月，我才真正了解这条路上的每一处弯道、每一道斜坡。那么要如何解释一次旅途的神秘呢，难道只是一道风景？其实，即使驱车行驶在沉闷无聊的高速公路上，也总会有那么几个时刻，你像是被某种东西伏击，不能自已。有一次，车子刚过科尔切斯特，前方车道开始急降向下倾斜，这种车道是通往斯特拉特福圣玛丽的一个标识，它在大桥下方向左的地方拐了一道长弯。从那个地点过去就能从埃塞克斯赶到萨福克。这里没有合理性的解释，但是那晚驱车下山，就是在这个关键的点上，我似乎感到了未来、现在和过去全都交织在一起，相互间不断地碰撞。我不禁战战兢兢，身体也不由自主地颤抖起来。也许这里有太多的玄妙，我们无法说得清楚，抑或是我们的身体先于我们的意识知道会发生什么。

*****

一个月前，我与一位朋友长谈，当时这位朋友的父亲正躺在澳大利亚的一家医院里病入膏肓，只剩最后几口气了。之后，我便驱车沿着公路行进。尽管我与朋友的父亲从未谋过面，但是通过朋友生动鲜明的诉说，我似乎觉得开始了解他的父亲，包括他父亲对文学的热爱（父亲对着当时11岁、对什么还是懵懵懂懂的儿子大声朗读过屠格涅夫和果戈理的作品）和精力的旺盛（父亲80多岁的时候，还对爬山念念不忘，痴迷于30英里徒步越野，还时常抱怨他的儿子跟不上他）。这是天性的力量使然吧。所以，我对朋友让其父亲顺从天意的想法感觉到震惊。但是，医生没有让他的父亲顺其自然地离开人间，他似乎隐隐不安。他的父亲已经病入膏肓几个月了。现在他差不多失去了意志，对周围的世界一无所知，也不知道谁是谁了，而且眼睛也看不见了。我问他是否要回到澳大利亚前往他父亲那里，在他父亲去世之前陪伴他一下。朋友说他不会回去了，因为他们早在去年的时候已经彼此说过再见了："我们知道，这大概就是最后一次说再见了，我觉得我们彼此已经把能说的都说了。"

我把行李放进车中，喝了点浓咖啡，以保持路上开车清醒。11点刚过，我就从哈克尼区开了出来。我需要响亮的音乐——音乐的铿锵声音能伴我离开伦敦。开车行使在A12号公路上，然而电台里传出令人沮丧而又无聊的古巴诗歌节目。接着天空下起一阵急雨，并且雨势渐渐变大。车子过了切尔姆斯福德，现在已是暴雨，能见度非常低，汽车速度不得不降到每小时35到40英里。后来，我把车停在一个加油站以躲避风雨，等它过去。在加油站的商店里，我要了一个三明治，并和那里的一个工作人员闲聊了几句。他说这场暴风雨让他想到季风季的降雨，他从未见过这般大雨，因为他自小就在印度的喀拉拉邦长大。我在车子里吃三明治的时候，雨还在不停地下，丝毫没有松懈，不停地猛击加油站的屋顶。我回过头看看那个穿着发光背心的家伙，想着我们寄居的这个世界是如此陌生。我心里盘算着，他童年时代那个印度嘈杂小村到如今英国A12号公路上这个他上着夜班的加油站之间的距离究竟有多远。这难道就是他从小梦寐以求的英国？

现在是凌晨1点了，车子开到了这个即将发展成为大城市的小镇外环路上。我把车子开进一家24小时营业的超市，但我忘记了今天是星期天，他们不营业，只好自己在车中找出从伦敦带的零食来打发自己。我只待了15分钟就走了。我在CD机里放了一张尼克·凯夫的专辑光盘，他的歌曲我以前从未听过。这是两年前一位朋友送给我的，我发现这个光碟的标题——《情歌的秘密人生》《肉体创造世界》——和尼克·凯夫的两场讲座中提及的概念着实有些倒人胃口，相当让人讨厌。但是，每件事都与特定时间有关。现在，我已经行过这最后一个小镇，在小镇的拐弯处，公路与火车道交叉而过。十几个身着荧光黄色外套的男人正在紧张地工作，路边竖了一块"前方道路封闭"的牌子。那么，如果我不能上这条路，如何才能到达海岸边的公路呢？雨依旧下得很大，其中一个人停了下来，来到我的车窗前弯下身子。我注意到这个人的黑色鬈发刚被雨水洗过，下巴的胡茬粗糙拉碴。他向我解释道，我必须原路返回，走右边的车道，然后就可以开上前方的主干道。他向我道歉地耸耸肩，笑了笑，很明显，这是一段很长的路。

我只好倒了车，听从他的建议，走旁边的车道，但10分钟后我就完全迷路了。驱车沿着这条辅路，没有任何路标。但现在我被尼克·凯夫的音乐深深地吸引住了，在这个荒凉的夜晚，他那洪亮又散漫的嗓音确实能抚慰心灵、安定人生。他在歌中引用作家奥登的话，遭受挫折与创伤的时候，正是人们心灵都需要受到震撼进入另一种状态的时刻，这样痛苦的灵魂才会得以释放。而且，让我惊讶的是，他居然也谈到他的父亲，还有他的猝然离世。现在车子开上了一条更小的公路，更多的是通过直觉进行车子的导航。溪水从两边小坡倾泻而下，红色的泥土也被冲到小路上。这里看着更像非洲而不是英国的萨福克。小路到处坑坑洼洼，看上去像汽车越野赛的车道。汽车不断播放着尼克·凯夫的话语，不时传来思念的歌。歌声中，爱与死亡交织在一起，叫人辗转悱恻。凯夫现在谈到了西班牙诗人罗卡（Lorca）写过的《演唱者的灵魂》——这种莫可名状的悲伤存在于所有伟大的文学与音乐作品中。这种特质是可以瞬间被感知，但不可刻意模仿成功的。"迪伦的作品一直拥有这种基调，莱纳德·科恩还专门处理过它，汤姆·维茨和尼尔·杨还在表演时召唤过它。"公路突然扎向一座桥，在车前灯的映照之下，我发现前方居然就是黑色玻璃般的洪水。现在无法调头了，只好倒车来到小山上，在角落处拐弯，我突然变得兴奋起来，根本不在乎这次行程还要花多长时间。低沉的澳大利亚嗓音此刻正在描述一段新的爱情，以及在这些时刻人们记录生活时所面临的奇特选择。随着爱情的进展，他会每个月写一首新歌，写一首诗。我想朝他尖叫："你要是把爱情写下来，你就杀死了它！不要让它如此的神志清醒！"但一切为时已晚，他们的爱情结束了。这首歌现在已变成一种不可遏制的愤怒。凯夫怀着怨恨将他那勇敢无畏的爱人的故事一吐为快，然后跑回母亲身边。他的毒舌让我的手离开了方向盘，我记起了自己的经历，我的爱人在我们开始向对方敞开心扉的时候跑回了西班牙。

现在我的车子终于回到了正道上，但我竟有点隐隐地失望，就像一种绝境已经走到了尽头。这条笔直的大道，穿越森林，今天如此冷清，空无一车。但对夜间的鹿和兔子来说，今晚又太潮湿了。在我到达终点之时，时间已近凌晨3点，现在浮现在我面前是一片茫茫大海。然而，不可思议的是，几乎不到1分钟，我的那个同伴，那只毛发蓬乱的黑猫又出现在我的眼前，蓬头垢面的样子比我想象中的猫更邋遢肮脏。

有组织的人何以屠杀他人：第一要因

几年前，我有幸与格温·阿兹黑德博士会面，她是英国最著名的精神病医院布罗德穆尔医院的一位法医心理治疗师，我被她说的一句话惊呆了，她曾在医院帮助治疗了大约250名男性，其中一些人是这个国家极其危险的人物，常年精神紊乱。她说，他们就像一场"灾难中的幸存者"。后来，在同样的访谈中，她谈到，成为父母之后，她的工作变得更加难过，因为她开始"将这些男人当作小男孩来对待……他们会变成什么样的人——其实是带着孩子们的所有承诺而言的。只是在他们的性格形成时期，他们中的大多数人经历了某种灾难性的事件，影响了他们对世界的看法，诸如他们所遭受的极端虐待和无视，泯灭了他们发展的一切可能性。通过对这些病例的思考，结合在布罗德穆尔医院的多年工作，我发现，那些被贴上'罪犯'和'病人'标签的人重新成了正常人。我开始在想，在这个地方工作所需要的想象力和耐心，和进入那些思想受到严重伤害的人的内心世界的欲望，开始试着理解他们是如何达到暴力的顶峰，即杀戮的程度。随后，我又花费数年时间，试图帮助那些长期饱受心理折磨的人修复心灵"。访谈中，阿兹黑德博士提到的基塔·瑟伦利的作品，也让我很是痴迷，尤其是她在《黑暗探索》中对特雷布林卡集中营的指挥官弗朗茨·施坦格尔生平的叙述。这本书在过去20年间一直在我心头挥之不去，直接引导我将研究的重心放在那些作恶者的心理上。试图去理解一个集中营指挥官的内心世界，会将我们带入一个可怕的境地，要知道他在这个集中营里曾经指挥屠杀了近百万人。要知道，人最直接的本能是厌恶与拒绝。除非我们能够理解导致这些极端事件的个人心理与社会力量之间复杂的关系，否则我们的研究就不会取得任何进展。就像阿兹黑德博士一样，我曾经常质疑"邪恶"一词的滥用，尤其用它来形容一个人的时候，比如"他（她）就是个不折不扣的恶人"。在我看来，这单单就是懒于思考的一个借口，或者根本就是不思考。我认为，对于造成骇人听闻的罪行和事件的那些人来说，尽管"邪恶"这个词源自宗教，且与之相互关联，但它并不能有助于我们更深入地理解他们的心灵。[3]

*****

然而，阿兹黑德博士的工作对象与我20年来一直在研究的对象之间有着明显的不同，我曾试图进入所有研究对象的内心世界。我研究过的对象曾经杀死了成百上千，甚至成千上万的人，但是他们当中没有一个人是直接用自己的双手去杀人的。通过从他们的办公桌上，或他们的电脑，或从他们的嘴中发出的那些话语、备忘录、命令及报告，我们能够发现，有很多人遭到了屠杀。这些人也许会争辩说他们没有杀人的意图，但人确实是死了，也确实令人遗憾，而他们并没有责任。或者也可以这么说，他们差不多只在作为某个系统的一部分时才负有责任。这个系统是一个大型的组织，在极端具有挑战性的环境中才会卷入战争、政治或经济贸易的争端解决。

最令人震惊的是，我们的社会每年花费数以万计的英镑来研究如何界定"精神变态者"和"反社会者"，创立众多研究机构来收容这些患者，以保护公众免受他们的暴力侵害。然而，在调研是什么样的心理导致大规模屠杀人类这方面的研究几乎还是一片空白。单个的精神变态者，假如他是自由的，如果有众多因素合在一起引发他对人们的攻击，他至多也只能狙杀五六个人；但是，一个政府或是一个石油公司，则能对诸多城市进行地毯式轰炸，杀死成百上千人，甚至可能毁坏整个地区的生态环境，并且他们还能接二连三地做这件事，一次又一次，而且看来不用受到任何惩罚，安然无恙。

也许这就反映了我们的媒体对精神变态者的某种痴迷，而事实上，诸如此类的阅读材料往往也有着大量的读者受众。我心中有一个愤世嫉俗的声音在呐喊，这样的营销究竟是如何运作的。

我知道，单单在一本书或一部电影的标题加上"精神病患者"或"邪恶"这类神奇的字眼，就能促成成千上万的销售量。人们无法严肃对待大规模组织屠杀情形的另一个因素是，我们更容易将焦点集中于单个反常变态的怪人身上，而非关注施行杀戮的组织内部复杂的文化机制及其机构。这就好比在心理治疗中，将焦点集中于那些个体的问题和神经官能症的人身上，比起暗示我们生活的社会是直接导致人们痛苦抑郁的原因要容易得多。

现在我们面临的挑战是，在已经见过的桌面屠夫里面，很少有人能被称作"精神变态者"。这也是普里莫·莱维和汉娜·阿伦特留给我们的挑战——许多作恶多端者表现出相对的精神正常。果不其然，这就是我们难以接受的现实，因为这就意味着我们很难将自己与他们区别开来，并保持距离。我们必须意识到这点，在很多方面，这些作恶者比我们已知的更加靠近我们。

20多年来，我一直在思考这些问题。我甚至开始考虑，是否有可能从基于组织来杀人的人即桌面屠夫当中找出识别他们的某些因素和标准。目前，这方面的学术研究少得惊人，所以，我不得不另辟蹊径，创制自己的研究视角——这种方法不是抽象或纯粹学术的，而是基于这20年来我对相关材料的阅读与思考。我发现，将我的分析研究植根于那些个体的生活和那些人特定的历史与当代事件是不无裨益的。在这样的研究过程中，我找到那些桌面屠夫能够直接杀人却不负任何个人责任的一些确定性因素。我将在接下来的几页中详细描述这些确定性因素。但我并不希望这些因素以一种权威名目的方式来和读者见面，而更像是以一场过了许久的谈话来开启我的叙述。并非所有的因素都会同时出现在某一个组织屠杀的案例中，但是它们之间会相互联系，有时也会出现相互重叠的情形。

- ◎ 渐进主义
- ◎ "规范化"，还有同类人员的协调一致
- ◎ 话语和非人化
- ◎ 抽象化受害者：从个体屠杀到匿名大众
- ◎ 远离直接的暴力行为
- ◎ 将个人责任归为权力部门的责任
- ◎ 思想的隔离
- ◎ 醉心工作与"疯狂自恋"
- ◎ 抽象系统置于人类之上
- ◎ 转移视线或故意无视

渐进主义

人生当中迈出去的几百步，通常是微乎其微的，但是每一步都意义重大，因为每一步都通向人生的下一个阶段，每一步都指向个体人生对他人、对世界的冷感与漠视。

也许，对那些工作在纳粹德国和德国占领区集中营和灭绝营里的人来说，他们的生活与职业生涯便是渐进主义最生动的例证。作家汤姆·塞格夫（Tom Segev）曾将其描述为，在他们的训练中就有的一种双重线性进程模式，实际上，一切都始于达豪集中营，在所谓"爸爸"指挥官西奥多·艾克（Theodor Eicke）的监护下，他们所有人最终成为集中营指挥官。早些时候，其中的大部分人就奉命参与到由克里斯蒂安·维尔特主持的T-4行动"安乐死计划"中。其中，塞格夫的个人记录观察让我印象深刻：

他们年复一年地从一个集中营转到另一个集中营，不断调整自己以满足任务需要。每一个阶段的工作都是为下一个阶段作准备，久而久之，他们已是铁石心肠，变得冷酷无情……随着不同阶段的进展，他们的残忍无情也与日俱增，集中营的指挥官们也随之见证了这种变化。与此同时，他们的地位职级也随之升高，承担了越来越多的责任。[4]

贝尔森集中营的指挥官约瑟夫·克莱默曾在行刑前简洁地说道："我们从达豪集中营到贝尔森集中营走了很长一段路。"也许渐进主义过程中最具启发意义的例证，在特雷布林卡集中营指挥官弗朗茨·施坦格尔的生活和职业生涯中可见一斑。据估计，在施坦格尔主政特雷布林卡集中营这段时间，即从1942年7月23日至1943年8月19日，约有90万名犹太人在特雷布林卡被屠杀。"二战"结束后，他潜逃至巴西，但在1968年被引渡回联邦德国，并于1970年在杜塞尔多夫接受审判，被判处终身监禁。1971年4月，还是在杜塞尔多夫，基塔·瑟伦利花了数周时间采访了他（所有素材成为里程碑式的著作《黑暗探索》中的原材料）。我尝试着将重点放在许多可能性的步骤上，其中一些步骤非常细小，通过这些步骤，施坦格尔渐渐对暴力与恐怖的真义有所领悟，这样就成就了他后来的种族灭绝暴行：

第一步：1908年，他生于奥地利的阿尔特穆斯特（Altmünster），他自记事起就与母亲更亲近，他的父亲对他冷漠而粗暴。弗朗茨8岁时，父亲去世，其后母亲再婚。

第二步：他15岁时辍学，成为一名纺织学徒，在业余时间学习演奏齐特琴（Zither），并开始给人上相关音乐课。18岁时，他通过考试，成为奥地利最年轻的纺织能手。后来，他把这段时光称为"我人生中最快乐的时光"。然而，在20世纪20年代中期经济萧条的时代背景下，不管弗朗茨多么富有才华，也没有人能接纳这样一个年轻的纺织能手。于是，他不得不另觅他路，寻找其他的工作以养家糊口。

第三步：后来，他寻得机会，上了维也纳警察学校。在那里，他接受了虐待狂似的训练方法。在学校里，暴力也是一种规范化的操作方法。施坦格尔见过许多比他大得多的成年人，还有那些受人尊重的权威人士，也将暴力机制作为训练的一个重心。

第四步：经过一番常规的警察培训后，他接受了一项旨在提高监视和侦查能力的强化课程，在这门课程中，他展现出很强的工作天赋（后来施坦格尔将其称为"走向灾难的第一步"，当然我会说他其实早就走在这条路上了）。

第五步：1935年秋，他被调往奥地利林茨附近一个小镇的刑事警察政治管辖区，他的职责是"搜寻反政府活动组织"（主要包括调查社会民主党和共产党活动人士）。

第六步：1938年，德国兼并奥地利，当时的红衣主教特奥多尔·因尼策（Theodor Innitzer）呼吁天主教徒要与纳粹充分合作。受其蛊惑，施坦格尔作为一名天主教徒，开始了与德国纳粹的合作。

第七步：1940年11月，在获得连续的职位晋升之后，施坦格尔根据海因里希·希姆莱信件的直接指示，到蒂尔加滕街4号报到（"T4"——即是刚刚开始的"安乐死计划"的行政管理中心）。上峰告诉他，在由T4主管的这个"特殊机构"里，他将得到一个重要且要求颇高的职位。面对这个新的职业机遇和职位晋升，他受宠若惊，有点喜出望外。

第八步：在T4，他与管理人员进行了深入交流，对这个"特殊机构"也有了更多了解。施坦格尔被告知，这项工作涉及"安乐死"，但只针对那些身体严重残疾的人士，也即对无法治愈的那些人实施安乐死。上峰指示他，他的任务是全面负责这些设施的安全工作，而且必须完全保密。他必须接受这些条件才可上任。

第九步：于是，他来到施洛斯·哈特海姆安乐死研究所，并被介绍给那里负责帝国所有"安乐死"中心的医生和负责人，其中那位负责人即是后来被任命为灭绝集中营巡视员的克里斯蒂安·维尔特。

第十步：施坦格尔先是阅读了天主教神学家迈尔教授关于教堂对待安乐死态度的一篇论文，确信在某些特定情境下的安乐死是可以得到天主教教义辩护的。于是，施坦格尔以这种方式将安乐死的责任推卸给一个更为高大的权威（这种方式与万湖会议后阿道夫·艾希曼的处理方式惊人地相似）。

第十一步：后来，施坦格尔参观了一家专门收治严重残疾儿童的修道院，其中许多儿童将被他们杀死。他再次描述到这样做他将会很安心："在这个修道院，有一位天主教修女、女修道院院长和一位牧师。他们也认为对这些孩子们实施安乐死是正确的。既然这样，那么我对正在实施的安乐死计划有什么好怀疑的呢？"

第十二步：1942年2月，哈特海姆研究所的"安乐死计划"被中止，施坦格尔当时面临一个选择——要么重返林茨的刑警管理区，要么前往波兰卢布林附近的一处新岗位。因为他早前与林茨地区的上司关系并不和睦，于是他选择了后者，前往波兰卢布林。

第十三步：1942年春，施坦格尔首次来到波兰卢布林，见到当地灭绝集中营的党卫军和警方负责人奥迪路·格洛博奇尼克。格洛博奇尼克和他谈到他们目前准备在索比堡（Sobibor）建造一个"供应营"，并且问他会不会考虑在那里谋一个职位。

第十四步：很显然，施坦格尔接受了索比堡营地的职位。在到达索比堡之后，他重新建造了一座砖砌建筑，跟哈特海姆毒气室如出一辙。但施坦格尔此时开始对他接受的新职位产生了一些怀疑，但一切为时已晚。

第十五步：后来，施坦格尔再度拜访克里斯蒂安·维尔特。不过，这次地点是在贝尔赛克灭绝营——他无意中发现维尔特正站在数以百计，不，也许是数以千计的尸坑上。现在，看到了这些所谓的"供应营"真相之后，他告诉维尔特他无法从事这项工作，但是维尔特并没有多说什么，只是又把他送回索比堡。

第十六步：尽管他意识到现在发生的一切明显就是犯罪，并且还与同僚一起讨论过，然而他们并无第二条路可走——他左右逡巡。如果单单就此辞职，他的家人将会得到怎样的报复，不得而知。

第十七步：后来，维尔特也来到索比堡，监督完成了集中营建筑的工作。当砖砌建筑完工之后，他就在施坦格尔面前用毒气杀死了25名犹太人。于是，施坦格尔告诉自己，他会尽快改善工作心态。

第十八步：当火车运送的第一批犯人在1942年5月抵达索比堡时，施坦格尔此刻仍然还在此处供职。他当时还买了一套"漂亮的亚麻米色"套装，配之以白色骑士夹克，以此纪念第一列火车的到来。

第十九步：1942年6月，施坦格尔的妻子与两个女儿前来探望他，待在距离集中营五千米外的地方。这时他的妻子听到一些可怕的谣言，并开始质问他。施坦格尔否认自己是指挥官，想要借此逃避责任，他说他的任务仅仅与集中营的建设有关。

第二十步：恰恰在此之后，格洛博奇尼克通知施坦格尔，他将被调到特雷布林卡一个新建的集中营。

第二十一步：1942年7月23日上午9时30分，第一批约5000名犹太人乘坐火车抵达特雷布林卡集中营。在施坦格尔到此的夏末季节——这时，每天都有1万到1.5万名犹太人遭到屠杀。他把这个称之为目睹了"世界末日"，并直接回复格洛博奇尼克，说他不能这样做，但同样没用，他又被再次送回特雷布林卡集中营。

第二十二步：1942年底，施坦格尔晋升为集中营指挥官。他最初的行动之一就是建造一座特殊的花园，一个大型鸟舍和一个小型的动物园。此外，他还建造了一间面包房，用他自己的话说："我们拥有非常不错的维也纳面包师，他能做出味道可口的好面包。"与此同时，这个集中营也在满负荷运营，最高峰时期每天有多达6趟火车抵达此处，每趟火车载有3000多名犹太人（特雷布林卡集中营在高峰时期每天屠杀将近2万名犹太人）。

这是22个可能性的步骤，每个步骤都牵涉到许多细小的决策。在每一个阶段，道德上的抗拒都会渐渐消退；在每一个阶段，暴力的水平都在不断增加。每一个步骤都在递增式地推进种族灭绝。正如塞格夫评价施坦格尔时说的那样："他所执行的一切任务都为他接下来从事的工作做好了心理上的准备。"

施坦格尔当然是一个极端的案例，但在每一个阶段，行事方法都渐渐变得正常化，进而直接导致下一个阶段的开始，这大概与其他的职业路径没什么两样。25年的人生经历，可以让一个人从理想主义的地质学专业学生转变为务实的石油行业主管，或者可以从学校化学实验室的学生成长为致力于核武器触发机制的研究员；或者可以从沉迷于孟德尔的实验和遗传学的学生开始，最终成长为生物技术研究的专家，企图通过基因工程改造烟草种子基因，使其烟草植物中令人上瘾的尼古丁含量增加一倍。

二、东伦敦的一个水池

我又翻回到此书封底上一张脸的肖像画，就像打开了它本身的记忆。我仔细地盯着它，现在我似乎看到在这张脸的左脸颊上有一滴泪痕，好似艾琳，在我的一本书里画了这个，想要向我倾诉某种难以言传的自我。而那一年的照片显示了两个年轻恋人面带微笑，看着相机的镜头——要么在火车上，要么在咖啡馆里摆拍——一切再寻常不过了。但是，现在我被这绘画与摄影之间的差异深深触动了：绘画，无论"好"与"坏"，它本身即是如此，而且绘画不能摆拍。所以，这幅小小的速写，可能就在几分钟内完成，却比那一年所拍摄的所有照片表达了更多的内容。当时我们才20岁出头，艾琳刚刚逃离生她养她的爱尔兰的羁绊，我则逃离了英国十几年的极端保守主义。对我们来说，当时的意大利可能就是一种解决问题的答案，那一年里，我们探索了很多——诸如，了解一种新的文化，这种文化与我们先前经历的世界大不一样；了解我们自己，以及我们在一起意味着什么。各种情感轮番上台，要么炽热多情，要么有趣可爱，要么隐隐不安，要么热情四溢，要么畅享快乐，要么忧郁深沉，要么激荡澎湃，等等，不一而足。有时，这些情感竟然在同一个星期里接连爆发。通常情况下，回首年轻时的自己，人们总会对黑白分明的判断、年轻人的傲慢无知、痴人说梦等感到不耐烦，甚至刁钻刻薄，但是，今天，我能感受到两个年轻人的温柔以待，尽管对太多的事情还不太确定，却总要试图弄明白刚刚开始的旅程。

在书的背面，她用斜体书法快速地写下以下语言：

公共游泳池开放时间：

周一至周六，12：40—18：30

周日和节假日，9：00—18：30

艾琳是一位热情的游泳运动员，她这些时候的运动大概与阿巴诺的一个游泳池有关。每当周五下午结束教学时，我们经常乘坐公共汽车前往那里。事实上，正是她让我真正地喜欢上游泳，这个爱好甚至在我们分手之后还继续保持着。她在教我游泳这方面得心应手。她知道我酷爱"人民的宫殿"，无论是节日大厅、莫斯科地铁，还是纽约公共图书馆，她还带我去了苏豪区马歇尔大街的游泳池。我被那里的绿色大理石和金色镶边迷住了，游泳仿佛是偶然性事件，只是走进那座"庙宇"会让你感觉更加舒畅罢了。慢慢地，一步步地，游泳成了我生活的重要内容。

*****

　　不过，哈克尼区当地的游泳池无论如何也比不上马歇尔街上的。二者之间唯一的共同点就是它们都有点维多利亚时代的影子（风格）。马歇尔大街游泳池全是大理石和黄铜造就的，而哈克尼区的游泳池则是浅米色瓷砖砌成，外加功能性钢构屋顶。在这里，你很难看到任何名人会突然来游泳的，但在苏豪区，你是不可能在不碰到某个演员或电视主持人的情况下完成蛙泳的。游泳池的边缘已经磨损开裂，可能由于潮湿的缘故，更衣室的墙上有时会长出某种绿藻。在我还年轻的时候，这类小事经常困扰着我，但是如今它只是因为长期有人而不显陌生——就好比一张布满皱纹的老脸彰显了这个人的人性。我在想，随着年岁的增加，我会下意识地认同这个游泳池——我们彼此都会接受自身的不完美，如今的我们都有一些粗糙，这种粗糙也正好与我们的年纪相得益彰。

　　每隔几年，游泳池的管理方都会作出荒诞不经的尝试，试图将游泳池重新改造成"21世纪的健身体验最佳的地方"或诸如此类的荒谬东西，而且这些尝试总是注定要失败。于是，游泳池的邋遢不堪已很难改变。除了推倒重建，这座游泳池几乎完全不可改造。偶尔，拥有它的公司会粘贴一些海报，上面写着如下的话语："水上休闲娱乐：卓越才是唯一的选择。"或者其他荒唐可笑的标语。经常来此地游泳的人对此只是超然一笑，淡然处之，然后继续他们的泳程。而且泳池长度也是我们常来这里的一个原因，不像伦敦城区的游泳池，它们的长度通常在25米左右，这个游泳池长度更长一些，似乎有些反常——可能是这个城市里唯一长度为33.33米的游泳池。但我第一次问其中的一名工作人员这个问题时，我还以为他们是在故意耍我，但是自我用步子丈量一下之后，我发现游泳池的长度确实是33.33米。对于那些喜欢长距离游泳的人来说（似乎对这里的大多数人而言），这个长度对他们很有帮助，因为这意味着他们可以有更多的时间游泳，减少了他们在泳池尽头处转弯的次数。

也许你以为这个池子很破旧，因此它会相对显得很安静。但是这种看法是错误的。有时，尤其在学校放假的时候，这个地方会变得熙熙攘攘，非常繁忙。我早就学会了避免午餐时间去那里游泳，尤其当你遇到一个特别痴迷于游泳的爱好者时，这大概是因为他们下班后时间有限的缘故吧。相比之下，我更喜欢周一和周四的晚上前往那里游泳，而且那里泳池营业时间相对比较晚，只有很少人会在这个时候使用游泳池，那样会使人感到轻松许多，那种在将紧张的压力抛诸脑后的感觉确实惬意。

在这么多年里总是在那些特定的时刻去游泳，你也许会以为我认识其他常去游泳的同道中人，但其实我也只遇到了几位点头之交。说来也怪，人们通常是通过游泳的方式认识彼此的（有时候他们的游泳姿势非常独特），这大概是一种老练的交往方式。比如，有一位老人，他有一个用手击水的习惯，如同他缓步行进的时候用手挥舞前方，确保没有阻碍的样子。在游泳池里这样做，老人似乎想要下定决心尽可能移开更多的水，以减小水的阻力。如果你是和他同一泳道上，那将使他大为光火，尤其当你作蛙泳潜行的时候，因为每次你们都越过彼此，这样你的脸上会布满冲击过来的水花。但奇怪的是，当游了一段距离之后，在浅水区休息时，他却焕发出一种仁慈和平静的光芒，这与他游泳时的风格截然不同。泳池通常设有四条宽阔的泳道，这样在每条泳道上，人们可以朝一个方向游去，然后再从泳道的另一端游回来，不必穿越其他泳道。这些泳道通常被设定为"快道""普道""慢道"，外加一个没有指定功能的泳道（通常情况下，这条泳道禁止公众入游，因为它主要用来上游泳课）。总的来说，快道常被年轻男女占据着，他们通常以带着规律的节奏在池中游行，上浮下沉，匍匐前进。普道的人口构成相对多样化，更多的人是作蛙泳游行。那些尝试游泳的人们，诸如带着孩子的父母、老年人、身体虚弱的人、体重超重的人、体重不足的人等等。这类人通常占据慢道，有些人几乎不怎么游泳，他们仅仅是在水中与人闲聊。我曾认识一个名叫"佛陀泳者"的团体，他们不喜欢被人催促，从而行事匆匆，忙忙碌碌。尽管他们在水中很是自信——在水中作长时间的、沉思般地划水——差不多也总是待在慢道上，浸泡在让自己平静的泡沫中。每条泳道都有箭头标记，指示泳者沿着顺时针或逆时针方向游泳。

　　我一直还记得一位美国心理学家兼作家写的东西，在一篇标题为《你所有问题的101种解决方案》[5]或类似的风趣文章中，他说，"要追求空间而不是速度"，所以，多年来我一直采用这种方法驾驶我的车子，尤其在高速公路上。这句话真的管用，你差不多总能发现一处不怎么拥堵的地方。这看上去似乎很简单，但是如何有更多的人真的这样开车的话，那么交通事故率差不多会在一夜之间下降一半。当我开始学习游泳的时候，我依旧使用这种方法。所以，在我进入游泳池时，我从不去选择一个特定的泳道，而是先看看这些泳道上的人流状况。偶尔也有令人惊奇的情形发生，当你从更衣室出来的时候，突然发现整个游泳池差不多空空如也，只有一两个人在各自的泳道游泳，确实让人有些喜悦。但是，通常情况下，在选择泳道之前，你需要做大量的计算，比较泳道的拥堵。有时，我会惊诧于人们为什么会对特定泳道如此执着迷恋，却对隔壁不怎么繁忙的泳道熟视无睹。如果中间普道上有六七个游泳的人，而此刻快道上却只有两个人，很明显我一定会选择快道去游泳的，或者也可以到慢道去游。其实这也没有什么大不了的，只要找到空间大的地方就可以。

　　游泳的人通常可以分为两类，这很好地界定了他们游泳的方式，大概也可以反映出他们的人生态度。这两类人也就是我所认为的"自由"泳者和"长距离"泳者。如果单以性别来界定这些游泳的人可能会很精彩（但我认为，这种分法并不恰当）。也就是说，男人多是"长距离"泳者，女人多是"自由"泳者——经验告诉我，这两类人其实几乎一样多。事实上，我再怎么强调这两类人之间的宏观分野也不过分。"自由"泳者听起来也许很积极，但我们也可以将他们称之为"漫无目的"的泳者。时间长短与距离远近对这些人来说无关紧要。说不定哪天他们会游四五十分钟，另一天却只游20分钟。他们也没有理由逼迫自己去游，那样没有意义。游泳本身才是关键。给身体一个自由的空间，实质上也是解放了人的思想。这些游泳人士经常边游泳边谈论如何能够"沉浸自我"，或是一边游泳，一边处理事务。本质上，这也算是游泳池理疗法吧。艾琳在很大程度上就属于这一类型。

尽管我有时对那些"自由"泳者挑三拣四，吹毛求疵，这可能是因为我无法成为他们当中的一员，而且还有可能是因羡慕而忌妒他们。我真的很想知道，如果游泳的时候不关心游泳时长和游泳距离，那会是什么样的感觉。我猜想，这也许会是一次超凡卓绝的心灵解放。我唯一一次体验到这种心情是在一个假期和朋友一起在海里自由畅泳的时候，这次经历令人愉快。但在我看来，与"游泳"的真谛八竿子打不着，这次海泳就是个完全不同的活动。假日期间游泳，从根本来看，就是异乎寻常的活动，因此，任何正常的规则都不一定适用。

有时候我很想知道，那些自由泳者究竟是不是真正快乐的人。我偶尔会天马行空，幻想穿越到泳池的另一端。但是我从开始学习游泳，就一直是个"长度测量器"，毫无疑问，永远都是这样。对于我来说，一切都事关时间长短和距离远近，事关你自己是否尽心尽力地推动自己，事关在须臾之间和时间休止之间究竟能游多长距离。我与自我之间竞争激烈。当室外已是零摄氏度的时候，我强迫自己去游泳，要么便是在热浪中搏击水流。悲伤时，我去游泳；快乐时，我去游泳。即使感觉小有不适也不是理由，事实上，我发现一二百米的剧烈游泳是抵御不断肆虐的感冒的有效方法。但为什么会是这样呢？有人会说是因为当中有化学物质在释放，从而赶走了感冒，但我觉得原因不止如此，我们很难向一个不会游泳的人解释这点。游泳中，当你的节奏一旦被带起来，你的呼吸、你的手臂和你的腿完全协同一致的时候，你的身体就会爆发出超凡的能量。此时你似乎就进入一种出神状态，不再是全神贯注，而是顺其自然，坦然放手（尽管如此，我还是记得游程的长短的）。随后，你的整个身体就像在歌唱，当你再度回归现实世界的时候，在你四周好似布满炽盛的能量场。我知道，这种能量场对我们的大脑也有神奇的功效。对于那些从事久坐工作的人来说——譬如写作就是一项极端的案例，整日坐在电脑前度过大部分时光便有一些与之俱来的危险，而游泳就是最好的解毒剂。

　　此时此刻，我还需要再解释一下，我并非一个游技精湛的泳者，游得也不快，但我游得很勤奋。像大多数的长程泳者一样，我自己已经有一个极其详细的游泳路线规划，一直到现在，我差不多按照规划运动了将近30年，并且一直严格坚持着。通常，我会在游泳池关门之前的35—40分钟进入泳池，在我开始游泳之前，我会做伸展热身运动。时间刚好还有32分钟，在泳池一端的时钟秒针结束计时的时候，我正式开始下水游泳。我的目标是在32分钟内游完32个长度（刚好超过1066米）。如果我在25米长的泳道里游泳，相同时间里，我也会调整目标，将长度设置为42个（共1050米长）。我通常在起始的两个单位长度里发力去冲刺，然后中途漫游过三个单位长度，在四个单位长度里程结束游泳。每隔两个单位长度，我又回到之前泳池起始的浅水处，满怀期望地瞥了一眼时钟，核对下我的记时，然后试着加快步速，不管怎样，也只是略快一点。在这段游程中，我大部分时候都是以蛙泳的方式进行，有时我也会仰泳（大约在两个单位长度的冲刺中）和侧泳（在三个单位长度的冲刺中）。当泳池工作人员吹哨示意要结束营业之时，我通常会转身做最后一段距离的冲刺，这就是所谓的最后一击。最终，我以仰泳的方式游完最后半个单位长度的距离，然后迅速转向时钟，以确认一下我是否达到了预先设置的目标。只有极少的时候——也许每两年会有那么一次——我的注意力无法集中，忘记了我究竟游了多少个单位长度。不用说，这种情况是极其严重的，完全抹杀了游泳的价值。

多年来一直这样做着同样的体能运动，确实会让人有些心酸，你能慢慢意识到自己的身体变化——你的体能逐年下降，一年不如一年。在我二三十岁的时候，我可以想都不想游过50个单位长度的距离（大约二千米），有时是60个单位长度。在我年近40岁的那几年里，42个单位长度成了我的标配；在我过了40岁，38个单位长度看起来就很不错了；到了我快60岁的时候，我的游泳距离已经降到了32个单位长度了。眼下，低于30个单位长度的游泳距离似乎是不可想象的，但是谁又会知道，5年或10年之后又会是什么样子呢……通过我刚才的介绍，你或许开始理解为什么对我来说游泳并不是一件让人放松休闲的活动。你也许会对我在前文勾勒出来的数字细节感到好笑或是惊惧不已，但我也在怀疑，这是否与那些经常跑步、游泳或是上健身房的人有着明显的不同。[6]

在这些数字、统计和体能消耗的数值参照下，我还要说明一下，当我在游泳的时候，大脑总会有些奇奇怪怪的想法。随之而来的念头横向展开，似乎不着边际。就像梦一般莫名其妙，无法言说，犹如伍迪·艾伦的电影一样充满了黑色幽默的元素。如果我们退后一步，想想这里究竟发生了什么，也许就不觉得奇怪了——你几乎赤身裸体，四周都是陌生人，所有的人都浮在水中。你大概会想到人的出生或性爱的场景，但我发现自己竟将太多的时间花在思考死亡上了。事实上，在真正的死亡来临之前，我们都没有办法知道自己的死亡时间。每一年当中，我们都会度过可能死亡的那一天，而且完全没有那种死亡阴影的概念，这与我们的生日形式恰恰相反。几乎我们所有人的生活都是由一些推延的行动、接连不断的清单构成，不管是写下来还是没有写下来的，都包括在内。我们所有的死亡都伴随着那些未完成的或不完整的情愫，我们原以为会有时间进行顿悟似的对话，但随着时间一点点无情地逼近，我们很快就会明白，所剩时间不多了。那种生活总是暂时的（要是我们早点知道就好了），朝夕之间便是一生一世。我们从未抵达我们本以为可以到达的地方。山的顶峰总是虚无缥缈的，鲜少有人抵达。[7]

他人的离去也许可以理解，但是我们自己的死亡却有太多的不可知。在如何思考时间方面，它似乎与我们开了个玩笑。我们或许会说："多么奇怪啊，那是她最后一次见到她的兄弟，两天后她就死了。"然而，我们却很少想到人生最后一次见到生命中最重要的人会是什么时候，也许是我们的皮肤最后一次触碰地中海的海水，也许是我们最后一次去吃一颗完全熟透的桃子。那些时代大概早已过去，无法重现了……我们也许会认为，即使我们老去，生命仍在无限地延伸。那样的话，我们就真的大错特错了。要真正知道、真正理解我们的日子在滴答滴答声中一点点地逝去，我们的时光是有限的，我们完全也不会知道一切会在什么时候戛然而止。始终像这样生活，确实会让人无法忍受——我不太确定人类的大脑为何会长成这般模样。在作家保罗·鲍尔斯小说《遮蔽的天空》电影版的最后一幕中，他以真实的作者身份现身银幕，出现在摩洛哥丹吉尔的一家咖啡馆里。他面色干枯，饱经岁月风霜，但是他那双蓝色的眼睛却在淘气地跳舞——这种景象堪称生命面对死亡的典范。他直接对着摄像机的镜头，说道：

> 因为不知死亡何时降临，我们就将生命视为一口无穷无尽、任意挥霍的泉井。然而，每件事都只会发生一定的次数，而且还非常少。还有多少童年时期的某个下午你依旧记得？某个下午也许是你人生中印象最深刻的下午，你甚至无法想象如果没有这个下午你的生活究竟会是怎样。也许有更多这样的下午？也许甚至没有这样的下午。你还有多少次能够看到天上的满月升起？大概20次吗？然而这一切看似源源不断，无穷无尽。

*****

我之所以要描述游泳池，谈及我与泳池的关系，并不单单是它与死亡有关——事实上，情形恰恰与此相反。最近这几年，我开始思考那些以不同方式来使用泳池的人。当我刚来此地时，对我来说，唯一重要的就是有水可以游泳，这里是一个可供我花掉45分钟在水里游来游去的地方。同样使用这个泳池的其他人也不过是我水里遨游时不得不面临的挑战。在某种程度上，此言的确不虚。伦敦城人口稠密，所有居住其间的人们不时会被人群挤压，从而变得无名火起。要知道，在交通拥堵时不得不强迫自己乘坐地铁通勤上班，不得不低着头弓着腰站在车厢里，确实是一种痛苦的经历。然后想象一下，假使火车发生了什么严重的事故，在站与站之间停了半个小时或一个小时，那种莫名的恐慌和窒息会是什么感觉……

因为这种局促的生活状态，我一度以为多数伦敦人不得不严格地约束自己，几乎不需要什么就能把我们和他们区分开来。然而，自相矛盾的是，如此紧密地贴近他人生活和工作，并不意味着我们现在能很容易地发现这一情形，这正是由于我们在这一过程中发展了应对机制。这种情形我们可以在游泳池天天见到。人们想要在水池中找到一种自由，在这个基本元素中暂得解脱。然后，如果有人影响到这片刻的自由释放，人们的愤气进而更甚，甚至大肆宣泄某种"泳怒症"，这种情绪是"路怒症"的远房表亲。几乎这一切都归结为人们的自私行为，他们并不认为自己正在和他人同享一个空间，或是完全没能看到自己的行为会对其他游泳的人产生影响。我已经迷上了对这类人的观察，关注他们使用泳池的行为和对如何同享公共空间那种奇思怪想的方式。

某个周日的下午，游泳池满是人。一个年轻人决定，无论如何他都要在普道上蝶泳。他游了一个单位长度，却引起了混乱。在第二个单位长度的游程中，两个年长的女人开始劝诫他。一开始，这个年轻人无视二人的告诫，然后又开始发起火来，变得咄咄逼人，说道："你们无权控制我，我想怎么游就怎么游！"最后，泳池工作人员介入其中进行劝解，这个年轻人还是骂骂咧咧地离开了泳池。

　　某个周四的晚上，三个泳道都出奇的人多，挤满了游泳的人。但我注意到，那条无名的泳道却相对安静，有三个土耳其女孩在那里的浅水处嬉闹玩耍。因为那条无名泳道从不使用"顺时针""逆时针"标识，游泳的人必须要在一起商议从哪里计算他们的游泳单位长度。在这种情况下，我总是选择尽可能靠近泳道分道线的地方来回游泳（这就意味着我必须靠着一侧绕过其他游泳的人）。

　　我喜欢的泳道位置通常都是人很稀少，这点我非常高兴，因为那样的话，我就可以在贴近泳道分道线的地方自由地游来游去。在游过十几个单位长度后，我注意到有一对年轻的夫妻也进到游泳池的深水区，他们选择的游泳位置非常接近我的分道线。于是，我就一直保持着自己的游泳线路不变，当我游到泳池另一端时，他们必须要稍微移开一点，因为我碰到了泳池的边缘，并开始了我的返程游。我似乎已经表明了我的态度立场，他们现在也应该明白这一小块水域（不到一米宽的地方）是不可用的，应该游向另一块未被占用的宽阔泳道。但是他们并没有这样做。当我在浅水区掉头时，我发现那个女孩恰好在我先前游过的泳道上缓慢地游泳。这完全打破了游泳池里不成文的规则——这种规则基于一个事实，当你进入一个泳道游泳时，你必须尊重在你之前开始游泳的人。我不会让他们就此蒙混过去，不会让他们得逞的。于是，我又沿着几分钟之前确定的那条精确的线路继续游泳。这样，我们就会碰在一条道上，从而也会产生分歧。我能看到她的白色泳帽离我越来越近，她正在水里缓慢地游，假装什么都没有注意到。我们俩都没有让步妥协，于是撞在了一起。一番言语交流之后，我又继续游我的线路。最终，这对夫妻意识到他们如此这般确实有些吃不消，只好继续游向一片宽阔无人的水域。这是泳池礼节一个小小的胜利，但也是一个重要的胜利。

　　这样的故事，尤其在将它们写下来的时候，可能看起来非常琐碎狭隘，甚至还有些滑稽可笑，但是生活中这样的行为往往会使人受挫发火，怒不可遏。我发现自己最近老是在思考我们生活于这个社会的本质,不断地追问此种行为对我们这群人意味着什么。我确信,我们可以想到许多其他的例子,说明人们不可能与人同享公共空间,也许这不仅是现代社会才有的现象。但我仍强烈感受到,我们现在比以往任何时候都更加沉浸在自己平静的"泡沫"中。我想到了乔纳森·弗伦岑的小说《纠正》,出版于新旧世纪之交,当中一个人物形象给我留下了不可磨灭的印象。小说描绘了美国某个小镇的一处房子,这所房子从外部看,有五扇大小不同、装饰古朴华美的窗户。不可否认的是,这所房子住着相当不正常的一家人——父母和三个孩子,他们分别住在五间不同的房间里,盯着五台独立的电视机或电脑生活娱乐,所有人都生活在高科技光环织就的泡泡里。它让我意识到这是现代生活失范的强有力的隐喻,与此同时,我也觉得弗伦岑在某种程度上将它夸大了一些。

但在今天这个社会,这种单个粒子化生存的现实就在我们身边,每天都在上演。这在很大程度上要归功于新技术的大规模应用,也就意味着人们无论是在乘坐公共汽车还是地铁的时候,实际上并不关心他们周围的一切,因为他们总是戴着耳机,听不到任何外界的声音(当然,除了他们正在听的东西)。人们行走在大街上,也不关注周围的环境或其他的人,因为他们边走边盯着他们的手机屏幕或是在发短信。在整个过程当中,我最关心的是那种正在蔓延、不言而喻的信仰,即人们最看重的是自己的需求是否得到了满足。无论前往哪里,人们总会带上高科技的电子玩意,如果有人试图闯入你的私人领地,你会立刻大发雷霆。这几乎就像我们整个社会卡在了一个这样的发展阶段:好似一个只顾自己的三四岁小孩子在使性子发脾气,不会去改变自我。

因而,如果人们关于共享公共空间中行为共识正在不断地分崩离析,那么这种情形意味着什么呢?共享公共空间的能力与民主行为的能力之间究竟有什么关系吗?这种关系是很清晰的,它取决于人们是否真的相信他们拥有平等的权利。如果你这样做了,你的行为就必须要反映出这一点。当然,说起来容易做起来难,因为它毕竟与我们这个社会大多数人对个人主义与自由市场的自由观点的迷恋格格不入。根据我的判断，要想真正平等，就意味着从一开始就要意识到，我们作出重要的反抗行为之一就是要改变我们自己的行为处事方式。我们要逐渐地减少"我"的使用，更多地去想想"你们"和"他们"。讲话的时候要降低自己的声音，同时也希望其他人能够发出更多的声音，说出他们自己的话来。也许最为重要的是，我们要学会如何真正地去倾听别人。这种倾听并不仅是我们习惯性认为自己在做的那样——譬如点头、发出"嗯嗯哼哼"声（尤其是在我们实际上已经知道下一步该说什么的时候），而是我们真的想要理解对方要说什么，在想什么或有什么感受。哲学家西蒙娜·薇依（Simone Weil）将其称为"爱的典范"——对他人存在的真正信仰。

这点就与我对哈克尼当地游泳池的观察行为的好奇迷恋有关，因为从微观层面来看，它是一个社会的缩影，当中充满了挑战与混乱。那个地方是人们常常聚集的地方。游泳池好似一个民主空间的原型。在这里，我见过90岁的老者游过泳，也见过只有9个月大的宝宝戴着充气臂圈游过泳。我见过佛教徒和银行家彼此肩并肩地游过泳，而且还相互交流。我见过能想象到的各种肤色与背景的人们共同使用这一处游泳池，它也许是整个国家中种族最具多样性的一个场所了。尽管我也写过一些关于自私行为的案例，但考虑到我在此处游泳差不多快15年了，回过头来想想，诸如此类的不愉快事件毕竟少得可怜。

即使游泳池里偶尔会发生一些骚动争吵，或者泳道之间的人们偶尔会有一些负气的话，那真的有那么严重吗？或者说这不正是真正民主空间的现实情境吗？它不是那种理想中的雅典民主模式，而是现实中活生生的交流。文化理论学家斯图亚特·霍尔在逝世前接受采访时，谈及他的民主观，以及他与他所谓"多元文化问题"之间的关系：

> 我们如何重新认识这个星球上真真切切、货真价实而又纷繁复杂的多样性呢？……很长一段时间以来，不同的历史和文化造就

了一个形形色色的多样化世界，如今，它们之间的差别正在不断消减。人类有责任去创造一个共同的生活，或者至少可以找到一些彼此交流的共同基础……"多元文化问题"现在已经进入这个社会中间，我对此特别感兴趣，尤其关心这点对欧洲社会造成的影响……必须要和这些差异共同相处，要与那些穿戴不同、语言不同、生活方式不同、信奉宗教不同的人生活在一起。但是，如何更平等地生活，同时又尊重彼此的差异呢？如何调和这些经常互相冲突的目标——平等和差异——呢？

……这种差异之间的权衡将会变成一场凌乱不堪的争吵。不要指望它会演化为当今社会所谓"社会凝聚力"——这只不过是同化他者的一种礼貌形式，实际上宣告了对多元文化原则的放弃。事实上，也根本没有什么社会凝聚力。这必将是一场该死的大吵大闹。任何形式的民主生活……都是一场巨大的、分阶段的、连续不断的争吵。因为存在着真正的差异，而且人们已经深深地投入其中，他们必须找到方法，哪怕是困难的方法，也要去解决差异问题，因为差异不会凭空消失。

那么"民主式的游泳"意味着什么呢？为此，一开始你必须得更严格地检查你的游泳方式，考虑它会对别人造成什么样的影响。首先我得承认，鉴于我曾被他人的游泳方式所困扰甚至激怒过，因此，我得考虑到，我的游泳方式偶尔也会让其他人困惑紧张。比如，我游泳的主张是"追求空间胜过速度"，这就意味着，尽管从技术上讲，我是个"中速"泳者，但实际上，我常常在慢道或快道上潜游，原因是那几条泳道上游泳的人相对少一些。因此，对那些真正游得慢的人来说，他们通常很快被这个一脸严肃的人以蛙泳的方式超过，并且还在他们身边划出一道道小小的波浪。对于快道上的泳者来说，他们会产生疑问，"为什么这个男人在'我们'的快道上蛙泳？"我们都有这样一种心理定势，总是认为我们自己的行为是"正常"的，我想这和我们游泳时的情形也是一样的。我以为我蛙泳的速度是最适宜不过的,当我前面有一个游得慢的人也在蛙泳的时候,我通常会变得不耐烦,因为这就意味着我必须改变位置才能超过他。有时候,如果有一个游得快的人在我后面向我赶过来——他们究竟有什么问题?以轻松的节奏游泳难道犯了什么错?

有时,我在想这些问题是否真的如"在那里"一样在"在这里"。多年来,我的父亲一直是乘坐火车(火车也是一处极度拥挤、充满争议的公共空间)往返于曼宁特里和伦敦之间上下班,他总是会说,他可以每天通过记录自己对其他通勤者的态度来了解自己的情绪变化。如果哪天因为某种原因感到厌烦或疲惫时,他会以一种歪曲偏见的笼统眼光去观察周围的乘客,结果只看到一群贪得无厌的商人。心情好的时候,他会在餐车上与某个人聊上几句,认识到这个西装革履的人有着有趣而又复杂的灵魂,他对攀岩、希腊正教、爵士乐手迈尔斯·戴维斯或是其他什么东西着迷。

我也希望像他一样秉承类似的精神去游泳,这样就能超越常人视角,看到一群真正的游泳者,进而真正地欣赏每个人的独特个性。不仅如此,也许终有一天,我能体会到其他泳者对其所作所为的热爱,就如同我鲜明地对待自己游泳一样,那将是卓越超凡的。知道他们的热爱如同游泳本身一样同等重要,这也是我们在这个社会中彼此分享权利的一个表征。如果这种情形在伦敦任何一家泳池都是有可能发生的,那么越过泳池的高墙,越过城市的边界,仔细思考一下诸如此类想象的同理心会有怎样的变革作用呢?如果我们将心比心,感受一下尼日利亚、伊拉克或阿富汗等这些国家人民的公民权利,就像敏锐地感受我们自己的权利,如果我们真的相信他们就和我们一样,热爱自己的土地,热爱自己的河流,热爱自己的森林,那么,我们思维与情感结构中这种转变的政治内涵——"神慰与神枯时的不同情感变化"(senti-pensando),正如作家爱德华多·加莱亚诺所说那样——(其影响)将是不可估量的。

我偶尔也会在家乡的游泳池里体会到这样一种未来的诱人滋味。在一个美好的日子里,当我的灵魂还活在这个世界上,我会匆匆一瞥现存的民主意味着什么,并且被自己所在的城市中那座平淡褪色的市政大楼里所分享的泳池深深地感动着——我看到了祖父母,他们差不多在这里游泳近70年,如今含饴弄孙颐养天年;还看到了一个十几岁的孟加拉国小姑娘在泳池的深水处以海豚一般加速的惊人方式掉头;注意到一个文身的伦敦东区怪老头在做我平生从未见过的最优雅的仰泳。人类广阔无边的多样性,让我们在生活的水域中有彼此不同的生活方式。

有组织的人何以屠杀他人:第二因素
"规范化"和同类人员的协调一致

> 起初那种令人震惊害怕的方式,后来也会变得可以接受,只要我们看到周围的人跟着适应它、赞成它。

托尔斯泰在《安娜·卡列尼娜》第十三章的开头如是说道:没有什么生活条件是人所不能适应的,尤其当他看到周围的人都接受了这些条件。近来观看了反映纳粹的电影《浩劫》,当我听到曾于战争期间在特雷布林卡集中营附近的农田里劳作过的波兰农民所说的话,心里很是震惊——它再次证明,确切地说,托尔斯泰断言的正确性。

> 农夫一:太可怕了,你过去曾听到他们大声喊叫吗?
> 农夫二:是的,一开始是的,非常激烈……后来你就习惯了。

这个证词出自德国党卫队上校理查德·贝尔之口,他曾是奥斯维辛集中营的一名指挥官。在德国汉堡休假时,他曾在一个场合描述道,他曾亲眼见到一个小姑娘"像火炬一样被点燃。她被一架英国飞机投下的磷弹击中,就这样,小姑娘就死在我的眼前。那是在我到奥斯维辛集中营之前发生的事,你得什么都要习惯"。[8]

在本节内容中，我想将重点放在奥斯维辛集中营里工作的医生身上，以下的引文均来自罗伯特·杰伊·利夫顿的采访手记，即他的开创性著作《纳粹医生》，书中他将重点放在两名医生的经历上——恩斯特·B和汉斯·德尔莫特。首先是恩斯特·B的证词。

在讨论削弱个人情感的模式时，恩斯特·B告诉我，这是理解奥斯维辛集中营里所发生一切的"关键"。他还指出，"只有在进入奥斯维辛集中营的最初几个小时里，一个人还能像正常人一样做出反应"。他的意思是说，任何进入这个地方的人，几乎立刻被一种无声的麻木所笼罩。在越来越大的压力下分级挑选犹太人进行屠杀，大多数党卫军医生都经历了自己从未体验过的个人心理转变过程，即从厌恶排斥到不得不接受："在一开始，这种情形无论如何是不可能接受的。"然后，这几乎变成了例行公事，这是人们能接受它的唯一方式。

这种思想的转变与奥斯维辛集中营的社会化有关，包括从局外人到局内人的重要过渡。酒精对这一转变起到至关重要的作用。晚上在军官俱乐部，大家一起喝酒，常常喝得很凶。医生们往往在酒后"畅所欲言"，甚至表达出内心最强烈的"反对"。有些人会"谴责整个事件"，坚称"这是一个肮脏卑鄙的职业"！B博士形容这些情感的宣泄，好似"得了狂躁症一样……一种疾病……笼罩在整个奥斯维辛集中营……毒气杀人"。这种酩酊大醉之下的抗议并没有带来任何实质性的影响——实质上，这种行为甚至得到鼓励和允许——与实际上的承诺或行动并无瓜葛。因此，无论人们是否谴责它，对事件本身来说并没有什么大不了的。此类事件，按照恩斯特·B给的定义，即"奥斯维辛集中营就是一个现存的事实。一个人并不能无所作为……并不能真的反对他，你知道，不管它是好是坏，人们不得不去遵从它"。大规模屠杀犹太人是不争的事实，不可改变，参与其间的每个人都要去适应它。

每当奥斯维辛集中营来了一名党卫军医生，这个过程便要重演一遍，新来的医生总会提出问题，先他而来的那些更加老道的饮酒同伴则跟着回答。他也许会问道："这种事情怎么能在这里进行？"然后就有了大致的答案："把一切事情讲得清清楚楚。对那些囚犯来说，是在伴随着大小便失禁的恐惧中死亡，还是在毒气中升天，哪样更好呢？对同道者来说，如此一说就解决了所有的问题。"现在B博士，讲述新来的医生必须见证分级甄选犹太囚犯的过程：如果你是第一次见到这种分级挑选犹太囚犯转而屠杀他们——我不仅仅是在说我个人，我甚至在说那些最为极端顽固的党卫军成员……（如果）你知道……儿童和妇女是怎样被选择出来的话，那你会备感震惊的……那种情形是无法用语言描述的。不过几周之后，大家也就习惯于此了……不过，那个（过程）是不能向任何人提起的……你只能通过经历它才能了解它。只有专家才可以记录，但他不能更深入——"从内部去了解它"。但我认为，我可以给你一种关于它的认知印象。"当你走进满是待宰动物的屠宰场时……气味也是其中的一部分……并不是它们（牲口）在倒下（死亡）后才有的，等等。当然，在这之后，端上来的牛排对我们来说并不好吃。不过，当你连续两周每天这样做的时候，你的牛排味道会和以前一样美味可口。"

从德尔莫特博士的案例中，我们可以看出，奥斯维辛集中营的当权者所采取的策略就是让他习惯那里的工作，帮助加快灭绝屠杀的进程。

在德尔莫特第一次被带去挑选犹太人的时候，他有些反胃不适，恶心作呕，最后回到房间时已经酩酊大醉。然而，非同寻常的是，次日上午他没有从房间里出来。B博士听说韦伯（布鲁诺·韦伯，奥斯维辛集中营卫生院的主任）前去看他的时候，发现他有些"神情恍惚，几近昏厥……几乎完全自我封闭"。韦伯起初认为这位年轻的医生患上一种严重的疾病，但是后来的结论是他就是酒喝得太多了。他最终还是以一种极度焦虑不安的状态出现在大家眼前，有人听说他"不愿意待在屠宰场上班"，宁可去前线杀敌，并说医生的天职是救死扶伤，而不是屠杀他们。B博士说，这只是一种观点，但在奥斯维辛集中营，"我们从来没有采用过"，"因为那样做完全没有意义"。……B博士还强调指出，德尔莫特"怀着崇高理想和满腔热情"投入医疗行业，他"在党卫队学员营中锻炼长大"，并且"决意不会背叛他的党卫军理想"，他曾宣称（尽管这仅是在他醉酒的情况下）如果他"早知道有奥斯维辛集中营这回事，他就不会加入党卫军"。

利夫顿在书中描述道，奥斯维辛当权者为排解德尔莫特的内心痛苦，缓解他对被期望所从事工作的抑郁，也作出了巨大努力。B博士发现新来的指挥官亚瑟·利本舍尔（鲁道夫·赫斯的临时接替者）研究出了一种"治疗"方法。利本舍尔对德尔莫特表示了同情，并告诉他，"我当然能理解这一点。但首先，一个人必须要适应新的环境才行"。于是，利本舍尔在韦伯博士和爱德华·维尔特博士——奥斯维辛集中营的党卫军首席医生——的通力合作下，专门为医治德尔莫特成立了一个由三部分组成的"治疗小组"。

首先，人们将约瑟夫·门格勒作为德尔莫特的心灵导师来帮助他，门格勒能够促使德尔莫特与大家共享"纳粹党卫军理想主义"，并能说服他改变自己的错误观点。门格勒辩称，即使有人认为灭绝犹太人是错误之举，或是认为对待犹太人的方式是错误的（根据B博士的证词，德尔莫特也认为"犹太人的影响"必须受到打击，但是他不主张采用奥斯维辛集中营大规模屠杀的方法）……但因为犹太囚犯多有患病，而且死得很惨，所以"对待他们要采取更加人道的方式"。他还采用爱国主义、民族主义、种族主义和生物医学等相结合的论点来阐述自己的立场，即在战时紧急状态下，一个人不能对那种干涉人们追求伟大目标的行为——"日耳曼民族的胜利"——无动于衷。不到两周时间，门格勒的劝解工作就取得了成功，德尔莫特又开始参与到犹太人囚犯的分级挑选工作中去了。

接下来，利本舍尔同意了韦伯的建议。德尔莫特的妻子作为一名"优秀的心理学家"，应该被允许住在奥斯维辛集中营。不过，这对集中营的一名党卫军医生来说，着实有些不同寻常。我们从B博士那里得知，德尔莫特的妻子美貌异常，但毫无良心，缺乏道德，正如他所说的那样，"她没有心灵，没有灵魂，什么都没有"。但是看起来，德尔莫特对妻子的定期性接触感到了某种精神抚慰，变得更平静，也更"温顺"。

最终，德尔莫特又被指派了另一名智力导师（因为其论文涉及相关研究与写作）——一位杰出犹太囚犯老医生，这是一位前大学教授，也是广受赞誉的科学家。据奥斯维辛集中营的其他医生说，这位导师成了德尔莫特父亲般的人物。两人关系密切，B博士认为这位教授对德尔莫特走出精神困境帮助最大。利夫顿告诉我们，德尔莫特在后来的分级挑选犹太囚犯中并没有进一步的事件发生，直到这种分级挑选的工作于1944年秋在奥斯维辛集中营终止。①

同样，有一种倾向认为类似德尔莫特这样的例子过于极端。然而，任何经历过军事训练或战争局势的人，都会认识到他们所遇到的情形与上述事例相比都有显著相似之处。侥幸活下来的人需要快速适应环境，否则就会失败，要不断地把自己和同行的战友进行比较，始终要对爱国主义保持强烈的情感。还有就是广泛使用酒精或药物来镇静或麻醉自己，此种情形也见于后来在伊拉克和阿富汗地区发生的战争——对战争中那些最令人不安的情形进行身体上的麻醉与精神的宣泄，最后，当士兵遭遇精神上的重大困扰时，还可选择性调动一些受人尊敬的长者从精神上对其进行教牧关怀。

---

① 德尔莫特于1945年自杀身亡。

第五章

走进桌面屠夫的世界——四次旅行

> 历史用两条腿走路。
>
> ——卡尔·马克思

一、博士们相会于万湖湖畔别墅

前往柏林的夜班火车：

从T4行动（即"安乐死计划"）的行政管理中心到爱乐乐团的50步距离

2003年12月27—28日，布鲁塞尔，米迪

午夜时分，寒风冬雨飘过月台。要在这里等两个小时才能乘坐火车前往柏林。昨夜以来，只睡了两个小时，现在依旧有些头晕目眩。为了给这次行程作准备，我又看了一遍电影《浩劫》，直到早上六点半才播放结束。这个车站的单调乏味确实让人印象深刻，尤其与现代化的欧洲之星航站楼相比，更显老旧。到处都是剥落的混凝土块，烟头残渣满地，飘扬的雨滴和钠灯的刺眼光芒更加突显了这里的破旧。凄风苦雨，着实有些荒凉，如同塔可夫斯基电影里的世界。

火车终于进站了，晚点了40分钟，我的座位被一个土耳其家庭占用了，但我决定不作因循守旧的英国人，面对这种小事不会过分生气。我很快就找到一个半空的车厢，找了靠窗的位置滑到座位上，然后迅速进入了精神恍惚状态。车厢内满是闷热污浊的空气，夹杂着一丝温暖和一片黑暗。我听着一位南美中年男人同两个中国女孩的聊天，不久就坠入了梦乡。醒来时，透过车窗玻璃，我看到

火车外的夜景——比利时小镇。匆匆忙忙送货的车、潮湿阴暗的街道，还有串串圣诞彩灯。和往常一样，我想到那些被驱逐者的眼睛，穿过车厢的缝隙，60年前行进在同样的铁路上，这些闪闪发光的铁轨向东驶去，远离了安全地带。

终于，车进了柏林，时间是周日早上。我十分惊讶，面对那段流逝的时光，我的情感居然生疏起来。上次在这个地方，还是1984年8月，当时和阿伊莎在一起。一晃20年过去了。那是一次让人精神崩溃的搭车，最后我们不得不在半夜贿赂东德边防警卫，因为当时我的护照快到期了。幸亏阿伊莎的德语讲得很好，我们才侥幸离开。通往西柏林的路沉降得很奇怪，一路颠簸，路两边都用栅栏隔开，那就是墙。如今又是一个新的世纪了，只是老友散去，时光流逝，一切不复再寻。

*****

整整10天时间！这是我们计划中最漫长的旅程。我们先要在柏林漫游几天，从身体和精神上同时感受柏林——试图理解究竟是什么样的力量能在万湖会议上达到顶峰。这些年里，这个问题一直主导着我的研究思路。在规划的旅程中，我们将第一次参观奥斯维辛集中营和奥斯维辛旁边的莫洛维茨集中营（也被称为"奥斯维辛3号"）。在那里，奥斯维辛集中营幸存者、化学家普里莫·莱维用化学家的精确度，向我们讲述了很多集中营里发生的故事。选择在深冬旅行，也许会避免大众旅游带来的喧闹，因为令人迷惘的嘈杂会让人有些许不安。之后，我们要前往波兰的罗兹和海乌姆诺集中营，这样就从制造机动毒气室的瑞士小镇到使用它们的波兰偏僻地区，完成了我们此次考察的一个闭环，这个地方正是导演西蒙·斯雷尼被要求哼唱的地方，正如他在电影《浩劫》开场白中所说的那样。

多年来，我和J一直在谈论着这些地方，这些灾难的发生地；如今，我们终于可以一窥全貌了。我想，对这件事的研究仅凭我一己之力是做不到的，在最初那几年，J一直陪在我身边。所以，当几分钟之后，火车缓缓进站，即将停靠柏林站，我们又可以在此晤面，这也再合适不过了。我们也有一本关于此次旅程的指南，那是一本无价之宝，英国历史学家马丁·吉尔伯特（Martin Gilbert）写的；五年前，J把这本书送给了我——正是这本《大屠杀之旅》。翻开书，就像是看到了J。书中扉页有他优雅的题字："献给丹，未来的旅程一起做伴。"自从我们的平台组织创建以来，我们从相遇到相知近20年了，因此，接下来10天的旅程也可算是一种里程碑式的纪念。

背着重重的背包，我慢慢走下月台——而J就在那里。看到我们，J立即脱下他的黑帽子，以一种夸张的方式向我们鞠躬致意。见到他真是太好了。我们各自经过整夜旅程之后都有些累了，所以便在站外的选帝侯大街找了一家咖啡馆，坐下来喝杯咖啡聊聊天。之后，跟随吉尔伯特的书中所示，我们沿着柏林兰德维尔运河，经过马克思主义思想家罗莎·卢森堡遇害的地方，然后又顺着一条绿树掩映的街道去看西班牙大使馆，这是一座相当富丽气派的新古典主义建筑。使馆门上方刻有鹰的标识，并有佛朗哥的标语"统一、伟大、自由"（Una, grande, libre）。我对吉尔伯特这本书中描述的历史细节有些惊讶，当时佛朗哥拒绝驱逐任何西班牙境内的犹太人。在街道的一角，便是以前的丹麦公使馆，是由建筑师阿尔伯特·斯佩尔设计建造的。这座建筑平淡无奇，完全没有什么显著的特色，这让我很是震惊。在柏林的劳赫街，还有两处斯佩尔建造的建筑，分别是前南斯拉夫大使馆和前挪威大使馆。站在这些地方，我们开始反思，许多历史学家竟是如此懒惰，总是重复一些陈词滥调，说什么"斯佩尔建造的一切几乎已经化为灰烬，今天也只剩下柏林大街上的几个灯柱而已"。

沿着蒂尔加滕街，我们向东走去。近几年来，这条大街一直在我心头萦绕，挥之不去。或者更确切地说，在蒂尔加滕街4号的一栋别墅中策划的阴谋——也即T4行动，众所周知的纳粹"安乐死计划"——从1939年9月到1941年8月即计划的第一阶段期间，屠杀了七万多人，其中包括孩子、老人以及智力或身体有缺陷的人。此地感觉就像是柏林的肯辛顿，左边是草木繁茂的花园，右边是使馆大楼，还有以前的克虏伯别墅。想象一下德国实业家与纳粹领导人曾在这里举行的所有会议，着实感慨良多。现在，我们看到的是一所耶稣会学院。继续前行，走过英国护照管理处的前办公地点，想着在20世纪30年代成千上万的德国犹太人在这里排队等着前往英国的场景，因为当时他们的处境不容乐观，越来越令人绝望。

再往前走上几百米，我们就到了T4别墅的所在地。这里仅有一块小小的匾牌作为标识，除此之外什么都没有。此刻，我们对吉尔伯特书中的描述感到困惑：因为他说到这里曾是一块荒地，偶尔能够看到一些毁弃建筑物的"砖块或碎石"。但是现在这里什么都没有了。尽管从公园对面的别墅向外望去，景色没有什么两样。当那些官员屠夫从办公桌前抬起头来或是起身离开去吃午饭，他们看到的景色也和这个差不多。

今天，大概在T4别墅后面50米的地方，每周有数千人聚集于此，在这个全球音乐圣地共襄盛举，这就是著名的柏林爱乐厅，也就是柏林爱乐乐团的所在地（当我们在那里的时候，乐队由柏林爱乐管弦乐团首席指挥西蒙·拉特尔负责）。

*****

杀害有身体残疾或心理、精神疾病患者的"安乐死计划"就诞生于此——这个地方也被命名为"治疗与院内护理慈善基金总部"。希特勒钦点他的私人御医卡尔·布兰特教授和元首办公厅主任菲力普·鲍赫勒来负责监督所谓的"安乐死计划"。但是，此次会议的细节是由党卫队区队长维克托·布拉克亲自组织安排的，总部就设在蒂尔加滕街4号别墅。随后，从1940年1月到1941年8月，"安乐死计划"在德国境内六个地方进行，全都是精神病院——格拉芬埃克、勃兰登堡、贝恩堡、哈特海姆、索恩斯坦和哈达玛。在这些医院里，人们建起伪装成"沐浴间"的小型简易毒气室，由巴斯夫公司（当时是法本公司的分支机构）提供的一氧化碳气体被用在毒气室里，借以毒杀那些残障人士；随后，一些受害者的遗体被解剖，用于"医学科研"；受害者镶嵌的金牙也被拔出，然后尸体被运往焚化炉。在这次计划中所使用的技术，后来均用于更大规模的灭绝计划中。"安乐死计划"中的许多关键人员，如维克托·布拉克、克里斯蒂安·维尔特、菲力普·鲍赫勒、奥古斯特·贝克尔和阿尔伯特·维德曼，以及其他从事安全保卫工作的人，诸如弗朗茨·施坦格尔（当时还是哈特海姆的安全警察总监）等，后来都被派往波兰执行莱因哈德灭绝计划。在那里，他们利用在T4行动中获得的经验，对犹太人施行了大规模种族屠杀。

"安乐死计划"在1940年和1941年间已经成为公开的秘密，随即引发残疾公民的亲人、一些路德教会信徒和天主教会信徒的不满，他们越发焦虑不安，甚至提出抗议。这场持续不断的抗议高潮是明斯特小镇的盖伦主教在1941年7月和8月间的布道中公开批评纳粹政府的"安乐死计划"，他直接呼吁希特勒政府停止盖世太保的暗杀活动，指出这些受害者"是我们的同胞，这些可怜的人不能如正常人一样拥有生产能力，一如你们所愿（将他们杀死），但是这是否就意味着他们失去生存的权利呢？我们的兄弟姐妹"。尽管盖伦布道的报告内容没能在德国报纸上发表，但布道的传单很快就在德国境内广为传播。历史学家理查德·伊文思将这个事件描述为"自第三帝国成立以来，德国境内一场情感最强烈、观点最明确、范围最广泛的反对纳粹政策的抗议运动"。[1]此后不久，1941年8月24日，希特勒（迫于压力）下令暂停执行"安乐死计划"。[2]

除了屠杀将近30万人之外，T4行动最骇人听闻的一面是许多资深医生合谋组织大规模屠杀——虽然这些医生都签署过希波克拉底誓言，发誓以拯救生命为己任，而非杀死他们，然而他们背叛了誓言。我们向新柏林的波茨坦广场方向走去，此时商业大厦与摩天高楼隐约显现在我们眼前，鳞次栉比，完全是一派新气象。我和J还记得我们初读利夫顿的书时，书中奥斯维辛集中营的医生形象让我们很是震惊，彻底颠覆了我们对医生的良好印象。我告诉

J，还有一本更值得关注的作品，这部著作描述了纳粹统治之下德国医疗行业的体制型腐败——即由格茨·阿利、彼得·赫劳斯特和克里斯蒂安·普罗斯三位学者共同创作的《祖国大清洗》。现在已经知道，到1942年，有3.8万名医生加入纳粹党（数量超过当时德国医生总数的一半），其中7%的医生是党卫军成员（相当于当时德国总人口的1%）。[3]三位学者描述道，战后德国医疗体制出现了"集体性失忆"，在纳粹主义恐惧威压之下，他们无法直面职业上与纳粹曾经共谋的现实。

*****

我们继续沿路前行，只是波茨坦广场热闹喧嚣的交通让我们无法深入地交谈。这个地方看起来根本不像柏林，这个现代化金融街区确实平淡无奇，闪闪发光的玻璃钢构的摩天高楼几乎每个城市都有，没有一点特色。想想就在20年前，此处还是一片荒原，如今变成了繁华所在，着实令人惊奇。还是在这个地方，导演文德斯在电影《欲望之翼》中（德语名《柏林苍穹下》）拍摄了一位柏林老人独坐在这片遗弃的荒野，思绪回到了战前岁月。我们决定沿着艾伯特大街向北走走看，远离城市喧嚣，心情略感宽慰。蒂尔加滕林区的冬树现在就在我们的左边，在午后的阳光照耀下向我们挥手致意，感觉黄昏就在不远处。

断想那些作恶者：华盛顿博物馆的片纸只字

我们前来柏林一探究竟的原因可以追溯到五年前我在华盛顿的一个午后，当时我在美国的纳粹大屠杀纪念馆参观。那时，我已经开启了我的研究主题，我发现在华盛顿的那天给了我特别的动力。在我带你们进入这个博物馆之前，我想分享一个由历史学家丹尼尔·戈德哈根提出的挑战，这是他在其1995年出版的那本有影响的著作《希特勒的志愿行刑者》中提出的：

到目前为止，除了纳粹领导人，那些对屠杀欧洲犹太人负有责任的、也是最重要的一群人，即那些作恶者，（对他们的研究）似乎没有得到应有的关注，在文献中显示出他们对屠杀事件的描述以及为之辩护的供述并没有得到足够的重视。出乎意料的是，事关大屠杀的大量文献中鲜有提及屠杀的执行者……一些杀人的机构，还有操纵这些机构的人，几乎没有得到处理，甚至根本没人得到惩罚……因此，我们必须重新调整关注点，将精力和关注方向重新聚焦在那些作恶者本身……他们在大屠杀时期到底做了什么？在他们还没有执行屠杀行动的时候，又做过什么？在他们的行为与生活没有被大量披露之前，人们还是无法理解他们的作恶行径。挖掘这些作恶者的生活，呈现出来是厚厚的一摞，而非传统意义上的几张薄纸，上面写满他们的累累恶行……（这些资料）为我们的主要研究任务做好了铺垫，即我们要解释他们为何这样的原因。

戈德哈根此处所言的主旨无疑是正确的，但他低估了为他所提到的那些作恶者创建三维立体形象这一任务的复杂性。尽管他在书中继续以令人信服的细节分析了许多普通德国警察、士兵和志愿者等人的杀戮行为，但在我看来，这本书的少数几个弱点之一就是戈德哈根笔下的绝大多数这样的人仍只是二维的"作恶者"，形象还不够鲜明。从这个意义上说，我认为他并没有完成自己预设的目标。从意义更为广泛的哲学层面来看，我也怀疑这些行为是否真的得到了很好的阐释——无论得到的相关信息有多少。

戈德哈根在大屠杀史学核心中发现了一个巨大的研究空白，这点无疑是值得肯定的。这种空白可以概括为"作恶者心理学"——即对那些直接杀人的人和那些有计划、有组织地施行种族灭绝的人进行详细的调查分析。除了劳尔·希尔伯格（Raul Hilberg, 1926—2007）、罗伯特·杰伊·利夫顿、汉娜·阿伦特、基塔·瑟伦利、历史学家克里斯多夫·布朗宁、以色列作家雅科夫·罗左维克和格茨·阿利等人的主要著作外，迄今为止，关于"作恶者心理学"这一研究主题的著作寥寥无几,尽管近年来有迹象表明这种情形开始有所好转。这里面有极其复杂的社会和政治因素在起作用,这些因素不断左右着历史研究重点的转换,诸如哪些历史研究应当优先考虑,为什么某些特定的书籍或电影得到广泛的传播并被报道,而其他的则石沉大海,不留任何痕迹——为什么同样两部作品都在"二战"结束后不久出版,得到的待遇却有天壤之别?如何去解释普里莫·莱维的作品一开始就遭到无视,而安妮·弗兰克的日记却产生了巨大反响?为什么劳尔·希尔伯格的丰碑巨著《欧洲犹太人的毁灭》要等到多年以后才得以出版?有什么能解释这一现象:1961年,艾希曼审判案意想不到地得到全球媒体的关注,成为当时的新闻焦点。而在20世纪40年代末和50年代,许多艾希曼的前同事都融入了德国的公民社会,甚至有些人在政府部门任职,为什么要在50年之后才开始系统地搜集那些幸存的作恶者的证词?这一新倡议很快就进入导演史蒂文·斯皮尔伯格的电影拍摄计划,它以影像形式记录了对幸存作恶者的采访——即影片《大屠杀幸存者》。

1998年11月,当我参观华盛顿的纳粹大屠杀纪念馆时,我开始想要从另外一个视角去审视这些作恶者,这对我是一个挑战,也深深地震撼着我。在一间宽敞大屋的一角,人们聚集在一起,观看一个特别的展览,这个展览受到过媒体的关注——它是滚动播放的电影《特别行动队》,描述了德国纳粹在东部战线的流动屠杀行动。美国作家菲利普·古雷维奇曾在作品中这样描述纳粹们的所作所为:

> 西洋镜播放模式(通过播放装置上面的一个小窗口来观看电影)。典型的杀人影片。女人赤身裸体,正待行刑。众人将要被枪杀。他们被赶进坑里,随后中弹,身体痉挛,倒毙身亡,埋上泥土。……赤身裸体的尸体。赤裸的女人被拖到一旁,等待枪杀。开枪射击。绝望地尖叫。突然影片一黑。电影又继续播放。[4]

展览一旁的信息牌中关于受害者或作恶者的信息很少。现在我带你们去这个房间的另一边看看，这个地方陈设着传统的玻璃文件柜，大家似乎没什么兴趣，我正在思考究竟是什么催眠一样的魔力将活动的图像加之于这个静态的物体上面，被荧屏前那些有着窥阴癖和盲从思想的人群不断地骚扰，被引到房间的这个角落。一些人是因为他们听到了这场争论，还有些人只是因为既然有一大群人在那里围观，肯定意味着那里发生了什么事，所以为什么不去一探究竟，看看他们在看什么？我对那处文件展品的朴素平淡深有感触，开始以代偿心理观看每一份文件。我的目光突然聚焦到一份文件上面——那上面写着一串名录。我被这张纸深深吸引住了，站在那里一动也不动：

　　约瑟夫·比勒：波兰占领区的波兰总督府国务秘书

　　阿道夫·艾希曼：党卫军中校，帝国保安总局第四处B4组（负责犹太人遣送事务）

　　罗兰德·弗莱斯勒博士：帝国司法部秘书

　　奥托·霍夫曼：党卫队上将，种族和安置办公室

　　莱因哈德·海德里希：帝国党卫军上将，帝国保安总局（SD）局长，国家安全总局（RSHA）局长

　　格哈德·克洛普佛：党卫军准将，纳粹党秘书长

　　弗里德里希·威廉·克里青格：帝国总理府国务秘书

　　鲁道夫·兰格博士：党卫军少校、党卫军拉脱维亚负责人

　　格奥尔·莱布兰特博士：帝国东部领土事务部代表

　　马丁·路德：帝国外交部日耳曼事务司司长

　　阿尔弗雷罗·迈耶博士：纳粹党地区领袖，德国东部领土事务部代表

　　海因里希·穆勒：党卫军中校，秘密国家警察领袖（盖世太保）

　　埃里希·诺伊曼：帝国"四年计划"办公室国务秘书

卡尔·埃伯哈德·施恩加特博士：党卫军准将，安全警察与党卫队情报机关波兰占领区指挥官

维尔海姆·施图克特：帝国内政部国务秘书

上面列的这15个人均参加了臭名昭著的万湖会议。1942年1月20日，这次会议在绿树成荫的柏林西部万湖郊区一座别墅里召开。此次集会由海德里希发起，目的是要召集尽可能多的德国政府机构一起讨论"犹太人问题终极解决方案"（*die Endlösung der Judenfrage*）的实施问题。实际上有16人出席了本次会议，但令人唏嘘的是，我们并不知晓阿道夫·艾希曼女秘书确切的姓名，也就是那场会议的速记员。她对会议内容作了速记，如果没有她，就不会有万湖会议的原始备忘录。我经常想象着，这位年轻的女士静坐在会议桌前，手不断碰触着打字机，不停地打着字，而她周围的15个男人正谈论着如何对犹太人进行有系统的大屠杀。艾希曼让她提前为这次会议作好准备，向她强调此次会议要完全保密，要绝对谨慎小心，以及她如何见证了整个会议的决策过程——包括犹太人种将要如何在历史上被抹去。然而，这位女士却在后来的岁月里人间蒸发，消失无踪。为此，我也在不断反思。兴许是那些历史学家，主要以男性为主，他们曾写出关于万湖会议的诸多历史研究论文和著作，但对研究这样一个女人缺乏兴趣。之后，艾希曼根据她的同步会议记录制作了这份备忘录，并且被保存下来。但这仅是一份简要的会议文件，而且是经过大量编辑修改之后变成现在这般模样。在会议最后一部分讨论中，关于屠杀犹太人的方法的对话占据了大部分篇幅，而且语言过于浅白露骨，因此，这些内容永远不可能被正式记录下来。艾希曼后来也解释道，在制作好这份官方版本的备忘录后，他必须要清理掉原记录中的一些语言。

我在此之前就听说过这个会议，一般认为，这些会议记录被称作"也许是现代历史上最肮脏无耻的文件"，但我之前从未见这份与会者的名单。我很是震惊，因为很少有人熟悉这些名字。即使我自己也只认出了海德里希、艾希曼、穆勒和弗莱斯勒等人。但这份名单有一点让我感到十分惊讶，就是

有两个小小的字母不断重复着——"Dr"。15个人当中，居然有七个人具有博士学位！我先前以为的万湖会议，主要是由安全部门、军队和警察——党卫军、特别行动队和盖世太保等单位代表组成的一场会议，实际上它也是德国政府机关的一次会议，其中的高级会议代表多来自内政部、外交部和司法部等政府部门。这些代表都是受过高等教育的人，他们并不是刚刚毕业的大学生，而是律师、法官和政府部长。其中一些参与者，比如比勒、弗莱斯勒、诺伊曼和施图克特等人，还有着"国务秘书"的头衔，相当于英国政府机关的常任秘书。

返回伦敦之后，我决定要尽可能多地找到这七个人的历史资料——他们是万湖会议中的博士。我开始在大英图书馆寻找线索，但是运气不佳。关于这些博士，我并没有找到什么实质性的书面材料。尽管这是历史上最臭名昭著的会议之一，但是这次会议的参与人——那些策划者和政府官僚在研究人员看来并不十分重要，不足以作为历史研究的对象。而研究希特勒、希姆莱和戈林的书籍成千上万，述及大屠杀的每一个可以想到的方面，独独没有他们。要知道，恰恰是这些人见证了会议始终，是他们协调了政府不同机构，最终促成了"终极解决方案"的实施。

伦敦维纳图书馆（世界上最古老的大屠杀纪念机构）：复本编号 16/30

大概在1998年或1999年冬天的某个时候，我第一次来到维纳图书馆。接下来的一切似乎浸染了一丝悲情的味道，当馆中这些文字被人读起的时候我就知道，维纳图书馆就是一座历史纪念碑。实际上，图书馆即将迁往新址，在罗素广场的一处新去处，也就是前伯克贝克学院大楼。但是，我第一次来到这个图书馆时，它还位于德文郡街（就在大波特兰街地铁站的拐角处）。要想进去，你必须按下那座漂亮秀气的灰白色大房子的白色大门铃，这样就会有人回复，放你进去。你进入一个平铺着深色地板的走廊，旁边有个旋转楼梯，顺着楼梯可以上到一楼。直到2017年，第一部关于万湖会议成员的详细著作才得以出版：德国历史学家汉斯-克里斯蒂安·贾施和克里斯托弗·克鲁兹穆勒编辑的《参会者》，是在会议记录首次被发现72年后出版的。一开始与工作人员交流的时候，我相当腼腆。随着采访的深入，我开始与常来这里的用户频频点头致意，一副老相识的模样。有些人上了年纪，戴着眼镜，似乎执着于他们的研究。有些人一看就是学生，一脸困惑，因为在这个图书馆，查找学习资料的主要来源仍然是一连串老式的木制小抽屉，里面塞满了成千上万手写条目的矩形小卡片，查起资料来非常麻烦。但是如果你坚持不懈地找下去，就会发现那里是一座历史宝库……

正是在这个房间里，在这个房间的一端，那里的窗户正对着德文郡街，图书管理员（一位面容严肃的中年男人）从一个很高的书架上将文件递给我——放文件的架子很高，他需要一个小梯子才能够得着——这个超大的文件有一个绿色皮革的封面，里面包含一份万湖会议备忘录和其他信件的副本。于是，在接下来的几个小时里，我终于发现了这份文件幸存背后的非同寻常的传奇故事。阿道夫·艾希曼是万湖会议中相对年轻的与会者，他曾被指控起草、组织和分发了这些会议备忘录。在他完成初稿之后，海德里希仔细地检查了一下，以确保能看到所有代表机构都能通力合作，实施他们集体承诺的行动方案。于是，艾希曼就做了30份副本，并理所当然地在上面盖了"帝国机密"（Geheime Reichsacche）的印章！

考虑到对"不成文命令"（《不成文命令》也是历史学家彼得·隆格里希写的一本书的名字，书中他探讨了希特勒在"犹太人问题终极解决方案"中所起的核心作用）避免留下任何书面痕迹的执念（该术语有时也指希特勒对实施"犹太人问题终极解决方案"的口头指示），与在战争结束前的最后几周里大规模销毁文件的事实等因素，就意味着战争期间30份备忘录复本中有29份被销毁。但是，仅有一份副本保存下来，被一个勤勤恳恳的职员存放在犹太人事务司（Judenreferat）的外交事务档案中，上面标有"犹太人问题解决方案"字样。这本备忘录副本被标记为16号，并且是报送给马丁·路德的（时任帝国外交部日耳曼事务司司长，也是其中一位与会者）。万湖会议备忘录和相关文件信函处在两个文件夹的中间位置，记录了从1939年1月25日至1943年11月20日近五年时间的"犹太问题"档案材料。1943年底，盟军轰炸柏林，许多外交部记录，包括这些文件，也被转出柏林。首先，这些档案被转移到靠近捷克斯洛伐克边境的克鲁姆赫贝尔（今卡尔帕奇地区），1944年又被转移到下哈茨山脉的城堡里。1945年4月27日，盟军又在这里发现了德国外交部存放的档案与记录。[5]

然而，直到两年之后，也就是1947年3月，万湖会议备忘录的内容才真正为世人所知。一位负责纽伦堡审判案的美国法律顾问梳理了这些纳粹外交部的文件，试图从中找到证据。在之后的几个月里，这份文件的真实意义浮出了水面。有一个值得关注的事实是，在第一次纽伦堡审判（1945年11月21日至1946年10月1日）中，这次会议鲜有提及。事实上，纳粹如何组织"终极解决方案"的细节并未为人知晓，有一个事实可以佐证这一点。弗朗西斯·贝弗利·比德尔作为第一次纽伦堡审判中的美国法官，甚至都没有听说过阿道夫·艾希曼这个人。在1945年11月审判即将开始时，他就在审判文件中"艾希曼"这个名字的旁边写了一句"他是谁"。万湖会议直至战争结束两年后才变得臭名昭著，而且那次会议备忘录也直到1951年才得以出版。这份书面备忘录如此奇迹般地、不可思议地得以幸存，将历史碎片一字一字、一页一页地拼凑在一起，使得纳粹历史真相拨云见日，终于大白于天下。

*****

艾希曼负责安排这些备忘录的发放（他的办公室是四处B4室——犹太人事务司），我们同样也可以从信中推测得知，这封信是于1942年2月26日，即在万湖会议结束的一个月之后从海德里希的办公室发出去的。

在这封信的第二句话中，海德里希强调，"幸运的是，现在已经确立了关于犹太人问题终极解决方案执行的基本立场，也得到了所有与会单位的一致同意"，现在确有必要就万湖会议中谈论的问题举行一次由专家官员组成的专门会议,对其中"执行细节进行必要的讨论"。这次专门会议在选帝侯大街116号召开,海德里希要求与会官员"联系在那里的下属负责官员——党卫军一级突击队大队长阿道夫·艾希曼"。此处,海德里希提及的所谓"细节",是1942年春在波兰建立的三处指定的灭绝营——贝尔赛克灭绝营(从1942年4月开始运营)、索比堡灭绝营(1942年5月中旬开始运作)和特雷布林卡集中营(1942年7月下旬开始运营),并且在克瑙集中营建造了四处巨大的毒气室和火葬场——刚好就在现在的奥斯维辛集中营西北部——始建于1942年7月(1943年3月全面运营)。

路德也在上面潦草地写道:"请党员同志(Parteigenosse)拉德马赫发送这封书面通知,内容:你是专家官员,务必参加此次会议。"在此之后,他在标记为"28/Ⅱ"的信件上签了自己的姓名,并注明了日期,以表明备忘录与信件皆由信差直接送到了路德处。彼时,拉德马赫是外交部犹太人事务司四处三室负责人。随之而来的会议于1942年3月6日柏林艾希曼的办公室进行。

*****

1999年春,我又回到维纳图书馆,希望能查到参加万湖会议的博士们更多的细节。但是,关于这些人和这个会议,似乎查不到任何实质性的材料,我越发感到意外。有一天,我偶然发现一本小册子,是由建在别墅之上的德国大屠杀纪念馆和博物馆机构——万湖会议之家(House of the Wannsee Conference)出版的。自此,我开始搜集每位与会者的传记信息,将它们汇集在一起。久而久之,我已经能够更加清晰地知道他们受到邀请参加1942年1月万湖会议的原因,原来他们在"犹太人问题终极解决方案"中各自皆有特别擅长的领域。

格奥尔·莱布兰特博士。他于1899年出生于乌克兰敖德萨的一个德国流亡家族,精通多国语言。1919年,俄国十月革命之后,他逃往德国。这段经历，加上他的几位乌克兰亲戚在后来的苏联肃反运动中遭到清洗，导致他极端仇视苏联共产主义。自1920年起，他在图宾根和莱比锡学习神学、哲学、历史和国民经济学等专业。1927年，他获得博士学位（主要研究俄罗斯的斯瓦比亚人移民史）；随后开始游历世界，前往美国、加拿大、瑞士、英国和法国等国进行研学旅行。不久，他就开始发表关于德国少数民族如何成功定居俄罗斯和美国的作品，高度赞扬他们的拓疆殖民的生存技能。

1933年，有人将他引荐给当时最重要的纳粹理论家阿尔弗雷德·罗森堡，随即被罗森堡任命为新成立的外交部东部占领区司长，并加入德国纳粹党。在这个岗位上，他致力于生活在俄罗斯的德国人的问题研究，以及他们如何在帝国发展中发挥更大的作用，由此创建了俄罗斯德意志人联盟（VDR）。他也开始将一系列布尔什维克主义的公开宣传出版物、布尔什维克和犹太人之间的所谓关系进行协调统一，以达到纳粹的目的。1941年，他获得升迁，被任命为东部占领区政务委员与联络官，直接听命于罗森堡。在此职位上，莱布兰特充分知晓党卫军特别行动队的谋杀活动，以及1941年秋季纳粹东线战场开始的犹太种族屠杀暴行。通过研究，我们还知道，他和资深同僚阿尔弗雷罗·迈耶于1941年10月一道拜会了海德里希，而且莱布兰特和罗森堡在次月前往海因里希·希姆莱处与他会面。两次会面均是探讨在东部地区如何最大限度地容纳"终极解决方案"中的犹太人数量——所有这一切均发生在万湖会议的前几周。

维尔海姆·施图克特博士。他于1902年出生在威斯巴登的一个新教家庭。在他还在上中学的时候，就加入了纳粹党青年团。从1922年起，他开始在慕尼黑专攻法律专业，次年便参加了希特勒的政变。1928年，他获得商法博士学位，并成为一名初审法官，不久去职，全身心投入到纳粹党的工作中。当希特勒1933年上台掌权时，维尔海姆·施图克特博士就被提升为普鲁士教育部内阁主任，次年又晋升为帝国科学、教育和文化部国务秘书。1935年，他被任命为帝国内政部宪法事务办公室主任，成为国务秘书。正是在此岗位上，他参与拟定了臭名昭著的《纽伦堡法案》（全称《关于公民权和种族的纽伦堡法案》），为剥夺德国犹太人权利建立了所谓"法律"框架，并给雅利安人定下官方定义，借此确定雅利安人种的"纯正"标准。次年，他成为帝国保护德意志血统委员会主席。

他应该认识参加万湖会议的大部分与会者，其中他和格哈德·克洛普佛共同参与了1941年秋面世的《帝国、人口控制、生存空间》（*Reich, Volksordnung, Lebensraum*）杂志出版工作。1938年11月12日，施图克特甚至还在德国空军最高指挥机关——帝国航空部发起的一次重要会议上会见了罗兰德·弗莱斯勒、埃里希·诺伊曼、海德里希、穆勒和艾希曼等人。讨论了元首希特勒关于应以某种方式解决"犹太人问题"的指示。与此同时，他也是特定小组成员之一，并于1939年10月向希特勒汇报相关情报，向其通报帝国在入侵波兰后以极端方式处理波兰人口问题的工作。维尔海姆·施图克特博士在万湖会议活动前夕的系列活动足以说明他在帝国内部资历之高——1941年11月24日，我们已经知道，他和希姆莱共进午餐，讨论犹太政策；次日，施图克特起草的一项法令正式成为法律，这项法律剥夺了逃离或被驱逐的犹太人德国公民身份和财产；12月1日，我们也已经知道，施图克特与海德里希会面，讨论"犹太人问题终极解决方案"。在万湖会议上，施图克特凭借其法律专业知识，证明了德国政府和纳粹党之间关系如此之密切。

约瑟夫·比勒博士，1904年出生于德国符腾堡一个天主教大家庭。1922年，他前往慕尼黑学习法律（与施图克特一样，他也参与了希特勒于1923年发动的政变），1930年获得博士学位，同年进入汉斯·弗兰克的律师事务所。也是这一年，他加入纳粹党。不久后，弗兰克被任命为巴伐利亚州的司法部长，比勒也就紧紧跟随其老板，在司法部的公务员部门担任律师。1935年，由于弗兰克的举荐，他被升任为慕尼黑地方法院的高级检察官，成为弗兰克手下的核心人物。二人之间这种关系一直保持着。1939年底，弗兰克被任命为波兰占领区的总督，比勒随即成为波兰克拉科夫的幕僚长，随后又被升为副总督。1940年，他被波兰占领区政府任命为最高级别的行政国务秘书。

在波兰克拉科夫，这两位律师从瓦维尔皇家城堡总部开始，对波兰人和犹太人展开了一场空前的恐怖统治。比勒强力推进恐怖活动，将波兰人转移至德国境内，使其沦为奴隶劳工，在1940年五六月间，他还帮忙组织了一次"特殊安抚行动"，直接导致3500名波兰知识分子遭到屠杀。弗兰克和比勒这两位正副总督还在波兰的城市中建立犹太人聚居区，在随后的种族灭绝中起到关键作用。弗兰克曾将比勒形容为他在波兰的"两个最密切的合作者"之一。随着"犹太人问题终极解决方案"的执行愈演愈烈，在他们管辖范围之内的所有大屠杀细节，二人都了如指掌。比勒与海因里希·希姆莱工作关系也颇为密切（他曾授予比勒纳粹党卫军武装党卫军少将荣誉称号）。事实上，比勒早在万湖会议开始之前一周，即在1942年1月13日晋见了这位党卫队全国领袖，他自己声称在二人关于"犹太人问题终极解决方案"的问题上讨论了各个部门的分工与责任，并对会晤结果感到十分"高兴"。因此很明显，他是作为政府代表受到邀请参加柏林的那场关键会议的。

卡尔·埃伯哈德·施恩加特博士，1903年出生于德国莱比锡，1922年加入希特勒的纳粹党。他在莱比锡学习法律和政治学，1929年获得博士学位（主要研究关于"拒绝终止雇佣合同的条款"），此后成为一名普鲁士司法部门的助理审判员。1933年，他加入纳粹党卫军，两年之后进入盖世太保组织，在其行政部门工作（最初在新闻处效力，但是最终成为教会事务部负责人）。1936年，他加入党卫军情报机构——帝国保安处（Sicherheitsdienst，简称"SD"），并被提升为多特蒙德和明斯特地区的盖世太保指挥官。1940年11月，他再次获得提拔，成为帝国政府中的盖世太保指挥官。在这个岗位上，他主要负责两部分工作，第一部分是监督和打击波兰反抗人士（就像比勒一样，他曾在1940年5月杀害数千名波兰知识分子的"特殊安抚行动"中起到关键作用），第二部分是在反犹太人举措方面与党卫队展开合作。

施恩加特并不满足于做一个"案头发号施令"的领导，老是在位于克拉科夫马格德堡大街的盖世太保总部指挥行动。时值1941年7月，特别行动队开始向东部占领区推进，他得到了一个由帝国盖世太保负责人即其上司阿图尔·奈比派给他的特殊任务。不久之后，施恩加特就前往波兰的伦贝格（即今天的利沃夫），带着他自己的特种机动杀人小队——特别行动小组。在接下来的两个月里，他亲自监督，目睹了屠杀数以千计的男人、女人和儿童的暴行。在1941年7月21日至31日一次为期10天的大肆杀戮中，施恩加特向保安总局报告，在加利西亚东部的伦贝格及其周围村庄约有3947人得到清除。

1941年秋天，施恩加特返回克拉科夫不久，就成为帝国保安处拉布卡疗养浴场（介于扎科帕内与克拉科夫的一个温泉小镇）训练学校的负责人。在这里，施恩加特和党卫军与帝国保安处的其他高级官员对未来的党卫军领导人和集中营相关人员（主要是德国人和乌克兰人）进行培训，向他们传授酷刑之道和杀戮的方法，并经常展开讨论，确保培训效果。大部分课程持续三到六个月时间，在学校后面的树林里，学员们可以利用活人训练其杀人新技能——有数百名当地犹太人在这里遭到酷刑折磨并被杀害。当地的犹太儿童也经常作为靶子用于党卫军学员的实弹射击练习，借此提高机枪和步枪射击技术。

大家知道，在万湖会议前一周，施恩加特与希姆莱举行了一次简短的通报会，并于1942年1月14日与希姆莱和海德里希等人共进了晚餐。由于他是海德里希在帝国政府中资历最老的代表之一，在大规模屠杀方面经验丰富，因此在万湖会议上被视为有益的补充，能够让更多的坐在办公桌前的公务人员更为"务实地"理解他们共同使命的本质。

阿尔弗雷罗·迈耶博士，1891年出生在哥廷根，也是万湖会议与会者中年纪较长的一位。早在第一次世界大战期间，他是西线抗战的一位年轻军官，后来受伤被俘，战争结束前在法国战俘营待了两年。重返德国后，他继续在波恩大学攻读法律学位，后渐渐地转向政治学，并于1923年获得博士学位（博士学位论文是极端民族主义思想的研究报告"比利时人民战争"）。随后，他在鲁尔工业区的一家矿业公司做了一名商务文员（后来他自称当时是"法律顾问"），在1928年加入纳粹党之前，他的事业终于有了起色。1929年，他成为当地纳粹党分支机构的负责人；一年之后，他又出人意料地当选为国民议会议员。其时，纳粹在1930年的选举中远远好过事先预期。在这里，他遇到了当时炙手可热的阿尔弗雷德·罗森堡，此人后来成为他一生最重要的至交与盟友。次年，他被提升为北威斯特伐利亚地区的纳粹党省部领导人（地方长官）。两年后，当纳粹党上台掌权时，希特勒任命他为利普郡的帝国地方总督。1938年，他再度获得晋升，成为威斯特伐利亚大学的高级主席。

1941年7月，帝国东部占领区事务部成立，罗森堡被选为该部部长，迈耶被任命为他的副手，成为事务部国务秘书。在这个岗位上，迈耶博士对东部占领区的行政和经济拥有广泛的权力优势。他和罗森堡一道制定了新的占领区居民"德意志化"战略，既要利用开发被占的苏联领土，又要消灭当地居民，尤其要消灭犹太人。艾希曼后来也坚持认为，"工业化大屠杀"的最早方案即来自帝国东部占领区事务部，而非海德里希的国家安全总局。我们知道，迈耶也在1941年10月会见海德里希。同样也是万湖会议六周之前，他也参加了在希特勒公寓里举行的简报会。在这次会议上，希特勒号召"摧毁犹太人"，解释道："世界大战即将来临，犹太人种的灭绝是必然结果。"值得注意的是，帝国东部占领区事务部是唯一一个有两名代表受到邀请来参加万湖会议的部门（迈耶和莱布兰特）；罗森堡对此一定信心十足，认为他的副手与政治事务主任会在这个声名卓著的帝国行政人员集会上不负众望，会代表他的部门秉公行正。

鲁道夫·兰格博士，1910年出生于威斯瓦瑟，是万湖会议中最年轻的与会者，也是头衔级别最低的人。他在耶拿大学学习法律，并从1932年起开始攻读博士学位（博士论文主要研究"雇主指令权"）。他还加入了一个名叫"日耳曼尼亚"（纳粹所构想的柏林未来的名字）的组织——一个以击剑为中心的极右翼反犹兄弟会。1933年希特勒上台掌权时，兰格还在求学，在此期间，他加入冲锋队（Sturmabteilung，缩写为SA，是德国纳粹党的武装组织），并自愿加入纳粹党。1936年，他被授予博士学位，并开始在柏林为盖世太保效力，在那里，他很快意识到自己找到了真正的"使命"。1937年，他加入党卫军，并成为纳粹党的正式党员。第二年，他升职到维也纳地区的盖世太保机构工作，主要职责是"打击敌人"（特别是犹太人和及其教会）。1938年11月，兰格忙碌异常，他要和另一个雄心勃勃的、年轻的党卫军军官阿道夫·艾希曼一道，在"帝国水晶之夜"组织发起一场针对犹太人的恐怖活动。1939年6月，兰格被任命为斯图加特地区盖世太保的副手，随后有段时间掌管魏玛和卡塞尔地区的盖世太保。

1940年，兰格再获升迁，年仅30岁就被任命为柏林地区盖世太保副手。但是，就像施恩加特一样，他尤其喜欢更积极主动地工作，而不是在柏林的办公桌前指挥工作。于是在1941年春天，他刚刚被提拔为党卫军突击大队长，加入了他前维也纳上司瓦尔特·施塔勒克博士的机构进行工作，当时他正准备第一次带着特别行动队去行动。1941年7月，随着德国入侵苏联，他们也来到拉脱维亚，开始在里加及其周边地区实施最为系统的屠杀清除犹太人行动。除了承担盖世太保的职责外，兰格还负责管理特别行动小队第二队。这一年的年底，施塔勒克曾自豪地向柏林报告说，他的特别行动小队已经清除了249420名犹太人。兰格认为他们完成的工作很是简单，"特别行动小队第二队的目标就是通过杀死所有犹太人的方式来彻底解决犹太人问题"。此后两年里，兰格将拉脱维亚的党卫队总部设在里加的雷默萨街道。在这里，他充分发挥作为安全警察指挥官的新角色，协调了拉脱维亚大部分地区的犹太人"终极解决方案"，同时也亲自监督大规模屠杀活动。此外，他还是将德国、奥地利和捷克等国犹太人大规模驱逐到拉脱维亚的关键人物。就在万湖会议召开的六周之前，兰格在几天之内监督了里加犹太人社区里2.4万余名拉脱维亚犹太人被屠杀的过程。海德里希对他的工作印象非常深刻，并邀请兰格参加万湖会议，因为就像施恩加特一样，兰格也可以从自己的经历中讲出很多可供参考的经验。

纳粹大屠杀纪念馆名单上的最后一位参加万湖会议的博士是罗兰德·弗莱斯勒。弗莱斯勒1893年出生于策勒，在卡塞尔上完中学后，他前往耶拿大学学习法律（和兰格一样）。不过，在第一次世界大战的大部分时间里，他是作为俄罗斯的战俘被关起来了。获释以后，他继续在耶拿大学学习法律，并于1922年获得博士学位（博士论文主题是"公司组织的基本要素"）。两年以后，他和其兄弟合伙成立了一家法律事务所，很快就因为替极端右翼客户（尤其是新纳粹和冲锋队激进分子）辩护而广为人知。1924年，他也成为那里的市议员，并加入纳粹党，在纳粹运动中地位不断上升，成为黑森-拿骚-诺德地区的纳粹党省部副手。

直到1930年，弗莱斯勒作为卡塞尔地区纳粹领袖和"犹太人的天敌"在帝国范围内声名鹊起。1932年，他成为一名普鲁士议会议员，一年后成为国民议会议员。希特勒上台后，他担任普鲁士司法部国务秘书。1934年，他再度获得提拔，成为德意志司法部国务秘书，携全家搬往柏林。除了刑事立法和判决执行政策等方面的法律工作外，他还到处演讲，发表文章，鼓吹"德国刑法应当为保护德国人民和维护国家安全服务"。他也是种族法律（如《纽伦堡法案》）的主要支持者。1938年，他带领一个法律代表团前往意大利，并与墨索里尼会面，祝贺意大利也通过了这样的种族法律。1938年11月，他从罗马返回德国，在帝国水晶之夜发生的三天后，他就和施图克特、诺伊曼、海德里希、穆勒和艾希曼等人，一道参加了戈林主持的会议，商讨如何解决"犹太人问题"。

在战争的最初几年，弗莱斯勒越来越忙于针对犹太人和波兰人制定更为严苛的法律，他认为，即使这些人犯下了罪行轻微的过失，对他们的死刑判决也是最适当不过的惩罚。就在万湖会议举行的前几天，他还写道，他希望波兰的法官和律师应当"感觉自己就像日耳曼民族政治队伍中的战士"一样，尽力做好这件事。海德里希把他和施图克特当作两个最有威望的司法权威，他们会给"犹太人问题"的"终极解决方案"讨论披上一件极具"合法性"的外衣。

我继续对这些拥有博士学位的纳粹分子进行深挖，但所得信息仍然有限，尽管我也发现，还有一位万湖会议的与会者也拥有博士学位（但是他的姓名不见于纳粹大屠杀纪念馆的原始名录）。

这个人是格哈德·克洛普佛博士，1905年出身于西里西亚的一个农业家庭，后来在布勒斯劳和耶拿学习法律（就像施图克特和弗莱斯勒一样都是学习法律），并于1929年获得博士学位（博士论文主要研究"雇佣关系中雇员的真正责任与义务"）。1931年，他成为杜塞尔多夫的一名初任审判员，两年后加入纳粹党。在普鲁士盖世太保的企划部门做了短暂一段时间后，他于1935年加入纳粹党副元首鲁道夫·赫斯的团队。在那里，他的事业真正有了起色，他的顶头上司就是希特勒的副手马丁·鲍曼，当时赫斯的办公室主任。鲍曼对这位年轻人赞赏有加，并很快任命他为自己的私人助理。在鲍曼那里，克洛普佛致力于协调好纳粹党和政府之间的关系。1938年，他获得提拔，升任部长秘书。在克洛普佛的任上，他制定了没收犹太人企业资产的一系列政策法律。

1941年5月，赫斯突然投身敌国，空降苏格兰并被捕，紧随其后，该办公室更名为纳粹党党务办事处，马丁·鲍曼被任命为机构负责人，克洛普佛为其副手。就这样，克洛普佛成为纳粹党党务办事处与帝国总理府之间非常重要的联络人，他每周都要在两个地方开会，以确保希特勒的法令得以颁布实施。他的诸多简报还包括宪法议题，还领头讨论了"种族和国民性格"单元。在就如何判断"犹太性"的问题辩论中，克洛普佛在其职位上发挥了关键主导作用。他认为，1935年的《纽伦堡法案》就这个议题的法律规定不够深入，关于"米希林格"（又称混血犹太人）问题的法律条款（即与犹太人"交配"所生的人，如犹太人和雅利安人混血儿）需要进一步收紧。1941年秋，克洛普佛、施图克特等人成为《帝国、人口控制、生存空间》杂志的编辑。他不仅是德意志帝国级别最高的官僚之一，而且在党卫军中还有一个相当的职位，最终晋升为一名党卫军指挥官。尽管从意识形态上说，克洛普佛是一个"纯粹的"纳粹狂热分子，且在种族和犹太人问题上最有讲话资格。但是，克洛普佛作为鲍曼副手参加万湖会议，对海德里希来说并不是一件顺理成章的简单事情。这主要是因为海德里希本人与鲍曼之间存在着竞争关系，难以相处，同时还存在着究竟赋予哪个机构去组织实施"犹太人问题终极解决方案"的领土管辖权问题。

*****

也许这八位博士小传中有一个最引人注目的一个特点：坐在一起讨论如何协调犹太种族清除的八人当中，居然有七人就是法律专业出身。这里面除了兰格和施恩加特外，另外六人都没有直接参与杀戮，也没有目睹杀人场面。事实上，他们中的大部分并未离开过自己位于柏林中心威廉大街的办公室，这里曾是众多帝国部委的办公所在地；然而，他们就是在办公桌前发号施令，对600万人惨遭屠杀起到了决定性作用。但让我隐隐不安的是，这些人都在大学时代度过了他们的性格形成时期，没想到会作出这样的残酷举动，在某种程度上让我难以理解。

我的这种不安可能与我的成长经历有关，我的祖父和父亲都是学界中人。我在成长过程中就对大学所代表的一切精神有一种强烈的情感——大学并非在狭义的层面让人获得某种资质，而是一种过程，在这个过程中，人们真正地向学习与探究的未知世界敞开心扉——这种情感即是各种心智的交汇和学术的怀疑精神。于是，再去比较探究这些人，我们会发现，其实他们大概也和20世纪20年代在德国成长的其他聪明的年轻人一样，都有过大学生活经历，却以极端独裁、民族主义和种族主义的立场出现在世人眼前，不免让人震惊不已。如果他们是在20世纪30年代中期进行大学学习的话，我不会感到丝毫奇怪，因为那时纳粹已经掌控了德国的学校研究机构。但事实是，在他们读大学的10年时间里，开明的魏玛共和国和诸如包豪斯艺术之类的国际运动已经如火如荼，发展蒸蒸日上，女权主义运动取得了极大的进步，比欧洲其他任何地方取得的进步都要大（男女享有平等的教育权利、同工同酬等），这一切看起来似乎很难解释。

然而，我越是深入研究，就越会发现知识界与第三帝国种族灭绝机构之间联系的案例越多，那些受过高等教育的本科生、博士和教授之类的人物往往在参与大规模屠杀的众多机构中担任高级职务。举一个简单的例子吧，许多党卫军特别行动队的领导人或指挥官都来自学界。党卫军特别行动队第一队（A队，此行动队共造成36万多名犹太人的死亡）就是由瓦尔特·施塔勒克博士（法学博士，来自图宾根大学）负责指挥的。特别行动队第三队（C队，对近12万人的惨遭屠杀负责）由奥托·拉施博士（此人拥有两个博士学位，分别是法学博士学位和政治经济学博士学位）负责指挥，后来该小队由比恩斯特·比伯施泰因（他是研究神学的前新教牧师）接任；在特别行动队第三队高层工作的有埃尔温·万曼博士（从图宾根大学获得医学博士学位）和马克斯·托马斯博士（他拥有医学博士学位，专攻精神病学）。特别行动队第四队（D队）的指挥官沃纳·布劳尼（拥有耶拿大学民法学博士学位），对1.43万名犹太人的死亡负责，他在三天之内就在克里米亚的辛非洛普屠杀了这么多犹太人。特别行动队第四队（D队）的总负责人是奥托·奥伦多夫（对超过9万名犹太人的死亡负责），此人曾于"二战"前专门学习政治学与法学，并在基尔世界经济研究院担任研究主任一职，过着一种学术界的单纯生活。

*****

万湖会议还有三名"白领"与会者（也即非党卫军或盖世太保的人员）：弗里德里希·克里青格、埃里希·诺伊曼和马丁·路德——尽管这三位都没有博士学位，但都是高级别公务人员。①

在第一次世界大战中服役结束后，克里青格在1921年通过律师资格考试，随后直接去了帝国司法部工作。1931年，他晋升为副国务卿，并成为一名备受推崇的法律专家。1938年，他前往帝国总理府工作，加入纳粹时间相对较晚（尽管他一直都是极右翼民族主义政治的支持者）。克里青格最终升职为国务秘书，主管B部工作，这个部门主要处理他所擅长的事务，即事关

---

① 英国学者大卫·切萨拉尼在《阿道夫·艾希曼的一生与恶行》一书中将克里青格和路德二人称作"博士"。事实上，此二人并未取得博士学位，路德甚至没有完成高中学业考试。

"犹太人和犹太混血人",此外还处理其他的"犹太人问题",比如帮助制定剥夺犹太人财产和限制其上诉权利的政策法规。1941年11月,他与施图克特密切合作,制定了一项野蛮残酷的新法令,这项法令在犹太人大屠杀的法律依据方面发挥了关键作用。这就是《德意志帝国公民法》中的第十一项法令,该法令规定帝国有权剥夺德国犹太人公民身份,并在驱逐他们之后剥夺其资产。第二次世界大战结束后,他声称自己在万湖会议上就感到深深不安,并说他已经尽其所能努力规避最恶劣的反犹太举措,当时他还没有完全意识到自己针对犹太人"犯下的暴行";但是,历史记录尤其是学者斯蒂芬·保罗-雅各布斯和洛雷·克莱伯[①]最新研究成果,都不支持战后克里青格及其家人为他的行为所做的辩护,也不支持将他描述成旧式学校中一名善良本分的普鲁士公务员的说法。

埃里希·诺伊曼也是一名训练有素的律师和职业公务员,和克里青格一样参加过"一战",并在战争中受过伤。他在普鲁士内政部工作了短暂一段时间后,于1923年进入普鲁士商务部工作。1932年,他得到升迁,成为普鲁士国务部内阁主任(常务秘书),开始在债务管理和货币改革领域风生水起,享有很高声誉。一年后,他加入纳粹党,成为当时势力强大的普鲁士国务委员会成员。在那里,他的工作引起了戈林的关注,他也正是在这时结识了弗莱斯勒和施图克特。

1936年,戈林成立了四年计划中央办公室(基本上把普鲁士国务部门原班人马作为这个新机构的核心工作人员),此时,诺伊曼负有更多职责,并成为"四年计划全权总办"的一名成员。两年之后,他陪同戈林出访意大利,之后又获得进一步升迁,最终成为四年计划中央办公室的国务秘书,同时也是戈林最信任的下属之一。1938年秋天,诺伊曼参加了两次关于解决"犹太人问题"的重要会议,并成为帝国经济"雅利安化"的关键人物——

[①] 参见二人著作《与会者:万湖会议的男人们》中有关克里青格研究的章节(亚什、克罗伊茨穆勒编)。

"雅利安化"不仅体现在德国境内,也包括战争早期的东部占领区。他怂恿德国银行与他帮忙建立的公司——大陆石油——合作,在新近占领的东部领土上开采石油。在万湖会议上,除了代表他的老板戈林出席会议,他还与德国经济发展相关的政府部门互动,其中有劳动部、财政部、粮食与农业部、交通部、武器弹药部等。

相比其他的万湖会议与会者,马丁·路德的职业生涯显得最为异端。他中学没有顺利毕业就去参军,并参加第一次世界大战。战争结束后,他开始做起了货运、室内设计和家具搬运等生意,最终获得财务自由。1932年,他加入纳粹党,成为柏林西南部的一名积极活动分子,并由此结识里宾特洛甫一家人,并与其成为至交,承揽了后来的驻英国大使馆的建设工作和室内装饰业务。1936年,里宾特洛甫让他负责筹建一个纳粹党联络处。两年之后,他的老板晋升为帝国外交部长,路德随他一道进入外交部工作,不久之后就负责领导一个新的部门,除去其他常规业务外,该部门处理外交部与党卫军和警察等部门的联络工作、犹太人政策和驻外大使任命等事宜。

1941年7月,他被提拔为副国务卿(外交部行政秘书长),除了现在与希姆莱、帝国保安总局保持正常的联络外,他还是外交部四处三室负责人——该处包括犹太人事务司,主要处理犹太人问题。在此岗位上,他与副手弗朗茨·拉德马赫一起,提出了将欧洲犹太人放逐到马达加斯加的想法(海德里希后来接受了这个想法)。1941年秋,路德和拉德马赫直接参与了"清算"贝尔格莱德犹太人的活动,导致8000名犹太人被枪杀。当然,他们对东部前线传来的所有党卫军特别行动队的报告与情报了如指掌,因此,路德对在万湖会议上提出的"犹太人问题终极解决方案"的战略或解决方法不会感到大惊小怪。此外,路德熟悉外交程序,明白那些被占领国家对待驱逐犹太人的态度,因此这也是他受邀参加万湖会议的一个因素。但是,海德里希也热切希望党卫军和艾希曼的犹太人事务部在开始组织大规模驱逐犹太人时,与外交部通力合作。

*****

　　我们可以从大量诸如此类的传记信息中获悉一些知识——那就是有关他们所从事职业、党派取向、专攻领域等方面的事实。当然，我也会对这种以"外在"方法来涉足人们生活的局限性感到困惑。近来读了些新近出版的书，尤其一本研究详细的书，名叫《与会者：万湖会议的男人们》，读罢遂感到隐隐不安，似乎我的这种不安至少也是这本书编著者内心的不安。你可以调查一个人职业生涯中的所有事实，你能找到某人曾在某地工作过，你能发现他们在给老板的备忘录中写些什么。但是，当我们试图理解究竟是什么促使他们达成信仰，或是为何要对他们的屠杀罪行进行自我辩护时，我们的研究仍然有所疏漏，存在不少漏洞。本书的两位撰稿人在"兰格博士"和"盖世太保穆勒"这个章节的末尾也承认了这点疏缺。在论及兰格时，编者写道："目前尚不清楚他是否一开始就出身于反犹家庭，或是他的人生观是否在大学期间的社会生活中就已经形成。"至于穆勒："他的动机——尤其是其意识形态方面的信仰，即使到现在也仍然知之甚少。"

　　也许这就是那些非历史学家的研究者们对历史往往怀有真知灼见的原因，他们看得最为深邃，也最具洞察力，因为他们能从多种多样的视角研究他们的主题。马克·罗斯曼教授在《与会者：万湖会议的男人们》的第一章中就很谦逊地承认这一现实，他在下面引述的语言中也反映了那些研究纳粹作恶者的主要书籍的作者情况："那些在学术上留有一点贡献的重要著作，现在仍然值得一读，尽管他们也有不足之处，比如阿伦特对艾希曼的述评、哈夫纳为希特勒所作的简短但仍能说明问题的传记，或是基塔·瑟伦利对弗朗茨·施坦格尔的采访手记……（所有这些作品）全是由非历史学家的研究者写的。"

　　我想突破这些人职业中那些令人枯燥乏味的事实，摆脱那种官僚作风的外在行为，超越那些人的等级和头衔，试图找出这一切背后的真实人性。在我们的"万湖会议的博士们"成为历史化石之前，我们能让他们呼吸一口气吗？能让他们说出真正的自我吗？抑或是，现在问这个问题是不是已经太晚了？

- ◎ 我们是如何得以认识格奥尔、维尔海姆、卡尔·埃伯哈德、阿尔弗雷德、鲁道夫、罗兰德、格哈德、克里青格、埃里希和马丁？
- ◎ 这些人在小学的时候，他们的老师向他们传授了什么？是否他们从小就被教育成对什么都要"视而不见，不能发声"？
- ◎ 在他们的成长过程中，他们读过什么样的故事？探险小说家卡尔·梅描述的美洲德国移民在与野蛮人搏斗的故事让他们激动过吗？或者他们喜欢《彼得·摩尔西南非洲历险记》这本传奇故事书吗？喜欢讲述者关于非洲部落如何注定要被灭绝的故事解说吗？
- ◎ 他们当中一些人有过一起成长的犹太朋友和邻居吗？他们在一起玩过哪些游戏？
- ◎ 大学里教他们的教授都有谁？有人教过他们要有学术怀疑精神吗？
- ◎ 友谊究竟对他们有多重要？
- ◎ 他们究竟与谁相爱？他们都结婚了吗？他们都有自己的孩子吗？
- ◎ 作为父亲，他们应该是什么样的人？
- ◎ 他们又向伴侣倾吐了多少心里的真心话？
- ◎ 他们究竟住在哪里？透过他们家的窗户向外望去，他们看到了什么？
- ◎ 他们不上班的时候，又是如何放松休息的？他们度假是在山上，还是在海边？
- ◎ 战争结束后，他们对他们的孩子又说了些什么？或者对他们从未说过发生了什么？

在那个霜冻天地的一月的那一天，他们驱车前往万湖的路上，在万湖会议召开之前，他们的脑海里有没有闪现什么念头？

抑或，两小时的会议结束之后，那天下午离开湖畔别墅的时候他们又想到什么？

*****

柏林的汉娜：鲁尔区门后的克里斯蒂安

2003年12月28日，柏林

我们继续在柏林游历。我们继续沿着艾伯特大街向前走，就在我们的右边，突然一座一座平缓的小山坡映入眼帘，山坡上可以看到"欧洲犹太死难者纪念碑"。我们对这个纪念碑的规模不胜惊讶——也许它有两个伦敦的塔法加广场那么大——这一定是建在世界上最为昂贵的土地上的广场，其中一处的石板正在被工人们打磨成形。尽管这座纪念碑尚未完工，当我们沿着街道穿行而过，看着这座又一次破碎的城市时，我们恍惚间产生了一种迷失街头的感觉。

大街的左边就是国会大厦，我们的右边是勃兰登堡门，自从上次来这里，就给我留下了深刻的印象，勃兰登堡门就在东边的墙后，只能远远地瞥见大门之上胜利女神驾乘的驷马的马头。现在我们转到了勃兰登堡门内的巴黎广场，叫了一辆出租车送我们去朋友汉娜·赫纪希的家。车子穿过柏林的亚历山大广场，我顿时想到了阿尔弗雷德·德布林和赖纳·维尔纳·法斯宾德，以及他们创作的史诗作品——《柏林亚历山大广场》，此处建筑物的丑陋着实引人注目。车子穿过柏林人民剧院，来到了汉娜住的那条安静的街道。

她的公寓在一幢建筑物的顶层，带有一个小小的阳台，空气很是通透。室内也是基本色调，有一面墙壁装修得很精美，上面放满了书，成了一堵书墙，直通天花板，摆放得整齐有致。汉娜看上去有些疲惫，一种年终时才会有的身心交瘁的模样。她曾经的怒火现在也小了许多，似乎越烧越没那么旺盛了。她总是无视人生的苍老，衰发哀容似乎离她很远，她看上去的样子要比实际年龄小10到15岁。但是今天，她看上去就是50多岁的人了。但她那头蓬乱疯长、硬而粗糙的银发依然醒目，还有那双飘忽迷离的蓝眼睛。她告诉我们，这一年她过得很糟糕，真不想去谈论她。我们打开了带来的酒，开始了一次长长的会谈，焦点放在我近些年研究的那些作恶者的心理上。是的，她能理解这一点，她认为这样做是完全正确的。但她也担心诸如此类的工作会让人产生强迫感，甚至会有倦怠崩溃的危险。这种情况在她一生中发生过两次，而且两次都与犹太人大屠杀有关。其他一切似乎都无关紧要了。尤其是她在阿卡剧院的工作中提供的帮助——来自以色列和阿拉伯国家的作家和表演者之间的非凡合作，在1991年至1998年发生了一系列表演性事件。我们终于还是谈到了这些作恶者的孩子们，他们当中许多人因父辈的恶行而怀有责任感，也做了一些了不起的事——尤其是希尔德·斯佩尔（在反种族主义与和平运动方面作出过贡献），以及身为牧师的小马丁·鲍曼。

我还和她谈起了几年前我曾与一位德国艺术家会面的事。我们姑且称他为克里斯蒂安吧，他当时已经60多岁，是位成功的雕塑家。他个子很高，面目宽广，神情坦然，眼睛乌黑，深邃多情，甚至还有些羞涩。他已经不再住在德国了，尽管偶尔会在那里工作。我们是在纽卡斯尔的一个会议上认识的，当时我们彼此交流了艺术与环境生态的观点。那是会议的最后一天晚上，我们在大学校园里一处不怎么舒适的酒吧一角聊着天。克里斯蒂安向我问起关于"桌面屠夫"的更多问题，而这些问题我先前在会议上已经谈过，因此这次与他交流的时候，我又谈了很多。最终，我们还是就美国学者戈德哈根的书中观点和犹太人大屠杀中"普通德国人"所发挥的作用争论起来，但他对这本研究大屠杀的著作被认为"存有争议"颇为不屑，甚至有些不耐烦。他想知道我是否会对他本人的故事怀有兴趣……

我出生在1941年，在德国鲁尔区的盖尔森基兴市郊外父母的农场里长大。我的父亲，普鲁士军官阶层出身，当时是德国国防军的一名少校。在我人生头几年，父亲就在俄国前线服役。我对休假回来的他仅有一些模糊的记忆，这个穿着制服的陌生男人弯下身来抚摸我的头发。当时我们家的农场，是一个美丽壮观的地方，在我们的农舍周围还有一条护城河。父亲服役的时候，农场全是妈妈一人打理的。她使用波兰强制劳工来为农场干活，这在战争年代的德国是很常见的。母亲也习惯称他们为"我的工人"。你也许会感到很奇怪，不，这没什么大不了，没什么大惊小怪的。你只是个小孩子，你只得接受身边的一切。好吧，既然我的父亲不在家，也只能这样。我的大部分朋友也都是这样生活的。

现在回想起这一切确实很奇怪。我还记得夜晚时候天空如火般燃烧，远处传来炮弹轰炸声，就像沉重的撞击声。那时我对战争年代的最鲜活记忆就是融化的焦油散发出来的芬芳气息。他们在附近河上搭了一座临时用的桥，我和妹妹有时会到那里玩耍。1944年，要么是1945年，那年夏天酷热无比，简直让人难以忍受。我们玩起了气泡，看着气泡膨胀起来，然后戳破它们。焦油似乎不再有以前那样的味道了，他们也许作了技术改进。要么是这样，要么是如今的夏天没有那么热……战争结束后，美国人终于来了。

我们都躺在地窖里，吓坏了。我们听到了声音，是靴子踩脚的声音，然后地窖的门被打开了，我惊讶地见到了一个黑人士兵，这是我见过的第一个黑人！从他嘴里冒出的神秘声音中，我唯一能辨认出的词就是"巧克力"，但是当时我们万分惧怕，只是摇摇头。当然，几周以后，我们习惯了那些士兵，于是我们也拿走了他们给的巧克力。战争结束几个月后，父亲终于回到了家。这对我来说似乎很难接受，因为我已经习惯自己是家里的唯一男性。大概我是被宠坏了吧，父亲不在家的时候，家里只有我、母亲和两个妹妹。而父亲也不再是那个面带微笑、回家休假的男人了。他脾气变得暴躁。他发脾气的时候,我们全家都想方设法避开他。我们的周围是一片废墟——嗯,这的确很难描述。当地所有的城镇都被炮弹轰炸过,许多地方被夷为平地,公路也被炸得坑坑洼洼,到处是扭曲不全的残骸,差不多所有的桥梁都被炸毁了。所以,想要到处走走也是困难重重。

不管怎样,战后一年左右我就上学了。那时,我才意识到,与我的同学相比,我算是很幸运的。当时国家陷入了饥荒,人们变得赤贫。老百姓可怜巴巴地站在路边,想要卖掉一双破旧的鞋子来换取一小盒罐头肉。那段时间里,食物极度紧缺,所以,住在农场里对我们大有好处。我也发现我居然出奇地受欢迎。这种情形发生的那段时候,也就是在战争结束的那几年。你得搞明白,我们这些在战争中出生的孩子还没有大到让希特勒神话去洗脑的年龄。如果有什么不同的话,那就是与之恰恰相反,我们最初的记忆是战争的失败、盟军的轰炸,我还知道我们国家输掉了战争。所以,尽管那时不能像现在这样自由表达,但回想起来,我想,我们所有人都会愤恨带我们来到这里的世界。

有些晚上,母亲和父亲会从家中消失,去拜访朋友。其时我一定有六七岁了。但我还记得这种情形非常令人兴奋。我不得不去照看我的妹妹们,这时候通常我们会得到一些饼干,也就是一种姜饼。这个时候,我感觉自己长大了——我要给妹妹们分发饼干,告诉她们什么时候该睡觉,而我自己一直等着母亲和父亲,直到听到他们安全回来的声音。但大多时候,他们还没有回来,我就已经在不知不觉中睡着了。后来,有一天晚上,母亲告诉我们,我们必须比平时更早点上床睡觉,因为有些朋友要来家里作客。这种情况几乎从未在我家发生过,我感到万分好奇。我想知道得更多,看看这些朋友都有谁。于是,在我们应该上床睡觉的几个小时后,我蹑手蹑脚地走下了后面的便梯。当我靠近厨房的时候,我听到了有人在唱歌，还有嘈杂的喧哗声。歌声渐渐散去，我听到了父亲低沉而又慢吞吞的声音，就像喝醉酒时讲话的样子。我能感到我的心怦怦跳个不停，仿佛一只脚踏在另一个世界的门槛上。我慢慢靠近门。这是一个老式木门，一直关不上。透过缝隙，我看到父亲正站在桌子的另一端，手里举着一只玻璃杯。我觉得，我的童年就在那一刻结束了。那里一共有六个人，我只认出了其中一对夫妻，都来自附近的农场。所有的人都穿着帝国国防军的制服，当然也包括我的父亲。在他们身后的墙上，挂着一幅巨大的红旗，旗帜中间居然还有纳粹党徽的标记。桌子上展开了一些照片。现在每个人都端起了酒杯，似乎要庆祝什么，他们说了一些我不熟悉的名字，然后就是一阵雷鸣般的笑声，接着又是一阵祝酒。我慢慢地退回到黑暗之中，感觉一切都在渐渐地消逝。也就是从那一刻起，我再也没有相信过我的父母。

我退回到了自己的世界里。我并不能向人说出那晚我见到的一切——我的妹妹们当时还太小，她们也不会理解。而且那个时候向朋友谈起这样的事也是很危险的。等到我能说这件事的时候，我已经离开家，去了汉堡，开始做一名商业绘图员，因为我一向擅长绘画。后来，我又搬到了维也纳，在那里的艺术学院学习艺术——也正是在那里，我邂逅了我的妻子。她出身于一个家道兴旺的维也纳犹太家庭，非常热衷于政治。她的很多亲戚在"二战"中被杀。只有她的父亲幸存了下来，尽管那时他还是一位相当著名的记者和共产党人。战后不久，他们在莫斯科待了一段时间。她的母亲来自今俄罗斯的高加索地区。

其后50年间，我只有三次回过我先前的家乡农场。我的父亲于1961年去世，那时我才20岁，回去参加了他的葬礼。两年后，我与安娜订婚，我们又去了那里，去看望我的母亲。我猜想，这大概是某种测试吧。母亲对安娜很客气，问了一些她家族的事情，而我，当时也想知道，假如安娜出身于工人阶级背景，母亲是否会对她感兴趣。晚饭过后，我简直不敢相信她的行为——当然，我们谈到了政治问题。母亲为德国战后经济的复苏感到自豪，而我们也倍感诧异，原来战后许多纳粹时代的人们已经被恢复起用——他们当中有银行家、律师、法官，甚至是完全支持希特勒的政府部长。现在，他们重回舞台，执掌政治经济大权。也许你无法理解1968年和20世纪70年代在德国发生的一切，也就是德国极左恐怖组织红军军团等等那一切，都无法理解我这一代人看着他们的父母和祖父母时的那种愤怒，因为这一代人是战争中出生的婴儿、废墟中的孩子，不管怎么样，后来，我们这些人还是不可避免地卷入战争的议题中。而当母亲那样做时——她拿出了相册，里面有父亲在东部前线拍摄的照片，政治问题不可避免地开始了。母亲知道了安娜的祖父母、叔叔、婶婶，还有两个堂兄弟都在奥斯维辛集中营里遭到屠杀。之后，她开始了自认为崇高的争论，还给我们看了乌克兰人在街上欢迎德国军队的照片。

"你看看，我们来的时候他们是多么高兴啊。怎么会有人说那是'入侵'？"

我们实在受不了了，我和安娜无论如何不能继续待在那里。我们星夜驱车离开农场，黎明时分到达德奥边境，几乎一个字也说不出来。自那以后，我和安娜从未一起回过德国。我们的孩子都出生在西班牙，1965年起我们就定居那里。不过，我在德国还做一些业务，事实上，我的大部分工作都事关那些年的灾难。虽然战争已经结束，但是战争的伤害还在继续，我从未想过要在那里过下去。我最近一次回去是什么时候？大概五年前吧。那时，我一直在德国波鸿有个项目在做，身在德国如果不回老家看看，未免有些失礼……母亲身体状况并不是很好，人已经躺在医院里了。她那年已经73岁了，不，是74岁了。我的妹妹和妹夫那时已经接管了农场，母亲也只是偶尔照看一下养的鸡。我也在反思，随着时间的流逝，是不是我对母亲太狠了点？人总是会变化的。毕竟，她还去过几次西班牙看望了我的孩子，当时的情形还是非常好的。有时，我们只在电话里交谈，也不再有什么争吵。

但对我来说，开车回去依然困难重重，车子要经过盖尔森基兴，那里能看到一排排熟悉的杨树林，然后越过那座桥，就来到了农场，农场隔壁有一处新的建筑（那是妹妹和妹夫为他们的家建造的）。母亲过去一向身体健康硬朗，看上去比实际年龄年轻许多，但是现在，当我下车的时候，站在大门口迎接我的却是一位老妪。看到她这般模样，我很是震惊。她向我走来，不是走，是拖着脚。我内心顿时五味杂陈，一下子感觉到许多矛盾的事。内疚感，自然也不可避免成为其中一部分。但更多的是一种悲伤涌上心头，过去的事情我们无法释怀也无法忘却。我们一起吃了妹妹做的午餐。接下来便是尴尬的谈话，先是彼此走一下过场，询问彼此家庭状况，讲讲孙子孙女的事情。随后，我们来到客厅喝咖啡。母亲坚持要那样做。我瞥了一眼书架，是的，它们还在那里，紧挨着词典，还是在那个显要的位置上摆放着《我的奋斗》和《犹太人贤士议定书》（这是本污蔑犹太人意图征服世界的虚构文学）。我觉得自己的心窝子被踹了一脚，十分难受。那个银发女人端着一杯咖啡和一盘姜饼出现了，我转身向她说道："妈妈，我们之间的关系永远不会和解，除非你把这两本书扔进它们该去的垃圾桶里。"

这就是我最后一次见她。她从未作出改变，也没有什么所谓幸福的结局。[6]

冬日的黄昏已来临，我已经完全忘记了我们还在酒吧里，有学生喝醉了酒，正趴在那里呕吐！自克里斯蒂安向我讲起他的人生故事，我已经不知道过了多长时间了。我感觉是命中注定让我们相会于此，让我有机会分享他童年时期那段特殊的人生经历。我们就这样静静地坐在昏黄的微光中。克里斯蒂安终于向我转过身来，说道："这就是我为什么不去读《希特勒的自觉帮凶》这本书的原因，我知道他的论文没错，但我七岁的时候就活在这样的状况里。"

我正盯着那本《"美好的旧时光"：作恶者与旁观者眼中的大屠杀》[7]中的一张黑白图片，这幅图片我已经看了很多年了，但我至今觉得它含义深刻，依然难解。这幅图片是一幅手写的卡片，上面有许多画片和一些小照片。这张卡片一定是东部战线的某个保安警察中士寄给他德国家人的。卡片上面画着小提琴、鼓、大礼帽和手风琴，卡片下面还画有鲜花。还有两张照片——画中是成堆的尸体——全都是被杀的犹太人。上面有条信息，是用清丽的书法写就的，上面说到：

> 战争没有带走
> 我们的乐观向上的好精神
> 这一切说明
> 这里就是"天堂"

*****

作恶者，受害者，旁观者，试图以这三个词来进行责任的分类。

在克里斯蒂安的故事中，一些立场看来非常明确。他的父亲就是个作恶者，很显然他能为自己帮助国家去杀人而感到自豪。安娜的家人就是受害者。但是只此二类人，其他人的区分就变得很难了。克里斯蒂安和他的妹妹应该放在什么位置上？当然，他就是个旁观者，但他那时太年轻了，他们三个很明显都是受害者。他的母亲，终其一生都是法西斯分子，典型的反犹太主义者，但她从来没有杀过人。如果称她为"旁观者"又意味着什么呢？我们如何测算那些以千万计的普通德国人的影响呢，他们只不过在投票箱中希特勒的名字旁边画了一个十字而已。他们中的大部分一生中都没有举过枪？还有那些卖过报纸的、烤过面包的、工厂里上过班的那些人呢？他们会是什么样的人？然而，正是通过他们的投票认可（无论他们是否表达出这种观点），正是通过大多数人进行数以亿计的语言和微小的行动（或者，同样重要的是，这些小的行动并没有开展），种族灭绝才会在这个最文明的欧洲国度成为可能。

*****

晚上散步行将结束时，我们来到街道一角，在栗树大道找到一家宾馆，汉娜告诉我们，如今德国人对待移民的态度让她有多么愤怒，德国政府现在规定如果外国人在德国出生以后达不到德国政府规定居住年限要求（德国境内合法居留八年以上，且享有居留资格或无限制居留权三年以上），则无法获得德国公民身份。她和一些朋友正在考虑要成立一个非正式机构，为那些所谓的"非法"移民暂行权宜婚姻，方便他们有机会入籍。

我们在栗树大道上的一家啤酒花园——普拉特公园结束了散步，公园里热闹的气息让我感觉古老的柏林依旧生机勃勃。波茨坦广场和玻璃幕墙摩天大楼那种盛气凌人的现代感还没有完全抹去旧柏林的生活气息。这里全是深暗的树林，林中空地上到处摆放着桌子，在花园的一角还有个红色小舞台，上面还放了一架钢琴。我特地到吧台，问他们现在是否还提供食物。一边是一群老妇人正在喝着酒，另一边是剃着光头的学生，还有带着狗的男人，女同性恋者则在一旁角落里搂抱亲热，这种混合的景象确实很奇妙。一位50多岁的营地服务员扫视着这一切，泰然自若地处理公园里的乱象，偶尔眉毛扬起，对周围的一些事感到惊讶。

当我回到桌边，汉娜很不同意J刚才说的话，J说他之所以不使用手机的原因很多，汉娜说："得了吧，这就是懒惰的胡说八道。老实说，你喜欢控制！"我喜欢柏林人的坦率直接，也许这就是汉娜的个性，而不仅是柏林人的风格。和她在一起待上几个小时，整个人都会变得精神抖擞起来，焕发无尽的活力。后来，我和J回到宾馆，想要弄清楚她究竟是怎么回事。每个人都对这个世界怀有强烈的好奇，只是大多数人随着年岁增长渐渐地淡忘了。当我们还是小孩子的时候，虽然乳臭未干，却从不装腔作势，提出问题或表达意见时从不遮遮掩掩，极其自然。当然，那种激情也是无法让人轻松相处的。因此，她情绪的乱流也不足为奇。但这种激情能让她有精力投入到艺术事业和社会活动中去，投入到她的学术生涯和其他各种事情上去。

从早走到晚

2003年12月29日，柏林

我们从宾馆出来，向南进发，一路不断思考着自两德统一以来德国那种举世瞩目的和平变化；一直在想，一个德国人经历了这么多的沧桑变化后，还得必须完全理解它们的历史意义，这是多么具有挑战性啊。J提醒我，让我想到了汉斯·马格努斯·恩岑伯格在反思政治天才米哈伊尔·戈尔巴乔夫在苏联解体时说的话："什么白痴都能扔炸弹，但是拆除炸弹的引信却比这个要难上1000倍。"[8]

我们来到了奥拉宁堡大街，J告诉我一些丑闻，这些丑闻是后来从一些直接参与了1991年德国和平统一谈判进程的公司里传出来的。是的，我们都认为这次和平统一没有流血冲突，确实是一个了不起的成就。占据奥拉宁堡大街的是修复后的金色圆顶的犹太教堂。从吉尔伯特那里我们就已经得知，这个地方正是20世纪20年代和30年代柏林犹太人生活的中心。这个街道附近就是希伯来语学院，著名作家卡夫卡和犹太思想家利奥·拜克（此公后来对维纳图书馆贡献甚大）曾在这里就读，这里还有犹太人医院、学校和咖啡馆，爱因斯坦也曾在这里举办了一场小提琴个人音乐演奏会。这也让我想到我的朋友彼得，他的祖父母一定熟悉这个地方，因为他们曾是这个活力四射的社区的活跃人物。在这个城市里，他们拥有很多家电影院，只是他们在事业成功的时候，全家搬进了万湖边的一座别墅（在所有地方中偏偏选择了这里）里。他们应当来过这里，去奥伦咖啡馆喝过咖啡，或是访问老友新朋，见见别人或是被人约见。我们的研究还发现，即使在德国政权斗争最残酷的时刻，也就是希特勒上台的六天前，即1933年1月24日这天，位于犹太教堂旁边大楼里的柏林犹太博物馆还对外开放过。

从河上穿桥而过，经过博物馆林立的弗里德里希大街。对神秘地铁的回忆将我的想象吸引到了过去。

我上次来到这里的时候还是1984年。地铁会不停地带你穿过东柏林的这个地方，有那么三四个站台几乎没有照明，当然也包括弗里德里希大街，那里正是民主德国守卫站岗的地方，他们监视着这个地下虚空的世界，看着我们的地铁一圈又一圈从西方转到西方——现在看来，这一切都变得不可能了，但在当时我确确实实见过这些守卫。也许每隔上几年他们就可能真有一些事情要处理……现在，我们到了柏林巴黎广场，在这里，没有必要去问美国大使馆在哪里。巨大的混凝土建筑群，还有几十名全副武装的士兵，在外面阻止自杀式炸弹袭击。这就是"超级大国"悖论——完全表现出由于不宽容所造成的强烈的脆弱感。在这里工作一定会让人感觉不愉快。艺术学院大楼距离使馆不远，阿尔伯特·斯佩尔在1937年至1942年以希特勒御用建筑师的身份（帝国首都建筑师总监）在这里工作，为未来的帝国首都规划出许多宏伟壮观的巨型建筑。

我们又拐进威廉大街，经过了我们右手边现代化的英国大使馆。威廉大街是条沉闷乏味的住宅街区——这个地方汇聚了20世纪70年代和80年代建造的一幢幢廉价公寓。很难想象60年前这条街道曾是极权主义势力的中心，设在这里的几十个国家政府部门监督着大部分欧洲被占领土，只是很少有这样的建筑保存下来。

我们一路走到20世纪30年代和40年代的外交部。这里想必就是充斥着纳粹外交部长里宾特洛甫与苏联的莫洛托夫之间交锋的地方，双方曾就《苏德互不侵犯条约》在此商谈。也正是在这里，1941年12月初，助理国务卿路德收到他在此岗位上的第一封会议邀请函,主要讨论"犹太人问题终极解决方案"问题,会议最初于1941年12月9日在格罗森万湖56—58号的国际刑事警察组织机构举行。正如海德里希所言,此次会议"极其重要",连会议邀请信函都是由邮差专程送达个人,其实他们本可以不必走得很远,因为从威廉大街到海德里希的办公总部也只有约460米,这个地方即是帝国保安部隶属安全警察和帝国保安处的所在地,设在奥布莱希特亲王大街的盖世太保总部。最初的会议由于"突然宣布的事件"(主要原因是日本偷袭珍珠港事件和美国宣布参战)在最后一刻被宣布取消。之后,1942年1月8日,海德里希致信路德和其他各位受邀者,重新组织安排这个在后世臭名昭著、史称"万湖会议"的会议。现在唯一能知道的是,其中第十六号会议备忘录副本最初是寄给在威廉大街的这栋建筑物中上班的公务人员马丁·路德的。

沿着外交部稍微走远一点,就经过弗莱斯勒曾经工作过的司法部(即在戈培尔的宣传部对面),在此条街道的右手边还有阿尔伯特·斯佩尔设计的气势恢宏的帝国总理府和元首总理府,即希特勒的办公总部(克里青格和克洛普佛办公所在地)。

我们从一个标志牌中得知,总理府在沃斯大街向前延伸了400米,直达大街四号的元首办公室,于是我们步测了这段距离,对原来这座建筑的规模惊奇不已。它横跨过整个威廉大街,一直延伸到艾伯特大街(也就是我们昨天走过的地方)。光从总理府的大小规模上就能看出纳粹的狂妄自大,猖狂至极。而我们也再次意识到,只有沿着这个地方游历,才能真正地了解历史。可以肯定的是历史学家吉尔伯特的地图是错误的,他所认为的希特勒尸体被焚烧的小院子即是如今儿童游乐场的说法也是错误的。如果总理府足足有400米那么长,那么它后面的院子不太可能是现在的儿童游乐场。

相反,在黄昏降临之前,我们来到沃斯大街后面一个并不起眼的普通停车站,结束了一天的行程,谈起了这群家伙在地堡里最后的几天疯狂。在不到一英里的地方,斯佩尔正与俄国人作告别之旅,柏林爱乐乐团正在举行最后一场演出,根据当时的描述,场景令人毛骨悚然,幸存的希特勒青年崇拜者作为引座员向现场观众分发氰化物胶囊。想到这个地下一百英尺左右的堡垒群依旧还在，只是物是人非，真是好笑又奇怪。这些地堡，俄国人炸掉了一些，然而推测起来，这里大概还有一些遗迹。当然，我们尊重现在政府当局的要求，政府当局要求人们不去创造任何可能被新纳粹用于朝圣的一切事物。但是，对于任何对历史怀有浓厚兴趣的人来说，还有些遗迹依旧隐匿，不为人知，隐藏在视野之外，这着实让人有些沮丧。这些地方散发着某种神奇的力量。过去发生过的事就在我们现在双脚站立之处。

　　远离那些现代历史上已经广为人知的历史遗址，我看到另一座建筑——就在沃斯大街的南边——一座现已废弃的建筑。这里没有任何标记，但它肯定是一座战前的建筑。这里会不会是前德国铁路总局呢？这一次我们又被吉尔伯特弄糊涂了——他在书中所指的是"矗立在这个地方的建筑"，但它一定是原来的那栋建筑吗？这也是一处大屠杀场所，这里曾是数百万犹太人被纳粹组织驱逐出境的地方，因为这是一处有着交通计划员和火车时刻表规划员的地方，但是你在柏林的任何一处历史景点都找不到它的痕迹。没有人会去瞥一眼这个前德国铁路总部，而沿着威廉大街往前几百米的地方，就会经过幸存下来的、气势依旧恢宏的德国空军总司令部（颇具讽刺意味的是，这是柏林中心在遭受大规模轰炸中仅存下来的几处建筑之一）。许多人来到了奥布莱希特亲王大街上的前盖世太保总部废墟，要知道穆勒曾在这里痴情忘我地工作，"几乎从未走出他的办公室"，如今这里改造成了一处博物馆——即是现今著名的"恐怖地带"。就在大街的拐角处，便是位于威廉大街101号德国安全局的柏林基地，兰格和施恩加特曾经从里加和克拉科夫调研回来在这里向纳粹高级领导人汇报有关大屠杀情况。再往回退一点，在莱比锡大街上，就是戈林的四年计划总部大楼，诺伊曼就曾在那里工作过。

　　现在天气转冷了，J也有些疲倦，他要先回去，说等会儿在宾馆等我。我决定继续探访由建筑师丹尼尔·里伯斯金设计的犹太博物馆，看看时间，它还将开放四个小时。这座博物馆让人惊叹不已，与其说是里面的内容让人震惊，不如说是建筑本身所承载的体验。就其本身而言，这座建筑物极具震撼力，我一度认为它不应该承载太多信息。这个世界上我们已经拥有太多的信息，但是鲜有地方能让我们感动。几乎所有的窗户上遍布暴力施展的刀痕，剃刀般锐利的伤口统统指向这片区域，这里曾是那些被驱逐出境的犹太人的家园。在建筑的下方，通道时而向上，时而向下，三条不规则的线轴贯穿其间，令人无所适从，一条是延续之轴，一条是流亡之轴，一条是屠杀之轴，最后一条通往大屠杀塔。一位服务员打开沉重的大门，我顿时感觉进了一个似是无比巨大的黑暗空间。里面极其阴冷，几乎不太可能分辨出哪里是墙壁的起点，哪里是墙壁的终点，而且这里别无他人。我似乎陷入一种虚空当中，我的眼睛向上望去，这是受到惊吓的孩子的本能习惯，渐渐地，我终于分辨出最小的光源之所在——一个高高在上、细小的薄壁锥灯，而这种灯只会徒增人的孤立无助感。柏林就在外面，现在是2003年12月下旬的一个夜晚，但这里似乎超越了时间和空间。我瘫坐在地板上，背部触及冷冰冰的石头，我的眼睛终于能够可以看得更远一点。我待在这里动弹不得，就像是被钉子钉住一般，就这样也不知过了多久。

门时不时开开合合，光线涌入黑暗，瞬间给空间带来了边缘感。但是，仅有的几个人进来后，几乎马上又转身而去。究竟要让人如何应对这种冰冷的虚空？难道要大比例地清除这些设计？

*****

我依旧惊惧不已，只好回到博物馆展厅中。我读到，当纳粹政府上台时，德国尚有56万犹太人。在这些人当中，战前有27.6万人移民国外，有20万人被驱逐出境，并遭到杀害；4000人自杀，只有2.5万多人幸存下来（其中9000人是在集中营里，15000人是通过异族通婚活了下来，还有1500人转入地下存活下来）。我对这些数字感到困惑，因为它们加起来并没有达到总数56万，唯一的解释就是，犹太人的总数还包括后来"自然死亡"的犹太人。另一处的信息展板上说，现在大概有10万名犹太人生活在德国，其中2万人是大屠杀幸存者的后代，还有约8万人是俄罗斯过来的新移民，这一数字说明每年明显增加了大约1万名犹太人。此外，还有一张地图展示了犹太人大屠杀的地理分布，包括在每个国家遭到屠杀的犹太人数量，这些数字总和为5578329人：

波兰——3000000人

苏联——1100000人

匈牙利——569000人

捷克斯洛伐克——149150人

立陶宛——143000人

德国——141500人

荷兰——100000人

法国——77320人

拉脱维亚——76500人

希腊——67000人

南斯拉夫——63300人

奥地利——50000人

比利时——28900人

意大利——7680人

爱沙尼亚——2000人

卢森堡公国——1950人

挪威——762人

阿尔巴尼亚——200人

丹麦——60人

芬兰——7人

保加利亚——0人

当然，赤裸裸地展示这些数据，本身就有问题，因为这种列举数字的方式以一种几乎察觉不到的方式改变了我们对这种信息的接收与理解。这里会产生一种幻觉，其中德国纳粹的作用被消减，而它所占领的国家似乎应该对大屠杀承揽更多的责任。令人惊讶的是，罗马尼亚和英国（尤其是英属海峡群岛）被排除在这个名单之外。我还不明白，这里展示的数字说明在德国有141500名犹太人遭到屠杀，而我刚才看到的信息展板中说有20万名犹太人被驱逐出境，并遭到屠杀，这些数字两相参照，明显前后不一。

随后，我去衣帽间取我的外套和包，路过出口处的一面墙，我居然看到了博物馆赞助商的名录，顿时觉得心神不安。我不禁觉得这样一种赞助活动就是某种洗钱勾当，好像这笔交易可以洗刷那些公司的刑事责任，因为在过去，这些公司都与法西斯主义有过密切往来：

巴斯夫公司
戴姆勒-克莱斯勒
德累斯顿银行
德意志银行
德国联邦铁路公司
西门子公司

巴斯夫公司——法本公司的四大子公司之一，奥斯维辛集中营三号营区的承建商（也即布纳-莫诺维兹集中营）；戴姆勒-克莱斯勒——作为戴姆勒-奔驰的生产厂家，却是大规模奴隶劳工的主要用户；德累斯顿银行——领导犹太人资产雅利安化的银行；德意志银行——向纳粹提供贷款建造了奥斯维辛集中营，也是党卫军和法本公司的投资银行；德国联邦铁路公司——其与我们早些时候看到的铁路总局的总部一道，组织起了开往特雷布林卡集中营、贝尔赛克灭绝营和奥斯维辛集中营的火车；西门子公司，也是大规模工业化使用战时奴隶劳工的主要用户。

灰色地带和格林勒华特

2003年12月30日，柏林

今天是我们待在柏林的最后一天。我们离开栗树大道上的宾馆，前往位于利希滕贝格的车站，今晚我们将在这里赶火车。我们整理票据后，就找到一个放行李的地方，将笨重的行李寄存在那里。然后，我们坐上公交车前往选帝侯大街，在中途下了公交车，然后沿着宽阔的街道向前走去。我们寻访这个大街的116—116号建筑，但是，我们再次被历史凝视目光的有所选择惊呆了。如今，在一个大屠杀的纪念碑、博物馆和文献记录比世界上其他地方多得多的城市里，这里似乎没什么好纪念的。最终，大概距离塞尔特尔霍夫酒店100米左右的地方，我们发现了此处地点重要性的小小标识——20号公交线的一个候车亭，上面有信息面板，还有阿道夫·艾希曼的大幅照片。因为这个地方距离前犹太人事务办公室很近，阿道夫·艾希曼曾和他的团队在这里工作过几年，他们耐心地绘制了德国和其他地方犹太人社区的详细地图，甚至为这些犹太人大规模移民到马达加斯加制定了匪夷所思的计划。自此之后，他们协调犹太人大屠杀的后勤工作，包括围捕犹太人、驱逐犹太人和用火车运送犹太人。

尽管实际上的建筑大楼于1961年拆除（即阿道夫·艾希曼在耶路撒冷接受审判的同年），而且街道上满是20世纪70—80年代建造的公寓楼房，但在马路对面还是有那么一两棵大树，可能就是60年前栽种的。我们想象着艾希曼在此办公的情形，他站在办公桌前，眼睛向窗外望去，看着选帝侯大街上人来人往的情景，而这些大树的叶子也见证了季节的变换和岁月的变迁。普里莫·莱维在其著作《这是不是个人》的后记中写到的情形，现在也回到了我身边。他描述了后来他称之为"灰色地带"的地方——这是一个令人不安的地方，超越我们一般人对"好"或"坏"的规范性认知，这个地方是对犹太人施行种族灭绝的中层管理者最好的写照：

我们必须记住，这些纳粹的忠实信徒，在他们当中，有不少人是纳粹非人道命令的勤勉执行者，这些人并不是天生的虐待者，也不是什么怪兽（当然少数人除外）：他们是普通人。怪兽是存在的，但是数量稀少，也不会有太多真正的危险。然而，更具危险性的是普普通通的人，那些愿意相信并且不加质疑地就去执行行动的官员们，如艾希曼，如奥斯维辛集中营的指挥官赫斯，如特雷布林卡集中营的指挥官施坦格尔，如20年后在阿尔及利亚犯下屠杀暴行的法国军队，如70年代末在柬埔寨进行大屠杀的红色高棉。

在《这是不是个人》最后章节，即在《被淹没与被拯救的》的结尾，莱维甚至写得更为深入，明确地将党卫军中作恶者的所作所为与我们自己联系在一起：

"虐待者"这个专有名词暗指我们的前监护人党卫军，在我看来，这是极其不妥的词汇，因为它让人想起那些性格扭曲的个体、天生残疾的人、性虐待狂，他们因为先天缺陷而饱受折磨。相反的，他们和我们出身一样，也和我们穿着同样的服装。他们就是普通人，智力也很一般，除了那些例外的情形。他们不是怪兽，他们有着和我们一样的脸庞。

汉娜·阿伦特非常赞同这一观点，她在阿道夫·艾希曼的审判期间见证了他的证词陈说，并用了大半生时间去研究极权主义者的心理，她在《阿道夫·艾希曼在耶路撒冷》中写道：

艾希曼真正的问题在于，恰恰有许多像他一样的人，这些人既不反常变态也非残酷成性，他们过去是这样，现在仍然是这样，是那种非常让人害怕的正常。从我们的法律制度和道德评判标准来看，这种所谓的正常比所有的暴行加在一起还要更加可怕。[9]

J和我搭上了一辆公交车，希望它能带我们去一个车站，从这个车站出发我们可以直达万湖。像往常一样，我们与时间赛跑，争分夺秒。但是，也正因为如此，为了节省时间，结果我们失去了更多。公交车转进了一个让人抓狂的单行道，把我们带离了要去的地方。我们第一时间找个机会下了车，结果发现自己身处一个如噩梦般的钢筋混凝土的丛林中，一半是办公大楼，一半是建筑工地，在二者之间还有一条双程分隔车道。我们又查了一下地图，仍然搞不清我们所在的具体位置。我们试图走上一条另外的路，但是这条路很快就被更多的建筑工地堵死了。于是，我们原路折返到先前下车的公交站台，朝相反的方向走去，现在周遭的喧嚣让我们情绪不稳，无比焦虑。在一个转弯处，一座巨大的体育场馆出现在我们眼前，难道它就是1936年那届臭名昭著的柏林奥运会（第11届夏季奥林匹克运动会）主场馆？终于，我们到达了一个地铁站，那里的指示牌上说，由于工程原因，圣诞节和新年这段时间暂停地铁通行。我们只好挥手拦下一辆出租车，要求去最近的（运营）车站。黄昏快要降临了，我们希望能趁天亮的时候到达万湖。

我们坐车大概有10分钟的时候，在右手边看到一片林地，感觉这里就是城市的边缘地带了，周遭的房屋与公园两相分开，各自独立。出租车停在一个奇怪的车站大楼外边，大楼非常壮观，外部还有一排店铺。这使我想起了英国皇家植物园林邱园的车站了，同样感觉我们身处一座巨大的城市边缘地带，远离城市喧嚣。这里有花店、房产经纪公司，还有熟食小店。下一趟去万湖的火车还有不到20分钟，所以我们沿着站台漫步，直到我看到那块标牌——"格林勒华特"。

这是一个多么奇怪的巧合，在柏林我们错过了它，却最终在这个车站找到了，这个车站正是当时纳粹驱逐柏林犹太人的起点。1941年至1945年超过五万名犹太人从这里被驱逐出境。许多犹太人因为斯佩尔的大规模重建计划失去了他们的家园,尽管斯佩尔一如既往,在审判中否认他知道这一点。我想知道,究竟有多少犹太人会是来自我们昨天上午走过的奥拉宁堡大街附近这些熙熙攘攘的街道的?他们是怎么被运往这里的车站的?对我的朋友彼得的祖父母来说,这一定会是一次比较短的旅程,这里离富裕的万湖郊区只有几站路远。这片区域的林木繁茂也与斯佩尔有着不寻常的联系,显然,正是由于他的倡议,直接导致了20世纪30年代末格林勒华特这片区域的森林植被再造。

在这里,我们找到了一个纪念碑,它比我之前见过的纪念碑更为简单,但更具力量。虽然用来驱逐犹太人的站台和铁轨现在已经弃置不用,但每块枕木上都铭刻着每辆驶离这里的火车的具体细节:日期、运载人数、目的地。我们了解了一下第一列火车的情形,然后沿着枕木一路走过去,直到抵达标记最后一班驱逐犹太人列车的地方。

随着纳粹战争的失败,交通运力越发不足,但是这些火车仍然几乎每天都在运人离开。纳粹对这种灭绝行为的执着迷恋和丧心病狂,我们平生实所未见,确实令人震惊不已。在过去的这些天里,我们疯狂地在这个城市里来回穿梭,我们考察得悉我们所要的一切,此刻,这种认识在另一个层面上让我们大为惊叹。

我们所能做的就是一直游走,试图将每一块锈迹斑斑的站台铁轨的意义弄明白,要知道,所有的生命曾就此陨灭。

在轨道的一处尽头,坐落着一栋木屋,也许是一个候车室,暴露于自然力量之下,历经风吹雨打。铁道的另一端消失在前方矮小的灌木林中,渐渐地,紧固硬实的铁道让位给了大自然,上面长满了草木。我们在这里看到了一位戴着眼镜的老人遛着狗,除此以外,再无人烟。

我抬眼望了望,突然被什么东西惊住了。我立刻意识到,原来前方高处有一排带山墙的大别墅,正对着这条铁路,它们看起来像19世纪晚期的建筑,也有可能是这个郊区早期的建筑。这些房子便是那些博士和公务员的家。其中一处现在已经改建成了宾馆,但其他的别墅无疑还是某些柏林专业阶层人士的家园。这是一处理想的住地,一边有山毛榉森林,又有快速火车直达市中心，可谓交通便捷，环境美丽。我有些欣慰，毕竟这里还保持着些微褪去的优雅，并没有受到现代货币与现代化那种盛气凌人的丑陋侵扰。这里也许差不多就是柏林的汉普斯特德（伦敦西北部一自治区）吧。

现在，我脑海中浮现出一幅奇怪而又鲜明的画面，我仿佛看到了这个地方60年前的样子。那是一个晴朗的冬日午后，就像今天一样，空中飞舞着阵阵小雪，一堂钢琴课即将在那排别墅中间那栋开始。对，就是那里。当钢琴老师走进会客厅时，女儿轻蔑的眼神注意到老师一只鞋的鞋底快要脱落。正如她的父母经常重复的那样，可能会爆发一场战争，但是没有给出任何理由。钢琴课开始了，这时外面传来阵阵叫喊，而且狗也吠叫了起来。和上周的情形一模一样。钢琴老师大步走向高高的窗户旁，他看到站台上一群熟悉的犹太人被狗围着，大家挤作一团，胡乱地打着手势，行李箱也乱放在一起。为什么他们不能等到晚上再这样做呢？（实在太吵了）他拉上了厚厚的窗帘，继续上课。女孩并没有练习过舒曼的曲子（《童年情景》中的第七首《童年情景之梦幻曲》——还是它最难的乐章），中段部分弹得依旧很差。老师看着她的手指饱满地敲打着琴键，不经意间抹去了此篇乐意的每一处细微差别，他不禁有些皱眉蹙眼，内心稍显不快。他想要找到合适的话来指点这个女孩，而且也不必显示出他的不耐烦。毕竟他需要这个女孩，胜过女孩需要他。他抬眼瞥了下壁炉台上的华丽时钟，再过25分钟这堂课就要结束了，这样又是一个礼拜过去了。他甚至开始考虑如何处置他挣到的德国马克。明天在凯瑟霍夫吃个晚饭，或者可以给女朋友买下他上周看过的胸针？最后，钢琴课结束了，钢琴练习开始了（女孩是不会做的），老师也与女孩母亲寒暄了几句。窗帘拉开了，现在站台上几乎空无一人，两个年轻的警察坐在长椅上抽着烟。那里被丢弃的帽子和手提箱或许暗示着1100名犹太人刚刚开始了他们的死亡之旅。

90分钟内讨论种族灭绝方案：万湖会议，1942年1月20日

  时值周二上午，柏林寒风侵肌，严寒一片，并没有使此次会议延迟几分钟召开，海德里希乘坐他的JU-52型运输机从布拉格飞过来，降落在柏林西部边界的一个简易机场上。在过去四个月里，海德里希除了作为帝国党卫军全国总指挥和希姆莱的得力干将外，他还被纳粹任命为被占捷克斯洛伐克西部的代理国家保护官，后来改名为波希米亚和摩拉维亚的"（代）总督"。由于他对捷克异议人士残酷无情的镇压，在他主政期间，有超过400项死刑判决，仅在他上任的头两个月就有5000人被捕，他早已成为众所周知的"布拉格屠夫"。在过去几周里，他一直在盘算着一个比在摄政国度里建立警察国家更庞大的计划。因为1941年7月31日，戈林写信给海德里希，指示他在行动组织、行动实施和物资供应方面进行一切必要的准备，以便德国在欧洲影响势力范围内彻底解决犹太人问题。于是，在过去几周里，他在新的领地内来回穿梭于新的住所、精致的城堡和位于布拉格北方约14千米处潘内斯科·布列札尼的庄园之间，在这座城市的纳粹司令部里，他将所有精力集中在万湖会议的准备工作上。他工作上瘾，精力充沛，有着野兽一般的能量，得到了希特勒和希姆莱等人的钦佩，而且他在百忙之中仍能腾出时间和他的妻子与三个年幼的孩子（分别是海德、克劳斯和西尔克）待在一起，听听晚间的室内音乐（他自己也能在弦乐四重奏中演奏小提琴）。[10]

  艾希曼此时一直在特莱西恩施塔特集中营（位于被占领的捷克斯洛伐克北部）检查犹太居住区的情况，经过一段艰难的旅程之后，终于在万湖会议前一天的晚些时候回到柏林。那些远距离而来的人，诸如来自波兰克拉科夫的施恩加特、从拉脱维亚的里加赶到这里开会的兰格，此二人被安排到万湖别墅楼上的客房里过了一夜（一份安全警察简报高度肯定这里的住宿设施）。其他的与会者都是乘坐纳粹政府各个部门的专车从柏林各地赶过来的。我们知道，克洛普佛和克里青格二人是一起来参会的，因为他们本就是老友，同在帝国总理府工作。迈耶和莱布兰特作为同部门的同事，也很有可

能是乘坐同一辆车来的，他们从位于蒂尔加滕林区附近的帝国东部占领区事务部大楼出发赶往这里。

那天早晨，大部分与会者都会驱车经过柏林西南部繁华的郊区，他们会发现，街道越来越宽，周围林木茂密，一片枝繁叶茂的景象。毫无疑问，他们会对这次受邀参会感到受宠若惊；他们也会想到，一定还有帝国的其他高级人物出席这次会议。正当他们快速穿过柏林西南方策伦多夫区，向万湖方向驶去时，施图克特一定接近了他那雄伟壮丽、让人印象深刻的别墅，心里一定在盘算着，接下来的升职是否意味着他不久就可以全家搬进万湖这片最受人青睐珍视的地方，要知道在这个地方，像戈培尔、斯佩尔、芬克（瓦尔特·芬克曾是财政部长）和希特勒的御用医生特奥多尔·莫雷尔等人，都在万湖拥有自己的富丽豪宅。正当政府部门的专车载着他们沿万湖松树大道一路前行，也许没有人知道，这片区域却是柏林最为混居的地方，人数众多的基督徒和犹太人（如彼得的祖父母）差不多在这里已经一起生活了100多年。这些人甚至死后就并排葬在当地公墓里，人们在这里既可以见到基督教的十字架，也能看到犹太教的六芒星。与会者到达会场的时候，他们的车子嘎吱嘎吱地轧过车道上的碎石，一些人也许会回想起他们听说过的这幢别墅前任主人弗里德里希·米努（一位家道富裕的右翼实业家）的金融丑闻，这直接导致他在1941年5月将所有财产移交给盖世太保，于是盖世太保将这座别墅改造成接待高级安全警察和帝国保安部人员的招待所。宣传单页上写着这座别墅的一些情况，宣称它有"一个音乐室，一间游戏室（台球），一个大会议室和一间（靠房屋一侧用玻璃建造的）温室，一个可以俯瞰万湖美景的露台，此外，别墅还配有中央供暖系统，有冷热水供应和其他一些舒适的设施"。

于是，万湖会议的"理事会"终于准备好了，会议集合了帝国九个不同的部门。

会议开始前，15名与会者先后抵达，他们在颇有讲究的圆形门厅里跺掉靴子上的冰。海德里希是本次会议的主导人物，因为是他发起了这场会议，同时还由于他是保安总局和国家安全总局的负责人，即使穆勒（盖世太保头子）也要对他负责。果然不出所料，这次会议上的人都是海德里希安排的自己人——除了穆勒，还有施恩加特（波兰占领区的安全警察局长）、兰格（拉脱维亚的安全警察局长）和艾希曼（帝国保安总局第四局B处4分队犹太人事务办公室主任）。我们认为，这四个人会齐心协力，通力合作，支持他们的老板海德里希所讨论的每一件事情。尽管艾希曼无疑是本次会议中级别最低的人物，但是他早已是"犹太人问题处理"方面的专家，而且声名鹊起，当时的与会者对他皆有所耳闻。实际上，此前他已于1938年戈林主持的一次会议上见过施图克特、诺伊曼和弗莱斯勒等人，他与兰格共同在维也纳待过一段时间，因此也很熟识。会上大家谈到诸多国家对待犹太人的不同处理方式，而海德里希则更重视这位在犹太事务办公室工作的、年纪轻轻的专家为本次会议所准备的数据统计与文献资料。

那么海德里希在今天这个会议中最关心的是什么呢？他是如此思维敏捷，不想得罪的人究竟会是谁呢？请注意，人们很容易将这样的聚集视为一个受意识形态驱使而结合在一起的会议，这样做是有其特殊的目的，正如在所有政府或大型商业机构中，总会存在一些领土争端和权力斗争（这并不仅仅是意识形态问题）。诺伊曼将是今天这个会议上的一个强大势力，因为他代表了经济发展四年计划办公室来参会的，他将在会议结束后直接向他的顶头上司戈林汇报工作。如果海德里希想要让自己的计划在占领区的波兰（以比勒为代表）和东部占领区（以迈耶和莱布兰特为代表）顺利推进的话，那么各个部门之间脚踏实地的合作将是至关重要的。为此，他在开会的时候就需要倍加小心。纳粹总部办公室主任马丁·鲍曼则一直是个潜在的威胁，他是希特勒的直接耳目，被称为"元首的影子"，所以他也必须对鲍曼的代表克洛普佛表示出敬意来。最后，他必须说话小心翼翼，每句话都要谨慎，因为来自其他政府部门和来自其他机构也许不习惯党卫军和国家保安总部那种更为直接，甚至是秀出"肌肉"的语言。

通过汉娜·阿伦特的著作，我们知道艾希曼和海德里希也早已预料到，要想让与会的政府官员就"犹太人问题终极解决方案"达成一致意见，存在"极大的困难"。毕竟政府常任秘书与副部长之间还是有着巨大的意识形态背景差异。在会议准备期间，海德里希就觉得有些人——诸如克洛普佛和施图克特他们二人在万湖会议几个月前就创办了新杂志《帝国、人口控制、生存空间》——能够值得依靠，但其他人就不那么值得信任了。而且那些政府部门的整体文化并未充分地从意识形态上致力于纳粹事业，他对此感到有些担心。众所周知，一些部门的副部长和法律专家加入纳粹党的时间相对较晚，他们多是在希特勒1933年上台掌权后入党的。比如克里青格就是1938年才加入纳粹党的，这肯定会让海德里希有些隐隐不安，他认为今天这个会议上，克里青格和诺伊曼二人都需要特别关注，因为他们好像仍然执着于昔日普鲁士文官制度中那种追求古老、公平的民族精神。两位律师可能有些"墨守成规"，太过拘泥于法律条文，可能在加快"犹太人问题终极解决方案"执行所需的法律机制方面缺乏灵活性。

现在，我们正朝着可以俯瞰万湖美景的会议室走去，透过高高的窗户，可以看到外面缓缓的斜坡，旁边的松树、长凳一直延伸至湖边。在夏天的晚上，这里一定是个观看日落的好地方，现在这里一切都因霜冻而白茫茫一片。与会者现在都已就位，他们围坐在长长的木桌旁。在会议室一角，海德里希的后面坐着艾希曼（他被视为一名低级官衔的年轻官员，不能坐在主桌），紧挨着他的便是与会的唯一女秘书，她直接归艾希曼管理，将会在她的速记机器上将本次会议几乎一字不差地记录下来，"几乎"已是不可能，因为有些事情是永远不能记录下来的。这就是艾希曼与她坐得距离比较近的原因了，大概二人的耳语也能听见。他和海德里希随后利用这份现场记录，重新炮制了用他们自己的语言来描述的会议备忘录——《万湖会议会谈纪要》。

*****

中午刚过，会议就开始了。不同以往，本次会议没有正式议程，但这符合会议组织者的初衷。会议先是由阿道夫·艾希曼向大家汇报了之前的工作，他向大家作了详细的介绍。随后，海德里希发表了一个冗长的开场白（这几乎占据了会议前一半时间）：首先是对帝国境内犹太人问题历史作了一个深入回顾，然后提出推进"终极解决方案"的建议。当他发表讲话的时候，我们可以想象他的模样，判断他讲话的声音——这个人一定是纳粹领导层中最为恐怖的人物，有着一种"食肉动物永远葆有的警惕本能"……他个头很高，高高的颧骨，一双小眼睛总是焦躁不安，像动物一样警觉狡猾；他双唇宽厚，嘴巴也很大。但是他的双手苗条细长——总会让人想到蜘蛛的腿……他的声音如此高亢，对这么大个头的人来说太高了，而且他讲话时还有些紧张，断断续续。[①]

他已经确立起自己的权威，并且解释道，帝国元帅戈林已经任命他为国家保安总部和帝国保安处的负责人，让他负责"为最终解决欧洲犹太人问题做好准备工作"。他继续强调，所有直接参与此事的国家机构需要协调一致，行动上保持统一，这也是此次会议召开的原因。

他这里没有解释所谓"准备"，其实已经远远超过今天讲的这些，因为早在此前——从1941年12月8日起到会议开始时已经有44天了，投入运营在海乌姆诺集中营内的苏拉卡车就已经用毒气处理了超过4万名犹太人和吉卜赛人。不过，他在这里并没有提及特别行动队已经在东部前线执行行动已达六个月之久，而且已经杀死了几十万犹太人。兰格和施恩加特可以从他们的直接经历中证明这一点。穆勒，作为盖世太保的负责人，对这一切了如指掌，自1942年7月以来，他每天上午9点30分会在办公桌前准时收到"苏联消息"的简报。海德里希的得意门生瓦尔特·施伦堡在卡勒姆·麦克唐纳所著的《刺杀党卫队上将莱因哈德·海德里希》的开篇章节中引用了他的评论。而且，在先前几个月里，艾希曼已经目睹了大规模屠杀计划的最初执行状况。

---

① 这是海德里希得意门生瓦尔特·施伦堡（Walter Schellenberg）对其所作的描绘，摘自卡勒姆·麦克唐纳的《刺杀党卫军上将莱因哈德·海德里希》开篇。

早在上一年的8月，海德里希就已向他汇报说，"最高元首已经下达命令，对犹太人实施肉体灭绝"。在1941年秋季到初冬这段期间，艾希曼开始对这些集中营进行巡视，他目睹了特别行动队在明斯克大规模枪杀犹太人的场面，参观了海乌姆诺集中营的毒气车运行，以及后来对奥斯维辛集中营和克瑙集中营进行了几次专访。

海德里希当时指出，党卫队全国领袖（希姆莱）和他本人直接集中处理此项事务，"并不考虑地理边界事宜"，尤其针对比勒（波兰）、迈耶和莱布兰特（东部地区占领区），督促他们展开行动。我们知道，希姆莱和海德里希在1941年11月中旬举行了一系列会议，以协调"灭绝犹太人"的相关政策。接下来，海德里希提醒他的同僚要注意过去几年对犹太人采取的措施是如何演变成现在这个样子的，特别是将这些越来越多的犹太移民驱逐出德国人民的生活空间，这就是为什么在1939年1月专门建立了一个犹太移民帝国中央办公室（也即艾希曼工作的犹太人事务部）来专门处理此事。其中有一句话颇耐人寻味，因为它既使人清楚地看到海德里希的内在心理，又能让人们知道他的需要，以使今天会上那些比较传统的与会官员消除疑虑。他谈到了这些政策的目标是"以法律手段（我重点要强调的）清除犹太人的生存空间"。

接着，他又详细说明了加速犹太人海外移民计划迄今为止遭遇到的挑战和所获得的成功。尽管移民存在着组织上的困难，但在1933年至1941年10月这段时间，仍然有53.7万名犹太人被驱离，其中36万名犹太人来自德国本土，14.7万名犹太人来自奥地利，还有3万名犹太人来自波希米亚和摩拉维亚。他高兴地向大家报告道，这些犹太人移民的费用均是犹太人自己和犹太政治组织提供资金资助的（一提到这个细节，对负责奥地利境内犹太人移民的艾希曼来说，听到他的上司老板在众多帝国政府高级官员面前对他大加赞赏，无疑会让他心花怒放，倍感自豪）。

但是现在，海德里希又说道，现在的战争形势意味着犹太移民几无可能，实际上希姆莱已经禁止了移民（自1941年10月30日起）。我们读到这个会议记录中最重要的核心句子，下面标了下划线以示强调，究竟是路德还是外交部的某位同僚画的不得而知。

> 作为后续可能性解决方案，在元首之适当优先授权下，移民举措现已被东部疏散方案取而代之。

这是整个会议当中唯一一次直接援引元首希特勒的讲话，也是我们找到的第一次记录中提及将以移民方式驱离犹太人的计划改为"将犹太人疏散到东方（占领区）"的策略。其实这是常见却又令人恐惧的委婉表达，就是要为大规模屠杀在波兰建造所必需的灭绝集中营、大规模的交通运输和人员流动的基础设施。

随后，海德里希又详细介绍了艾希曼为本次会议统计出的犹太人数量等信息资料，因此，在"终极解决方案"中必须要考虑到犹太人总人数——约为1100万。

通过阅读埃德温·布莱克的著作《IBM和纳粹大屠杀：纳粹德国和美国最强大公司的战略联盟》，我们可以得知，纳粹自1933年上台掌权以来，就已经对其对手使用了最为先进的信息收集技术。这当中包括现在臭名昭著的霍勒里斯编表机（一种使用穿孔打卡技术的早期准计算机），该技术由国际商用机器公司（IBM）在20世纪20年代首创。IBM的德国子公司名为德霍梅格公司（德意志霍勒里斯机器公司），该公司为德国纳粹政府和盖世太保提供并维护霍勒里斯制表机，用于官方人口数据普查，并收集犹太人和政治对手的详细信息。直到1941年12月，德国境内的德霍梅格公司总经理还直接向纽约的IBM公司总裁托马斯·沃森汇报工作。美国宣布参战，介入"二战"后（这意味着IBM与德国交易不再合法），纽约的IBM总部就在波兰成立了一家子公司，即沃森商业机器公司，该公司使得纳粹后勤运营极其便利，在实施大屠杀方面发挥了重要作用。

欧洲犹太人口的统计数据，是由艾希曼提供给海德里希，为他在万湖会议上作介绍时使用的,但艾希曼的工作远不止这些。他曾与理查德·科赫尔博士(希姆莱钦点的党卫军首席统计学家),以及科赫尔博士的助手、人种普查专家罗德理克·普拉特密切合作,为上司提供可信数字。[11]科赫尔和普拉特以弗里德里希大街129号的办公室为基地,与德霍梅格公司精通霍勒里斯制表机的数据统计专家一起合作,向艾希曼提供了留在德国和欧洲占领区的犹太人的详细数据,这也正是我们看到海德里希在万湖会议上提到的这些数字。基于这种精确的统计数据,德国和大部分被占领地区的犹太人数量都极其准确。然而,也有不实的地方,其他的估计,尤其是对未被征服领地的人口数据统计——如苏联的数据就被大大地夸大了,你会看到现存的统计表格中,表格被分成两块——上半部分是德意志帝国,包括所有德国占领区的数据统计,然后下半部分是相当奇怪的德国盟友、敌对国家和中立国的统计数据。其中一些统计数据是最新的,例如,立陶宛有5万人,而一年前该国犹太人口接近25万,因此可以得出结论,在本次会议召开之前的六个月内,已有20万犹太人被杀。当然,那些已经遭到屠杀的犹太人数据,在这份文件中并没有出现。纳粹总是小心翼翼地避开"未形诸文字的命令"形成的书面证据,相反地,他们在会议备忘录中使用了过多的委婉词语来予以替代,诸如"犹太人问题""终极解决方案"和"向东方疏散"等字眼。

兰格博士尤其会带着职业的自豪感来检视这份名单,注意到拉脱维亚只剩下了3500名犹太人。作为那里特别行动小组2队的负责人,他直接监督了自他在拉脱维亚上任至1941年12月这段时间对6万名当地犹太人的屠杀。而施恩加特博士的手上沾满犹太人的鲜血,不断地在滴,他指挥他的特别行动小组(驻东加利西亚),仅仅在1941年7月的一周时间内就屠杀了将近4000名犹太人。也许他们当中有那么一两个会在屠杀犹太人这一点上认为自己是在为纳粹帝国作出贡献,但是诸如此类直接的语言描述(也即艾希曼说的那种"直截了当的语言")永远不会出现在这些备忘录中。

在统计表格上,紧挨着"爱沙尼亚"这个字眼,有一处幽灵般的空白

和一个德语单词 *judenfrei*（意即"清除犹太人"）。这确是真真切切发生的事——1941年6月，2000名犹太人当中有一半遭到屠杀，还有一半人向东逃到苏联。事实上，此页信息还反映出另一个特征——即使是犹太人口最少的国家，其人口信息也不可避免被统计进数据当中——爱尔兰有4000名犹太人，葡萄牙有3000名犹太人，阿尔巴尼亚有200名犹太人。此外，由于战争的缘故（以及少数敢于反对反犹太主义观点的国家，尤其是丹麦和保加利亚），这里面列出的一些国家受到的纳粹影响还很小。

但是现在，我们的眼睛在快速浏览这份数字列表时，怎样才能把真正的意图传达给我们的大脑呢？我们应该如何处理这样的信息？面对历史上罪孽滔天、骇人听闻的大规模屠杀，人类的心智怕是不能承受了。我们当中一些人也许会嘲笑这份文献所体现的狂妄自大、不自量力，但是必须意识到，1100万犹太人的屠杀目标，差不多已经实现了一半。这种规模已经远远超出我们的想象，300万波兰犹太人，56.9万匈牙利犹太人，他们当中有许多人在"二战"结束前的几个月里仍然被运到奥斯维辛集中营，因为艾希曼认为这对纳粹还是有帮助的。尽管那时他知道战争将要结束，帝国失败不可避免，然而他还是尽可能地让自己"尽心竭力"地做好本职工作。单单就在波兰和匈牙利这两个国家，就有超过350万名犹太人遭到屠杀，这几乎是现今柏林的总人口数量。

海德里希接着又强调，这项任务将会面临一系列挑战。比如，"即使在现在的罗马尼亚，犹太人还是可以用现金的方式购买合法适当的文件，借此来证明他们是外国国籍"，因而也就不是犹太人。尽管这份备忘录经过了后期编辑，但是这种极端的精致利己主义、愤世嫉俗主义还时不时在语言中显露出来。接下来，海德里希讲述了"如何以适当的方式利用犹太人为纳粹在东部被占领土上开展工作。在一些大型的劳动队伍中，犹太人男女分开，有工作能力的犹太人将被派往这些地区修筑公路，在这个过程中，大部分犹太人无疑将被以自然原因清除"。"那些侥幸活下来的人也必将得到适当的治疗，因为，既然他们能活下来，也就说明他们是犹太人中最坚韧的人，因此也就形成了一个自然的精英群体。如果让他们得以自由，这些人就会变成新的犹太复兴细胞（历史的经验已经证明了这一点）"。所以，不管他们能否在强制劳动中活下来，但结局都是一样，即死亡。

紧接着，他又详细描述了实施"犹太人问题终极解决方案"的过程，以及如何从西部向东部推进。首先，犹太人将被迁移到"所谓的中转犹太居民区"，然后再将他们继续送往东部占领区。当然，会有少数犹太人例外——即那些超过65岁的犹太老人、受过战争创伤的犹太人和得到过战争勋章（如铁十字勋章，一级）的犹太人。而且特莱西恩施塔特集中营已经被指定要接收这些犹太人群体。

最后，海德里希解释道，每一次大规模疏散犹太人的准确时间取决于帝国的军事进展，需要外交部、保安总部和国家安全等部门的专家之间通力而又具体的合作。随后，他又讨论了斯洛伐克、克罗地亚、罗马尼亚、匈牙利、意大利和法国等国犹太人问题中存在的具体因素和局部因素。

这个时候，海德里希已经阐述了差不多45分钟，我们当初碰到的第一份备忘录是出自另一位与会者的。据记载，当时外交部的路德指出，"犹太人终极解决方案将会在一些国家出现工作上的困难，尤其是在斯堪的纳维亚人的国家，因此，他建议，想要彻底执行好此方案，就需要暂时延缓在这些国家实施此犹太人解决方案。鉴于那些国家的犹太人数量比较少，即使推迟也不会构成什么严重的影响"。但是，他又强调说，外交部认为在东南欧和西欧都没什么太大的困难。霍夫曼随即表示，一旦海德里希在处理此事上作好准备，他会马上派出一名种族与移民总局的专家前往匈牙利解决相关问题。

会议开到一半，有一个中场短暂的茶点休息时间，我们从艾希曼审判中提供的资料得知，茶点当中还包括酒水。喝完酒水，这些与会者会变得更加放松，讨论也会变得更加"随意自由"，人们可以自由放松地对海德里希提出的议题做出回应。

会议的第二部分主要以到底应该如何准确定义犹太人这个令人困惑的问题为主导，这部分大概占据备忘录的四页内容，讨论中特地提到了犹太人异族通婚和混血犹太人的问题。

只有极少数犹太人会被免于疏散，甚至这些人"将被一劳永逸地施以绝育，以避免混血犹太人问题的产生"。然后，海德里希补充了一句："绝育应当是自愿的，但这是留在德意志帝国的先决条件。"

在讨论混血犹太人这个问题的尾声，霍夫曼也注意到，对他们的绝育手术不能大范围地开展，因为"一旦犹太人见到有机会做选择，就一定会在疏散和绝育之间，更倾向于选择绝育"。这就清楚地表明，所谓的"疏散"也就会被视为所谓的"灭绝"。施图克特随即表示，他最关心的是，实施刚才详细讨论的犹太人差别待遇和豁免问题可能会导致"没完没了的行政工作"，为什么不简单地出台一个政策对所有符合条件的犹太人施行强制绝育呢？

这番观点是本次会议上的大惊喜之一，甚至艾希曼后来称其是施图克特的一次转变。要知道在这之前，在内政部工作的他主张采取先前策略对待混血犹太人和混血儿。

在这之后，讨论话题转移到战争经济问题。诺伊曼警告道："如果找不到犹太劳工替代者，那么现在在那些重要战争工业部门干活的犹太人就不能被疏散至他国。"于是，海德里希向他保证，这些犹太人"无论如何都不会被疏散的"。

比勒博士现在也提出一个"犹太人问题终极解决方案"如何进行的关键问题。他声称，"如果这个终极解决方案首先在帝国政府层面得以实施的话，那么占领区的政府也将对此表示欢迎，因为那里的运输问题并非是压倒一切的最主要因素"。

这里必须提及一个事实，那就是波兰灭绝营的扩建意味着波兰犹太人不需要走多少路途，就可以直接押往灭绝营。我们已经知道，海因里希·希姆莱曾于1941年10月13日会见了格洛博奇尼克，讨论如何处理波兰卢布林地区的犹太人。四天后，格洛博奇尼克就和波兰总督弗兰克（比勒的顶头上司）进一步讨论这些建议。到了1941年11月，贝尔赛克灭绝营已开始建造，先前安排在T4行动中的人员现在已经全部就位。前文已说，海乌姆诺集中营的机动毒气室自1941年12月以来一直在运行当中。比勒应当知道这两项举措。然而，他在此次会议上的一番话也暗示，他也知道奥斯维辛集中营的扩建计划和提议建立的其他集中营项目，这样就可以以显著提高的杀戮水平来应对灭绝营犹太人越来越多的情况。据这次会议判断，很有可能比勒本人在万湖会议召开前一周即1942年1月13日与希姆莱有过一次会面。

会议备忘录中，比勒补充说道，此外250万犹太人中的大多数人已经丧失劳动能力，无论如何是不适合工作的（无劳动能力），因此对这类人的处理越早越好。最后，备忘录还记录了一些情况（当然，在这个地方，我们还能看到了海德里希和艾希曼对这些备忘录原内容作了一些处理），比勒知道海德里希在纳粹政府中"负责执行犹太人问题终极解决方案"，与会的所有机构都将协助他的工作。

随着会议接近尾声，也有"关于诸多解决方案的讨论"。

艾希曼在后来的审判中也证实，备忘录掩盖了一个事实，即在万湖会议上公开地讨论过屠杀犹太人的方法，而且"那种非同寻常的夸张说法与专门术语表达须经过我本人修改变成公文风格语言"（即委婉表达）。更为具体地来讲，艾希曼在耶路撒冷接受审问时承认，当时会议还讨论了"发动机业务"（暗指机动毒气室）和枪击射杀犹太人问题。兰格博士和施恩加特博士无疑贡献了他们在特别行动队里的屠杀经验，但是备忘录没有提及毒气问题。用氰化氢毒气屠杀犹太人的实验早已在奥斯维辛集中营出现过，但是由于这种方法正处于早期发展阶段，因而会上无从讨论。

此外，艾希曼还对一些公务人员使用的语言感到特别惊讶：

> 这些先生们……围坐在一起，用非常浅白的语言直接提及此事……当时，我对自己说：看看这些——施图克特，他一直被视作一位用词精准、对法律条文锱铢必较的人，但是在这个会议上，他的整个语气和说话方式完全游离于法律语言之外，根本不像一个法律人士应有的样子。[12]

正如我们在备忘录中所看到的那样，万湖会议在两位纳粹律师应有的谨慎小心和犬儒主义的态度下结束了，迈耶博士和比勒博士说道，关于"犹太人问题终极解决方案"，应当立即在占领区实施已经准备好的措施，但是要"避免让当地居民感到惶恐"。

这里迈耶博士和比勒博士提及的"准备措施"指的是先前已经开始的或已经计划的建筑工事——诸如贝尔赛克灭绝营、索比堡灭绝营、特雷布林卡集中营、海乌姆诺集中营的机动毒气室——所有这些都修建在占领区。

本次会议大概持续了一个半小时后宣告结束。

*****

我们后来从汉娜·阿伦特那里得知：

> 会议提供酒水，是因为每个人都要吃午饭——这是一个小型且温馨的社交聚会，旨在加强必要人物之间的联系。对艾希曼来说，这是一个极其重要的场合，因为在此之前，他从未与这些"资深的位高权重人物"打过交道。要知道，在所有的与会者当中，他的级别与社会地位是最低的……他在会上只是担任秘书一职，但在这些显要人物离开后，他得到许可，可以与其上司穆勒和海德里希一起坐在壁炉旁讨论相关事务。

据说，艾希曼后来一回忆起这件事，就激动得喘不过气来。这个难忘的时刻是他第一次与其上司进行放松的交谈，你能感觉到一个来自外省的小人物如此强烈地渴望让他的顶头上司——那些帝国的政治明星们——接纳他。

> 那是我第一次见到海德里希抽着雪茄或香烟，我当时一直在

想：今天，海德里希在抽烟，这是我平素从未见过的。他还喝着白兰地——我已经有好几年没有见到他喝酒了。万湖会议结束后，我们静静地坐在一起，并不是为了谈纳粹工作业务，而是在长时间的紧张之后放松休憩一下。

这最后一句大概是指为万湖会议的召开所做的数周时间的准备工作，而非这次嗜血残忍的90分钟会议。

如今的别墅和万湖

2003年12月30日，柏林

J和我还在格林勒华特车站等着我们的火车。即将到来的火车，会抵达前方的"万湖"站。即使在今天，柏林的火车和地铁的这个目的地也会让人不寒而栗——一个方向是通往"奥拉宁堡"①，而另一个方向则是"万湖"。大概再过半个小时天就要黑了，铁轨和山毛榉树林之间的车辆在我们身边穿行，试图避开交通高峰时段。渐渐地，万湖映入眼帘。我们看到了湖边的木制码头，以及湖面上浮动不定的船只。出了万湖站，我们搭乘一辆出租车，几分钟后来到了沿湖的南岸，顺着一条绿树成荫的街道下坡行进，街道两旁都是大型独栋房屋。自从我在华盛顿的纪念馆看到万湖会议的那页资料，五年来，这个地方一直让我魂牵梦萦，现在我们来到了原址的大门，不过它们都被锁上了。我们按了门铃，很快就被允许进去了。现在整个别墅就出现在我们眼前——就是当年那副臭名昭著的景象。和通常的建筑表现一样，实景中的别墅看起来比照片上的要小一些。

黄昏降临，我们只好在别墅周围转了转，从杜鹃花丛中的一条小径走了

---

① 奥拉宁堡位于柏林东北部，也是一个纳粹集中营，1933年开始运行，主要关押纳粹政权的政治对手，包括许多共产主义者。

出来，沿路来到湖边，想在天黑之前拍几张湖景照片。那边有雪松，还有木制长椅。湖上的船只桅杆也在风中发出叮当的声响。这是一幅多么宁静的画面啊。即使在战争年代，这里也依然是一片宁静的绿洲。我似乎听到了来此处休假官员的清朗笑声，还有球桌上的台球发出的碰撞声；我似乎还看到了在一旁的长凳上，两个患难与共的同伴凝望着湖面，谈着战争结束后他们该做些什么。

在别墅里，整个一层都被改造成一个博物馆，里面的14个房间里，每一间都集中展示了犹太人大屠杀的不同主题。看到这样一个条理清晰又真实鲜明的场面，我感到一丝慰藉。这里展示的只有黑白照片、信息文本和数据图表，并没有什么音频和视频的干扰，让人全神贯注，心无旁骛。经过最后这几天的高强度工作，我和 J 也只有这些精力去接受这里有限的一切了。过了一会儿，我们进入里面最大的一个房间，这里正是会议举行的地方。顺着室内一侧高大的窗户，可以俯视整个万湖。在大厅中间摆设了一张玻璃镜面的方形长桌，这次会议的备忘录就放在玻璃下方，后面的墙上贴着一张表格，挂着15位与会者的照片。

我感觉这里提供的信息仍然是有限的，这个房间应当与其他房间有所不同。而且这个地方不应该是向参观者提供文字、图表的，不单单是信息的转换与传递。要作出改变需要另一个等级上的想象力。J和我也谈到这一点，这是一个按照传统方式设计改建的博物馆，在这里，要想理解这次会议的意义，你需要一种完全异乎寻常的体验。我们想知道，如果每张桌子旁都有与会者的名字，结果会是什么样子。如果戴着耳机，倾听着广播的介绍，人们可以听到整个的会议过程。你可以听到施图克特博士提出的对犹太人实施强制绝育的建议，或是比勒博士要求"犹太人问题终极解决方案"从波兰先行开始。对于会议中那些无声的背景，可以让会议的与会者介绍自己的情况，讲述他们是如何卷入这里来的，以及战争结束后他们得到了什么样的结局。

我们从历史学家吉尔伯特那里得知，这里也有一个教育中心和历史档案馆。于是我们便去询问能否参观这些地方，很快地就得到允许，受邀上楼参观。楼上是一个很大的图书馆，迎接我们的是两位年纪轻轻、精力充沛的历史学家，一男一女，顿时让我们有种宾至如归的感觉，二人也询问了我们的兴趣指向。于是，我们一起讨论了"桌面屠夫"这个概念，他们二人也证实了这个术语也是1961年艾希曼在耶路撒冷接受审判后首次在德国广泛为人所用。而我们想知道为什么这个概念——当然也不仅指纳粹德国——从未在英语语言中成为一个大家公认的固定短语。随后，我向他们询问了关于与会博士官僚的信息材料，然而得到的答复让我惊愕不已，即使是在德文里，关于这些博士官员的资料也是少之又少。我们谈起了马克·罗斯曼的著作，这本书是一年前出版的——对我们研究的很多方面都极其有帮助，但是在述及这些博士官僚的背景，同样也是资料极其有限。不过，过了一会儿，他们找出了一本更为详细的传记，里面的内容仍然不过是这些人的概括而已。

两位历史学家还是为我们复印了这些资料，同时，我们还讨论了纳粹史教育工作的组织情况。这位男性历史学家解释道，除了每年数百次的导游服务之外，他们还为三类群体组织了500场左右的研讨会——诸如以职业为导向面向教师和实习教师开展的专题讨论会。第一部分的重点是探讨"为什么所有的专业团体和机构……还有专业协会参与了对犹太人的系统隔离、歧视和剥夺他们的权利等活动，并就此调查导致这种情形发生的心理特征与行为表现。参加这些研讨会的团体主要来自公务员机构、司法、会计、卫生健康和社会服务、心理机构、工会、军队和警察等部门。因此，通过了解这些导致犹太种族大屠杀的思维模式与行为方式，当代德国社会的所有这些团体都可以从中吸取教训，并将它们带到各自的生活和工作中去。之后，他们二人又给我们展示了德国军队的士兵在房间里参与守卫万湖会议的照片，这张照片给我们留下了深刻的印象。这是历史可以拿来用于积极地建构现实的极好例证。在接下来的日子里，我们会继续思考这些历史陈迹对当代社会的影响。可以试想一下那种场景，在英国泰特美术馆、劳埃德保险公司、英国巴克莱银行、苏格兰皇家银行、汇丰银行里工作的人，都被邀请来参加这样的研讨会，主要探讨英国在奴隶贸易和鸦片战争中所起的关键作用，以及他们所有的官方机构是如何建立在这样残暴的行为基础之上的。

这一天，我们是最后离开的游客，我们的讨论不知不觉就过了闭馆时间。离开的时候，我们向两位历史学家表示感谢，很快走出大门，回到万湖车站，一路上为此行的收获欣喜不已。现在已经是晚上六点，我们意识到还没有吃午饭，于是走进车站外的一个小酒吧。这里完全是另一个世界，一群人正在酒吧里掷骰子赌博；一对老年夫妇慢吞吞地穿过吧台，来到他们的桌前坐下，静静地喝着酒；我们点了香肠和啤酒。但在我们身后的人极其不友好，在这种环境中，我还是要表现出一种更加和蔼可亲的模样，装出一副荒谬的欢乐样子。于是，我又咧嘴笑着点了两杯啤酒。

识别桌面屠夫

八名参加万湖会议的博士后来都怎么样了呢？

一人死于柏林空袭——弗莱斯勒博士（1945年2月3日）。

两人自杀身亡——兰格博士（1945年2月）；迈耶博士（1945年5月）。

两人战后遭到审判，处决身亡——施恩加特博士（1946年3月）；比勒博士（1948年8月）。

还有三人遭到拘禁，然后又被释放——他们是莱布兰特博士、施图克特博士和克洛普佛博士。

对于在战争中幸存下来的后五人来说，他们遭遇到的区别对待与量刑判决揭示了惴惴不安的失衡，即在"直接"杀人的刑事责任判决和"桌面"杀人判决之间的不平衡。施恩加特博士显然是一个大规模屠杀犹太人的杀人犯，一个"直接杀戮"的刽子手（然而奇怪的是，他被定罪并被处以极刑，不是因为他曾是纳粹特别行动小组的指挥官，对东加利西亚地区数千名犹太人的屠杀负有责任；也不是因为他在拉布卡疗养浴场的野蛮残忍行为中所承担的资深角色；而是因为他曾下令射杀一名盟军飞行员，一名1941年战机在荷兰坠毁后幸存下来的战俘）。

但是，这些桌面屠夫均受到了不同的对待。施图克特博士——现代欧洲历史上一些重要的反犹太法律的同谋者，是设计用于驱逐和灭绝犹太人"法律"框架的核心人物（大家也许还记得，他曾在万湖会议上提出对犹太人施行所谓强制绝育提议吧）。在1949年的战犯审判中，他只被判处三年零十个月的有期徒刑，然后又因为"刑期已满"而被立即释放。即使考虑到其人身体健康状况不佳，这种判决似乎是一个极其宽大的轻判，尤其考虑到审判中的法官在他们的判决书中明确指出的那样：

> 毫无疑问，由施图克特博士本人起草或批准生效的法律和法令差不多就是完全灭绝犹太人计划的基石……（他就是他们当中的一员），却从其安静的部门办公室中走出来，走进人群中，（但其以往的）所作所为恰如罪犯。[13]

即使在万湖会议的全部真相大白于天下之后，到了1950年，汉诺威的一个德国整肃纳粹法庭仅仅宣布施图克特只不过是纳粹政治上的同路人，而且只对他处以5万德国马克的罚款。之后，他就在当地政府部门工作，成为黑尔姆施泰特镇上的账务会计，后来又在一家致力于发展下萨克森州经济的研究机构谋得一个职位。1953年，他死于一场车祸，《法兰克福报》专门刊载了一份充满溢美之词的讣告，由纳粹帝国内政部的前同事执笔写成："逝者乃是正派诚实、大公无私、才华出众、工作忘我、不知疲倦的人……"

莱布兰特博士——罗森堡的副手，曾于1941年10月和11月与海德里希和希姆莱晤面，讨论如何将更多的犹太人纳入犹太灭绝计划中。在万湖会议结束后，他随即主持一个会议，以扩大东部占领区混血犹太人的定义范围。战争结束后，他遭到拘押。莱布兰特在接受审问的时候，起初声称自己"不记得万湖会议"这回事。1950年，对莱布兰特的犯罪指控最终被撤销，他被宣布当庭释放。一年以后，德国基尔市的整肃纳粹法庭也宣布他"免于获罪"，于是他回归平民生活，在德国北部的威廉港当一名游说专家。在他往后的生活中，成为萨尔茨吉特钢铁公司的代表（该公司由戈林成立于1937年，至今仍然保持强劲发展势头，2016年销售额高达70亿英镑）。闲暇时候，他还是慕尼黑美国文化研究所的活跃成员。1982年6月，他在波恩平静地去世，享年82岁。

极端反犹主义者克洛普佛博士，是所有参会的纳粹官僚中极具影响力的一位，他是马丁·鲍曼的副手。他是什么遭遇呢？1946年他被逮捕入狱，将其身份改变为"奥托·昆兹"，后辗转关押于不同的监狱长达四年之久。在审讯中，当被问及参加万湖会议的情况时，他声称海德里希会上只谈到了"犹太人移民"问题。对此，调查他的官员讽刺地说道："那你一定是开会的时候睡着了。"由于战后欧洲陷入长期的冷战当中，美国检察官并未对他作出战争罪的指控，于是他的案件被转交给纽伦堡的整肃纳粹法庭处理。同样，这个法庭的判决结果极其宽容，认为克洛普佛只不过是胁从犯，对他处以2000德国马克的罚款，并判处三年缓刑考验期。1950年，他被释放回家，两年之后成为一名税务顾问。1956年，他重操律师旧业——在乌尔姆[①][14]辛格勒大街开了家律师事务所，之后一直执业至退休。他事业有成，经济富足，并在兰根堡买下一座农场。1987年1月，他在家中安详辞世，享年81岁。当地乌尔姆报纸上刊发一则通告，报道万湖会议中最后一名与会者离世，以下即是所言："为了纪念格哈德·克洛普佛博士，他一生生活充实，尽其所能造

---

① 2000年3月，我与克劳德·朗兹曼相遇，我们俩谈到了我对"桌面屠夫"的研究情况，尤其讨论了一下万湖会议那段历史。我也向朗兹曼询问道，在拍摄电影《浩劫》的时候有没有试着联系一些大屠杀中的参与者。他指着一张克洛普佛的照片说道："我差一点就能采访到他。""在乌尔姆吗？""是的，当时我就在那里，我试图在大街上拍摄一下他，但是他躲开了我。"

福所有能帮到的人，心满意足之后悄然离世。"

事实上，万湖会议与会者中的这两个人——他们曾与海德里希、艾希曼围坐一桌，讨论如何才能更有效地组织犹太种族大屠杀工作——居然能够在战后没有受到任何真正的制裁，并未蹲在监狱度过一生，并且自由地活到自然死亡，这简直就是对任何正义概念的侮辱。这些桌面屠夫依据法令和命令去屠杀犹太人，从未看到过受害者的眼睛，而且经常能够逃避所有的责任，正如他们现在继续的所作所为。

*****

巧合的是，1987年3月，就在克洛普佛博士在乌尔姆下葬的几个星期后，我和J正好搭乘便车经过那个城市。我翻看了那次旅行的日记，饶有趣味地发现，那天我们在乌尔姆郊外搭了一辆便车，车上有两个美国现役军人，在附近的美国陆军基地工作。他们二人年纪轻轻，朝气蓬勃，在职位晋升方面似乎已经走上了快车道。尽管我们对这次有车搭乘心存感激，但是他们身上强硬的沙文主义立场，或是不加鉴别地倾听《美国之音》，并不会让我们对他们有多少好感。我在所写的日志最后写道，这两个人看起来"既很平庸也很危险"。

平庸而危险，与万湖会议上的那班人没有什么不同。乌尔姆的律师下葬了。有那么一会儿，我在想这种表面上的陈腐平庸是否就是他们的历史不愿为人所知的部分原因呢？现如今，关于希特勒、希姆莱和门格勒的书依然畅销。这也许是因为阅读那些被视为"作恶者"的罪犯会更加令人愉悦，更能吸引人抑或是因为读者得知律师、公务员和受过教育的大学毕业生在犹太种族灭绝中发挥了关键作用，于是备感震惊，毕竟这也太接近我们自己的社会了。英国文学教授克莱夫·斯特普尔斯·刘易斯（C. S. Lewis）说的那些话又回来了："最大的邪恶竟然是在……窗明几净、铺着地毯、温暖如春、光线充足的办公室里一个文静沉稳的白领男人干的。……他们也不需要提高嗓门来引起人们的重视。"要知道，选帝侯大街116号的办公室、威廉大街办公室、奥布莱希特亲王大街办公室、法本公司办公室、拜耳公司办公室、壳牌公司办公室、哈里伯顿公司办公室、五角大楼办公室、伦敦政府机关所在地白厅街办公室，以及由这些办公室引发出来的恐怖和破坏，为什么我们至今还不能理解（这一现象）？

在《祖国大清洗》一书中，作者格茨·阿利、彼得·赫劳斯特和克里斯蒂安·普罗斯也调查了我们前两天走过的蒂尔加滕街那里曾经负责T4行动项目的一些医务人员。他们调查到，许多在那里工作的人后来也将他们学来的技艺应用到犹太人大屠杀的管理上。据此，这些作者还反思了战后审判这些行政官僚作恶者在法律方面的局限性，并提出了以下的看法：

> 诸多现在关于纳粹时期他们所作所为的已知信息，并不是由历史学家研究发现的，而恰恰是警察和检察官们发现的……但是，毕竟检察官们的办案兴趣点有限。他们只关心是否找到暴力犯罪的个体证据。因此，他们不知道如何去处理像路德维希·特里布那样的人，而且他们也不会接受他要强加给他们的那些规划档案。起初，这些检察官们甚至没有查找纳粹T4行动的负责人赫伯特·贝克尔……
>
> 于是司法部门将纳粹政权的血腥残忍的一面放到显眼的位置，自然忽视了从根本上规划大规模屠杀的组织架构与终极目标。也因此，这些罪行变成了个体的失常……而从法律文书中得来的失真形象又恰恰成为文献资料中的首选……然而，牺牲的代价却是历史的真相。颇为矛盾的是，这种扭曲的真相削弱了人们对纳粹政权的现实恐怖。

我们可以看到对参加万湖会议的博士的审判也是完全一样的过程。因为施图克特、莱布兰特和克洛普佛这三位博士要么没有直接杀犹太人，要么没有下令去杀犹太人，所以，检察官们只能发现他们是"最低程度地被控有罪"或是"罪行较轻"。然而，那些人数众多的集中营守卫，他们的刑事责任要小得多，但是他们直接参与了囚犯的屠杀，因而在战争结束后立即被执行死刑判决。

汤姆·鲍尔在其著作《盲对谋杀》中，进一步扩大了他的考察范围，结果发现德国社会中与纳粹主义串通一气的所有行业（譬如工业和金融业）在战后几乎没有受到任何惩处：

> 沙赫特无罪开释，斯佩尔也是从轻判决，对克虏伯的犯罪起诉也是无功而返，这一切使得判处德国建制派的工业和金融部门的初衷变得毫无意义。在欧洲占领区、毒气室里施行的屠杀罪行已经得以揭露，昭彰于世，作恶者也得到相应的惩处，但是那些发生在工厂和矿井中的谋杀罪行并未受到应有的惩罚。

事实上，战后最初被起诉有罪的32名资深纳粹实业家和金融家中，只有其中6人受到审判。法本公司的23名董事中就有11人完全逃脱了犯罪的指控。前德意志银行总裁赫曼·阿布斯（Hermann Abs）曾经是其中的董事之一，他作为一名银行家，在德意志银行向纳粹党提供财政支持中是负有最大责任的人之一。阿布斯只在战犯拘留营关了三个月，后来又重新恢复了工作，继续在德意志银行上班。直到1995年，他还是德意志银行的总裁。另一个更为极端的例子是汉斯·格洛布克博士，也是一位法学博士，就像参加万湖会议的许多博士一样，他是纳粹政府内政部的一名公务员，主要负责起草臭名昭著的《纽伦堡种族法》，也是这部法律的评议人，他和内政部副部长施图克特博士一起将这部法律推行于世。但他不仅在1946年被释放回家，而且还未遭到起诉。而且，更让人震惊的是，他居然在1953年至1963年间成为德意志联邦共和国总理阿登纳的办公室主任。纳粹当中的桌面屠夫战后洗白实在离谱，无法让人容忍，也许英国律师珀西·米尔斯爵士的话语最能概括这一点。他曾在战后审判中为钢铁和军火制造商克虏伯公司进行辩护——公司的高级管理人员曾是战时奴隶劳工（通常指通过劳作使其灭绝的那些人）的狂热支持者。米尔斯相当恬不知耻地为他的客户辩护道："他们不是纳粹，他们是生意人。"

要想认清这样的现实，最好是去理解所谓"对父辈的愤怒"（出自弗洛伊德的弑父理论），正如时人描述的那样，战后对历史的洗白在德国境内不断上演，这激怒了诸如德国恐怖组织红军旅创始人之一古德伦·安司林（Gudrun Ensslin）这样的人士，他们认为："他们会杀了我们所有人的——你知道我们会面对什么样的猪猡——我们面临的是奥斯维辛集中营里的一代人，他们会和我们对着干——你们没有办法去和这群建造奥斯维辛集中营的人争辩。"

我以为，如果一个社会还对如何评估有规模地组织杀戮方面目光短浅的话，那说明，我们在很大程度上，肯定会认同警方处理纳粹战犯的那种狭隘的方法（也即通过寻找"个体犯罪的证据"来给人定罪）。毕竟，我们还没有真正进一步以清晰的方式来判断官僚式杀戮或公司式杀戮，或是能够判断出那些策划或提供金融服务以支持此类杀戮的人。近年来，我们也见证过此类有限的"公司过失杀人"法律提案所引发的重重困难（在我看来，这些提案焦点过于狭隘，有点荒唐可笑）。或者我们可以看看那些判决失败的案例，即使公司式杀戮案件已然比比皆是，比如印度博帕尔市因化学污染所造成的杀戮案件，据估计，由于美国联合碳化物公司的操作疏忽，1984年有多达1.6万人丧生。然而，并没有任何一个美国高管承担责任。

甚至那些社会活动人士也有可能陷入崇拜暴力的陷阱，而不是查找这些暴力行为的前后因果。我曾听说过一个会议的报告，这次会议不久前在荷兰举行，报告的重点是石油公司的权力滥用。会议的主角居然是一位美国律师，他就一些公司提起了人权问题。在某一点辩论中，他显然开始对自己谈起的主题热心起来，对着与会代表大喊："我们需要强奸，我们需要折磨，我们需要杀戮！这就是某种类型的武器弹药，我们需要揭发这些人，抓获他们，并证明他们有罪。"这种过分关注直接暴力的行为，我们无法理解，首先搞不清楚这种导致暴力思想的心理机制。我们基于史实关注"直接"杀戮，实际上遮蔽了一个让人更为不安的现实，那就是忽略了那种官僚式杀戮和公司式杀戮。为了揭露这一现实，我们需要找到一种新的语言来予以解释：

◎　我们如何展示一份电子表格中隐含的暴力？
◎　我们如何揭示一套备忘录中掩盖的暴力？
◎　我们如何揭破一个思想中隐藏的暴力？

结果是，资本主义的暴力往往显示为不可见。通常，桌面屠夫的暴力也不会被人察觉。而且我们现在几乎没有关于荷兰、葡萄牙和英国等国家中那些绅士们倡导组织大规模奴隶劳工的会议记录。档案中那些最有意义的文书也不会提供给他们相关的叙述，东印度公司的董事们如何应对1100万孟加拉人遭遇的饥荒，我们是不得而知。而壳牌公司董事们在1995年11月10日下午关于"损害限制"讨论细节的备忘录，我也无法向你们展示，当时肯·萨罗威瓦和他的八位奥戈尼族活动人士被执行死刑的消息已经传来，但我们很难相信他们不会举行此类的会议。

*****

这就是万湖会议备忘录的意义非凡之处，不仅这些备忘录幸存了下来（多亏了外交部那名细心谨慎的档案员），而且正是由于它是一份文件（即使纸间也充斥着恐怖与暴力），这30份备忘录副本在这次会议结束后，随即分送至柏林的各政府部门，包括欧洲占领区，并进一步流向各个执行机构。

在战争最高峰的时候，大量的组织资源——火车、军队、卡车、电线、警犬、探照灯、枪支、营房等等战争物资——从柏林源源不断向外输送，形成一道道疯狂的车流亮线构成的星图。借用元首的话来说，就在万湖会议举行的十天之后，整个欧洲大陆回荡着万湖会议的精神，"这场战争的结局就是犹太种族的灭亡"。

这次会议结束后的七周之内，就有第一批运送的1001名犹太人于3月11日从特莱西恩施塔特集中营出发，前往新建成的贝尔赛克灭绝营。而此时，为特雷布林卡集中营和索比堡集中营所做的灭绝中心筹备工作正在全面展开，随之而来的便是大量行政管理工作，主要涉及整个欧洲范围内集中营的基建、守卫、警察和物资的运送，以及需要部署数百辆火车和安排数千名专职人员。电话从巴黎郊外的德朗西一直响到黑海边上最小的集镇，数以千计的电报和情报信息在欧洲北部爱沙尼亚的塔林到欧洲南部希腊岛屿之间来来回回不断地交流。一群官员们正在核查人口普查表格，准备清单名录，与犹太权威机构人员晤面。另一批银行职员正在组织安排表单，准备转移资产。还有其他职员不顾一切寻找足够大的仓库来存放数百万件衣服。在距东柏林230英里的地方，沿着一条没有硬化的乡间公路，苏拉卡车每天在海乌姆诺的小村庄与波兰热舒夫森林之间继续穿行，满载着他们让人致命的"商品"。而在300英里开外的地方，通往波兰克拉科夫的方向，小镇奥斯维辛附近的公路交通与铁路运输日渐繁忙，交通流量大幅增加。法本公司巨大的布纳橡胶化学工厂每天都有越来越多的奴隶劳工，建筑工人们忙忙碌碌，向以周围桦树林命名的小村庄——比克瑙运去大量的砖块、木材和水泥。

阿道夫·艾希曼在柏林的办公室里却显得很平静，远离喧嚣和愤怒。他从办公桌向外望去，眺望着选帝侯大街两旁的菩提树。万湖会议结束后，正如切萨拉尼叙述的那样，艾希曼感到身上的重任从肩膀上卸下来了，如释重负。诚如他后来所说：

> 我甚至有了古罗马犹太总督彼拉多（审判耶稣的官员）的那种快感，因为我自己完全没有任何罪恶感。当时帝国的主要人物都在万湖会议上发言表态，而且"教皇"已经下达了命令。就我而言，就是服从他们的命令。

万湖会议结束的19年后,这种观点并没有得到耶路撒冷审判法庭的认可。当时以色列法庭想方设法让艾希曼在耶路撒冷接受审判,并最终判处他死刑。正如我们知道的那样,检察官吉迪恩·豪斯纳公开审判艾希曼时,就分析了法庭所面临的这种挑战——人们需要以不同的方式看待杀戮:

> 这次审判,我们将会遇到一种新的杀人犯,这种杀人犯在桌子后面练习那种残忍的杀人技艺,只是偶尔用他自己的双手来实施这种行为……但是,正是由于他的命令,毒气室才开始投入运作,人们才会被杀……艾希曼是大屠杀的策划者、发起人,也是组织者,正是他指示其他人屠杀犹太人,造成一片血海。因此,他必须为此负责,正好像他用自己的双手亲自给刽子手的套索打了绳结,将受害者狠狠地绑进了毒气室,然后射杀他们,将数百万遭到屠杀的犹太人推进了露天的坑中。[15]

艾希曼审判行将结束时的判决绝对是有开创性的,因为它最终让人们明白了桌面屠夫的罪恶。这些人很少看见他们的受害者,但对他们的死亡负有直接责任。这次审判保留了关于刑事责任性质的根本性表述,这种表述还将继续影响当下的法学体系,比如海牙国际刑事法院的设立就是很好的证明。

正如我们正在研究的那样,在这样一种犯罪中,许多人在不同的层级上以不同的活动方式参与其间——其中有策划者、组织者和执行者,一切均根据他们的不同层级实施不同的行为——因此,使用那种通常以协助和招致犯罪的一般观念来对这些人进行定罪毫无意义……就这些罪犯的罪责性质而言,许多罪犯与他们实际上距离屠杀受害者的远近程度之间毫无关联,也没有任何意义。相反地,一般来说,若是我们距离那些用自己的双手使用致命工具来进行杀戮的人越远,则我们的罪责就越大。

利希滕贝格：东方

2003年12月30日，柏林

现在我们正坐在轻轨上，列车穿过这座城市，向东北方向行驶。我已疲惫不堪，眼睛盯着窗外，一片迷茫。列车行驶在高架桥上，高出城市差不多有50英尺，这个视角下的柏林，充满了独特的魅力。这种感觉只有在晚间才会越来越强烈。想起那部德国电影《柏林苍穹下》（又名《欲望之翼》）——蒂尔加滕林区上方那个光彩熠熠的天使火车又返回弗里德里希大街，我此时很想知道，党卫军的统计学家们究竟在这条大街上哪一座建筑里操作IBM公司的霍勒里斯机器。火车很快越过了施普雷河，不久我们就抵达利希滕贝格站。总之，我们现在可能身处一座完全不同的城市，这个地方远离波茨坦广场上的玻璃摩天大楼，外面的街道给人一种破败萧条的感觉，在昏暗的灯光下，这种感觉越发强烈。此时前往波兰的火车还有一个小时的时间才出发，于是我们找了一间酒吧，看看有什么吃的可以提供，因为我们怀疑火车上大概不会提供什么食物。很明显，这个酒吧看上去没什么客人，酒吧主人是个50多岁的女人，非常热情好客，给我们的桌上铺了一块桌布，甚至还为我们点燃了一支蜡烛。这似乎激起一些酒吧里当地人下流的笑评，我问J他们究竟在说些什么，但是J也没有听懂，但是我们能猜出大致的意思。

我们仔细反思了最后几天的收获，再次讨论了这些所见所闻的严重性，如果这个社会还能接纳1933年至1945年间在这里发生的罪行，后果将不堪设想。在这个城市的中心立有欧洲犹太人大屠杀纪念碑，建起了犹太博物馆，也重建了奥拉宁堡大街上的犹太教会堂，以及今天下午我们在万湖会议纪念馆里听到的那些启迪心智的教育计划，这些都是为了防止历史重演。然而，这整整花去60年时间才让人们明白——跨越了自"二战"结束以来整整两代人。J问及20世纪40年代末的整肃纳粹法庭，为什么它作出的判决如此有限？我想，这也许可以理解，这大概是盟军将焦点放在纽伦堡审判上。但是，这些审判也存在一个严重的问题——无论这些审判过程是多么细致严谨，它们总是会被一些人视为"胜利者的正义审判"。我们很想知道，如果盟军把戈林及其同谋交给德国法官审判会是什么结果。人们经常说，在纳粹统治时代，鲜有法官秉承正直本性去公平办案，但如果这一障碍能够得到克服的话，那么战后德国法庭对纳粹领导人的审判将会意义非凡。

通过阅读战后岁月的报告叙事，有两方面情形会随着时间的推移变得越来越清楚。首先，就是那种简简单单的疲惫感，尤其是在1947年和第一波纳粹战犯审判之后，人们的追责意愿正在不断消退——与其说是那些审判律师，不如说是那些盟军的政治家们。其次，冷战对整个世界的政治形势产生了重大影响，实用主义取代了对正义的需求。当盟军意识到德国几乎所有行业（诸如司法、警察、学术界等）纳粹化程度如此之高的时候，他们不得不左右为难——这竟然和战后伊拉克的形势差不了多少——是进行彻底的改革（如除掉差不多所有有罪的人，重新开始），还是只清除那些真正被控有罪的人。很显然，毫无疑问答案是后者，阻力最小的路径选择占了上风。

直到20世纪60年代——1961年艾希曼在耶路撒冷接受审判标志着这一思想认知转变的开始——纳粹大屠杀的极端暴行中开始记下了许多德国人犯下的暴行。此后，1964年，德国法兰克福进行奥斯维辛审判，人们重新燃起正义的渴望之火。当然，其意义在于，现在是德国法院坐在审判台上对"二战"中的德国作恶者进行审判。令人大为惊奇的是，人们花去20年时间才让这一切发生。而且更令人震惊、不可原谅的是，还有许多资深纳粹分子，比如阿布斯、格洛布克博士，实际上到了战后还在政府或金融行业中拥有实权职位，甚至还有纳粹分子得到提拔。请诸位不要忘记万湖会议上的博士们。

意识到火车还有15分钟就要离站，我们赶紧找了点吃的狼吞虎咽起来，然后回到车站，正好赶上火车出发。我们在火车上很快找到了自己的卧铺，终于松了口气。正当火车驶出车站，此刻，东柏林下起了毛毛细雨，我们发现整个车厢里似乎只有我们两人。前些天睡眠不足，现在我们终于能在这个时候好好补一觉了。我几乎没有时间去记录了，诸如这些床铺看起来要比正常的小很多，或只有将脚搭在隔间的墙上，或是写下我们此刻正赶往波兰的片言只语——对我来说这完全是一个陌生的国度。在车轮和铁轨间不断的摩擦声将我拉入沉沉睡眠之前，火车速度越来越快，无情地隆隆作响，向东驶去……

二、喀尔巴阡山的悠悠岁月

2003年12月31日，克拉科夫至萨诺克

午后的光开始渐渐退去，远处起伏的群山也变得柔和了一些。新年期间，我们在前往奥斯维辛集中营和海乌姆诺集中营之前，将去一趟波兰西南部的山区，准备在那里待上几天。现在我们还能看见，地势较高的地方还有斑斑积雪，仿佛给森林拂去了灰尘。我们要在一个小村庄外的车站换乘火车，把这个地方称为车站并不太贴切，因为它只有一个站台，而此刻，我们也越来越深入乡村了。我们登上了只有两节客车厢的小火车，它将带我们到波兰的东南一角。一个小时后，我们又换了一次车。还好，我们还能在站台小亭子里买杯咖啡热热身子。最后，我们终于抵达了波兰工业小镇萨诺克，这是年底前我旅行所能到达最远的地方，没有本地的火车再继续向着东南方向进发，也就是向着我们希望到达的地方的山区前进了。

这里的游客并不多，夏季来这里旅行的人更少，我们是今晚这里三玫瑰大酒店中仅有的两位旅客了。J和我迫不及待地扔下行李背包，赶忙出去找点东西填饱肚子。下午时候还是毛毛细雨，现在已然变成了大雨。我们穿过市政广场，但是没有找到一家餐馆，仅有一辆停在那里的卡车，一台发电机，还有几个衣冠不整、邋里邋遢的家伙想要在广场上搭建一个舞台，但无论如何，现场几乎没有一个观众。这完全是一个封闭的小镇。还好我们看到一间唯一算是正式的比萨小餐厅。我们看到一对老夫妻进了市政厅隔壁的这家餐馆，于是跟了上去，听到了里面传来的音乐声。我们开始想象着波兰烤肉的场景，旁边还有一堆篝火的模样。但是，一个蓄着八字胡的男人在一扇门前拦住了我们的去路，并且说了一些我们听不懂的话。他的意思很明确，耸耸肩，撅起他的小胡须，示意我们要离开这里。

我们真的被这个地方的死气沉沉打败了，只好回到酒店，向酒店主人表明我们想要吃饭的来意。在与接待处一位金发女孩和酒店经理进行一番交流之后，酒店餐厅的灯终于为我们打开了，墙壁上显露了几幅让人反胃的画作，全是用人造的蓝色和绿色颜料绘制而成的瀑布和森林。我们的菜单上还有诸如"猪肉睾丸""焖炖狗肉"的菜谱，看上去很让人恶心。我们只好选择比较常见的菜肴。炸肉排？不好意思，现在没有。还有别的肉吗？那位少年又摇了摇头。嗯，没关系。有鱼吗？"里比亚（Rybia）"大概是一种鲤鱼吧。我想。没有，现在不可能有。我们被拒绝得一点胃口都没有了，只好示意她有什么是我们可以吃的。煮意大利馄饨还是可以的。尽管这个不太符合波兰风味，但毕竟是现在这里仅能提供的，我们只好点头同意。

吃饭的时候，我们还在计划着接下来的旅程，想知道明天能否到达乌克兰边境的山谷。我们试图从酒店这位女孩的视角里观望我们自己，她此刻正坐在餐厅一角的桌边——也许在她眼里，这两位游客正在深入交流，桌子上放着摊开的地图和笔记本，他们说话的方式就像大学生，甚至他们胡子拉碴的脸看起来也像学生，只是更老相一点……我们又要了两杯啤酒。夜里11点半左右，酒店渐渐地有了生机，一群年轻人来到酒店，他们的外套上还残留着斑斑白雪，然后一对夫妻走了进来，又一群人也来了，这些人全都拾级而下，走进楼下的某处酒吧。J告诉我，他曾在20世纪80年代末与波兰有过第一次接触，那是在苏格兰艺术经理人瑞奇·德马科组织的一次旅程中，那次舞台首秀震撼了整个坎特剧院。这种创造完整戏剧语言的驾驭能力，似乎在当时的戏剧世界史无前例，并无任何可供参照的模板用来借鉴。舞台上怒目而视的男人携着木制十字架，女人们不断地哭着，唱着哀歌。这一切都是坎特在指导上亲力亲为，导演着一切，让他的演员们在舞台上慢慢地行进——这种舞台风格结合了音乐指挥家和旧约先知的共性。

离午夜还有几分钟的时候，我们决定重返市政广场，看看这个奇怪的小镇有没有起什么波澜。正当离开酒店的时候，我们被眼前所见的一切震惊了。在新年将至的几分钟时间里，一切似乎都安排得刚刚好，无可挑剔，不仅是一片片洁白的雪花飘然而至，而且镇上的年轻人纷纷在我们面前游走，如潮水般涌向广场，这真是神奇的一幕。现在有几百人从小镇的每一条街道每一条小巷里走出，一齐涌向市政广场。在我们前方，卡车舞台上，火花四溅，摇滚声起，人们兴奋的目光热情地张望，悸动的低音让人狂欢不已。现在，广场上挤满了人，两三千人挤在一起庆祝这个时刻，如飞蛾一般被这个巨大的焰火吸引着。激动的人们摔碎了酒瓶，情侣们也在耳语亲吻着，音乐声也随节奏起伏，越来越大。对这里的大多数人来说，我们和他们是不同类的一代人，是来自另一个世界的不速之客，但这些都不重要。此刻，我和J有一种暂时的时间眩晕感，真不敢相信我们竟在一起工作快20年了。现场的喧嚣混乱渐渐起来了，各种噪音融在一起，激荡成一种疯狂，广场上的烟花从不同的角度燃放，绚丽了整个世界，人们开始狂砸酒瓶，消防队的队员们对这一切无动于衷，超然地看着这一切。"这里显然并不怎么让人觉得'放心和安全'！"我对着J大喊道。此刻雪下得越来越大了。

我们从广场上抽身退出，顺着街道一步一滑地走着，蜿蜒迂回地来到酒店住处。从酒店房间的小小阳台上，我们看到隔壁的一对中年夫妇在他们的花园里点燃了一个孤独的凯瑟琳车轮式烟火，我们也准备了几杯梅子白兰地酒。亲爱的朋友，新年快乐！为下一个20年干杯！接下来的一个小时左右在我的记忆里有点模糊，但我依旧记得那天晚上快要休息的时候，我们打开了房间角落里一台老式电视机（实际上这台电视差不多快要顶到天花板了），很奇怪的是，我们居然沉浸在一部用波兰语配音的摩西电影当中。

2004年元旦，从萨诺克到下乌斯特什奇

我们突然发现这世界白茫茫一片，这似乎让整个小镇变得静谧下来，仿佛一切都是对我们说的——"新年伊始，万象更新，一切皆有可能"。早饭过后，我们又回到小镇广场，昨晚年轻人的喧嚣现在已经让位给广场上一群老者，他们稳重沉着，纷纷涌向街角的教堂去做弥撒。不久，我们走到了冰地上，小心翼翼地背着沉重的行李，沿着山路向下返回到车站。在这个公交车站，我们感到相当沮丧，因为我们要等上三个半小时才能等来下一班公交车带我们去乌斯特什奇，这是一个山中的小村镇，我们要在那里待上几天。所以我们又转身回去，找了先前经过的山脚下的一家餐馆，早早地弄点午饭吃。餐馆里几乎没什么顾客，厅里挂着深色的天鹅绒帷幕和几幅阴郁的风景油画。J想和我谈谈近期我们生活中的情绪波动，可是我对这样的交谈没有丝毫兴致，直到我们饭后回到公交车站，坐车到了山顶才有机会开始这样的交流。坐在公共汽车的后面，我们有一种被包在茧里的温暖感觉，车子驶出萨诺克后向南前进，然后拐入一条小径，开始循着山路向上爬升。这里并不需要清除什么积雪，我们已经驶入一片白茫茫的世界，很快就分不清哪里是马路牙子。我仿佛进入一种精神恍惚的状态，这种状态常在我旅行的时候不时发生。我们的车子爬得越来越高，汽车的引擎也在高速运转。黄昏来得很早，夜幕很快降临，我们刚离开萨诺克的时候，还是满满的一车人，渐渐地人们上上下下，大部分乘客都下车了，车子还在轰隆隆地前进，车子上只剩下六个人了。在这种人少的情况下，车子开得很快，我想司机一定是早已习惯了这一切。尽管天色已黑，J还是试图借着他的手电筒来查看地图，然后告诉我们左边巨大的山脊就是与乌克兰交界的地方。

终于，我们到了目的地（尽管现在才是下午6点，但感觉像是午夜）。毫不夸张地说，我们是到了路的尽头。公交车在终点转了个圈后，我们就下了车，随即来到只有一条街道的小村庄。村子三面都被喀尔巴阡山脉和茂密的森林围着，还有一面正对着奔腾湍急的河流。在起身沿着这条路回到我们的宾馆——葛尔斯基酒店时，我们注意到这里还有两个酒吧和一只小商店。此刻雪下得越来越大，正在我们赶路的时候，一位年轻的波兰小伙子开始用德语同我们攀谈。小伙子是从华沙来的，很喜欢来到这山间露营，是的，即使在冬天也是如此，他向我们推荐这条街道上一处更远的酒吧，然后就消失在黑暗中。当我们一步一滑地赶往酒店时，一群群孩子坐着雪橇从我们身边穿过。我们的酒店是一栋只有一层楼的奇怪建筑，看上去更像一个健康疗养院。这里有一个非常不错的餐厅。我们住的房间，尽管有点小，但也相当舒适。这里就是我们接下来几天里的生活基地——也算是介于柏林惊心动魄之旅与下周的奥斯维辛集中营和海乌姆诺集中营的走访观望之间的短暂休憩吧。

在房间里,我很快沉睡过去,一点也没有被J那种用铅笔在他的绿色笔记本上潦草记录的熟悉声音所侵扰。大概休整一个小时后,我们戴上毛茸茸的帽子,穿上厚厚的衣服,冒着风雪来到村庄最高处的酒吧——安德烈酒吧。来到酒吧门口,我们向下走了几级台阶,推开木门,音乐声扑面而来,这么一个小巧的地方竟然挤了这么多人,醉酒的人们围在酒吧中央一堆精致的篝火边,汹汹呼喊着。不过这里的狂欢者更多,虽然他们的醉酒表现各不相同,但还算温和。一位50多岁戴着牛仔帽的女人正在和一位年轻得多的小伙子跳舞,与其说是跳舞,不如说她是靠在小伙子身上,搞得这位小伙子既欣喜又害羞。偶尔,这个女人会抬起头看看这个小伙子,然后又去摸摸这个男人的屁股,让那些旁边看热闹的醉酒者不胜欢喜。我们很快意识到,作为有修养的外国游客,是不可能在这里玩得尽兴的。于是我来到吧台,伸出两根手指,指向一瓶啤酒,示意店主(我猜,他大概就叫安德烈吧)要这个。店主个头不高,皮肤黝黑,前额像树干一样粗糙,还蓄着浓密的小胡子。两杯酒很快就准备好了,店主甩了甩我付给他的钞票,那种手势给人一种极不耐烦的感觉。我很快发现,在他的酒吧里,一个人喝酒的速度之快意味着没有必要为每杯啤酒付费买单,你只要在最后结账就可以(天啊,波兰人如果教世界上其他地方的人经营酒吧,那会是什么样子啊……)。想在这儿闲聊几乎不可能,不过没关系,醉酒的气氛是可以感染的,很快地我们就和其他人一道笑了起来,偶尔还能相互对喊一下。

不过后来,从酒吧一端突然传来玻璃摔碎的声音,循着声音寻去,我们看见安德烈以他那个年龄段特有的年轻与活力从木制柜台越了过去,开始骂骂咧咧,诅咒着这场混乱的前因后果。他所愤怒的对象是一个男人,一个烂醉如泥的男人——像是在狂风暴雨侵袭之下萎靡不振,想要逃出酒吧,不过一分钟后他又返回来,站在门口,向安德烈吐出一连串的污言秽语,想要通过辱骂来重获他的尊严。谁知道,安德烈隔空反击,以更大的声音骂了回去，并从吧台里扔出一只玻璃杯，朝他砸了过去，幸好玻璃杯在这个不幸的男人的后面摔成碎片。这位醉汉看到安德烈并没有退缩，心不甘情不愿地退到楼梯台阶上，然后消失在冰冷的寒夜中。我们竟然被这一幕奇观迷住了，整个酒吧也是如此，但是一对年轻的小情侣坐到我们桌边，他们像学生模样，看上去十分尴尬，女孩向我们这边靠了过来，结结巴巴地用英语同我们说道："对不起，请原谅！这个人表现很糟糕，请原谅我们的同胞。"

"没有，这完全不算什么！不必这样！"我们微笑着回应道。"这没什么啊！我们并不感到惊奇！某些晚上，伦敦也会是这样。"

我们在这里又要了几杯啤酒，吃了一些波兰的香肠和薯条，然后回到酒店的酒吧，那里正在举行一场简直就是20世纪70年代迎合低级趣味的浪漫派对。这个酒吧似乎一直是开着的，只要有人想喝酒，都可以来这里，于是我们点了杯威士忌，在酒吧一角坐下来。也许部分原因是受到酒精的刺激，我决定坦然面对J。这些天我们一直不停地游走，所以，这大概是第一次我们两人能够彼此沟通一下。我并不认为我们已经坦率地谈过很长时间，但是这次时机刚刚好。在去萨诺克的火车上，他一度提到过去几年里所感觉的"失落迷茫"，他认为这可能与近段时间工作中精神高度紧张有关。也许是吧，或者更多的只是一种疲惫感让他产生了迷茫，可能感觉到心力交瘁，这也会导致他神情恍惚，心思不宁。

我们反思了J习惯性的妥协，他急于让每个人都工作得开心——诚然，这种工作方式与有时创造非凡事物所需的绝对专注之间肯定存在着某种紧张的关系。对，就是那种专注的使命感使然。想想那些他真正敬佩的人们——譬如博伊斯，或是威廉·莫里斯，在他们大部分生活和工作中，完全沉浸在事业中，完完全全地徜徉其间，表现也是十分的自我。他们丝毫不考虑周围人的感受，但是，看看他们给世界带来什么吧！我们两人现在面临的挑战是，在我们的成长过程中饱受女权主义的影响，因此，自然地我们也就对这种"艺术天才"的观念产生了强烈的怀疑。传统上，一些男人将一切献身给他们所谓的事业，但是，他们在背后得到了许多长期忍受痛苦的女人的默默支持，这些女性为男性创造了舒适的家庭环境，使得他们的重要工作能够不受阻碍和干扰，通畅无碍地继续下去。我提醒J注意一下里尔克关于艺术家必须作出根本选择的名言："要么幸福，要么艺术……所有伟人都任其生命滋生蔓长，犹如旧径老路上杂草丛生，万事万物皆可入其艺术世界。然而，他们的个体生活未能得到充足发展，好似他们已不再需要某种身体器官。"

我们将这种艺术视为过时而拒绝接受它，但这并不意味着我们不该去好好考虑这种艺术中心所在，以及它所能到达的艺术成就究竟在何处。我告诉J，女权主义作家杰梅恩·格瑞尔曾在一次采访中说道：

> 引人着迷的不是学术生活，而是心智生活，绝非人际关系之间的斗争。但在我看来，人际关系之所以存在，是因为人们对它没有太多的质疑——对于这些人际关系，人们从来都不是完美主义者——至于心智生活，你只管一个人走下去就行了。人们大可对想要成为的自己和人才要求苛刻。

我们认为这样的讨论一个晚上就已经足够了，然后向酒吧服务员挥手道声"晚安"，朝我们的客房走去。

2004年1月2日，葛尔斯基酒店

一夜宿醉，终于醒来。雪依旧在下，酒店后面的小河现在已经完全冰封起来。除了宿醉，我似乎感冒了，于是早餐之后，J出发至山间探索山谷的时候，我回到酒店房间，坐在暖气旁边取暖，想要多读一会儿书。因为这是J曾读过的由犹太裔意大利化学家、小说家普里莫·莱维写的短篇故事集《元素周期表》，我也答应过他到达奥斯维辛集中营之前的三天里谈谈这本书的概要，于是我又重读了其中的《这是不是个人》《休战》《被淹没与被拯救的》。

当你重读经典，温习那些意义重大的书籍时，最初的读书想法常常会萦绕心间，但是今天这种情形不会如此。莱维写作的精确和力量总是让人震惊，但他审视自己与他人的道德严谨性更让我感动不已——更为重要的是，是他批判时的铁石心肠、冷酷无情，不给人留一丝情面。我非常欣赏作家兼评论家保罗·贝利对他作的评价，说他是一班子精挑细选的作家当中最有可能与其保持终身友谊的一位作家……（他）会告诉"我们人之为人的明确方法"。[16]我开始做莱维故事集中《这是不是个人》开头部分的笔记，今天重读此书，我被其中一句平素从未记住的一句话深深打动，这句话出现于他在描述黎明时分到达摩德纳附近的佛索利战俘营的时候。那天，他和他的朋友、同事以及其他许多人将被逐出意大利。他写道，黎明像"一个背叛者"如期而至，随之而来的是每个人的绝望与恐慌，接着就是这独有的一行如此平静地描述这种毁灭性的打击的句子："我们当中这些人说了好多事，也做了好多事，但所有这一切最好还是不要留下记忆。"

跟随书中文字，我们同莱维和他的649名人类伙伴一道，开始了流放的旅程。①[17]在战俘营，党卫军下士开始点名，并宣布那里有"650件商品"——顿时，所有在战俘营的犹太人都变成了物品。然后，他们被装上公共汽车，从佛索利战俘营送到卡普里的火车上。在那里的火车站，莱维描述了他们第一次遭到党卫军的猛揍，这种感觉居然如此新奇和愚蠢无知，以致他只有那种极度的惊愕：一个人怎么可能在不生气的情况下殴打他人？随之而来的便

---

① 后来，我读到伊恩·汤姆森（Ian Thomson）写的莱维传记，得知在1944年初佛索利战俘营的犹太人从最初的200人增加到700人，这主要得力于乌珀塔尔地区的前律师弗里德里希·博斯哈默的组织热情，此人当时是党卫军在意大利的犹太人清除行动的负责人。正是由于他确保佛索利战俘营"经济上"保有一定的犹太人数量，那么将他们驱赶到波兰才有可能。于是，他的副手做足了文书工作，确保党卫军与意大利国家铁路公司之间能够开展一些必要的合作。而将其总部设在维罗纳的律师博斯哈默堪称桌面屠夫的典范——他自始至终没有离开过自己的办公室，却杀死了成千上万的犹太人。

是五天五夜的饥寒交迫。大家挤在一起，莱维所在的货厢里挤满了45个人。有人透过车厢的缝隙向外望去，看到窗外另外一个世界还在继续，内心充满了痛苦，而现在这个世界已经离他们渐行渐远。一位女性朋友后来回忆道："这时候，我们已经游离在生活之外，正常人的生存——汽车、田野、农场——对我们来说已然是另一个国度了。这着实让人恼火……看到那些自由的人们在过着平凡普通的生活。在帕多瓦市附近的平原上，我们还看到骑着自行车的女孩们。外面的世界真真切切地就在那里——但它不是为我们准备的。"

书中写到史坦洛给他上了一课，这位前奥匈帝国军队中的中士在莱维到达布纳-莫诺维兹一周后给了他一顿教训。当时，史坦洛对莱维发怒，是因为莱维认为他洗洗刷刷、保持干净简直就是在浪费精力。因为都是快要死的人了，这样做还有什么意义？这位前士兵回答道：

> 正是因为集中营是一个会把我们从人变成野兽的杀人机器，那么我们就不能让自己为了生存而变成野兽……我们必须强迫自己行动起来，尽可能拯救自己的骨骼、肉体，以及文明。让他们看看，我们就算是奴隶，被剥夺了一切权利，受尽一切凌辱，最后注定被判死刑，但我们仍然拥有一种力量，并全力以赴去捍卫它，因为它是我们仅存的力量——反抗他们的力量。

《这是不是个人》一定是有史以来写得最为残忍的书籍之一。今天，在这个暖意融融、充满温馨的酒店里，我一而再、再而三地被莱维小说无情而残忍的细节所感染。小说详细描述了温度变化对人们的影响，对这些犹太囚犯来说，这种变化意味着生死。10月，波兰的极寒冬天终于来了，这意味着，在接下来的几个月里，即从10月到来年4月，我们10个人当中就有7个人要被冻死。谁要是不死，谁就要忍受着一分钟又一分钟、从白天到晚上、一天又一天的煎熬与痛苦：

从黎明拂晓时分到晚间分发汤食，我们必须保持肌肉持续紧张的状态，不时踮起脚来跳上一跳，不断拍打着胳膊来抵御寒冷。我们不得不用面包去换取所需的手套，当手套裂开脱线的时候，我们还得花数小时的睡眠时间对它们修修补补……每个人手上都留有伤口，要想伤口获得包扎，就意味着每天晚上要在风雪中耗上几个小时，等待有人为你处理。

恰如我们所谓饥饿不只是那种少吃一顿饭的感觉，我们倍感寒冷的方式也需要一个新的词汇来形容。我们说"饥饿"，我们说"浑身疲惫""恐惧""痛苦"，我们说"冬天"，这些都是不同寻常的东西。他们是自由的话语，为自由的人们所创造并使用，这些人在自己的家园里生活得或舒适或痛苦。如果纳粹集中营持续得久一点，那么这里一定会诞生一种新奇粗糙的语言，而且也只有这种语言可以表达在寒风中辛勤工作一整天的含义，那时气温降至零度以下，滴水成冰，他们只穿着单薄的衬衫、内裤、布夹克和裤子，身体已经被掏空，疲惫不堪，只剩下虚弱、饥饿，期待着末日快点来临。当我们离开小屋去冲洗时，才意识到天上没有星星，黑暗寒冷的空气中还有点雪的味道。天刚蒙蒙亮，在点名的集合场，我们集合在一起准备上工，此时没有人说话。初雪飞舞，当我们看到第一片雪花时，心里在想，去年还是这个时候他们就告诉过我们，我们还会在集中营里看到下一个冬天，除非我们去摸集中营的电网围栏……

今天还有件事让我想到，在这本书的大部分内容里，莱维把我们牢牢锁进那个世界，所用的就是一种让人无法忍受的现在时态，诸如"我认为""他举起""他们观望""我们倒下"等。阅读此书的累积效应是，我们在书中体验到的时间几乎是无穷无尽的，这点真的让人惊心不已。这样一种简单的文学创作技巧，却具有毁灭性的力量。例如，让我们看看在他的短篇《工作》中是如何运用这一技巧的。通过无休止地保持这种紧张感,莱维让我们和他一道走过集中营的生活与工作,抬举钢铁,感觉这钢铁就像嵌入了他的肩膀,陷在了泥泞里。他要我们读者和他一道生活在这个地方,他不会放我们走的。他要让我们明白,人类要对此负责。即使我们在舒适的环境中阅读这本书,读他书中的话,他的这种行为还在继续,要我们继续跟着他走。

我把莱维的书放在一边。现在已是下午时分,J此刻还在山中漫游。能在这里休憩,是多么必要啊,在这个康复或疗养的地方,好像时间也停止了。小说《魔山》里确确实实就有这样一个地方。我反思了一下我们曾经共同致力的一项事业——也就是我们平台组织成立至今有20年了。我感觉现在已经进入一个全新的领域,我们二人都需要更多的空间去写作、去探索我们的想象力,远离那种集中压力的管理,突破那种行政拓殖的空间限制。想到这里,我非常兴奋,毕竟我们为组织发展出一种全新的形式,并且极力让这种富于创造力的新形式开花结果。但我似乎也看到J可能会对此惴惴不安,对它的作用顾虑重重。有房间里暖气片轻柔的滴答声和远处白色山景为伴,我拿起了他圣诞节前准备寄出的两封信,重新读了一遍。房间里暖气宜人,有点让人昏昏欲睡。当黄昏来临的时候,我倦倦睡去;醒来的时候,J正好自山中探险归来。然后,我们彼此互换了角色,我出去散了一会儿步,而J也可以写点东西。今天活动不是很多,但很好。晚上的时候,我们在酒店吃了晚饭,最后在酒吧里跟当地的波兰人打了一会儿台球,令我们惊讶的是,他们的技术甚至比我们还要糟糕。

2004年1月3日,葛尔斯基酒店

今天感觉好多了,经过昨天一天的休整,我似乎能够抵御感冒的侵袭了。上午的时候,我和J做了一件十分惊奇又颇有必要的事情。我坐在房间里,刚写好一封给他的信,这封信我在八个月前就开始写了,当时他正好过40岁的生日。J端坐宾馆的另一间屋里,也在给我写信。有时候,事情没能完成，并非是因为它不紧急或重要，事实上，情形有时恰好相反。在这个冰天雪地的世界里，我重读了去年春天我在东伦敦的花园里写下的那几页未完成的信，这封信全是关于我们的想法，包括如何开展更为有力的合作，以及在这个蓬勃发展的平台上我们的亲密友谊究竟几何。

我试图将信中的几点线索串联起来，于是又重新将这封未完成的信写完。我想到了先前这些年中我们工作的步伐是如此之快，不可阻挡。这当中既有挑战，也有欢愉。我很想知道，此次旅行对我们两人来说是否让人吃不消，是否太劳心费神，令人不安。我又往下写了十几页，其中一些是关于男人的认知、人的脆弱性和人与人之间的密切关系，尽管我们各自的人生有了太多的改变，我仍然觉得我们之间在表达情愫方面还是存在一些挑战，我们两人之间的界限束缚着我，有时让我感觉沮丧。有时，我也在想我们是否能回到早些时候那种绝对的信任状态。我又想到一年多前我们在伦敦兰贝斯区布里克斯顿合租房时的生活。在那里，我们彼此袒露胸怀，连卧室、杂志和日记都是彼此共享、互相开放的。这其中究竟还有多少的单纯怀旧呢？可以肯定的是，这种生活方式并没有走到尽头。我隐隐地感觉到，我们正在迎来一个惊人的时刻——那就是经过多年的不懈努力，收获即将到来。或许一路走来，我们更加相信自己的声音。我们要给予这些心声以更大的自由，并非要以集体生活的棱镜来对每个声音进行过滤。这种景象绝非威胁，实际上是彼此心灵的解放。

又一阵降雪临风而来，白净了窗户，我写下了最后几句话：

所以，我亲爱的朋友，这封长信，我要就此搁笔了，我希望在接下来的日子里，我们能彼此交流得更多，当我们穿越雪地、跨越高山，穿过城市、行进营地或是行经那些生死场的时候，我们能谈论所有的这一切。这封信还有许多言不尽意的地方——譬如行事要乐观向上，坚忍有加；要处事老练稳重，纵使受阻，也要百折不挠。我仍然希望，通过这些年与你游历世界，能找到这些话语。感谢你陪我度过的这非凡20年，我们人生的旅程才刚刚开始……

后来，我们两人交换了信件，微笑着肯定了这种奇怪的维多利亚式的交流方式，彼此向对方鞠躬来交换信件，然后回到各自的房间去展开阅读。这时整个室内一片寂然，只能听见电器散热器发出的嗡嗡声，还有信件纸张被翻过的沙沙声。

午饭过后，我们把自己裹得严严实实，很是保暖，然后去往沃我撒特——我们此行的最后一个波兰村庄。我们一直沿路向上爬。在靠近安德烈酒吧的地方往左转，然后朝着山脊方向迈进，这里冰天雪地，只有一些树打破了平淡无聊的雪白。我们头顶上方的喀尔巴阡山脉在波兰和乌克兰之间蜿蜒曲折着。森林一片寂静，几乎毫无声响，但我们可以看到雪地上鸟儿踩出的小道。

快到沃我撒特的时候，我们在一片雪地上休憩，吃起了生平以来最冷的野餐，享受着罐头里的鲱鱼，然后在零下10到15摄氏度的环境下啃着巧克力。在回去的路上，黄昏已然降临，气温迅速下降。我告诉J，我最近在重读莱维的著作，并且建议他也从《这是不是个人》和《休战》开始读起。J似乎很能接受这一点，甚至表现得很热情。在这最后一天的旅程中，他的心情似乎好起来。而这反过来又让我此后信心大增、精神焕发。

晚些时候，我们回到宾馆，在酒吧安静的一隅，我读了些莱维著作中的摘录；随后，我们谈起这位来自意大利都灵的化学家。莱维从未想过要成为一名作家，但是战后他发现写作是一种迫切需要，这样才可以理解他经历过的苦难生活。

2004年1月4日，下乌斯特什奇到克拉科夫

公共汽车驶下山谷，我们在车里看着外面的世界，车窗上结了一层薄冰。汽车几乎在每一站都挤进了数量惊人的徒步旅行者。我们被周围的年轻波兰人吸引了，他们彼此彬彬有礼。这些十几岁的青少年身上，没有伦敦年轻人那种惯有的攻击性，以前我只在爱尔兰农村的年轻人身上见过这种难得的风范。难道在某种程度上它与天主教有关？或者还是因为这群孩子住在乡下的缘故？车内的热气融化了车窗上的冰，窗外的树木和星星点点的农场房舍也开始变得清晰可见。

　　车子再次穿过萨诺克，驶向热舒夫，终于在傍晚时分抵达塔尔努夫。在开往波兰克拉科夫的火车上，我们还在继续讨论莱维的作品，阅读马丁·吉尔伯特的节选录，当中的一些章节与我们火车穿行过的一些城镇不无关联。经过一番踌躇之后，我还是决定让J也看看我五年前第一次读到吉尔伯特作品中的那段话，这段话一直萦绕在我的心头，挥之不去，也许这段文字最令人不安和恐慌，是这位历史学家研究著作中颇具分量的一段文字，因为它指涉大屠杀的直接目击者扬·卡尔斯基及其讲述的在伊兹比卡[18]转移营铁路支线时的经历。伊兹比卡是个临时宿营地，所有犹太人都要从这里中转前往贝尔赛克灭绝营；这里位于波兰东南部，在扎莫希奇以北20千米的地方，距离我们今晚乘火车要去的波兰东北小镇仅有一个小时的路程。

　　卡尔斯基是波兰地下组织的重要人物，犹太组织的领导人曾要求他为华沙犹太人区和伊兹比卡区的犹太人被灭绝的过程出庭作证，这样盟国便可了解当时正在波兰发生的种族灭绝的现实。于是，卡尔斯基在1942年9月冒着生命危险，与一名犹太地下组织成员从华沙出发，前往伊兹比卡转移营附近的一个村庄。到了那里，有人将他带往一家村中的商店，这个商店是由一班帮助犹太地下组织的波兰抵抗力量的人运营的。随即，他换上了爱沙尼亚民兵制服。当时，与伊兹比卡转移营、贝尔赛克灭绝营和其他灭绝集中营的党卫军一道工作的人主要来自乌克兰，当然还有少量的卫兵来自波罗的海国家。没过多久，一名在伊兹比卡转移营的爱沙尼亚警卫（他也与犹太地下组织合作——主要出于自己复杂的原因才选择合作的）来接应卡尔斯基，并将他带进集中营。卡尔斯基后来"神圣"地（有时如幻觉般地）详细描述了他在伊兹比卡这个初秋午后所目睹的一切。我不相信任何宗教，所以，使用"神圣"这个字眼来形容卡尔斯基的这段文字，看上去颇为奇怪。然而，这个词也正是我回归的方向。这是因为他在书写，然后超越，超越人类理解力和忍耐力的极限。这不仅是因为他一而再再而三地冒着生命危险目睹波兰犹太人灭绝营中的惨状，还在于他试图以最大的努力向外面更广阔的世界传递这里正在发生的一切。这些行动，以及随后的讲述，已经大大超越了我们关于人类理解的极限，这其间存在一种只能称之为"神圣"的品质。面对如此恐怖，他一直坚持他所目击的一切。

这样的（屠杀）事件终究发生了，这也是正是卡尔斯基一再回去目睹的一切。那是一群人类对另一群人类做出的事情，它们就发生在这个地球上，离我写下这些文字的地方并不很远。我也需要知道这里究竟发生了什么，也许现在已经不可能弄清发生这一切的缘由。我始终认为，知道究竟发生什么，知道人类究竟有何般能耐，乃是我使命责任之所在。如果普里莫·莱维和扬·卡尔斯基有勇气能用适当的词汇来表述他们所经历的一切，我就会找到倾听他们的良方。当他们看到这些野蛮残暴的行为时，许多其他的人类竟将目光移开，装作视而不见。现如今，我们当中许多人将这种视而不见定性为一种犯罪，或者至少这也有过失之责。现在看来，将这种目光移开当作视而不见究竟意味着什么呢？我们应该如何处理诸如此类的知识信息呢，不该去了解吗？

在这个几乎无人的火车上，我将这本书递给了J，提醒他阅读下面这节文字：

> 集中营离那个村中小店也就一英里半左右的路程……大概要走上20分钟才能抵达那里，但不到10分钟我们就意识到了集中营的存在，大约在一英里远的地方……我们开始听到叫喊声、枪击声，还有尖叫声。在我们靠近这个地方的时候，这些噪音越发增强变大。
>
> "发生什么事了？"我问道。"那些噪音意味着什么？会是什么呢？"
>
> 他耸了耸肩："他们今天进来了一批'货'。"

我知道他说的意思，也没有进一步询问。我们继续向前行进，而那些声音越发大得吓人。时不时地，一连串长长的尖叫声或是可怕残忍的呻吟声让我头皮发麻、不寒而栗。

"他们逃跑的可能性究竟有多少？"我问了下我的同伴，希望能得到一个乐观的回答。

"一个也跑不了，先生。"他回答道。这彻底击碎了我的希望。"一旦他们走到这一步，他们就自己害了自己。"

……当我们离营地还有几百米的时候，那种叫喊声、哭叫声和枪击声进一步打断了我们之间的谈话。我再次注意到，或者，我想我应该是闻到了一种让人强烈不快的恶臭，好像是从腐烂的尸体上传来的，还伴有马粪的味道。这也可能是一种幻觉。无论如何，爱沙尼亚人可以完全不受它的影响，他甚至开始哼起家乡的某种民谣小调，自娱自乐起来。我们穿过一片看似老朽破败的小树林，直接暴露在这个充斥着大声叫喊、哭泣并散发着死亡气息的转移营前。

这个地方建在一大片平坦的原野上，占地面积差不多一平方英里。集中营四周有一圈长长的、令人生畏的倒刺铁丝围栏，差不多两米高，而且修缮得很好。在围栏内侧，大约每隔15米左右的距离，就分列着守卫的士兵，手里拿着带有刺刀的步枪，随时可用来杀人。而在栅栏的外面，民兵们围着营地不停地巡逻。营区里本身就有一些小棚屋或营房。除去这些，其他地方完全被这些密集嘈杂、颤动发抖的人群所占满。广场上那些饥肠辘辘的、浑身发臭的、打着手势的，还有精神错乱的人类，不停地运动着，表现极为焦虑不安。德国警察与民兵在他们中间穿行，必要的时候，他们还用枪托强行开路。他们默不作声地走着，脸上满是厌恶与冷漠的表情。这些人看上去就像牧羊人把他们的羊群带到市场或是猪贩子立在他们的猪猡中间。他们看上去疲惫不堪，似乎还有些厌烦，像是在做一件常规乏味的无聊工作。

……在我的左边，我注意到这个营地离旁边的铁路大概仅有100米的距离……在铁路上，还停着一辆布满灰尘的货运列车，一动不动地等待着发车。它至少有30节车厢，每节车厢都很脏。那个爱沙尼亚人循着我的目光向前望去……

"那就是把他们装上车厢的那辆火车，你会看到这一切。"

我们来到一个大门前，两名德国军士站在那里聊天……我还是犹豫了一下。那个爱沙尼亚人似乎认为失去了勇气。

"向前去吧！"他有点不耐烦地对我耳语道。"不要怕，他们甚至都不会检查你的证件，他们才不在乎像你这样的人呢。"

于是我们走到大门口，赶紧向守门的卫士敬礼。他们漫不经心地回了个礼，我们得以通过，进入营地，混入了人群，神不知鬼不觉地，没有人注意到我们。

"跟着我。"他大声地说道，"我带你去个好地方。"

我们经过一个犹太老人身边，他大概60岁，瘫坐在地上，一丝不挂。我不太确定他的衣服是被扯掉的还是他自己在疯狂中扔掉的。他就那样一动不动坐在地上，默默无语，也没有什么人对他予以丝毫的关注。他的全身肌肉都没有动过，他也许已经死去或已僵化，除了他那双炯炯有神的眼睛，还在一闪一闪地眨个不停。离老人不远的地方，还有一个小孩躺在地上，衣衫褴褛。他孤零零地蜷缩在地上，不停地颤抖，瞪着一双如兔子般惊恐的大眼睛。也没有什么人注意到他。

场地上聚集在一起的犹太人左右摇摆着，身体不停地战栗着，在营地走过来走过去，就像在一种疯狂而有节奏的恍惚状态中被集合在一起的。他们挥舞着手臂，大喊大叫着，或是抱怨争吵，骂骂咧咧，甚至彼此吐口水。饥饿、干渴、恐惧和疲惫已经让他们精神失常，变得疯狂起来。有人告诉我，这些犹太人通常会在这个营地待上三四天，不给任何吃喝，没有一滴水或食物。他们曾经都是华沙犹太人区的居民。德军将这些人围捕后，允许他们携带10磅（约4.5千克）左右的行李。大多数人带上了食物、衣服、被褥，如果还有别的东西的话，那就是钱和珠宝。在火车上，押送他们的德国人剥去了他们身上所有值钱的东西，甚至夺走他们喜爱的服装。于是，他们只剩下几块破布充当衣服，以及一丁点被褥和少许残羹冷炙。那些没有带上任何食物就下火车的犹太人，自从他们踏进营地的那一刻起就要一直忍饥挨饿。

这里没有任何类型的群众性组织，他们当中也没有人能够互相帮助或分享食物，很快地他们就失去了自我控制能力，或其他任何（道德）意识，除了自我保护这个最基本的人性本能。在这个阶段，他们已经完全丧失了人性。而且，此时已是典型的秋天气候，天气变得冰凉、阴冷和多雨。营地中的这些棚子根本容纳不下两三千人，但是每一批转移来的犹太人都超过了5000人。这就意味着总是有两三千名男人、女人和孩子散住在露天屋外，和其他物品一样暴露在阴冷的环境中，遭受天气的侵袭。

那种混乱不堪、肮脏悲惨和可怕丑陋的景象简直无法形容。空气中弥漫着一股令人窒息的恶臭，到处充斥着汗臭味、污秽味、腐烂味、禾草霉潮味，还有人类排泄物的味道……我们不得不在这帮人中间挤出一条路来，这简直就是一场可怕的折磨。我必须要一步一步地穿过人群，跨过那些躺在地上的人。这有点像强迫我行经一堆纯粹的死亡与腐败的身体，在他们还活着的时候，这些极度痛苦的生命脉动变得尤为让人害怕。而我的同伴经过长时间的练习，已经养成一种技能，能够避开地上的躯体，像柔术演员一样轻松地在人群中绕行。相反地，我有些心不在焉，举止也很笨拙，有时会与人擦碰，或者踩在某个人身上，那人会像动物一样反应迅速，通常会发出呻吟或尖叫声。每每碰到这种情形，我都止不住一阵恶心反胃，于是便会停下来。但是我的向导不断催我跟着走。就这样，我们穿过了整个营地，终于来到了离大门还有20米的地方，此处有一个通道，直接通向站台上的火车。这个地方相对不那么拥挤。走完这段磕磕绊绊、紧张出汗的旅程，我顿时感到无比释然。向导就站在我身边，说着一些话，似乎是在给我一些忠告。我几乎完全没有听到他在说什么，此时，我的心绪早已飞到了别处。他轻轻地拍拍我的肩膀。于是，我机械地转向了他，吃力地看着他。他提高了嗓门："看看这个地方，你要留守在这里，我还要往前再去一点，你知道你应该怎么做。记住，离爱沙尼亚人远一点。别忘了，如果出现了什么麻烦，记住了，你不认识我，我也不认识你。"

我一脸茫然地向他点了点头。他摇了摇头，也走开了。我漠然地待在那里，大约有半个钟头光景，看着这人类苦难的惨象。每时每刻我都有想要逃离这里的冲动。我不得不强迫自己对这一切保持无动于衷，冷眼相待，我并不是这些已被判处死刑并恐惧不已的人当中的一员，我以实用主义的策略来让自己信服，强迫自己放下心来，我的整个身子似乎绑成了结，强迫自己不受影响，时不时地转过身去，凝视远方，看看远处地平线附近的一排排树。为了得到一套爱沙尼亚人的制服，我还得保持高度警惕，每当有人靠近我时，我不得不在人群中闪躲回避，或是来到营房的后面。广场的人群还在痛苦地蠕动着，卫兵们在他们周围走来走去，不胜其烦，冷漠而又无情，偶尔也会开上一枪或是打出一拳来分散一下他们的注意力。最后，我注意到卫兵们的动作发生了些许变化。他们似乎都在朝同一方向望去——朝那个通往火车道口的过道，这个地方离我恰恰很近。

我自己竟然也朝那个方向望去。两个德国警察来到门前，还跟着一个高大魁梧的党卫军军官。军官高声发出一道命令，于是他们开始费力地打开大门。可门实在太重了，这位军官有点不耐烦地对他们大喊大叫。于是，他们疯狂地用力，最后终于把门打开了……

营地的整个系统设计非常有效，通道的出口被货运列车的两节车厢堵住了，因此任何一个犹太人想要逃跑的企图，诸如冲出人群或是逃离这里，无论他们是怎样镇定自若、沉着应对，那都是完全不可能的。而且，为了便于将这些人运上火车，那名党卫军军官转向人群，双脚叉开，双手叉腰，发出一阵咆哮，这声音真大，怕是会震伤他的肋骨，即使在人群中地狱般的胡言乱语中人们也可以听见。

"安静，安静。安静，安静！所有犹太人都要登上这列火车，前往下一个等着他们去工作的地方。保持秩序，不要推挤。任何试图反抗或制造恐慌的人将被击毙。"

他停止了说话，挑衅地看着无助的乌合之众，他们似乎不知道究竟发生了什么事。突然，随着一阵响亮爽朗的笑声，他猛地拔出手枪，向人群胡乱地开了三枪。一个痛不欲生的呻吟声回应了枪响的结果。他将手枪放回皮套里，笑了笑，准备再来一阵咆哮。"所有的犹太人，全部出去，全部出去！"这一刻，人群顿时安静下来。那些最靠近党卫军军官的人在枪声中瑟缩地退了出来，惊慌失措，试图向后躲闪。但此举遭到了这些暴民的抵制，因为从后方传来的一排子弹呼啸而出，让整个的人群疯狂向前躲闪，众人在痛苦和恐惧中尖叫。枪声在后面持续不断发出，丝毫没有减少，现在通道的两侧也是如此，人群变得越来越窄，暴民们野蛮地挤进了过道。众人极度恐慌，他们绝望而痛苦地呻吟着，匆忙地跑出过道……这里，又有新的枪声响起。火车入口处的两个警察向着过道里聚集而来的人群也开起了枪，以便让他们慢下步伐……党卫军军官在这震耳欲聋的混乱中又大吼起来。

"保持秩序，保持秩序！"他像疯子一样乱吼道。

"秩序，秩序！"外面的两个警察附和着他，发出了嘶哑的吼叫声，直接朝奔向火车的犹太人的脸开枪。

在这一轮前后枪击驱赶下，两节车厢很快便装满了犹太人。

现在，他们一生中最可怕的经历来了。地下犹太人组织"联盟"的领导警告我说，即使我能活到100岁，也永远不会忘记在这里看到的一切。事实上，他并没有夸大其词。军事规则规定每辆车厢只能运载8匹马或者40名士兵。如果没有行李，最多可有100名乘客紧紧站在一起，满满当当地挤在一节车厢里。但是德国人签发了命令，大意是，要求每节车厢必须装120—130名犹太人。现在这些命令正得到执行。德国警察时而驱赶这些犹太人，时而朝他们开枪，想要让更多的人挤进早已满满当当的两节车厢。枪声继续在犹太人身后响起，被驱赶的人群不得不向前涌去，这就给离火车最近的人们施加了不可抗拒的压力。所有这些不幸的人们，正被他们所受的折磨变得疯狂，他们被警察鞭笞踩躏着，被成群乱转的暴民向前推着，然后爬上火车，踩在已在车中的人的头上和肩膀上。

他们无能为力，束手无策，因为整个向前推进的人群的重量挤压了他们，只能回以那些痛苦的嚎叫。后挤进来的人们抓着他们的头发和衣服寻求支撑，踩在他们的脖子上、脸上和肩膀上。他们骨头折裂，大喊大叫，似乎是没有意识的愤怒，只能说明那些人想要爬在他们上方。超过20个人，有男人、女人、孩子，差不多都以这种方式进入车厢。然后，警察们"砰"的一声关上了门，把匆忙收回的、仍然伸出的四肢推开，将铁棒推就到位。两节车厢里挤满了人肉，差不多完全密封。与此同时，营地中回荡着巨大的声响，可怕而又痛苦的呻吟声与尖叫声怪异地混杂着枪声、咒骂声和吼叫的命令声。

其实还远不止这些。我知道，会有许多人不相信我，也不能相信我，他们大概会认为我夸大或捏造了事实。但我是真真切切地见证了这一切，并没有什么言过其实或虚假编造。只是我没有其他的证据，也没有照片来证明这一切。我所说的就是我所见到的，这就是真相。火车车厢的地板上覆盖着一层厚厚的白色粉末，它就是生石灰，即是经过简单处理的、未经脱水的石灰或氧化钙。任何见过水泥和生石灰混合在一起的人都知道，当水倒在生石灰上时会发生什么。石灰粉与水结合时，会产生气泡与蒸汽，进而产生大量的热。在火车上使用石灰，纳粹在野蛮的经济中用它起到了双重效果。那些潮湿的肉体一经接触石灰，便会迅速脱水而被烧伤。车厢里的犹太人过不了多久就会被灼伤而死，到后来只剩下皮包骨头，就这样，犹太人会在"痛苦中死去"。此举实现了海因里希·希姆莱1942年在华沙所签发的"按照元首意志"的承诺。其次，生石灰可以防止腐烂的尸体传播疾病，这样既高效又便宜——正是由于生石灰符合纳粹的（邪恶）目标，才被他们精心挑选出来。

通过重复使用这一程序来驱赶犹太人进车厢，大概需要三小时才能装满整列火车，直到黄昏时分，整整46节车厢（我数了一下）才挤满了犹太人。火车，从这一头到那一头，装着满满一列车活肉，颤颤巍巍地，就像被施了蛊惑，一阵一阵地抽搐着、颤动着、摇摆着、跳跃着。这中间也许会有一段奇怪而又一致的短暂平静，然后，火车会再次响起，开始呻吟和呜咽起来，哀号声和号叫声连绵不断。在转移营里，剩下几十具尸体躺在那里，还有一些处于死亡边缘的人奄奄一息。德国警察拿着冒烟的枪支，悠闲地在广场上走来走去，朝任意的目标射出子弹，一声呻吟或是一个死亡前的挣扎动作充分暴露了这些人不断发泄着过剩的精力。很快，一个活口也没有留下。现在这个安静的营地里，唯一的声音就是移动的火车里传来的令人恐怖的尖叫声。

然后，这些声音也听不到了。现在广场上气味难闻，恶臭连连，一股粪便和腐烂的稻草臭味扑鼻而来，还有一种奇怪的、令人作呕的酸臭味夹杂其间。我想，这大概是因为地面上流了许多血，污浊了这片土地，使地面也沾染上了这种气味。

我听着火车中的惨叫声渐渐远去，想到了它此行飞驰而往的目的地。我的线人详细地描述了火车的整个旅程。火车大概向前行驶80英里，最后在一片空旷贫瘠的荒野上停下来。那里暂时什么都不会发生。火车就这样停在那里，一动不动，耐心等待死亡渗透进每一节车厢的每一处角落。这需要两天到四天的时间。当生石灰、窒息与伤痛平息了所有的尖叫，一群人就会出现在那里。这群人将是一群年轻、强壮的犹太人，纳粹会指派他们去清理这些车厢，直到轮到他们这样死去的时候。在强大守军的护卫下，他们会打开车厢，移除里面成堆的腐烂尸体。他们将这些堆积起来的肉体烧掉，剩下的就埋进一个大洞里。清理、焚烧和掩埋等工作将花费一到两天的时间。

整个的处理过程大概需要三天到六天。在此期间，转移营将会送来更多的新的受害者。火车也将返回营地，然后整套杀人的工作又将从头开始，不断重复。

我仍然站在靠近大门的地方，凝视着远方看不见的火车，这时我才发现一只粗糙的大手搭在我的肩膀上。那个爱沙尼亚人又回来了。他发疯似的试图引起我的注意，与此同时又压低了他的声音。"清醒，清醒！"他哑着嗓子骂起了我。"不要站在那里张着嘴，快点，快点，否则我们两个人都会被他们发现抓住的。现在跟着我，快点！"

于是我远远地跟着他，感觉完全失去了知觉。我们到了大门口的时候，他向一名德国军官报告，并且指着我。我听到那个军官说道："很好，你们可以走了。"就这样我们穿过了把守森严的大门。那个爱沙尼亚人和我一起走了一会儿，然后就彼此分开了。

卡尔斯基回到了村中的小店里，身心俱疲，整个人都崩溃了。接下来的两天两夜，他居然高烧不退，不停地呕吐，无法控制自己，吃进去的东西全吐出来了，还咳出了血。到了第三天，他在店主的帮助下，才有足够的体力踏上返回华沙的火车。

*****

J借着车厢里昏暗的灯光看着书,并没有像平时那样用铅笔在书上胡乱地涂鸦笔记。他一言不发,大概持续了15分钟,也许更长时间。他终于读完了,抬起头,眼睛向窗外望去,好似受挫泄气一般。我试图和他说说话,他却挥手示意我不要过去,我以前从未见过他对我用这个动作。我开始怀疑自己将这篇文章介绍给J是否是恰当之举。话语会产生身体上的变化,有时这种变化极其微妙,彼此难以理解。火车缓缓驶过普拉斯沃集中营,这是一个全部被灯光照明的工厂,许多犹太人在这里遭到屠杀。我试着回忆起文学教授维克多·克莱普勒说过的话:"话语犹如小剂量的砒霜,它们在毫无知觉的情况下被吞咽下去,表面上看似乎没有什么效果,但是过了一会儿,毒性就开始发作了。"[19]

我们终于返回了克拉科夫,全身上下罩了一层白雪,在夜幕下闪闪发光。我们在离广场不远的地方找到一家宾馆住了下来。20世纪30年代的宏伟风格在这里渐渐褪色,电梯周围多是淡绿或淡白的精美铁艺作品。J始终沉默不语。这种不同寻常的情形还是需要我来处理的,我似乎很高兴自己能应对这种场景。我们出去找点吃的吧!前台穿着马甲的人60多岁,英语水平有限,但是他的发音还是很优雅的。他对此时餐馆是否开放也不是很清楚,不过他拿起了一本小册子:"明……天……的……旅程?奥斯……维辛?要参观盐洞吗?"

他用一种歌咏的语调背诵这些话,差不多向每位游客反复提出这种建议——这样做极其不光彩,显得很刺耳。这也正是我尽管在过去10年里做了很多这方面的研究,却迟迟不去奥斯维辛的原因。在我们的旅途行程中突然被画上一道记号,似乎是一种亵渎。第三天:参观布拉格、卡塔老城、伏尔塔瓦河上的查理大桥和莫扎特故居。第四天:克拉科夫、市集广场吃早餐、参观奥斯维辛，及时赶回这里参加大教堂的音乐会……现在已经很晚了，今天又是星期天，做什么事都不合时宜，大多数餐馆都已经关门不营业了。我们最终还是来到一家几乎无人光顾的快餐店，吃了一些倒人胃口的烤肉串。狂野的群山与安德烈酒吧似乎是两个相隔遥远的世界。

三、走进一片清白的世界

2004年1月5号，克拉科夫

我们断断续续地睡了一会儿觉，早餐是在酒店吃的。J的心情似乎已经有所好转，于是我们讨论了一下今天的计划。让我们备感意外的是，上午没有直达奥斯维辛的火车，但我发现有一列火车是要前往切比尼亚的，这恰好在我们的目的地的半道上。我想了个办法，决定坐上这列火车出发。雪越来越厚，火车在铁路上缓慢行驶，嘎吱作响，大约过了半小时，火车就在一个小站停了下来——这里一定是切比尼亚了。我们坐在长凳上，脖子上裹着围巾，头上戴着帽子，我拿出莱维的书，开始读给J听。59年前，化学家普里莫·莱维就在这里待过——事实上，正好就在车站旁边的铁轨上，在集中营得到解放的几周后，1945年2月，他从克拉科夫前往卡托维兹，想要向其他人讲述他在集中营里的遭遇：

> 我爬下月台，借机伸伸腿，整个人差不多已经被冻僵了。也许我是第一个穿着斑马服出现在切比尼亚的人，我顿时发现自己成了一群好奇之士关注的中心，他们喋喋不休地用波兰语向我问东问西。我尽可能用德语回答他们，这时在一群工人和农民中间出现了一名中产阶级分子模样的人，他头上顶着毡帽，戴着眼镜，手里拿着一个皮公文包，显然，他是一名律师。
>
> 他是波兰人，法语和德语都说得不错，温驯有礼，为人和善。简而言之，他满足了我所有要交流的必要条件。终于，在长达一年的奴役与缄默之后，我有生以来第一次意识到他是一位信使，是文明世界的发言人。现在，我有一大堆要紧的事要告诉文明世界的人们：是我的事情，也是每个受害者的事情，是事关流血死亡的

事情，（在我看来）这些事情应该会撼动每一位有良知的人的根基……他不断地追问，我也以令人眩晕的速度讲述我个人最近的苦难经历，关于附近的奥斯维辛集中营里的情况（然而，好像所有人对此一无所知），还有我独自一人逃离纳粹的大屠杀的经历，包括我所遭遇的一切事情。这位律师将我的话当众翻译给在场的波兰人听，因为我不懂波兰语，但我知道该怎样讲"犹太人"，怎么去表达"政治"，我很快地意识到我所说的一切，在翻译那里虽然令人同情，但并不忠实。这位律师在向公众介绍我时，将我描述成意大利的政治犯，而不是意大利的犹太人。我质问他为什么这样翻译，对他的翻译我很是惊奇，感觉受到了冒犯。他不无尴尬地回答道：

"请息怒，这样对你更好，战争还没有结束……"

我感受到一种自由，在众人之中我找回了做人的一切，感觉我还活着，就像一股温暖的潮水从我身上退去，猛地发现，我自己突然苍老不已，毫无生气，整个人疲惫不堪，这已远远超出人类能用语言做出的描述……那些听我讲话的人开始偷偷地溜走：他们一定是明白了什么。在奥斯维辛集中营的那段夜里，我曾梦想过，我们一直都在做这样的梦：要做诉说者，不要做倾听者，要寻找到自由，也要内心独守。过了一会儿，我便和这位律师单独待在一起，几分钟后，他也离我而去，之前还在一直彬彬有礼地为他自己辩解开脱。他告诫我最好不要说德语，当我希望他给我一个合理的解释时，他含糊地回答道："波兰是一个悲伤的国家。"律师祝我好运，给了我一些钱，但我拒绝了。在我看来，我的所说所做他似乎深受感动。[20]

我们凝视着火车轨道对面正在修候车室的建筑工人。在那里，莱维一个人落寞地站在站台上。周围喧闹的人群更加衬托出他的孤寂，他的脑子里满是昔日惨死在集中营里的人们的声音和他们的脸庞。在这样一个时刻，究竟还有什么人类精神值得继续延续下去？奥斯维辛集中营里的人类大灾难，还是挺了过来，总之也活了下来。慢慢恢复的力量和意志也将继续前行，然后便是第二次毁灭。如果你的声音没有被人听到，那么"活着"还有什么意义？莱维后来重返意大利，写下他的《这是不是个人》反映集中营的生活，回忆与反思那段苦难的经历。从1945年夏天到1946年初的这段时间里，他的大脑完全被这样一个理念占据着，那就是有必要向世人交流自己的那段苦难经历。他以痛苦的紧迫感来写这本书，仅仅几个月时间就完成了这本书的写作。唯有写作，才让他觉得自己能重新开启新的生活。

让我无比困惑的是，我们的社会居然14年来一直无法听到莱维的发声。这本书，有着巨大的力量，也保持令人敬畏的克制，但在意大利这个国家，实际上没有留下一丝踪迹，也无人问津。该书当时在出版的时候被主要出版商拒绝，只有都灵一家小小的出版社弗朗西斯科·德·席尔瓦在1947年10月愿意承印，当时这本书的销量不超过1500本。而且这本书的情形——与美国作家梅尔维尔的《白鲸》命运的引人注目的历史遥相呼应（此书在当初出版时也为世人无视，仅存下来的书随后在一场仓库大火中焚毁）——剩下来的1000本书随后毁于仓库里涌入的洪水。这本书仅得到少许温和的评价，莱维只好重返工业化学家的工作，在都灵郊区上班。究竟是什么在1947年让世界听不到莱维的声音？这种听不见的社会效应，会不会随着时间的推移而潜移默化地改变世人对他们的看法？

即使在11年后的1958年，颇有声望的意大利出版商伊诺第终于同意出版新版的《这是不是个人》；1959年，猎户星出版公司出版了此书的第一个英文译本，但这些版本在出版之初并没有引起太大的轰动。直至1961年2月德文版发行于世，上市就立即销售了2万册，这本书才获得了它应有的赞誉——不过已经是在它问世的14年之后了。①豪尔赫·森普伦，另一位幸存者，也是一名目光深邃的作家，他曾写过自己在布痕瓦尔德集中营所遭遇的驱逐和苦难的经历，但是他的著作（《朝圣之旅》）等待了18年才得以出版。这与莱维的经历何其相似，这种拖延介于他的第一部作品与他出版的第二本书之间，前者默默无闻，为人忽视，后者《休战》（ La Tregua，1963，又名《劫后余生》）却引起了全球的轰动。仿佛在深不可测的历史进程中，他们已经发展出卓越的倾听能力，超越了我们生活中所有那些琐碎的境况。[21]然而，这一变化发展却更加值得关注，让人为之着迷，因为它与关于苏联古拉格集中营的第一次报道不谋而合，因为后者设法超越了西方传统上善于猜疑和误解的屏障：亚历山大·索尔仁尼琴的《伊凡·杰尼索维奇的一天》刚好也在1963年的这个春天面世。今天这个世界上还有哪些声音是我们作为社会这个整体所不能听到的？

*****

现在没有火车开往奥斯维辛，大概还要等一个半小时的样子。这里的公交车什么地方都去，唯独不去那里。于是我们还是搭乘一辆出租车走完这最后的20千米路程。我们很快便进入一个毫不起眼的小城。城外多是轻工业的建筑，我们看到了一个在阳光下亮闪闪的英国石油公司的新车库。

过去20年里，我读了许多关于奥斯维辛集中营的书，也对此思考了许多，但是这次来访似乎有些虎头蛇尾。我们将背包放在火车站的行李寄存处，这才意识到在这个小城居然还有这样一个地方，确实有些讽刺的意味。我们在对面的售货亭买了一张小城的地图。我们对今天要做的事情有着非常

---

① 最值得注意的是，即使在《这是不是个人》的英文版和德文版在全球范围内大获成功后，第一个希伯来文译本才在1988年问世——其时已是莱维去世一年后了。更值得广泛关注的问题是，大屠杀的几部关键作品也只在1960—1961年间出版。

明晰的规划，我们打算将最原始的奥斯维辛集中营（又称奥斯维辛一号集中营）与布纳-莫诺维兹建筑群（又称为奥斯维辛三号集中营）关联起来。于是我们向南走了几分钟，与铁道线并排行进，经过一些外观丑陋不堪的三层砖房，然后左拐，顺着圣·莱斯奇斯基耶路走去，这是一条又长又直的道路，两边都是樱桃树。在我们右手边，是一些被毁弃的工厂。我顿时就想知道这些工厂是什么时候建造的。这个小城中的每一栋建筑，就像这里历经沧桑的一位位老人，现在问题是——是在（集中营建成）之前还是之后？想象一下，作为一个在这里成长的孩子——你的身上一定背负着深重的历史包袱。当别人询问你来自何方，你该怎么回答呢？

约莫过了15分钟，我们来到了博物馆综合体，在我们的左方也就是集中营的主要建筑地。今天，广阔的停车场里一片安静，大部分雪都没有被行驶泊车的汽车所打扰，一个看起来无聊的司机正在抽着烟等客人。大概这里还有十几辆车吧，现在正是旅游的淡季。虽然我们不打算进入博物馆，但还是朝着它的入口方向走去。我们脑海里早已有一张不一样的地图，有着不同的观察焦点和一系列的疑问。我们来到博物馆外的一家书店。我们进来的时候，一位戴着眼镜的中年妇女站起身放下手中的书。我用结结巴巴的英语问她是否会说英语："您会说英语吗？"

"会一点点。"她回答道。

这个书店看上去很小，但似乎存书很多，有几百种图书，从广告传单到种类广泛的学术著作，多种类别应有尽有。

"您能谈谈对布纳集中营、莫洛维茨集中营或法本公司的看法吗？"

她看起来非常地惊诧，很显然这不是她熟悉的问题。"啊，没有……我们没有，啊，是的，也许这本书里有，也许有一章写了吧，但是只有德语版本。请稍等。"

她来到书店的后面，在一些低矮的书架上努力翻找，回来的时候她看上去如释重负："这本书里应该有一些是你们想要的，但只有一部分。"

她递给我这本《奥斯维辛集中营劳工》，在这本书里有一个长达四页的章节，标题为《法本公司对第三帝国经济的贡献，以及公司使用囚犯劳工的起源》，在该书索引中还有十处提及莫洛维茨（布纳）集中营。在这家书店里的数百本的书籍中竟然只有四页有这方面的记载。

"请问，还有没有别的书？关于布纳集中营或者莫诺维茨集中营的？"

"抱歉，没有了。"

"这里就这一家书店吗？博物馆里还有书店吗？"

"应该有，你们可以去看看，但是……"女店主耸了耸肩，看上去一脸疑惑。我买下了这本书，顺便也买了一本关于奥斯维辛集中营——比克瑙集中营的官方指南。就在我们准备离开书店的时候，她似乎想起了一些事情："请稍等，你们有游览地图吗？"于是，我们将小城的游览策划放在了柜台上，一起讨论起来。

"我想，在布纳-韦尔克应该有一座纪念碑，我没有去过那里，但我认为那里会有纪念碑的。是的，就在那里。"她指着地图上一个很不起眼的黑色小柱子图标，旁边也没有任何文字提示可供参考。我们向她表示了感谢，然后起身离开。

接着我去了博物馆入口处的小书店，询问那两个集中营的书，那里的年轻人只很客气地微笑着，摇摇头对我说道："对不起，我们这里没有。"

我们只好再次来到室外，在1月淡淡的阳光下，J正在查看拍摄于战争结束时的放大的航拍照片。在这张地图上，有三个地方用红线标出——奥斯维辛集中营一号（也就是我们现在所处的位置）、奥斯维辛集中营二号（也即比克瑙集中营）和奥斯维辛集中营三号（即莫洛维茨集中营）。我开始对这三个地点的地理范围与他们所遭遇的文化历史关注度之间成反比的关系感觉困惑。每年大概有100万游客涌入我们现在所处的地方，也就是奥斯维辛集中营一号。就在这里，人们可以看到大门上写着这样的字眼："劳动创造自由（Arbeit Macht Frei）。"尽管从文化上，这个地方的集中营在我们所接受的大屠杀影像知识中占据了中心位置，但是其历史与现实大相径庭——奥斯维辛一号集中营主要是关押波兰囚犯和纳粹的政治对手的。从地理位置来看，它小得惊人，占地面积几乎不到1平方千米。奥斯维辛-比克瑙集中营要比这里大上10倍，差不多有120万人在这里遭到屠杀。游客当中只有一小部分人在参观完奥斯维辛一号博物馆后乘坐旅游巴士来到这里访问。至于奥斯维辛三号集中营，从地理和经济的角度来看，它比另两个集中营要大得多，在战略意义上也更为重要，今天还能勉强存在，也只是单纯为了纪念而已，这里几乎没人来访。而且官方版本的24页奥斯维辛旅游指南也只有半句提到奥斯维辛三号集中营，也即莫洛维茨集中营：①

> 1942年，在奥斯维辛附近的莫诺维茨设立新的营地——奥斯维辛三号集中营——建在德国化学工厂法本工业公司的厂地上。

我们开始从奥斯维辛一号集中营向奥斯维辛二号集中营走去，行走中，我们在想究竟是什么让这种抹杀历史的现象出现呢？普里莫·莱维将是我们今天参观的向导。在奥斯维辛一号集中营的围墙边，我看着被皑皑白雪覆盖的树木所占据着的地面，突然理解了莱维关于从意大利到奥斯维辛集中营的火车旅行的文字描述。火车缓缓地驶出阿迪杰河附近的山谷，"次日中午，火车驶过布伦纳山口，每个人都站了起来，但没有人说一句话。……在我所在的车厢里有45个人，只有四个人又看到了他们的家乡，这也算是到目前为止最幸运的车厢了"。然后，火车就到了我们现在站着的这个地方，到达我们现在所在的城镇，并开始挑选：

"在我们的车队中，有不超过96名男子和29名妇女分别进入莫诺维茨-布纳集中营和比克瑙集中营……其他人当中，大概超过500人，没有一个人活过了两天。"莱维大约在60年前的1944年2月下旬抵达奥斯维辛集中营，下了火

---

① 早在2003年，在我们策划此次旅程时，奥斯维辛集中营的游客数量每年不到100万人。自那时以后，来访人数大幅增加，仅在2016年就有205.3万游客参观了集中营博物馆和纪念馆。

车之后，他的手臂立即被文上了"174517"这个数字，正如集中营史记①所载录的那样："1944年2月26日，650名佛索利战俘营的犹太男人、妇女和儿童乘坐德国国家安全总局的运输车辆抵达这里。德军对他们进行挑选，此后，编号为174471—174565的95名男子和编号为75669—75697的29名女子获准进入营地，剩下的526人在毒气室遭到屠杀。"

现在天气越来越冷了，气温突然降至零下，我们停止了阅读，哪怕再想读上几分钟也是十分困难，于是我们在雪地里跺脚取暖。接着，我们继续往前走，转过围墙的一角，开始向东边走去。集中营里居然有一处果园，这看起来多么不协调啊。果树长得很快，湮没了过去，我们也很快意识到，60年前这里可能连一棵树都没有。

我们走到了集中营后门的入口处，不知为什么，我居然被什么吸引住了。就在我们眼前，居然有个顶上长着茅草的掩体，两边各有一个，向下倾斜。然后一股强烈的意识刺痛了我。这里竟是仅存的完整的毒气室和火化场。它并不像后来在比克瑙集中营那样专门制造的一个个临时屠杀中心，以前这里只是一个卖蔬菜的小商店，所谓集中营也只不过是波兰军队的营房。在靠近公路的地方，也就是我们刚刚路过的地方，还有一些别的建筑物，我对所见到的一切感到惊讶。不到30米远的地方是一个看上去很壮观的街区，后来我发现这里居然是党卫军医院，比克瑙集中营里的另外四个毒气室和火化场离集中营里的其他建筑都要远得多。难道纳粹当局不考虑这些建筑物彼此相邻的因素？难道集中营里那些恐惧的尖叫声就是从这里穿过整个营区的？

我们抬头看着灰色平顶的混凝土掩体，在它的后面是一个高高的砖砌烟囱，我曾记得菲利普·穆勒——一位捷克斯洛伐克的犹太人，奥斯维辛特遣队（由关押的年轻力壮犹太人组成）中的为数不多的幸存者之一——在作品中详述了62年前这里发生的一切。1942年4月13日，他和1076名犹太同胞乘坐

---

① 摘自《奥斯维辛集中营编年史1939—1945》，历史学家丹努塔·切克编辑。

最早的大屠杀运输车辆从斯洛伐克抵达奥斯维辛集中营。①之后,他被迫与特遣队的其他犹太人成员一道工作,在奥斯维辛集中营的第一个毒气室里剥去尸体上的衣服,再将这些尸体拉到隔壁火化场的两个炉子里进行焚烧。他目睹了党卫军官员的屠杀技术的发展,这种发展使得大屠杀的流程变得更为顺畅。党卫军并没有使用极端暴力迫使犹太人进入毒气室,他们意识到更巧妙的方法要比暴力驱使有效得多。他曾描述说,他亲眼看到几百名波兰犹太人被带到我们站的院子里,他们根本不知道他们距离毒气室只有几英尺远,而且他们将在几分钟内死去。党卫军的心理操纵是极具毁灭性的:

> 一开始,人群突然安静下来,几百双眼睛转向火化场上方的平屋顶,对,就是那里,正是入口处的正上方。……奥梅尔就站在那里,两边分别是格拉布纳和霍斯勒……奥梅尔首先发话……他对那些惊吓不已、惊慌失措和备受怀疑煎熬的犹太人进行有说服力的谈话。"你们来到这里,"他开始说道,"是要和我们的前线作战士兵一样工作。任何有能力并且愿意效力的人都会没事的。"奥梅尔讲完之后就轮到格拉布纳了。格拉布纳要求在场的人脱掉衣服,因为这也是为了他们自己,他们必须进行消毒。"首要的是,我们必须看到你们体格是健康的。"他说道,"因此,每个人都必须去洗个澡,一旦你们洗完澡,会有一碗汤等着你们的。"
>
> 这群人热切地倾听他们发出的每一个字句,生的希望又重新回到这些男男女女仰起的脸庞上。就这样,党卫军们的预期效果就已经达到:这群犹太人最初的怀疑让位给了希望,甚至开始相信一切仍将有幸福的结局。霍斯勒察觉到人群中情绪有变化,便立即上台

---

① "帝国中央保安总局从斯洛伐克遣送过来的634名犹太男子和443名犹太妇女,分别得到了28903—29536的编号和4761—5203的编号"(摘自《奥斯维辛集中营编年史1939—1945》),其中穆勒的编号为29236。

讲话。为了给这次大规模的骗局披上完全诚实的虚假外衣,他上演了一场完美表演,来欺骗这群毫无戒备的人们。"嗨,你,在角落里的那位,"他指着一个小个子男人喊道,"你是干什么的?""我是一名裁缝。"对方迅速回答道。"专制女士衣服还是专制男士衣服啊?"霍斯勒问道。"两者都有。"小个子男人自信地回答。"棒极了!"霍斯勒很是高兴,"这正是我们营地工作间需要的人,你洗完澡后,马上到我这里报到。嗨,那边的那位,你能做些什么?"他转身向站在正前方一位漂亮的中年妇女问道。"我是接受过专业训练的护士,先生!"她回答道。"真是了不起!我们医院正急需护士,如果你们当中还有受过培训的护士,请他们洗完澡后立即向我报到……"

顿时,人们所有的恐惧和焦虑如魔术般消失不见了。他们静静地脱下衣服,像温柔的羊羔一样,也不用对他们大喊大叫或是殴打他们。每个人都尽量加快脱衣的速度,这样他们可能就是第一个先去洗澡的人。不一会儿,院子里空无一人,只留下了鞋子、衣服、内衣、手提箱和盒子,胡乱地散落在地上。就这样,在纳粹们的哄诱瞒骗下,数百名男子、妇女和儿童没有一丝反抗,天真无邪地走进完全没有窗户的火化场,当最后一个人跨进火化场的门槛时,两名党卫军士兵"砰"的一声关上了装有橡胶密封条的厚重铁门,然后牢牢地闩上。[22]

穆勒随即描述了其他戴着防毒面具的党卫军士兵爬上火化场的屋顶,将化学晶体从六个开口处倒了进去。与此同时,院子里所有的卡车都发动了引擎,以防止集中营附近建筑里的人能听到从集中营里面传来的死亡尖叫与挣扎声。奥梅尔和其他人对了一下他们的手表,看看这些声音将会持续多久,然后自豪地向看到整个屠杀过程的部下吹嘘道:"嗯,你们两个,现在明白了吗?就是这么做的!"

1942年夏末，在比克瑙集中营建成的四个专门的毒气室和火化场开始运行，大规模屠杀的中心从奥斯维辛一号集中营转移到比克瑙集中营——这里离我们现在站的位置往西北方向两千米。

*****

当我们进入室内，气温骤然下降。里面没有别的人，我们看到一块黑黢黢的长方形石头和混凝土墙壁，墙壁上饰有条纹，只有裸露的白炽灯在昏暗地照着。

这里没人说话，什么都没有。

一切皆是空无。

我们走进隔壁的房间——这是火化场的原型房间。这里存有两个焚化炉，上面还有制造商的大大醒目的标识，即德国托普夫父子公司（Topf & Söhne），公司以向帝国提供焚化炉而名声在外，在战后依旧保留了其品牌名称。[1]

在焚化炉的后面是一个储藏室，我们在这里面辨认出几十个生锈的金属器具，这些器具都用来处理烧焦的尸体。有些像扭弯的耙子，有的像叉草的叉子，有些看起来不像我们已知的物件，是临时用来野蛮处理尸体的。一看到这些器具，我顿时想起约瑟夫·博伊斯，似乎他的作品又放出了光芒。他所有的作品都重归了那种锈蚀斑斑的尖叫主题，知识在这里无可挽回地被玷

---

[1] 1961年，莱维发现托普夫父子公司正在为一种民用的火化方法打广告，他被深深地激怒了。他请来朋友阿莱桑德罗·加罗内——一位都灵地方法官和人权活动家，就这个议题为意大利《新闻报》撰文。加罗内应邀撰文一篇，但托普夫公司并未回应（参见伊恩·汤姆森的传记《普里莫·莱维》）。莱维也在其1986年出版的著作《溺死者与被拯救者》的序言中专门提到托普夫公司：……时至1975年，该公司还在建造民用火化场，并未更改其产品名称。1996年，托普夫公司最终宣告破产。

污了。

我们离开了这里，身体止不住地发抖，没有什么话想要说。终于我们又向东进发了，就在围墙的外面，我们经过了一些房子，心想还有谁会住在这里呢？我们沿着一条稍显繁华的主干道，一直走到一个环形交叉路口，随后我们穿过索拉河，那里曾是奥斯维辛集中营的指挥官赫斯和他的孩子们经常游泳的地方。

我们又穿过一个小公园，顺着一条看似环绕小镇的环路，在我们的右手边就是广阔的原野。我每走大约500米就拍一张图片。顺着向右拐的路，斜着向一栋10—12层、略微倾斜的公寓楼走去，然后走进现今的这座老楼，这里看起来更像另外一个城镇。在我们的地图上标记为"化学家庄园"的地方——难道与法本公司建在莫洛维茨的巨大化工厂有关联吗？大约又走了一英里，这些房子渐渐消失殆尽，出现了一条林荫道，几乎每棵树都被覆盖的冰雪刻蚀着。就在那边，我们到达了布纳集中营建筑群的西南角。我们差不多走了6千米才穿过了整个小城。

我们又开始往北走去，紧邻着一条主干道。在右方红白相间的围栏后面，我们看到一个标志牌，上面写着"德沃里化学公司"，外面运输液氮的卡车正等着进去。让我们震惊的是，德沃里化学公司作为法本公司在布纳的工厂，至今仍在运行。一家化学公司居然就这样简简单单地接管了这个大屠杀集中营，并继续在这里做化学产品的生意。继续往右一点，我们见到了像是纪念碑的构造物——这是一个抽象的铁丝网图案，上面覆盖了一层厚厚的冰雪，看不到任何碑文题字，也没有任何标识向路人解释这个地方的性质及其来源。我们花了点时间清除掉一些带刺铁丝网上的冰雪，试图找到一些提示性文字，挖掘出这里的一段历史，但是一无所获。

现在，光线也不那么充足，而且也下起了阵阵小雪。我们只好返回到西南角，开始沿着这个建筑群南侧向前行走，紧挨着通往扎托尔的那条日常交通公路。但是，我们误判了这处建筑群的规模，以为它的规模并不算大，其实这地方很大，通常是一千米接一千米的直线线路。我现在关心的是，我们能否到达莫洛维茨集中营，那里曾是普里莫·莱维囚禁的地方，他在那里度过了不可思议的一年。这条结冰的交通主干线上车辆川流不息。在我们的左边，在混凝土柱子和锈蚀的铁丝网后面，化学工厂还在滋生蔓延，到处都是工业厂房、错综复杂的运输管道、高大的烟囱和砖塔。一个疑问老是浮现在我的脑海里：这些建筑中究竟有多少是建于20世纪40年代的？我总是有种奇怪而又固执的观点，认为建筑中的砖块和窗户是最好的历史见证者，它们好像留下了曾与其擦肩而过的人的痕迹。在其中一处厂房上方，有一个白色油漆刷出来的号码——739。在这里，任何一个细节都是意义非凡的，于是我擦去镜头上的雪花，又拍了张照片。看到其中一些建筑仍在发挥着功能，我感到异常惊讶。有些建筑在"二战"期间就已经在这里了，其中一些就是莱维和奴隶劳工一同建造的，现在这些建筑依旧向天空喷吐着烟雾。在其他一些建筑上，我们也发现了更多的白漆刷的数字——761、922。于是，我又拍了几张，想要记录下这一切。走这条直线线路，大约走了20—25分钟，一直走到钢铁架桥和许多管道的下方。现在已是黄昏，气温开始急剧下降。沿着这个围墙我们走了半个小时，这时在我们的右边有一处标识——"尼瓦-莫洛维茨"，我们终于到了这里。

*****

奥斯维辛三号集中营——莫洛维茨集中营，我们终于抵达了这里。在地图上，它是块小小的矩形状，就在布纳建筑群的东南方向。自我第一次阅读《这是不是个人》以来，我就已经对这个地方有了视觉上的认知，至今已有20多年。不知何故，这块小小的地方一直在我心头魂牵梦萦，挥之不去，我终于重返这里。成千上万的少数族裔曾生活其间，在此受苦受难，最终惨死在这里。在他们当中，只有包括普里莫·莱维在内的很少一部分人幸存了下来，上句话中的四个词有三个看上去不很恰当："死亡"是事实性的，其他的情形我们则无法得知；在这里"生活"或是"受苦受难"或是"幸存下来",究竟意味着什么呢?

如何理解这些话语的现实性意味呢?当然,在这些人中,我们只有他们留下的生命痕迹。

匈牙利化学家索莫伊,死于1945年1月26日,也就在苏联人解放这里的前一天。

拉克马克,一位17岁犹太男孩,来自荷兰。

马克西姆,巴黎的裁缝。

塞尔特莱特,来自法国孚日地区的阿尔卡拉,图卢兹的一名犹太玻璃工匠。

申克,一名来自斯洛伐克的犹太商人。

阿尔伯特,一位22岁的意大利人,是莱维在集中营里分不开的同伴,二人曾共享食物。

托瓦罗夫斯基,法国-波兰籍犹太人,时年23岁。

卡尼奥拉蒂,孚日地区的年轻农民。

科斯曼,路透社记者,来自法国阿尔萨斯。

阿斯肯纳兹,希腊理发师,来自萨洛尼卡。

亚瑟,一位孚日地区的瘦弱农民。

查尔斯,一位32岁的教师,来自法国洛林地区。

布拉基耶和坎德尔,在此处化学实验室工作的化学家。

莱维和莱维,有两个同名的莱维都在化学实验室里工作。

克劳斯·帕利,一名来自布达佩斯的匈牙利人——身材高挑瘦削,戴着眼镜,举止有些笨拙。

巴普,一名希腊人,20岁。

库恩,这位应当感谢上帝而没有被上帝选中的老人,他曾激发莱维写道:"如果我是上帝,我会唾弃库恩的祈祷。"

萨特勒,一位来自特兰西瓦尼亚的身材高大的农民。

勒内，年轻而有朝气，却被纳粹选中死去。

韦特海默，时年60岁，患有静脉曲张。

平克特先生，外交官，曾在比利时驻华沙大使馆工作。

让，一名学生，来自阿尔萨斯，24岁，莱维曾试图为他翻译但丁的诗歌。

利门塔尼，来自意大利罗马的弗伦克尔，是名间谍。

斯特恩，喜欢眯着眼睛的特兰西瓦尼亚人。

亚历克斯，意大利卡波人，对医生不屑一顾，典型的知识分子。

门迪，犹太教的拉比，来自俄罗斯的激进犹太复国主义者。

巴拉。

查吉姆，一名波兰钟表匠，虔诚的犹太教徒，莱维的上下铺室友。

齐格勒。

伊斯·克劳斯纳。

皮耶罗·索尼诺，莱维的朋友，来自罗马。

亨利，法国人，通晓多国语言，在集中营里善于操纵他人，也是幸存者。

埃利亚斯·林津，来自华沙，肌肉发达，个子不高，喜欢动来动去，总是忙忙碌碌。

阿尔弗雷德·L，一位冷漠的工程师。

舍普舍尔，西班牙加利西亚人。

莫伊施尔。

洛伦佐，一位农民工，他曾提醒莱维"外面有一个公正的世界"，唤醒了他的人性，给了他继续前进的力量。

邓普勒，特工队中的组织者，喝汤很有特色。

菲舍尔，匈牙利人，通常不会一下子吃掉自己的面包。

大卫。

西吉，来自维也纳。

贝拉，17岁，匈牙利农民。

费利西奥，希腊人。

雷斯尼克，是位在巴黎生活了20年的波兰人，时年30岁，曾和莱维睡在一张床上。

瓦施曼，加利西亚的拉比，他能用意第绪语和门迪讨论《塔木德》经典。

芬德尔。

卡多斯，工程师，通常晚上的时候来护理受伤的脚，处理身上的老茧。

瓦尔特·波恩，很有教养的荷兰人，莱维在监狱医院时的同房病友。

施穆莱克，波兰的犹太人，患有白化病，是一名铁匠，在Ka-Be监狱医院被选中处死。

史坦洛，前奥匈帝国军队中的一名中士，为人善良，他曾斥责莱维没有保持整洁。

施洛姆，16岁的波兰犹太人，他居然对意大利有犹太人感到无比的惊讶。

迪耶拿，莱维的第一个上下铺室友。

米沙。

弗莱舍，一名翻译，德国犹太人，50岁上下，曾经是德国士兵。

博格曼，一位上了年纪的老人。

莱维，曾经问到他们的女人被带到哪里去了。

弗雷迪·克诺勒，来自维也纳的大提琴家。

鲁迪·肯尼迪，罗森堡的犹太小男孩，在电器小组工作。

还有其他人，我们无从知其姓名：

> 018号——这个男孩记不住自己的名字，所以他的名字变成了一个数字。
>
> 这位是加利西亚人。
>
> 这位是法国的大高个儿囚犯。
>
> 这位脸色苍白的荷兰男孩在化学小组工作。
>
> 两个匈牙利男孩在最后一次列队走出莫洛维茨集中营时死去。
>
> 这位是意大利的里雅斯特流氓。
>
> 这位高个子、红头发的法国人，是从德朗西运送过来的。
>
> 这位是匈牙利医生，在意大利留学，集中营里的牙医。
>
> 这位是施洛姆的年轻伙伴。
>
> 这是亨利的兄弟，死于布纳集中营。

还有：

> 1944年11月，这个年轻人被处以绞刑，因他帮助比克瑙集中营里的特遣队（由关押的年轻力壮犹太人组成）进行反抗，当时在所有囚犯面前，用尽最后一口气喊道："同志们，我是最后一个（被纳粹处死的人）！"

然而没有人敢回应他，乐队继续演奏，而莱维感到"羞愧压抑"：

> 党卫军们冷冷地看着我们从旁边走过：他们的使命结束了……俄国人现在就要来了：我们中间不再有什么强者，最后一个绞死的人就在我们上方……俄国人现在可以来了：他们会找到我们这些奴隶的……灭掉一个人很难，几乎和创造一个人一样艰难：事情并非

那么容易，也不会那么快，但是你们德国人（屠杀）成功了。

而那些，也就是这里的绝大多数，根本没有被记录下来。

*****

在白雪皑皑的树下，我们起身沿着标记着"尼瓦-莫洛维茨"的小路开始走。我内心深处，正好回响起丹尼尔·戈德哈根在电影《希特勒的志愿刽子手》开幕时说过的话。

  对我来说，要给这个悖论一个典型的陈述——一方面，人们不可能完全理解大屠杀的真正含义；另一方面，我们要不断地尝试去做正在持续进行的人类义务。并且，在这种内在的试探中，我们务必要让自己不要变得那么麻木——我们要不断地回望事实本身，即这些个体的死亡数量，加起来是不可想象的倍数。
  因此，解释这场灭绝种族的大屠杀尤为必要：……我们要永远记住这两点。在阅读或写作这些死亡的时候，人们容易对字面上的数字不够敏感。在一个地方死了1万人，另一个地方死了400人，而在第三处地方又死了15人。我们每个人都要停下来思考一下，1万人的死亡意味着德国纳粹杀死了1万个个体——他们都是手无寸铁的男人、女人和儿童，老人、年轻人，健康的人或生病的人——就这样，纳粹夺走了1万倍的个体生命……那些犹太受难者并不是我们在纸面上看到的"统计数据"。对那些屠杀者来说，他们面对的是活生生的人，那些犹太人在前一刻还是活蹦乱跳的，而在下一刻，他们就躺在这些纳粹前面，没有了生命气息。

我们终于到了尼瓦-莫洛维茨的尽头，希望能发现一些与莫洛维茨集中营相关的建筑，哪怕是一些建筑残余物。

然而，这里什么都没有。

确切地说，这里根本没有留下集中营的任何痕迹，要知道，建造布纳集中营工厂的奴隶劳工就曾被囚禁在这里。这里现在已经变成一座小村庄，大概立着20多栋农房，没有商店，也没有教堂，中间有几条巷道连着。现在已是黄昏时分，我们继续前行，精疲力竭，并为历史在这里的消亡感到万分震惊。我们想要寻得一处纪念碑，但是徒劳无功，甚至连一块记录了历史信息的面板也没有找到，这里什么都没有。

面对历史陈迹在这里的消失，有必要引用普里莫·莱维说过的话语。我们暂时栖身在一棵苹果树下，浑身颤抖，一方面是由于天气寒冷，一方面也是因为我们越来越愤怒。我开始读给J听——莱维最初几个小时是和他的95个狱友待在这里的，当时他完全惊呆了。他们被人扒光了衣服，财产也被夺走，头发也被纳粹剃掉，身体经过杀菌消毒，最终只得到一些破布衣服，左臂上都被打上烙印，身心被饥渴折磨着：

> 然后门打开了，一个男孩穿着条纹衣服走了进来，一副有教养的模样。他个子瘦小，金发碧眼，说着流利的法语。我们簇拥到他身边，带着一堆问题，直到现在，我们还在徒劳地询问彼此。
>
> 但他并不愿意回答我们的问题，这里没有人愿意说话。我们是新来的囚犯，在这里一无所有，也对这里一无所知，为什么要在我们身上浪费时间？……我试着问他（当时我还带有一丝天真，几天之后我才觉得这样做真是不可思议），他们是否还会将牙刷返还给我们。他没有笑，带着一脸强烈的蔑视，朝我扔了一句"您不是在自己家里"。我们周围的人都在重复这句：你不是在家里，这里不是疗养院，唯一的出口就是那个大烟囱（他说这个是什么意思？不久之后我们都明白了这意味着什么）。
>
> 而事实也是如此。实在是口渴难耐，我看了看窗外挂着的细冰

柱，冰柱几乎触手可及。我打开窗户，折断了冰柱，但是外面那位魁梧的守卫立刻来到我面前，夺走我手中的冰柱。"为什么（会是这样）？"我用蹩脚的德语向他质问道。"这里没有为什么。"他回复道，一把又将我推回室内。[23]

我同样在这里也读出了鞋子的重要性：

> 死亡是从鞋子开始的。对大多数人来说，这些鞋子一直是折磨自己的工具。经过一段时间的行走，脚板开始有了灼痛感，最终引发了致命的感染。不管谁拥有鞋子，他都会像囚犯一样拖着锁链被迫行走……无论最终到达哪里，他都是最后到达的，而且还会遭到殴打。如果他们追赶他，他是无法逃脱的。他的脚肿了起来，肿得越厉害，脚与树木和鞋布摩擦力就越大，疼痛就越难以忍受。那么只剩下"医院"可以待了，但是带着"脚肿"进入"医院"却是极其危险的，因为众所周知，尤其是党卫军知道，这里还没有治愈这种疾病的方法……

莱维随后在作品中详细介绍了囚犯们被分成200个不同的工作小队——电器小队、木工小队、机工小队等，还有就是德国和波兰的平民充当监工，监督这些劳工。

在这样一个地方，思考未来是极其荒唐的。所有的精力都会被投入某种事务中，就这样挨过一天。思考无疑就是一种折磨。这是个没有止境的当下，活在其中的人正在迅速地变为奴隶：

> 我就在这里，当时，就在最底层。当一个人受到强迫的时候，他通常都会很快地学会忘记过去与消解未来。在我到达这里两周内，我就已经体会到他们所说的饥饿，一个在自由中生活的人对这

种慢性的饥饿一无所知，它会让一个人在深夜里做梦，这种饥饿遍布人的全身。我已经学会不让自己被人抢走财物，事实上，如果我发现地上有一支勺子、一节绳子或是一颗纽扣，如果我能在不受惩罚的情形下得到它们，我会将它装进口袋，将它们完完全全地视为自己的财产。而我的脚背已经生出无法愈合的溃疡，又疼又麻。我在里面推着小货车，用一把铲子干活，我在雨中腐烂堕落，我在风口不停地战栗。我早就知道，这副身体再也不是自己的了：我的肚子肿大，四肢变得瘦骨嶙峋；我的脸蛋早晨的时候还是厚实的，到了下午就变得单薄空洞。有些人皮肤蜡黄，有些人满脸灰气、死气沉沉。如果我们隔些天没有见面，那么很有可能彼此认不出对方。

我们这些意大利人决定每个礼拜天晚上在集中营的一角见上一面，但是我们很快就停止这样做了，因为每次见面清点人数时总会让人悲伤不已——我们发现来的人越来越少，发现彼此变得更加扭曲，不成人样，更加邋遢不堪。因此，走几步路，碰头会面，接着回忆与思考，真的让人困顿不安，还是不胡思乱想为好。

这些话语，说的就是60年前在这里发生的野蛮暴行。惊悚恐惧、精疲力竭、惨无人道等词汇渗进了这冬日的黄昏。一月份的时候待在这里，我们很难想象，在这样冷酷的冬季，囚犯们脚上只穿着木底的鞋，身上套着破烂的衣服，更没有我们现在穿着的大衣（即使这样，我们还是冷得直打哆嗦），只有薄薄的夹克外套。他们就这样日复一日地劳作，直到死亡的降临。

一位母亲推着自行车从我们身旁经过，她的女儿回过头来望着我们：这两位游客是从别处过来的，戴着奇怪的帽子，在树下瑟瑟发抖，在大声读着什么。我们继续前行。我看了看周围的房舍，其中一些是小农场，它们将一些建筑纳入其中，形成一个个长方形的砖砌农房，这些农房通常都被改造成了谷仓、畜棚，或是储存物品的外屋。很显然，这里还剩下集中营区房舍的一些残迹，要知道囚犯们曾经在冬天里就在这个地方睡觉休息。我拍了一些照片，直到用光一盒胶卷。我又看了看照片，然后继续向前走，拍了一张，此时雪下了起来。相机的测光表显示光线越来越不足，我不得不调整相机参数，将快门速度降至十六分之一秒、八分之一秒。我必须努力地保持镇定，但我的手一直在颤抖。我把相机放在路边标识或树枝上，想要拼命地捕捉这一刻，试图从这个地方尽力提高一些改善照片质量的能见度。我们转了一个弯，朝着先前开始走过的小村庄的方向返回去。我试图将胶卷卷起来，但是卷的时候几乎没有阻力，胶片从卷轴上松脱了。一股沮丧不安的恐慌感油然而生。原来是胶片断开了，可能是这种极寒的天气造成的。现在连我们的相机也加入黄昏、冰雪和历史的行列，一起合谋要抹杀这个地方了。

我想要在这里作最后一次阅读，在一家低矮的农家小屋的角落里，我读起普里莫·莱维的一段叙述，在文中他提到，他曾与德国化学家潘维茨博士有过一次会面。潘维茨是在布纳集中营工作的帝国化学家，也对莱维做过考察，看看他的化学知识对帝国是否有用，是否对法本公司有益。[①]我一直以为这次会面是本书中最让人震惊不已的时刻，这两个男人的晤面，要是在民主社会的和平时期，他们彼此一定会以同事关系平等相待，然而在这个集中营里，在战争时期，潘维茨也许会视莱维如科学家对待实验室里的猴子一样——他在想应当怎样利用这只猴子为他效力？

      潘维茨个子高挑瘦削，金发碧眼，有着日耳曼人该有的一切特征的身体器官，如眼睛、头发和鼻子，他端坐在一张多功能写字桌的后面，样子令人敬畏。而我，作为一名囚犯，编号174517，站在他的办公室里。这是一间真正的办公室，华丽明亮，干净整洁，井然有序。我在想，我要是碰上什么东西，一定会留下什么邂逅的痕迹。他写完了什么，然后就立即抬起头看着我。也就是从这里起，

---

① 那次会面发生在化学聚合反应实验室的办公室，939号建筑。近来读到这段叙述，我突然想起我们参观过的化工园区建筑上画的奇怪的三个数字。

我时常会在很多方面想到潘维茨博士。我经常扪心自问,作为一个人,他是怎样发挥他的角色的,他在化学聚合反应和人类良知之外是如何打发时间的?最重要的是,当我再次成为一个自由人时,我想和他再见见面,这并不是出于复仇的缘故,而是出于对一个人的灵魂的好奇而已。因为那种表情模样不再是两个人之间的事了,如果我知道如何完整地解读那种表情,就像透过水族馆的玻璃窗发现两个生物完全生活在不同的世界一样,我也可能解释第三帝国这种巨大的疯狂的本质。

天色渐渐黑下来,我们开始沿着大路往回走。突然间我有些不知所措,如果这里就是莱维和其他成千上万的人受苦受难的地方,也即《这是不是个人》作品中囚犯生活的地方,那么这本书就是我们理解20世纪历史的关键。如果书中那个地方即是人性与非人性的决定性经验发生地之一,那么那里其他人的希望和出路又在哪里呢?那些痛苦不堪的人,从来不会有人去拍摄他们,他们的声音也从来没有人会听到,更不用说广为人知了。我们现在仅有一些他们曾生活在这里的碎片痕迹,而且事物的脆弱性着实令人惊愕,让人瞠目结舌,难以承受。我们坐在路边的雪地里,不再谈笑风生,一切尽在不言中,我们完完全全被这个地方吓坏了。

我们回到了主路上,一路直打哆嗦,也被黑暗来临时气温降至零下彻底震惊了,现在一定是零下15摄氏度了,也许比这更冷。出乎意料的,过了几分钟,一辆公交车来了。我们赶忙朝它挥挥手,不久车子就载着我们朝奥斯维辛驶去。我脱下手套,摸了下我们的水瓶,里面的液体已经凝成了冰。我们的指间逐渐地温暖起来,身体也开始回暖。公共汽车轰隆隆地驶进了夜色中。

四、手与笔的坚忍

奥斯维辛—罗兹（波兰第三大城市）—括罗—海乌姆诺集中营—茹楚夫子营

2004年1月5日　从奥斯维辛到罗兹

我们又回到了小镇奥斯维辛的车站，J和我从行李寄存处取回了我们的包裹，突然发现通往索斯诺维茨的火车并没有出现在火车时刻表上，这让我们顿时有些心绪不宁。这里便是我们乘车前往罗兹的地方，接下来的两天，我们的行程安排得满满当当，今晚务必赶到罗兹。我们找到一扇门牌字迹模糊的咨询窗口，询问那里的一位女士，但是，在我们向她指着显示有索斯诺维茨列车时间的打印件时，这位女士简单地回应了我们。她摇了摇头，并没有一点同情的味道。这班火车并不存在，或者至少今晚它是不会出行的。于是我们在这里搭乘出租车，前往30千米左右的地方。坐进温暖的出租车，一股疲惫感突然袭来。我们今天已将精力发挥至极限了，甚至连讲话的力气都没有了，只听到挡风玻璃的雨刮器刮雪时发出的令人舒适的声音，渐渐地超越了西里西亚煤矿和重工业的光芒。

出租车司机对于让我们准时到达索斯诺维茨的任务，显得饶有兴趣。在前进的路上，他一直使用前灯双闪来警告前方来车，尽力超越一切可以超越的物体。在极寒天气下，这种驾驶无疑是非常危险的。但是，我们已太过疲惫，早已将生死置之度外，一切听天由命。

我们在途中睡了几个小时。终于，我们的车子慢慢地开进了罗兹市区。我试图回忆起，在20年前的学生时代，给我留下深刻印象的是那本《罗兹犹太区编年史：1941—1944》，但是只能回想起那个疯狂、残暴专制的哈依姆·鲁姆科夫斯基（Chaim Rumkowski），他是纳粹任命的犹太委员会头目，指挥着一支600人的私人警察部队，要求罗兹犹太社区按他的形象印制邮票，并坚持要用一匹骨瘦如柴的马拉着马车，载着自己在这个狭小的、注定要灭亡的王国里耀武扬威。

这里的雪更深更厚了。我们沿着从车站到主街的结冰道路缓缓行进，找到一家酒店住了下来。这家酒店装饰艺术已经褪色，颜料涂漆也在不断剥落。我们的房间是按照20世纪60年代那种浓浓的橙色和紫色风格来装饰的，旋转式灯罩和墙壁壁纸已经过时，对我们而言，它似乎又有了一种独特的审美魅力。洗了个热水澡后，我就想急切地找到一家餐馆填饱肚子，但是J说"太累了不想吃东西"。这种组合的字眼是我以前从未在哪里听说过的，他貌似进入一种奇异的境地，沉默寡言，似乎要与世隔绝，我无法与他沟通，这也让我很是苦恼。也许我低估了这些天的参观对我们产生的影响，它不仅是身体需求的影响，还有情感方面的感染。

但是，到最后我们还是一起出去吃饭了。罗兹市中心以皮奥特科夫斯卡大街最为有名，这是一条笔直的大街——后来我们才知道，它是欧洲最长的商业街。就在某个拐角处，在电影院外面的人行道上，我们无意中发现上面画着一系列电影明星，并写着他们的名字。罗兹一直是著名的波兰电影工业中心。那里有一处是安杰伊·瓦依达（Wadja），这里有一处是给基耶斯洛夫斯基（Kieslowski）的。这应该是一个热闹的大学城，但是今晚无比的死寂，大概现在不是上学季吧。附近还有几家深夜里开放的酒吧，我们进去询问有没有吃的，但现在已是晚上11点，无论我们去哪里打听，得到的都是摇头回绝。最终，我们来到一处隐秘的爱尔兰酒吧，酒吧里挂满了来此访问的世界上各个国家领导人的图片，他们当然未必全都真的到过这个酒吧——格哈德·施罗德（德国总理）、玛德琳·奥尔布莱特（美国国务卿）和弗朗索瓦·密特朗（法国总统）等，但是今晚只有我和J在此消遣，我们一边喝着健力士黑啤酒，一边试图理解今天白天所经历的一切。啤酒开始发挥作用了，J不再显得那么沉默寡言。

有一个事实让我们颇为吃惊，那就是法本公司在战争期间的大型工厂，或者至少工厂的很大一部分，不仅建在小镇奥斯维辛，而且至今还在运营。我们很想知道这样一个现实是如何遭到无视的。要知道，法本公司当时是世界上第二大跨国公司，并且奥斯维辛的工厂是他们20世纪40年代最大的单笔投资。法本公司还在持续运营——这点目前还没有进行详细的研究——他们的资本还在持续操作，他们的人员在很多情况下也有着连续性。从那个单一的公司还涌出了其他许多公司——诸如巴斯夫公司、拜耳公司、爱克发公司、赫斯特公司、国际工商业投资公司（如前文所见，这个公司后来被瑞士联合银行接管）。难道鲁迪·肯尼迪没有在20世纪90年代末挖掘出巴斯夫公司仍在向战争年代曾在法本公司工作的员工发放养老金的信息吗？他们当中一些人甚至就在布纳集中营工作过，他们组织奴隶劳工进行干活，监督诸如鲁迪·肯尼迪、弗雷迪·克诺勒、普里莫·莱维和其他成千上万的囚犯。

*****

2004年1月6日，罗兹到科沃

我在阵阵干咳与发烧中醒来，不知睡了多久，似乎熬过了一个漫长而又发烧的长夜。过去几天的影响效应现在真的赶上来，开始叨扰我们了。现在还不是好时机，我也不会让我当下的身体状况影响接下来一天半需要做的事情。

J对我们是否能赶到海乌姆诺集中营表示担心，并对我们能否在明天午餐之后顺利搭上开往柏林的火车表示怀疑，他甚至对我们的计划提出了种种疑虑。"但是我们必须这么做，"我说道，"无论付出多少代价。"我不喜欢他对我们的计划产生怀疑，我金牛座的倔强天性占据了上风，身体内额外的肾上腺素飙升起来，决心十足，意志坚定。但是，我也意识到，今天早晨爆发出的不服输精神与我当下虚弱的体质格格不入。而且，或许不公平地说，我对J感到失望沮丧，我觉得必须要有这种力量来为我们的事业做点什么。如果我躺在家里的话，我想此刻应该已经服下了药，并且在床上休息好几天了。如果有人给我一些鼓励和安慰，我会感激不尽，但是今天这种情形看来是不会发生了。我想，也许我高估了J的能力，以为他能消化吸收过去几天所见、所读与所经历的。

早餐是一杯咖啡粉冲泡的咖啡、一点菊苣叶和一些发黄的面包卷。一位上年纪的牧师坐在这个棕色高顶的房间一隅，忧郁地看着报纸。管乐器演奏的钢琴曲并没有减轻这种悲伤的基调。吃完早餐，我们开始出去寻找关于罗兹这个城市的信息，看看我们如何能够到达海乌姆诺集中营。罗兹主街今天给人的印象比昨日让人印象深刻，看起来也比昨晚要宽大许多，街道也更加拥挤，人来人往，熙熙攘攘。如果从一个方向上看，整条大街就是一条直线，绵延一英里左右。如果从另一个方向看，它会在地平线上稍微向下倾斜。临街的华丽的铁艺店面和装饰艺术设计，充分展示出这座城市曾经的富足与繁华，当然所有这一切都基于这个城市的纺织业。这里曾被誉为"波兰的曼彻斯特"，在20世纪30年代的发展高峰时期，城市人口众多，工业生产发达，不亚于当时处于鼎盛时期的英国纺织城市。1939年，罗兹市有75万居民，而且这座城市兴旺发达的引擎便是这里有一个20万犹太人组成的社区。然而在战争期间，这些犹太人遭到彻底清除。吉尔伯特后来告诉我，在最初的原始人口中（罗兹是仅次于华沙的第二大人口城市），仅有100名犹太人存活了下来。

我们走在这些街道上，试着想象纳粹犹太区建立后这里的一片空无——这是纳粹于1940年2月在波兰建立的第一个犹太区。1944年秋天，这里的犹太区在遭到进一步清理后，也变得更加空荡。罗兹这个城市的引擎中心就这样消失了。我们真的没有能力去理解这样一个事件，或者是想象着年仅12岁的西蒙·斯雷尼在这里随时面临着死亡威胁的场景："我看到的只有尸体……在罗兹犹太人区，我看到有人迈了一步就倒地而亡。我认为事情就是这样，非常正常。走在罗兹的街道上，百米范围内我差不多能看到200具尸体。"

在离主街不远的书店里，我们买了一些关于罗兹犹太区的地图和书籍（这里没有什么关于海乌姆诺集中营的书籍），店主也为我们绘了一张地图，告诉我们哪里可以找到旅游中心。还有一对年轻的夫妻极其热情好客，试图帮助我们找到我们的目的地。我们向他们解释了此行研究的目的。然而，来这座城市旅游的访客并不多，尤其在寒冷的1月，而乘坐公共交通前往海乌姆诺集中营的游客更是少之又少。于是，我们一起查阅地图和电话簿。海乌姆诺本身没有地方供我们暂住，即使是在距离最近的科沃小镇也没有什么正式的宾馆能方便我们入住，但过了一会儿，他们设法帮我们在那里的一家餐馆找到一间房。然后，我们开始搭乘公交车，还有一辆车，将在一小时后出发。我们和这对夫妻聊起了他们的背景，原来他们都是历史学专业的毕业生，我们向他们问起了罗兹这个地方在纪念犹太人的苦难方面究竟做得怎么样。他们的回答是，也只在最近几年当地才真正地做出了一些努力，现在这里建有一个犹太区档案馆和一个小小的博物馆供大家参观——如果我们在这里待久一点，他们可以专为我们安排开放参观。其实，2005年夏天这里还将举办纪念战争结束60周年的活动。在回宾馆取行李的途中，我们注意到城市主街的步行区域的地面上铺着成千上万的小小铺路石，上面都刻着受难者的名字。大概是为了纪念战争中的死难者吧，但是要是知道这里究竟有多少石头上刻录着罗兹城中20万犹太人的名字，那该是多么有趣啊。

当我们离开这座城市时，鲁姆科夫斯基这个精神错乱的人物形象，正如犹太区的许多犹太人不无讽刺地称他为"哈依姆王"，一直回荡在我的脑海中，连同在罗兹鹅卵石路上行走的如幽灵般的嘲讽记忆——鲁姆科夫斯基坐在他那摇摇晃晃的木质车厢里，由一匹瘦骨嶙峋的小马拉着，周围便是跟随保护的警察。他与纳粹共谋勾结的画面——既荒诞不经又惊悚恐怖。然而，简单谴责他们的冲动似乎又显浅薄。我们至今仍然无法理解纳粹陷入的这种道德泥沼，因为是纳粹占领势力将犹太当局拖进这种泥潭的——他们利用一种"犹太人区自治"的腐朽概念，借以强调通过"就业生存"迫使犹太当局组织运送他们自己的人前往集中营送死。我还记得，在鲁姆科夫斯基的评价问题上，普里莫·莱维是如何用那些不易忘怀的话语来结束他对《灰色地带》的反思，借以警告我们不要简单认为我们的所作所为会与他截然不同：

鲁姆科夫斯基就是我们的镜像，他的暧昧含混也是我们所有的，是我们的第二天性……正如……伊莎贝拉在《一报还一报》中描述了一个人，他"穿着简威不露，对所信之事大多无知……在高高的天堂前玩着各种奇妙的鬼把戏，还能让天使哭泣"。

就像鲁姆科夫斯基一样，我们也会被权力和威望弄得神魂颠倒，以至于忘记了我们生性的脆弱：不管我们能否甘心忍受权力，我们都忘记了我们困在同一个犹太社区，这个社区四周围墙高耸，社区之外便是死神的统治世界，通过旁边等待的火车来关闭这个地方。

*****

很快地，我们坐上了从罗兹出发驶往西北方向的一辆公交车，在车上再次读起马丁·吉尔伯特的著作，这是我们长途旅程中的忠实伴侣。平坦的大地环绕着一排排柳树，到处是谷仓、农场。接下来的一个小时里，我们所经过的城镇与村庄曾经主要是犹太人的社区所在地——兹盖日（在战争的头几个月就有5000名犹太人惨遭杀害）、奥尔佐科夫（有2500多名犹太人在海乌姆诺集中营惨遭毒气杀害）、文奇察（村中所有的1700名犹太人于1942年4月在海乌姆诺集中营惨遭毒气杀害）和丹比（1941年12月14日，这个村中的所有975名犹太人被赶到海乌姆诺集中营，距这里的第一轮杀戮7天后，在苏拉卡车内惨遭毒气杀害）。[24]看着地图，脑中不断浮现出巨大的倒漏斗状大规模杀戮的地图图景——罗兹就是其中最宽的地方，向东南部展开，中间所有北部与西部更远一点的城镇和乡村都被引向海乌姆诺集中营这个狭小的点。

当公交车在格拉博的小广场上停下来的时候，我顿时有种奇怪的感觉，这个地方我好像以前就见过。后来我还记得，朗兹曼正是在这里采访了一对波兰的老年夫妇："芭芭拉，请告诉这对夫妻他们住在一所漂亮可爱的房子里。他们会同意这种观点吗？他们会认为这是一幢漂亮可爱的房子吗？"

"是的。"

"那么，请告诉我这幢房子的装修风格，譬如说门。这是什么意思？"

"过去人们常常做这样的雕刻样式。"

"他们就是按这种风格装饰的吗？"

"不，只有犹太人才会这样，这个门差不多有100年了。"

"这个房子是犹太人的吗？"

"是的，这里所有的房子都是犹太人的。"

黄昏降临了，海乌姆诺的村庄也笼罩在暮色中，这是我在观看电影《浩劫》的17年后第一次亲临其地。在我们的左方，教堂的球形尖塔映入眼帘，前方有一处低凹的地方。对，就是那里。那是一处古老城堡的遗址，当时犹太人就在那里被投到机动毒气室里杀害。这个地方也只在我们的车经过的时候一闪而过，几秒钟后它就消失不见了。它看起来并不起眼，就像一个被弃置不用的停车场，只在前方有几处大门和一栋预制装配的建筑，这里似乎没有任何纪念物。公共汽车还在继续向前行驶，穿过茹楚夫的森林，最后我们抵达了科沃。小城的郊区还能看到一些10层的公寓楼房，但是小城中心的房子都比较古老。很显然，这完全偏离了我们的旅游线路。当我们下车的时候，一群十几岁的年轻人咯咯地笑着，指着我们两个背包客，很是惊讶，居然还有人会访问这个偏远狭小的地方。

我们终于找到了餐馆，这个地方是由一个衣着整洁的中年妇女经营，她见到我们时略显紧张，她还有一个十几岁的儿子，正是他领着我们去了楼上的一个房间。这家酒店不算太正式，楼上有几间客房，在走廊尽头还有一处淋浴间。这里的房间更像是某个人的公寓房，绝不是宾馆房间。在房间一端摆有一张长桌，两侧则是笨重的玻璃柜子和两张单人床。那个会说英语的男孩向我们证实，我们以后可以在那里吃饭，并为我们代订了一辆明天早上6点45分出发的出租车。我们意识到，我们出行的唯一方法就是搭乘出租车，这样我们才能正常地参观海乌姆诺集中营，步行穿越茹楚夫森林，并在中午之前到达科宁，赶上开往柏林的火车。

这又是一种争分夺秒的感觉,我们必须充分利用好剩下的每一分每一秒。虽然我现在仍然感觉不舒服,但是肾上腺素再次让我的情绪亢奋起来。为什么我们不试着在今天晚饭前走着去波维尔西呢？在从科沃到海乌姆诺集中营之间的火车没有通车之前(如今这条线路早已不复存在),这个地方是1941年至1942年作为海乌姆诺集中营的早期地点,即犹太人和罗姆人最初抵达的灭绝营中心。它距离城区只有大约两千米,就在小城的东南边。

*****

在所有大屠杀遗址中,海乌姆诺集中营是对我们的探索理解挑战最大的一个。曼弗雷德·斯特克出版的著作是迄今为止描述海乌姆诺集中营最为详尽的书籍,即《海乌姆诺集中营:一个被遗忘的大屠杀场所？》(*Chelmno: A Forgotten Site of the Holocaust?*)。这本书本身已经揭露不少真相,发人深省。然而事实上,这部作品出版问世20年后仍然没有相应的英文译本。于是,在接下来的几个小时里,J和我试图拼凑出这个"集中营"实际运作的具体流程。复杂的现实是,我们所谓"海乌姆诺灭绝集中营"并不仅仅存在于那个地理上的位置点,即海乌姆诺村,而是在九千米之外的三个独立的地点各自运行,这个可从我们对面的地图上一目了然。

海乌姆诺集中营操作运营的复杂性是众多历史学家不能完全知晓的。也许只有来到这个地方,在这些地点走走看看,人们才能将它们的方方面面拼合在一起,才能理解这些集中营的实质情况。在我们这次旅程的大部分时间里,我们的向导乃是对纳粹大屠杀方面的研究近乎百科全书式的人——马丁·吉尔伯特教授,然而,当他来到海乌姆诺集中营时,似乎困惑不已。他在随后出版的《大屠杀之旅》中写到我和J都无比困惑的话语:"海乌姆诺,这个小村因其是集中营的所在地而臭名昭著,尽管集中营本身还在小村西北方向六千米以外的地方。在该集中营后期历史中,它在1944年重新开放了一个月,当时的被驱逐者就被关押在海乌姆诺,在一处荒废的古城堡中。"

海乌姆诺村是集中营运行的大本营——这里就是党卫军军官和指挥部的驻地，一边是特遣队所住的地方，而另一边是机动毒气室，整齐地排列，等着装载这些被驱逐者，这些人是被送到古堡营的。1944年，这些被驱逐者的确被关押在海乌姆诺村，不是在"古堡营"（这个地方在1943年被摧毁），而是在隔壁的天主教堂。其中，发生在海乌姆诺村中最具破坏力的现实之一就是：1944年7月，数千名被驱逐的犹太人在海乌姆诺村的教堂里度过了他们人生的最后一晚，然后用汽车机动毒气室堵在教堂门口，将他们带向死亡。

海乌姆诺作为灭绝中心的那种运营方式主要有两个不同的阶段，分别是：第一阶段从1941年12月7日至1943年4月7日；第二阶段从1944年6月23日至1945年1月18日。

1941年12月，在第一阶段开始之时，大多数受害者都来自海乌姆诺邻近的村镇（比如我们今天早些时候坐车经过的地方）。他们当中的绝大部分人是由卡车直接运送到海乌姆诺的古堡营，如果人数太多，机动毒气车无法立即处理这些人，那么，这些被驱逐者将被带到科沃城外的扎瓦德基工厂，并被囚禁在那里，不给任何食物或水。1942年初，这里开始运来更多的人——举例来说，1942年1月，就有5000名罗姆人从罗兹的"吉卜赛人集中营"被押送到此处；1942年1月和2月，有1万名来自国外的犹太人被安置在罗兹纳粹犹太区——这些人将会由火车运送至科沃，随后乘坐一条较小的单轨距铁路抵达离科沃只有二千米远的波维尔西。在这里，他们要么被直接送到古堡集中营，要么再被送进扎瓦德基的工厂，在那里过上一夜。最终，1942年7月，单轨距铁路又从波维尔西延伸至海乌姆诺集中营，随即，此后多数被驱逐者便被火车直接押送到古堡集中营。

到了1942年夏末，纳粹党卫军已经杀死10多万犹太人和罗姆人，并将他们埋葬在巨大的坑中。他们很快意识到，腐烂的尸体经过一夏天的炎热天气，很有可能爆发流行性疫病，于是作出决定，在茹楚夫的森林中建造露天火葬场站点，也正是从这时开始，所有经机动毒气车处理的尸体都会作焚烧处理。与此同时，党卫军还逼迫犹太人特遣队挖出埋在坑中的腐烂尸体，以便将这些尸体进行焚烧。

1943年初，随着他处（更为有效的）灭绝集中营诸如特雷布林卡集中营和比克瑙集中营已进入满负荷运转状态，当地绝大部分犹太人被屠杀殆尽，于是纳粹下令关闭海乌姆诺集中营。这些集中营中所有的屠杀痕迹都已被清除，因为党卫军并不想留下任何犯罪的蛛丝马迹。1943年4月7日，海乌姆诺村的古堡营被炸毁，森林营中的露天火葬场也遭到人为破坏，剩下的尸体也被焚毁，残留的尸骨和灰烬也被倒入瓦尔塔河（位于波兰中西部）中。但这个处理过程用时过长，纳粹当局只好从施里弗和汉堡的公司购来碎骨成粉机来处理尸体。① 当地的纳粹党省部领导人阿图尔·格莱瑟和党卫队集中营指挥官博特曼在科沃的里加酒店安排了一次特别晚宴，代表元首对党卫军军官们的工作表示感谢……尤其是在海乌姆诺所做的一切。所有党卫军指挥部中的成员和警察守卫都得到了为期四周的特别假期，并受到邀请前往格莱瑟的庄园进行参观访问。

然而，这并不意味着海乌姆诺集中营作为杀人中心的终结——接下来还会有第二阶段的屠杀。博特曼的特工队在一年后，也就是1944年5月，又从巴尔干半岛重返此地，重启了一场规模较小的屠杀灭绝行动，用以对付罗兹犹太区的最后一批犹太人——这是最后一个为德国生产战争物资的纳粹犹太区。由于古堡营已被摧毁，于是纳粹党卫军便征用海乌姆诺村的教堂作为接待这些被驱逐者的主要"接待中心"，并在森林里建起新的建筑和火化场。就这样，送来的犹太人要么直接被送进教堂里的机动毒气室杀害，要么被送往森林，在那里被迫脱光衣服，放弃他们的贵重物品，然后被强行送进机动毒气室杀害。之后，他们的尸体也将立即被焚毁，不留任何痕迹。在6月23日至7月14日这段时间，来自罗兹犹太区的犹太人就在海乌姆诺行动的第二阶段

---

① 有关从德国购买碎骨机，以及早期试图让鲁姆科夫斯基从罗兹犹太人区获得一台相关机器的历史，参见劳尔·希尔伯格所著《欧洲犹太人的毁灭》中的《清除屠杀痕迹》一章。

遭到杀害。

1944年7月中旬之后,党卫军直接将剩余的罗兹犹太人驱赶到奥斯维辛-比克瑙集中营,因此,海乌姆诺行动再度停止,所有的机动毒气室被送往德国柏林。同年9月,党卫军开始尝试消除他们灭绝屠杀的犯罪证据,在犹太年轻人组成的特遣队完成这项任务之后,他们当中有40人遭到处决。1945年1月17日晚间,苏联军队兵临海乌姆诺集中营之前,最后一支海乌姆诺特遣队中剩余的47名犹太人被党卫军杀害。出乎意料的是,一名头部中枪的15岁男孩居然得以幸存。这个小男孩就是西蒙·斯雷尼,正是他在朗兹曼的电影《浩劫》中说出令人难忘的证词,陈述了纳粹的野蛮暴行。

*****

傍晚时分,我们沿着来时的主路返回,现在已是漆黑一片,而且天气极其寒冷。我们用围巾把脸牢牢地裹住,只给眼睛留下一道狭长的缝。我们在这打滑的冰面上跟跟跄跄地行走,旁边不时有大卡车呼啸而过,大约走了半个小时,我们到了向右转的岔道。这里就是铁路线在波维尔西小村终止的地方,火车抵达此处后,那些被驱逐者被党卫军从火车上带走。在纳粹的役使下,他们沿着我们现在走过的路一路步行,走向河边,然后到达位于扎瓦德基村中的大型砖厂,那里最多可以容纳1000人过夜。次日,他们便会被卡车运往海乌姆诺村的古堡营。在那里,在被送往集中营杀害之前,纳粹告诉他们将要进行洗澡消毒和驱除虱虫工作。不久,在前往五千米外的茹楚夫森林之后,他们便被强制进入机动毒气室并遭到杀害。在森林的中央,特遣队们开始着手工作,清理卡车,提取尸体上的金牙,将这些尸体埋在事先挖好的大坑中。只是在后来的日子里,他们将这些犹太人尸体放在巨大的柴堆上进行焚烧。

现在我们走过了这里所有的房子,前方一条小道直穿一片松林,我们的交流渐渐少了。我不可能单独一个人走在这个地方,感觉这里充满了邪恶。

我注意到这些树的树龄，一些较大的松树在20世纪40年代的时候可能就是棵树苗。最终我们穿过了这片松树林，来到了一个弯道处。这里还有几盏路灯投出微弱的寒光，隐约中我们可以辨认出一座非常难看的方形建筑，这里曾是盖世太保在当地的总部，现在，正如吉尔伯特所说的那样，一户农民住在那里。住在这个地方真是不可思议。再往前走一点，我们又碰到一个弯道，这里正是瓦尔塔河与之汇合的地方，这里还有四五栋房子。我们借着手电筒的光阅读着吉尔伯特的著作，我们意识到，在道路与河流之间这片高低不平的碎石粗糙地面一定是原来的大型工厂的所在地——而现在只剩下地基和露出地面到处可见的砖块，我们只要用脚把雪刮走就能看到这一切。我们仓促地回到河边，回头看看我们身后。这个地方甚为荒凉，如果能够相比的话，它甚至超过奥斯维辛集中营，比莫洛维茨也有过之而无不及。那边至少还有一些当时的建筑幸存了下来，而这里连断壁残垣都没有。这里没有任何记录，也没有任何痕迹能说明这里曾经遭受了什么，要知道，在这个地方，每天曾有多达1000人拥挤在这里，度过他们人生中的最后几个小时。有些人就像在今天这样的夜晚，气温远低于冰点，挨过这痛苦的长夜；有些人是在酷热的夏季时分来到这里，口渴曾让他们万分绝望。当地的守卫会在河畔与工厂之间仅隔不远的地方来回走动，阻止那些将死之人的哭喊吗？或是他们认为这样哭喊胡闹只不过是浪费时间，谁也阻止不了他们最终被毒杀的命运？

我想要把这个地方记录下来，尽管我会怀疑所拍照片不会有什么特别的效果。相机的闪光灯闪了一下，一只狗开始吠叫起来，但是没有任何人从他们的房子走出来一探究竟。

1942年6月，海德里希在布拉格被暗杀后，捷克的利迪策村（英国特工逗留的村庄）遭到报复性屠杀，有82名村中儿童来到这里，这些孩子被迫与他们的父母分离。西蒙·斯雷尼小时候也被关押在这里。还在罗兹犹太区的时候，他目睹了父亲的死，而他的母亲一被送达海乌姆诺村时就被毒气杀害，而他凭着自己的歌声成了唯一活下来的人。他曾经就在那条河边唱歌，那条河如今徜徉在月光下，展现在我们眼前。当时年轻的斯雷尼会和看守他的党卫军一起划着船，唱着波兰当地的民谣来取悦他们，而党卫军的士兵们则教他如何去唱《普鲁士军人行进曲》作为回应。

我们沿着一条顺着河流方向的小道返回了科沃，又开始看到一栋栋房子了，其中许多是焕然一新的别墅，里面有大阳台，还有一串串圣诞彩灯装饰着。我们回来的时候，这里也就只有我们在餐馆里用餐。我们坐在一个大壁炉旁，但是里面并没有火，只有摆放整齐的木垛柴堆，看上去它们放置在这里已经很多年了，仅仅是为了装饰。还好这里的暖气开得很大，我们快要出汗了。我们吞了几口汤，咽了几块炖牛肉，看了看地图，为明天的出发地点选好方向。楼上有梅子白兰地酒，还要冲一个热水澡，然后躺在床上休息。有吃的，有喝的，还能保持温暖，有整洁的房间，有安全的庇护所，还能享受安逸的休息，这些都是犹太人以前日常生活中都有的，直到有一天戛然而止，这一切不复存在了。

*****

2004年1月7日，科沃—海乌姆诺集中营—茹楚夫

这是一个极其糟糕的夜晚，几乎难以入眠，整个人大汗淋漓，根本无法安逸。我低下头时，又会引发一阵刺耳的咳嗽，很明显，我尽管在持续不断地吃着昨天买的波兰止咳糖，但这对我的咳嗽没有任何效果。想到咳嗽会打扰到J的睡眠，于是我试着咳嗽的时候用枕头蒙住脸，不让咳嗽声传出来。直到次日凌晨，我的情况才有所好转。整理好行装后，我们在楼下喝了杯咖啡。这时，我们提前预约的出租车也在早上7点前就来了。司机一头白发，蓄着长长的小胡子，他一上来便自我介绍，说自己叫克里亚斯托夫，很正式地与我们握了握手。我们要确保我们的东道主翻译能够清楚准确，我们需要去海乌姆诺集中营，然后在中午12点的时候，再从林中的纪念遗址将我们接走，然后及时到达科宁，准时赶上我们的火车。他频频点头，一直微笑着，是的，一切都很明白了。

在我们的车子驶出科沃的时候，我还想知道，我们能否还会来到我们昨晚走过的扎瓦德基，要是这样的话，我还能拍出一些更好的照片。我设法将这个想法传达给克里亚斯托夫，他点头表示同意，连忙说道："没问题，没问题。"当我沿着那条车道行进时，他用焦虑的眼神看了下镜子，问道："（请问是你们的）父亲？母亲？祖父？死在这里了吗？真让人悲痛啊！"

我被克里亚斯托夫对我们的关心感动了，也许更多的是因为反犹太主义可能就在他们身边暗暗滋生，至少他还保留了一份真诚和关切。我们摇了摇头，试着解释这一段"历史"，想要通过模仿作品的动作语言向他说明。这种原始的交流方式一定是起了效果，因为他频频点头，并且说道："啊，著作，是吗？"我们从车上下来，在那里停留了几分钟，在旧厂的遗址上又拍了一些照片。

回到出租车上的时候，克里亚斯托夫正在摆弄他的手机。他似乎在安排什么事情，然后一直抬头看着我们。他弄好这一切后，又用结结巴巴的德语向我们解释道，他知道有一个人兴许能帮助到我们的研究课题。我们推测这个人可能在海乌姆诺有一个小小的博物馆，他会在30分钟后来到这里，并且开放博物馆，是专为我们而开的。我们很是感激，试想一下，如果一个伦敦出租车司机带着两位外国游客不厌其烦，那会是什么场景？我们继续驱车，朝东南方向行驶，沿着这条笔直的道路穿过洁白的原野，路边是柳树，绕着纳尔河沿岸一路伸展开来，这条河流在扎瓦德基的附近与瓦尔塔河交汇。

穿过森林的时候，克里亚斯托夫放慢了车速，指着一处地方（主纪念遗址旁边的一个大型停车场），这个地方也就是他3小时后接我们的地方。他向我们点点头，很自信地指了指他表上的11点那个数字。出了森林，我们继续朝海乌姆诺村方向驶去。我被沿途的风景吸引住了，这完全就像我第一次在电影《浩劫》中所看到的影像一样。同样的景象大概是电影中卡车司机在送完一批货（即犹太人）后返回继续取货的路上看到的。在1941年12月7日这天，是他们人生中的第一次短途行程，这些司机们会有什么感想？正如他们看到的那样，一旦人们进入苏拉卡车的尾部货箱，会有人操作如何将排气管道接入卡车底部小孔吗？他们离开古堡营的时候，司机和卡车前排的乘客会不会听到什么声音震彻耳膜？对他们来说，这样的差事要持续多久才会习以为常，成为例行公事？他们也会停下来仔细地观察这周围的风景吗？随着季节的更替，这些树的叶子已经凝成了冰霜。他们会想过他们的（丰厚的）工作奖金、（漫长）假期或是和前一天晚上在科沃遇到的当地女孩再度约会吗？

我们将车子停在前城堡的大门里面，也就是昨天我们驱车经过村庄时所看到的活动板房的前面。克里亚斯托夫还没有到，于是我们直接进了教堂。这座教堂同样也出现在电影《浩劫》中，西蒙·斯雷尼曾把那些在战争年代还记得他歌声的村民重聚到了这里。

这是一个令人震惊的时刻，在现场，当地一些人开始说，当然，发生这样的事确实让人悲伤不已，但毕竟犹太人是此地最富有的，而且他们不信仰上帝，确实杀死了耶稣。接着，一位波兰人讲了一个故事，说是一个拉比在华沙的犹太社区对着一群犹太人宣讲，据说，他当时告诉在场的听众们，因为他们已经将耶稣判处死刑，"报复之血应该会降临到我们的头上"也许是对的。纵观这一切，斯雷尼只是眼睛一直凝视着前方，脸上带有一种怪异而又挥之不去的微笑，这种微笑包含了他所遭受的一切痛苦，已然超越了人类的极限。正是在这个地方，1944年夏天，古堡营被摧毁后，教堂就被用来囚禁犹太人，那些机动毒气室倒车到教堂门口——也就是我们现在站着的地方——那些党卫军士兵们便开始驱赶囚犯们进入车厢当中进行毒杀。这是腐败的天主教和法西斯主义卑鄙的结盟——在反犹太主义的共同信仰中，他们结合在一起。

克里亚斯托夫朝我们挥了挥手，原来他约的那个人已经到了。他将我们介绍给这个人——兹齐斯瓦夫·劳里克，50岁，也许年纪更大一点，留着胡子，还有个长长的白色马尾，蓝色的眼睛炯炯有神，似乎透露出一种迫不及待的心情，还有一种非比寻常的临场感。他不会说英语，德语也不如克里亚斯托夫。尽管缺乏共同的语言基础，但是接下来的一个小时却是非常不可思议的。在克里亚斯托夫驱车离开的时候，他打开预制小屋的门锁，示意我们进去参观。大厅正室是长约6米、宽约4米的长方形状构造，每一面墙上都悬挂着收集得来的地图、照片和其他物品，这些都是他多年来苦心经营的成果。这种挖掘收藏像是他毕生的工作，很明显，这一切都始于细微资源的收集整理，并没有什么太多的政府或其他渠道的基金支持。他处理物件和照片一丝不苟，所有物品清一色地用手写斜体大写字母贴上标签。在第一面墙上，他向我们展示了一张地图，地图上标示了一条单轨铁道，这便是1942年夏天从科沃和波维尔西延伸至海乌姆诺集中营的线路。他给我们看了当时的一张航拍照片，指出过去靠近海乌姆诺村的那条铁路线在什么位置。

在大厅中央是玻璃展柜，里面陈列了在这里发现的物品——弯曲的勺子、护照上的照片、儿童玩具以及玻璃瓶等。他指着在对面墙上挂着的一辆卡车示意图和一份专门生产机动毒气室的卡车生产商名单——对，苏拉公司就在名单之上，而且欧宝公司和玛吉鲁斯公司（这两家都是德国公司，后者总部设在乌尔姆）也在其中。我快速地记下了其他一些细节，一家位于华沙的名为"汽车与科技博物馆"似乎是兹齐斯瓦夫这个小小博物馆的信息来源。这里还有一些书也需要跟进了解。他给我们看了涉及纳粹党卫军成员的一些照片，我认出其中一张是沃尔特·劳夫。这让我突然想起了在维纳图书馆做研究时带出来的资料，于是将它们拿了出来，全部送给了兹齐斯瓦夫。这些资料我还是能轻松搞到副本的。得到这些资料，他很是高兴，止不住地与我反复握手，如饥似渴地翻阅着我给他的这些资料。我们用一些简单的词汇交流着，用着一种介于德语与英语之间的语言进行信息的传递，但我们彼此都理解一个词眼——"劳夫讣告？""是的，《泰晤士报》——劳夫死于智利圣地亚哥。"我指了指下方的日期——1984年。

紧接着，兹齐斯瓦夫示意我们进入正厅隔壁的房间，那是他的小小办公室。里面有一把椅子、一张桌子和一个电炉。房间里到处都是文件夹，里面装满了他过去这些年来一直研究的海乌姆诺集中营的材料、论文和照片等。关于那些作恶者、受害者，还有（极少数的）幸存者，他开始给我们看一个文件夹，里面包含了驻扎在这里的党卫军守卫和司机的名单和已知日期——其中大部分是来自欧根亲王武装党卫军部队——全部是用铅笔小心翼翼地写出的工整的大写字母：

> 沃尔特·伯迈斯特（司机）
>
> 赫尔曼·弗里德里希·奥斯卡·吉洛（司机）
>
> 古斯塔夫·拉布斯（司机）
>
> 奥斯卡·赫林（司机）
>
> 阿洛伊斯·赫菲勒（守卫）
>
> 库尔特·梅比乌斯（守卫）
>
> 卡尔·海因尔（守卫）
>
> 马丁·迈尔（副司机）
>
> 沃尔特·博克（守卫）
>
> 埃尔温·伯斯汀格（机动毒气室监管员）
>
> 布鲁诺·柯尼希
>
> 沃尔特·皮勒（副指挥）

这里还有斯雷尼在一次审判中的证据（第66次开庭／文件编号T/1299）。还有一份1963年3月31日的报纸，上面刊载的一篇文章报道了波恩进行的海乌姆诺集中营审判的结果，其中，拉布斯和赫菲勒被判处15年监禁（苦役），伯迈斯特、梅比乌斯和海因尔被判处短期刑期。但1945年在波兰罗兹，似乎还有一场比这更早的审判，判决之后，皮勒和吉洛被执行处决。这里还有一个幸存者的信息，他的信息我以前从未听说过——莫迪凯·祖拉夫斯基。[25]在电影《浩劫》中，朗兹曼声称（送往海乌姆诺集中营的）40万犹太人中，最终只有两人活着出来：莫迪凯·波德赫莱布尼克和西蒙·斯雷尼，但是如今这一位幸存者似乎挑战了这一论断。吉尔伯特在他的著作中还向我们讲述了另一位海乌姆诺集中营中的幸存者——雅科夫·格罗亚诺夫斯基，他的故事我稍后会讲到。这时，兹齐斯瓦夫把我们从未听说过的一本书塞到我的手里：《海乌姆诺集中营：一个被遗忘的大屠杀场所？》。

这里没有电脑，没有扫描仪，连复印机也没有。这里只有这个男人的愿望，还有这个人将记忆保留在这里的意志和决心，始终给人一种令人惊愕的感觉。此时此刻，我回想起瑞士湖畔小镇上苏拉集团办公室里的卡斯特尔曼博士，他说过："我们有过一段历史，但是不生活在这段历史中……这是一家与过去完全两样的公司，我们并不是生活在过去。"我想到世界上所有的企业高管都希望公司那段不堪回首的麻烦历史消失掉，他们希望过去被尘封起来，为如今持续不断的发展现实和未来发展的持续承诺所掩盖。正如约翰·格雷在《虚幻曙光》中所说的那样："自由市场是当今世界上最为有效的传统溶剂，他们激励创新，消解过去，他们制造未来，无尽再现现在。"

兹齐斯瓦夫的工作与生活，还有这两间小小的房间，几乎完全与我们日常生活的事物背道而驰，但是当下世界告诉我们要珍视这些事物，他并不以遗忘和"继续前行"来取而代之；要审慎地挖掘过去的历史，而非代之以速度与现代化的软件；要以一只手和一支铅笔的耐心坚持不懈地展示历史，并不以承诺、公关和利润为追求目标，而是以无止境地探求事实的真相为归宿。因为这才是现在人们唯一能为死在这里的数十万人做的事，这样才能不忘过去，铭记历史。在其人性深处，他深知，历史的记忆离不开正义的呼唤。在他身上，我看到了希望，我对此感受至深，不得不转身他向。

*****

现在，兹齐斯瓦夫已经站在外面，向我们招手示意。我们在预制小屋后面走了大约50米，看到他正在用力铲除地上的雪，准备向我们展示"库尔姆霍夫古堡营"的地基，党卫军这样称呼它的。在1941年12月至1943年4月这段期间，这座小小的城堡曾是纳粹杀戮行动的中心。在此期间，古堡营的地窖是用来关押"挖墓小队"的，也就是由关押的年轻力壮犹太人组成特遣队，其中就有莫迪凯·波德赫莱布尼克和年轻的雅科夫·格罗亚诺夫斯基。雅科夫来自伊兹比卡-库乔斯卡的附近村庄，他是特遣队中为数不多的逃出生天的人，不过当时关于集中营里的灭绝大屠杀，他只提供了作为第二个直接目击者的描述。1942年3月底，他终于来到华沙犹太人区，向外界传达出其所闻所见，这时波兰犹太历史学家伊曼纽尔·林格布鲁姆敦促他写下他经历的每一处细节，以供世人了解纳粹的种族灭绝事实。

在海乌姆诺集中营和茹楚夫森林营待的14天里，格罗亚诺夫斯基不得不目睹和去做一些人类无法理解的野蛮行为。在到达森林营后，他的职责和整个特遣队的工作就是清除机动毒气室中的尸体，取走尸体身上值钱的东西，然后将这些犹太人和罗姆人（吉卜赛人）埋入事先挖好的大坑里，为了节省空间埋下更多的人，他们还将这些尸体捆绑在一起埋下。通常情况下，特遣队的队员还会看到他们埋葬的人中就有他们的亲戚或朋友。到了第八天，格罗亚诺夫斯基就听说他的父亲和兄弟遭遇杀害也被埋了。这个小队大约有30名成员，每天工作结束的时候，就有八个埋葬尸体的队员必须趴在地上面朝尸体，然后他们便被党卫军守卫击中头部而死。格罗亚诺夫斯基于1942年1月6日被押往这里工作，并于1月19日成功逃脱。以下这些就是他的证词：

我们来到第二院落的时候，就被强行推出了卡车。从这时起，我们的命运就掌握在身穿黑色制服的党卫军手里，他们都是德意志帝国的高阶官员。我们被迫交出身上所有钱，所有值钱的物件。此后，我们当中有15人被选中留下，我就是其中一员，然后被带到古堡营的地窖关押。我们15人被关在一间屋子里，剩下14人关在另一间屋中。外面依旧阳光明亮，而这里的地下室则一片漆黑。一些少数民族的德国人给了我们一些稻草，让我们铺在地上睡觉，后来，他们带来了一个灯笼供我们照明。晚上8点钟，我们会得到不加糖的咖啡，除此之外，一无所有。当时我们所有人情绪极其低落。人们只能想到最糟的情形，有些人甚至快要流出眼泪了。我们彼此相吻以示安慰,算是睡前告别。地窖里冷得无法想象,我们只好躺在一起取暖。就这样,我们整夜没敢合眼,度过了这漫长的一夜。我们只是谈了谈犹太人所遭到的驱逐情况,尤其是来自科沃和丹比地区的犹太人。现在看来,我们几无可能再从这里出来了。[26]

在集中营运行的第二阶段,也即1944年夏天,海乌姆诺集中营作为灭绝集中营又被重新启用。这时古堡营成为那些被驱逐者的集聚中心,同时那些机动毒气室也重新汇聚在这里。作为一直存在的死亡营,这个地方相对较小(主要包括古堡营和一些附属设施,也许还有个不超过100米宽、200米长的广场),通常被高高立起的木栅栏围着,并有党卫军武装守卫把守。弗朗茨·沙林当时就是其中一名守卫:

> 我们的哨岗就在城堡前面,那些从犹太区被赶过来的犹太人,大多已是半死不活。一名党卫军军官站在台阶的顶端……然后卫兵们就将犹太人带到两个大房间里去,在那里,犹太人脱去衣服,丢下他们的值钱物件,譬如戒指等。随后,他们必须再多走几步路以耗尽精力,变得筋疲力尽,沿着地下通道进入机动毒气室。在那里,他们遭到毒打,发出尖叫。那种场景实在太可怕了,太可怕了。这些卡车就像移动的厢式货车,货厢特别大,在它的后面有两扇门……司机通过一根软管将管子塞入货车车厢的底部……那里有两辆卡车,一大一小。在城堡门口处就能听到卡车发动机的快速运转的轰鸣声。这时,卡车启动,并开始移动。我们打开大门,这些卡车便驱驰而出,向森林方向开去,但是这些车辆开车经过时,什么声音也听不到。[27]

然而,有些细节沙林有意忽略没有述及,乃是因为这些细节极能显露当时的真实面目,因为它们表明了人们的认知水平和愤世嫉俗的心情,能够直接触及面对大屠杀时的内在人心。格罗亚诺夫斯基向我们讲述了另一个囚犯马门斯·戈德曼的故事，他是唯一一个经历了古堡营里所发生一切的幸存者。1942年1月11日，他和犹太同胞从克沃达瓦被转移到这里，后来他将这些情况告诉一位特遣队的队员：

> 他们（克沃达瓦的犹太人）初至古堡营时，一开始还被待之以礼。一位60岁上下的德国老人，嘴里叼着一根长长的烟斗，还帮助犹太母亲将他们的孩子从卡车上接下来。他带着孩子们，以便那些母亲更轻松地从车上下来。他还帮助那些上了年纪的犹太老人前往古堡。那些不幸的犹太人看到此情此景，不禁为他祥和文静的态度深深地打动了。他们被带到一间温暖的房间，里面有两个炉子生着火，给房间供暖……这位年纪大的德国人和党卫军军官开始同他们讲话，他们向在场的犹太人保证，他们会被带到罗兹犹太人区。在那里，每个人都需要工作，都会有所收获。女人们会留下照顾家庭，孩子们也将会得到良好的教育等诸如此类的话。但是，为了安全抵达那里，他们必须要进行身体消毒驱虫，为此，他们需要将内衣脱掉，全身消毒，他们的衣物也将经过热蒸汽处理。贵重物品和文件应该打包捆在一起，交给看管的人。不管是谁，要是夹有钞票，或是将钱缝进衣服里，都务必将它们拿出来，否则它们会在蒸汽炉中遭到损坏，不能使用。除此之外，所有人都必须去洗澡。那位年长的德国人礼貌地要求大家按要求去做，并且打开一扇门，要求大家下到15—20级台阶的地方。但是，门那边特别寒冷。当有人说外面寒冷时，这个德国人温和地说道，他们应该再往前走走：这样就会更暖和一点。于是，他们沿着一条长长的走廊继续走下一些台阶，来到一个斜坡的地方。这时，瓦斯车早已停放在斜坡上，等着这些人进去。礼貌的行为戛然而止，他们所有人都被恶狠狠的尖叫声赶进了货车的车厢。[28]

兹齐斯瓦夫向我们展示了地下走廊的确切位置，以及通往机动毒气室厢门的台阶。就是在这个地方，那些惊恐万分的人被纳粹党卫军追赶，然后被塞进等在一旁并且后门敞开的苏拉卡车中。屠杀就发生在这里，正是在这个地方。他做出手势，以示卡车正从这里向大门开去。他一直试图将这些过程与真相挖掘出来，从某种意义上说，该处遗址类似一个考古挖掘现场。如今怪异的是，尽管世人对大屠杀有着史无前例的关注，但是在这个数十万犹太人被屠杀的地方却没有任何官方纪念标识。[29]看来，这个遗址的保护义务如今沦落到只有像兹齐斯瓦夫和一小群心志坚定的志愿者之类的人身上。离他刚才挖地基不远的地方，他带着我们看了看露天的大坑和壕沟，他一直在试图说服波兰政府支持他的这项工作。

锈蚀斑斑的搪瓷饭碗和扭曲的金属勺就躺在一堆堆泥土旁边，这些就是曾经在这个地方发生惨状的残余物。这些是唯一留下的历史痕迹，也就是60年后的现在我们所见到的这些东西。我向着前门往回走，途中问他，在他看来究竟有多少人惨死在海乌姆诺集中营。他拾起一根小树棒，在雪地上非常精确地写下一串数字。

我们现在必须得离开这里了，于是向兹齐斯瓦夫表达了我们的感激之情，用我们的真诚眼神和诚挚语言感谢他为我们所做的一切。我们竟然在一个小时左右的时间里，在没有共同语言的情况下，居然还能够相互理解，确实非常难得。我们彼此写下了相互的地址，承诺今后会进一步交流后续的研究成果。接着我们又握了握手，然后转身离开。我又转了下身，好像要查看我们刚刚经历过的现实，我看到兹齐斯瓦夫正走回小屋。我们穿过前门，停了下来。只要你许以机会，命运会将这些珍贵的时刻与你分享。这个人极富灵感和激情，对挖掘历史的真相意志坚决。这让我想起了英国作家丽贝卡·韦斯特在《黑羔羊与灰猎鹰》中所写的话：

> 如果在接下来的几百万代人的时间里，每一代里面只有一个人会不停地探究自己命运的本质，即使命运捉弄他、打击他，只要他

坚持下去，总有一天我们会读懂这宇宙的奥秘。

我们往左走出了村庄，就这样一路静默着走了四千米左右，来到了茹楚夫森林的边缘。这条路线也正是60年前机动毒气室经过的路线。我们数着脚步，走过这宁静冬日的风景，远处暗淡的红日开始浮现出来。那里是一片绝望的黑暗世界，人们的身体挤压在一起，一氧化碳开始进入那个黑暗空间的时候，里面的咳嗽声与惨叫声响成一片。所有这些看起来就只像是一场噩梦，但里面的人们再也无法醒来。

当卡车后厢中的声音开始渐渐消逝时，卡车司机们透过挡风玻璃看到了我们现在正在看到的一切。大概走了半个小时后，我们来到了茹楚夫的边缘。住在那边的大多数儿童、妇女和男子现在差不多已经不在人世了。我们沿着笔直的公路深入了一片树林，再走一千米，掉头向左，就像当年机动毒气室掉头转弯那样。从海乌姆诺村的古堡营的大门到这里，我们数了一下，大约走了4880米。现在沿着这条森林小径行走，路两旁都是些高大的松树和冷杉。法尔博尔斯基先生（一位在集中营附近工作过的波兰林业官员）曾记得经常看见机动毒气车在此出没，当地的百姓也知道它们是干什么的：

这些（大坑）离公路大概有500—700米的距离，即使你想看看，你大概也什么都看不到。这些卡车通常以中速行驶，有时甚至很慢。这种速度是经过事先计算过的，因为他们必须要杀死里面的人。如果他们开得过快，那么在卡车到达的地方，这些人未必完全死去。有一次，他们中的一台车在转弯处打滑了，半小时后，我也到了那里，见到了一位名叫森贾克的森林管理员。他说道："可惜你来得太迟了，没有见到这辆翻车的卡车。"车门是打开的，那些犹太人就躺在地上，当时他们还是活的。有个盖世太保的人看到他们在爬行，就用左轮手枪射杀了他们。他把那些活着的犹太人全杀了。随后他们把在森林里干活的犹太人（特遣队）带过来，将卡车扶正，将这些尸体放回车厢。

最后，我们终于来到一处林中空地，就是在这个地方，机动毒气室送来他们的货物，并在此卸货，然后犹太人特遣队将这些尸体埋在事先挖好的大坑中。后来，纳粹为了消灭罪证，下令挖出腐烂的尸体，将其放在巨大的柴堆和炉火上焚烧。我们面前的这块斜坡地看起来比我在电影《浩劫》开头中看到的要小很多。这也许是因为，在过去的20年里，树木已经侵蚀了这个地方。电影中，西蒙·斯雷尼，作为一个47岁的人走在这个地方，看上去老了很多，但对我来说，依然是完全生动鲜明的人物。他停了下来，俯下身去，拾起一些泥土，他的眼神似乎又回到了30年前。"这里很难认得出来了，但它就在这里。他们就在这里焚烧那些无辜的人……是的，就是这个地方……没人能够准确地描述它……也没人能理解它。"

我们走下这块坡地，经过一处非常奇怪但又杂乱无章的官方和非官方混杂在一起的纪念馆——有刻着名字贴着照片的纪念墙，不经意间还能碰到些墓碑，到处都有一些有关此地信息的提示牌。这是一座混凝土浇筑的纪念碑，纪念1942年8月在这里遇难的4953名贝乌哈图夫（罗兹南部25英里外的一个小镇）犹太人。还有一些纪念匾，用以纪念在这里死难的特殊家庭成员：（纪念）利迪策村的孩子们。今天这里没有其他的游客造访。我们坐在榆树下的长椅上，默默地读着格罗亚诺夫斯基说过的话，他讲述了在特遣队的14天里第一天在这里所经历的一切：

1942年1月7日　星期三

我们朝科沃方向行驶，然后向左驶入森林，行进大约半公里，在一条视野开阔的小道上停了下来。他们命令我们下车，然后排成两列。一名党卫军命令我们带着铁锹进入森林，尽管林中有霜冻，但我们只能穿着鞋子、内衣、裤子和衬衫之类的服装。我们只能脱下外套、帽子、手套等，留在地上堆成一堆……在去森林的路上，我们看到了大约有14个人和我们一道，他们都是从克沃达瓦征来的掘墓人。他们比我们先到，早已在那里穿着衬衣干活……总的来说，我们由30名纳粹宪兵看守。在我们走进去挖壕沟的时候，克沃达瓦的人悄声问我们："你是哪里人？"我们回答道："来自伊兹比卡。"他们又问我们有多少人在这里，我们回答说有29人。这种交流常在我们干活的时候发生……

我们没等多久，又一辆卡车来了，带着新的受害者。这个卡车像是特别制造的，看起来就像一个普通大卡车，外面涂上了灰色油漆，后面有两扇密封的门。车内壁是金属板，里面没有任何座位，地板上覆一层木栅栏格，上面铺着草垫，就像公共浴室一样。卡车的驾驶室和后部车厢之间有两个窥视孔，用一个手电筒就可以通过窥视孔观测到车厢里的受害者是否已经死亡。木栅栏下面有两根直径15厘米的管子，是从驾驶室里伸过来的。这些管子上有细小的洞孔，这样气体就可以从中喷出来。气体控制器设在驾驶室里，一名司机就可以坐在那里操作。这个司机穿着党卫军制服，大约40岁。当时就有两辆这样的毒气车。

当卡车抵达时，我们必须保持距离，不得不站在距离壕沟五米远的地方。警卫队的队长是一名高级党卫军成员，更是一名彻头彻尾的虐待狂和杀人狂。他命令八个人打开卡车后门。里面的瓦斯气体扑面而来，我们无法抗拒。这群受害者正是来自罗兹地区的吉卜赛人。卡车里到处散落着他们的随身物品：手风琴、小提琴、被褥、手表和其他贵重物品。

大门开了五分钟后，尖叫的命令声向我们传来："过来，这里！你们这些犹太人！快进去，将里面的东西全部搬出来！"于是，这些犹太人急忙跑进货车，将尸体拖走。有时，犹太人动作不够迅速，这名党卫军首领就拿出鞭子，尖声喊道："你们这些犹太鬼，我马上来帮你！"只见他挥舞鞭子，四处乱打，朝人们的头、耳朵等部位打去，直到他们倒下。当时八个人当中就有三个人再也起不来，然后就被当场击毙。其他人看到此景，纷纷挣扎着起身，用尽生平最后的力气继续干活。那些尸体一个个地被扔在一起，一个堆一个，就像垃圾堆一样。我们抓住尸体的脚和头发，将他们扔进坑去。坑边还站着两个扔尸体的人。此外，坑里还站着另外两个男人，他们将尸体从头到脚捆扎起来，面部朝下。

所有这些命令均是由一个党卫军军官发布的，他一定有着特别的军衔。如果坑里哪个地方有空间，一个孩子的尸体就会被填进去，这里的一切处理得非常残忍野蛮。党卫军军官站在坑上用一根松树枝指挥我们应该如何堆放尸体。他命令我们要将尸体的脚和头放在什么地方，要把孩子和他们的随身物品放在哪里。所有这一切都是通过党卫军恶毒的尖叫、鞭击和诅咒来完成的。每一车厢有180—200具尸体。平均每三个车厢有20人来掩埋尸体。起初这种工作只需要做两次，后来多达三次，因为有九辆卡车先后到达（那就是60具尸体的九倍量）。

到了中午12点整，拿着鞭子的党卫军首领命令道："放下你们的铲子！"接着，我们不得不再度排队，列成两排，然后从坑里爬出来。周围的警卫自始至终看守着我们，甚至我们不得不当场排泄屎尿。我们终于去了我们行李所在的地方，而且还不得不紧紧地坐在一起。党卫军继续围着我们，监视我们。他们给了我们一点又冷又苦的咖啡和几块冷冻的硬面包，那是我们的午餐。就这样我们坐了半个小时，之后，我们又不得不继续排队，重新清点人数，然后又被带回去干活。

这些死难者是什么样子？他们并没有被烧死或身体变黑，他们的脸并没有变化。几乎所有的死难者都被他们的排泄物弄脏了。大概下午五点钟，我们停止了工作。其中有八个处理尸体的人不得不脸朝下，躺在尸体上。一名党卫军士兵拿着一挺机关枪朝他们的头部射击,将他们射杀。那个手握鞭子的官员(对着站在一旁的犹太人)尖叫道:"你们这些犹太鬼,快点穿上衣服!"

J和我停止了阅读,试图理解曾在这里发生的一切,这个地方距离我们所坐的位置也只有几米远。巧合的是,今天刚好就是1月7日——就在62年前的这天,正好是格罗亚诺夫斯基第一天在特遣队里干活。也许那时这里还有几棵苍老的树,几乎可以肯定的是当时气温与现在差不多。我们被层层大衣、围巾和帽子裹得严严实实,想着格罗亚诺夫斯基和他的特遣队囚友所做的事情简直难以置信。J问到格罗亚诺夫斯基是如何逃跑的,于是我向他讲述了格罗亚诺夫斯基是怎样在1942年1月19日那天设法从卡车车窗逃出去的,那天刚好是党卫军守卫没有跟随卡车去一道干活的第一天。由于害怕被抓,他只好穿过原野与树林,途中也有一些波兰村民给他食物和庇护(他们似乎都知道"纳粹正在海乌姆诺集中营用毒气屠杀犹太人和吉卜赛人")。最终,他到达了格拉博——这个仍是犹太人占主导的小镇(昨天黄昏之前我们在那里短暂逗留):

我询问拉比在哪里。

"你是谁啊?"他反问道。

"拉比,我是邻近的犹太人!"

他看着我,好像我是疯子一般。我只好告诉他:"拉比,别以为我疯了,失去了理智,我就是一个来自阴间的犹太人。他们正在屠杀整个犹太民族。我自己亲自埋了一个镇的犹太人,我的父母、兄弟,还有整个家。我活着,就像石头一样孤独。"

我谈着谈着就哭了起来,拉比问道:"他们是在哪里遭到杀害的?"

我说:"拉比,在海乌姆诺集中营。他们在森林里被毒气毒死,然后埋在万人坑中。"

他的佣人（拉比其实是个鳏夫）给我端来一碗水，来平缓一下我哭肿的眼睛。我洗了洗手。我右手上的伤口开始疼起来。于是，我的故事四散传开，许多犹太人都来看望我，我告诉了他们许多细节。他们全都伤心地哭了起来。我们吃起了面包和黄油；有人给我一些茶饮，说了些祝福的话语。

这位拉比名叫雅库布·苏尔曼，他后来给罗兹的亲戚写信，信的结尾是这样写的：不要以为这是一个疯子的来信，这是残酷而又悲惨的事实（我的上帝啊！）哦，人类，扔掉你的破布鞋吧，在你的头上撒些灰烬吧，或是在街上疯狂地奔跑起来，疯狂地跳起舞来吧！我已厌倦了以色列民族的苦难，我的笔再也写不下去了，我的心已经碎了。但是，也许全能的上帝会同情怜悯我们，会拯救"我们民族最后剩下来的人吧"。帮帮我们吧，你这世界造物者啊！

*****

就在悲痛欲绝的格罗亚诺夫斯基告诉苏尔曼拉比海乌姆诺集中营里正在发生的一切的第二天，万湖会议中的那些桌面屠夫开始在柏林会面，决定如何更好地协作来执行"犹太人问题最终解决方案"。仅仅几周之后，1942年3月，阿道夫·艾希曼就来到海乌姆诺集中营亲自视察"毒气引擎业务"的实际开展情况。对惯于通过纸质文件和电报命令来杀人的艾希曼来说，很显然这一步走得有点过分了，正如艾希曼在被判处死刑的耶路撒冷法庭上陈述的那样：

那里有一个房间——如果我没有记错的话——大概有今天这间屋子的五倍大……至少也要有四倍大吧。犹太人就在里面，他们要全部脱光衣服，然后一辆卡车来到大门打开的地方，停在了一间小屋前，那些赤身裸体的犹太人便要进入到这个卡车中去，然后这个门就被死死地密封住了……

我甚至都不敢再看它（毒气车）一眼。我一直试图分散自己的注意力，将其从正在发生的事情上转移开。对我来说，我所看到的这一切就已经足够了。那些恐怖尖叫和刺耳声——我实在是太激动了，不敢再看一眼火车。我在报告中将这点告诉给了穆勒，他并没有从我的报告中获得多少有用的东西。之后，我又紧跟着那辆卡车。当然，他们当中一些人知道线路。随后，我就看到了生平当中最让人屏息惊恐的一幕。

货车向一个露天大坑驶去，车厢门被猛地打开，然后尸体就被扔了出来，好像他们就是动物一般——如某些野兽，他们被投埋进了深坑。我还看到了他们的牙齿是如何被拔出来的。然后，我就悄悄走了，进了我自己的轿车，我不再想看这令人发指的邪恶行为……有那么几个小时，我坐在司机边上，一句话也没有说。那时我就知道，我完蛋了。这对我来说已经足够了。我必须得离开这儿，因为这太过分了，我根本受不了。[30]

*****

快到11点了，这是我们与克里亚斯托夫事先预定好的路上会合时间。他已经在那里了，正在来回踱步，嘴里抽着一根烟。看到我们，他热情地过来迎接。见到他，我们也是大大地松了一口气，现在我们肯定能按计划回到柏林了。他指了指这里官方建造的博物馆，路边一个小小的灰暗木制建筑，"可以，没问题！"他指了指他的手表。"十分钟，好吧？"于是，我们快速地参观了这家博物馆。在这里，我们看到了一些罗姆人（吉卜赛人）的家庭照片，其中一些是捷克斯洛伐克利迪策村82名儿童中的一部分。

1942年6月，相片中的那些男孩和女孩正是在这里被杀害的，作为海德里希在布拉格遇刺身亡的报复。海德里希在遇刺后痛苦了八天才死去——也许上帝终究是存在的。当然，海德里希，万湖会议的主导力量，也是犹太人行动整个过程的总协调人。我们买了两本关于海乌姆诺集中营的书，拿了一些传单，很快就搭上了出租车，快速驶往科宁，那里的火车将会向西把我们带回柏林（然后赶往伦敦）。我们在车站与克里亚斯托夫作了告别，大家热情地握手、微笑，我们也将剩余的波兰钱币给了他。我们的火车从莫斯科出发，只晚了几分钟，在月台上，我们不断反思着这些天的行程，十天前离开柏林以来，我们竟然走了这么远。

在火车上，我读着关于海乌姆诺集中营的书，眼睛盯着一张利迪策村小学班级的学生照片，然后又是一张照片，一张来自同一村子的兄妹黑白小照片，1942年，他们大概四五岁的样子，对几个月后要发生的事一无所知。而布拉格或是柏林的一间办公室里，（桌面屠夫的）手在地图上随意地移动，来选择某个小村庄对他们进行彻底灭绝。我算了一下，这两个小孩大概是1937年或1938年出生的，如果他们没有死于这场屠杀，现在他们应该有65岁或66岁了。

火车速度快了起来，森林也在我们眼前一闪而过，我想起了很久以前有人告诉我的一件事。这是关于一个女孩的故事，当时她应该四五岁吧。我同时也发现这件事实在令人不安，同样也不可理喻，而且它困扰了我许多年。

  这个小女孩是家中独生女，1937年出生于伦敦，战争爆发的时候她只有两岁。她的父亲希德是个盲人（眼睛在"一战"中失明），是一名社会主义者。小女孩和母亲多莉关系并不密切，母亲更多的是担心全家三个人。当战争极其激烈时（通常在所谓的开战之后几个月里），轰炸开始了，这时人们比平时担心更多。她还记得（也是她最早的记忆）轰炸警报拉响的场景，她被家人带到楼下，穿着她最喜欢的"防护服"穿过花园，防护服外面是灰色的，里面是漂亮的大红色内衬，就这样她来到了安德森家庭避难所。在那里，他们一家三口在等着，听到了几英里外炸弹轰炸码头的声音，还有窗户玻璃被震碎的声音。潘赛尔顿路上方的天空一片血红色，而她一点也不害怕。对小女孩来说，这种新奇的声音着实给人带来惊喜，一个孩子能在午夜睡眠的时候突然被这种轰炸声打断，那该是多么兴奋啊，而对她的父母来说，这是一种让人胆战心惊、意志衰弱的恐惧。

  当轰炸不断地加剧时，这家人便被疏散到牛顿朗维尔的一个小村里，如今这个地方已经成为布莱奇利的郊区，但当时还得往南一英里之外。他们被安置在村边的一个农场里，她的母亲成了家里的主妇。房子的主人莱斯利来自一个信教的家庭，他的父母在战争爆发之初就为他买下这个农场，因为他们都是和平主义者，而农场主也有免于服兵役的责任，这主要是因为农场工作被视为一项必不可少的基本职业。女孩和他们的父母在这里过得很开心，尽管多莉经常抱怨这个地方，说很难清理打扫。后来，一位表兄弟和一位婶娘也加入他们的行列，他们住在农舍的另一端。对女儿来说，跑过来跑过去确实是一种冒险。她对农场上的一切都很着迷——农场、动物、一只成为她的宠物的牧羊犬，还有乡间第一次散步时遇到的那些野花。这些花儿给她的父亲引着路，而且她也将这些花带回来让她的邻居洛弗尔夫人来辨认，她会教小女孩这些花的名字。她的花园对女孩来说简直就是个奇迹般的存在。哪些花叫什么名字啊，那个粉红和白色的可爱东西？她听到的是日语"hon-ey-moons"，过了几年她才意识到原来洛弗尔夫人一直在发"an-e-mones"——那是她自己发"银莲花（anemones）"的读法。他们会一起采摘几筐黄花九轮草来酿酒，在庄稼收获结束之后，他们会一起去田间捡拾留在地里的落穗，就像乡下人几个世纪以来一直做的那样。所有村民都有权利去捡拾农民收割完的地里留下的麦穗或玉米，洛弗尔夫人可以把拾到的麦穗或玉米用来喂鸡。洛弗尔先生总是把雪貂放在一个袋子里，这让小女孩看上去很害怕，但他也有一项神奇的技能，那就是在南瓜上展示他那神奇的魔法：在南瓜刚刚开始生长的时候，就可以用大头针在上面刻上名字，名字刻得很小，但几周之后南瓜会膨胀长大，而这个名字也随之变大！农场上这些经历在这个年轻的小女孩身上播下热爱的种子，这些种子激发了她对自然世界终身探究的热情，尤其是对花的痴迷。这也算是战争阴影之下衍生出的一个奇怪的战争副产品。

但是，战争的阴云扩散到乡村，那又是什么场景呢？怎么会没有呢？他们当中的三人或许正在厨房的收音机旁收听家庭服务节目，希德认为"开辟第二条战线"是十分有必要的，这样就可以帮助我们的俄罗斯盟友，他们似乎在战争中独自承担对抗法西斯主义的使命。"小伯特"身死异域的噩耗传来，他死于远东战场，大家为之一震——他是多莉的侄子，但多莉待他视如己出，自嫂子英年早逝后便将他抚养成人。这个消息太让人意外了，以至于怀孕的她流产，失去了自己的孩子。这时伦敦又传来了不幸而又可怕的消息——多莉哥哥位于奎恩斯伯里街的房子遭到德军的猛烈轰炸，伯特叔叔和楼上房客被炸身亡。

有一天，她的父母带着她去了村中的广场，那个地方紧挨着教堂，一辆卡车就停放在那里。他们解释道，将在这个地方测试一下防毒面具，大家不需要担心什么。那时，还有别人家的父母与孩子也在那里看着。孩子们得到了饰有卡通动物的防毒面具，有人递给小女孩一个黑白面具，上面印有一只微笑的米老鼠，防毒面具很快就被她后脑勺上戴着的橡胶带紧紧地固定住了。当看到许多爸爸妈妈和他们的孩子们开始走上通往货车后部的木板时，女孩这时也有些惊慌起来，她的父亲在一旁安慰道："别胡闹了！勇敢点！如果有什么问题，那也只会让你的眼睛有一丁点痛。"他紧紧握住她的手，爸爸违背她的意愿，强行将她拉上了木板斜坡，进了卡车后部车厢。她的恐惧陡然增加了许多，走进了这个黑暗与毒气的世界，着实让人害怕。一种本能的、压倒一切的"不要"喊了出来,但是现在她就在里面。然后车厢门关上了,她大声哭喊起来,在面具下疯狂地吸气呼气。几分钟时间看似无限长,带着梦魇般的无情残酷和焦躁不安。女孩止不住地颤抖,精神上也遭到严重的创伤。当时她是一个五岁的小女孩,是我的母亲。

后　记

　　我坐在写作的地方，望着远处的海湾，这一章，本计划要今天写完的，怕是很难完成了。部分原因在于，几年前，当我稿子写到一半时，我又从中抽身出来，如今又回到我当初离开写作的那个地方，总是感觉怪怪的。考虑到过去这几年我们过的一种到处游走、杂乱无章的生活，我觉得现在的自己和当初写这一章的自己竟然判若两人。

　　但更大的原因还是在于格罗亚诺夫斯基的证词。我知道，他的证词是关于大屠杀报告中最为重要的一个，正如他详细描述的那样，大屠杀灭绝了犹太人，也杀光了罗姆人。他所描述的只不过是工业化流程杀戮的最终结果（毫不夸张地说，党卫军也会看出这一点），它是由阿尔邦小城湖畔的苏拉集团制造出来的厢式货车完成的。早在我们第一次考察旅程的最后阶段，我们就去探访过这座小城。因此，如果不将格罗亚诺夫斯基的证词纳入纳粹罪责的调查报告当中，那将是反常和不合情理的。多年前，我在马丁·吉尔伯特的《大屠杀》中第一次看到完整的证词报告，这个报告长达26页，即使对经常接触到这类材料的人来说，材料繁多累人，读起来也是要费尽心力的，至少我自己还不确定能不能再读这样的东西了。

　　昨天，我知道自己即将开始这一章最后一部分的写作，于是在写作间隙，我带上这本书前往这个半岛的西边去散散步，重读那个章节，想要赶上那个下午最后的阳光。我找到了一个可以遮阴的地方，靠在一块岩石上，在我的下方，逼近的潮汐不断舒缓地冲击着荒芜的海滩，在我的上方则是十几只羊儿静静地吃着草。我开始读起了这本书，并注意到语言的一些细节：在第三天的时候，他开始使用短语"当我们驱车开始时"；到了第四天，他在谈话时又用到了"我们的工作地点""我们吃完午餐"和"晚饭后"等字眼；中间穿插着他所描述的野蛮行为的字眼，也就是日常生活中使用的陈词滥调——（描述我们的）常规工作——如果结合上下文，这些词语极为震撼。但这也许有力地说明了人类适应环境的需要，尤其在最令人恐惧的环境中，他们试图在梦魇一般的生活中找到最接近正常生活的表达方式。

我意识到，读它是需要愤怒、绝望和疯狂作为回应的，但是格罗亚诺夫斯基在写它的时候却是头脑异常冷静清醒，始终保证描述事实真相，将其提高到了客观描述的极端（通常没有任何可以察觉的情感），这近乎于反映了他自我设防的精神偏执心理。第八天的时候，他叙述道："一个裹在枕头里的婴儿被扔出卡车，他开始哭起来。见此情景，党卫队的人笑了起来。他们用机关枪扫射婴儿，将他扔进坑里。"对，他就是这样写的，其他的什么也没说。我们首先遭遇到的是污秽肮脏的行为，然后便是面对它作出污秽肮脏的沉默。两天后他又记录道："中午时分，我得到了一个令人悲伤的消息，那就是，我的兄弟和父母已经被他们葬到坑里了。一点钟的时候，我们早已经回去干活了。我想要接近那些尸体，想看上我的至亲最后一眼。"语言仅此而已。阅读这些材料只会让你心生愤怒，让你像党卫军一样残忍野蛮——你会期待他们当中会有一个人站出来疯狂地袭击守卫，杀死他们当中一个人，哪怕即将被党卫军射杀。这时，娜杰日达·曼德尔施塔姆的《绝望中的希望》一书中那段令人终生难忘的话又浮现在我的脑海中：

当一头公牛被牵到屠宰场待宰时，它仍怀着希望挣脱束缚，践踏屠夫。而其他的公牛根本没有办法来传达被宰的消息，这种情况永远不会发生，因为那些被宰杀的公牛根本没有办法回到牛群。但是人类社会不一样，人类可以不断地交流。我从未听说过在即将被处死的时候还能挣脱而出，然后逃之夭夭。甚至还想到，如果一个人行将被处决的时候居然拒绝被蒙住眼睛，睁着眼睛去死，可能是一种特殊的勇气。对我来说，我宁愿去做那头盲目狂怒的公牛，不以人类愚蠢的精明来权衡生存死亡，也无须了解那种卑鄙的绝望。

后来，我经常在想，当一个人遭到毒打，被踩在脚下，这时发出哀号究竟是不是对呢？以恶魔般的高傲面目来对待折磨自己的人，以轻蔑的沉默回答他们的野蛮，这样岂不是更好？在我看来，号叫还是最好的方式。这是令人怜悯的声音，有时，只有天知道是怎么回事，这些哀号能传到一片死寂的牢房，成为最后一点人类尊严的集中体现。这是一个人在死亡之前留下一点痕迹的方式，它要告诉后来的人们他是怎样生活的，又是怎样死亡的。唯有通过号叫，他才能维护自己生存的权利，并向外界传递信息，寻求人们的帮助，呼吁众人的反抗。如果什么东西都不能留下，那么人必须号叫，沉默不语才是真正的反人类罪。

也许这就是娜杰日达·曼德尔施塔姆认为的那样，她会在极端危险的情况下这样做的。表达愤怒和绝望也是表现我们人类自身状态的一部分。但是，昨天读到这里的时候，我渐渐地明白了格罗亚诺夫斯基所描述的只不过是一种瘫痪麻木的状态，因为当人面对无法想象的事情时，唯有关闭身体的正常反应才是常态。在这种情境下，要想对遭受这种野蛮残忍经历的人做出是非判断几乎是不可能的，我们没有权利（这样做）。

无论你怎样理解这个主题，这些书页都是对人类精神的极大打击。当我合上书页时突然发现，有四只羊居然离我如此之近，我伸手就可以摸到它们。在我专心读书的时候，它们就在我边上专注地吃着草。现在天气转冷了，我不禁打了个寒战，于是沿着悬崖小路往回去了。我再次停下的时候，一只孤单的云雀在我头顶不停地盘旋，对着夜晚的蓝色大海疯狂地歌唱。在十分钟左右的时间里，这只云雀不是在空中盘旋，就是在三米外茂密的灌木树干顶端之间飞来飞去，来回穿梭，在风中起伏飘摇，唱出绵绵不绝的荣耀之歌。此时，我的心灵也比以往任何时候更需要它的歌唱了。

注　释

序　言：第一天，白页

1. "给前往特雷布林卡的列车制定时刻表的铁路官员沃尔特·斯蒂尔再次坚称：'我只是坐在我的办公桌前……我只是个文职人员'。"这句话出自克劳德·朗兹曼的电影《浩劫》——这句话是直接从电影的英文字幕翻译过来的。朗兹曼和斯蒂尔之间的交流如下：

"你知道特雷布林卡意味着灭绝吗？"

"不，当然不知道！"

"你不知道吗？"

"上帝啊，不知道！我们怎么可能知道？我从未去过特雷布林卡。我待在克拉科夫和华沙，只是坐在我的办公桌前。"

"一个办公室文员？"

"我是个办公室文员，只是个办公室文员。"

朗兹曼和斯蒂尔在这里使用的德语词是"schreibtisch mann"（准确地翻译为"办公文员"）。然而，在1995年出版的这部电影的官方文本中，最初的措辞和官方文本之间有许多不符之处，有时是微小不同，有时不是（例如，上面的对话被改成："我待在克拉科夫，在华沙，粘在我的桌子上……我是个不折不扣的官僚！"）。在我看来，原始字幕比后续的文本版本更字面，也更准确。所以在整个作品中，当我引用《浩劫》时，我使用的是电影字幕中的原始措辞。

第一章：手绘过去

1. "当一个人达到一个孩子在玩耍时的严肃时，他最接近他自己。"我在阅读《红石日记2018》（*Redstone Diary 2018*）的序言时发现了赫拉克利特的这句话，该书的主题是"玩耍"。后来我发现尼采在《超越善恶》的第四部分借用了赫拉克利特的概念，他写道："人类的成熟……意味着我们要重新发现我们孩提时代对玩耍的认真态度。"

2. 也许散步在我们的社会中如此吸引人的另一个原因是，它是少数几种不能真正商品化的活动之一；你可以花几个小时在城市或乡村散步，而不需要花一分钱。而且，在一个资本主义的贪得无厌和疯狂买卖一切似乎呈指数级增长的世界里，散步这种方法，几乎成了一种无形的反抗行为。

3. 约翰·克莱尔的这几行诗都选自《摩尔人》——这是一首为响应1809年议会"关于在北安普敦郡的马克西和赫尔普斯通教区圈地的法案"而写的诗。

4. "谁拥有这片风景？/买它的人或是我这个着迷的人？"出自诺曼·麦凯格的《阿辛特人》。

5. 如今，这家从前的诊所成了一家比萨店，是伦敦那些奇怪的变体之一——从性病（VD）到威尼斯人（Venezianas）。唯一棘手的时期是，我的朋友建议他的捷克女友也可以搬进来，因为他没有充分认识到俄捷关系的外交敏感性。那几个月把"一居室公寓"的概念推向了极限，尽管它确实让我在我们的答录机上录下了一段话，开头是："欢迎来到盎格鲁-斯拉夫研究中心，请在哔声后留言……"

6. 自从我第一次在托特纳姆法院路地铁站的台阶上注意到这些字以来，这些年里，这些钢铁和铭牌已经在这个地铁站的重建中被取代了，所以你在托特纳姆法院路寻找这些"永久"的痕迹是徒劳的，尽管我最近注意到这些铭牌仍存在于其他地铁站。

7. 这份备忘录的措辞与1986年《浩劫》第一次上映时的英文字幕措辞完全一致，随后在第四频道播出。在某些细节上，这与1995年出版的《浩劫》的文本有所不同（见前面的注释）。正如我在第五章所解释的，这两个版本都与备忘录的实际措辞有很大不同。

8. 人们很容易忘记 *A-Z* 曾经是多么具有标志性——一本包含伦敦所有街道地图的书，设计有网格参考，这样你就可以毫不费力地找到这座城市的任何街道，无论它有多么小。在应用程序出现之前，它简直是任何在伦敦生活和工作的人（不仅仅是出租车司机）的必备伴侣。

9. 多年后，我才意识到重读《宝儿》的时候，我把宝儿的性别改成了我自己的性别（就像孩子们经常下意识地做的那样），所以我对这只鹅的认同程度似乎不太高。

10. 对本书《桌面屠夫》的最初研究始于1996年，当时我是政治艺术组织"平台"的联合董事，持续了近十年。这里不可能对十年的工作进行总结，但这项研究如何最终演变为你们现在阅读的内容的主要阶段如下：

- *1996—2003：早期研发"温柔地杀死我们"的讲座表演。*

作为"平台"雄心勃勃的十年项目"90%的原油"的一部分——试图分析跨国企业对社会和环境的影响，特别是针对石油行业——我开始关注为这些企业工作的个人如何能够调和他们自己的道德和信仰与他们公司的工作有时带来的破坏性影响。20世纪90年代末，在伦敦维纳图书馆和档案馆的工作人员的帮助下，我广泛阅读了犯罪者心理学领域的书籍，开始研究大屠杀中的企业勾结——众多的公司和企业与纳粹政权和党卫军紧密合作。1999年，我决定创作一系列"讲座式表演"，将我对"桌面屠夫"（包括历史上的和现在的）的研究呈现给现场观众。这些活动还包括电影节选、在种族灭绝遗址漫步的图像、音乐和诗歌段落，以及与出席者的讨论。1999年至2003年，在塔桥附近的"平台"剧院，共举行了八次"温柔地杀死我们"的演出。最后一次活动是在伊拉克战争爆发前，即2003年3月底举办的。

- *2003—2004：《桌面屠夫》发展成了一个图书提案，并进入第二个研究阶段。*

很明显，尽管现场活动对作品的发展有很大帮助，但现在是时候找到一种新的形式了。我开始研究如何将一个有剧本的现场活动转换成非常不同的书的形式，暂时命名为《桌面屠夫》。2003年到2004年冬天，我还前往柏林和波兰进行了一次重要的研究之旅，参观了我一直在研究的一些关键地点——万湖会议的别墅、奥斯维辛的布纳-莫诺维茨建筑群，以及曾在那里使用过苏拉毒气车的海乌姆诺村。

- *2005：第三研究阶段，由蓝南基金会（Lannan Foundation）支持。*

2005年初，在美国新墨西哥州蓝南基金会的大笔资助下，我得以雇用一名兼职研究员，帮助处理不断扩大的书籍范围，特别是一个领域——法本公司在奥斯维辛与党卫军合作经营的大型合成燃料和橡胶厂，后者从镇上邻近的莫诺维茨集中营提供奴隶劳工。我还进行了另一次研究旅行——前往波斯尼亚（试图调查库尔特·瓦尔德海姆于战争期间在那里扮演的角色），并前往贝尔格莱德（调查萨瓦河旁边的塞姆林营对苏拉毒气车的使用）。这次研究之旅的最后，我们回访了奥斯维辛，并在那里的档案馆工作了几天，与馆长彼得·塞特基维奇（Piotr Setkiewicz）博士一起，了解了更多关于法本公司与党卫军的合作，以及许多其他公司，它们也与奥斯维辛和周边地区的集中营和劳改营网络有密切关联。

- *2006：第一个写作阶段。*

2006年1月，仍是在蓝南基金会的支持下，我得以从"平台"和我们的"记住萨罗威瓦"倡议——为被谋杀的尼日利亚作家和活动家肯·萨罗威瓦及其八位同事建立纪念碑的活动——中休假六个月，在萨福克海边的一个小屋里开始创作《桌面屠夫》，这本书就是在这里开始的。

11. "在这次审判中，我们还将遇到一种新型的屠夫……"豪斯纳的开场白引自1961年4月17日对艾希曼审判记录。鉴于阿伦特后来对豪斯纳的严厉批评，我觉得很有意思，读到这些话时，我意识到它们与她自己后来对艾希曼的种族灭绝形式的一些想法和分析有多么的呼应。

12. 无人机操作员的广告——阿联酋阿布扎比的阿联酋国家执行方案，网址是https：//www.gulftalent.com/uae/jobs/uav-operator-uae-national-62963（有原来的拼写错误——aria而不是aerial）。

13. 我对梅利事件的叙述主要依据梅利于1997年5月6日在美国参议院上的证词和"大屠杀时期文件粉碎的听证会"的记录，《洛杉矶时报》2001年3月4日的文章（"瑞士银行告密者付出了高昂的代价"），以及2014年11月22日《卫报》关于举报人的一篇文章（《"我们有数百人在呼救"：吹哨人的死后》）。瑞士联合银行和瑞士银行因与纳粹勾结而达成的和解，是由马里奥·柯尼格（Mario König）为贝吉尔委员会撰写的报告《国际工商业投资公司：法本公司的瑞士控股公司及其变形——一个关于财产和利益的事件（1910—1999）》，斯图尔特·艾森斯塔的《不完美的正义》，丹尼尔·辛格编辑的《1998年美国犹太人年鉴》，以及格雷格·里克曼的《瑞士银行和犹太灵魂》提及的。

14. "二战"期间，美国驻巴塞尔法律顾问沃尔特·肖尔斯（Walter Sholes）将瑞士银行描述为"亲法西斯的金融运营商"——汤姆·鲍尔（Tom Bower）在《纳粹黄金》中引用了这句话。

第二章：时间旅行

1. "我们走出人生中几乎所有那些关键性的步骤时，都是在一种难以察觉的情况下顺应内心的结果。"出自塞巴尔德的《奥斯特利茨》。

2. 1983年，我在科罗拉多州立大学的一年里，有一段记忆一直陪伴着我，也许值得一讲。在极右翼的"星期一俱乐部"的帮助下，保守党学生联合会正处于极具攻击性的、极端撒切尔主义的全盛时期。在我于华威大学参加的一次全国学生联合会会议上，他们中的许多人自豪地挥舞着写有"绞死纳尔逊·曼德拉"的徽章。

3. 伦敦的毕晓普斯盖特研究所最近获得了"平台"档案，该档案向公众开放。最近，我花了几个小时，非常怀旧地翻阅了剑桥和阿登布鲁克竞选期间的一些最早材料文件，找到了我和J写的笔记，以及用我那台老式奥林匹亚打字机打出的宣传材料。

"平台"早期的其他人物，其中许多人后来凭借自己的能力成了艺术家和活动家，包括宝拉·韦伯（Paula Webb）、拉维·米尔查达尼（Ravi Mirchandani）、罗德·博尔特（Rod

Bolt）和大卫·埃文斯（David Evans）；理查德·弗莱德曼（Richard Fredman）、英格丽·西姆勒（Ingrid Simler）、约翰·帕里（John Parry）和阿比盖尔·莫里斯（Abigail Morris）（玉米交换项目）；安娜·赖特（Anna Wright）、韦斯利·斯塔斯（Wesley Stace）、梅尔·斯蒂尔（Mel Steel）、格雷厄姆·伯恩斯（Graham Burns）和马克·惠兰（Mark Whelan）（《阿登布鲁克的蓝调》）。

4. "两个人相知相守……"里尔克，选自《人生书信》中的《与他人在一起》。

5. "让我们孤独地待在一起……"莱昂纳德·科恩《等待奇迹》。

6. 在奥托纽姆（Ottoneum）表演结束时，我们在垂直的黑板上用粉笔写下了两句话（翻译成德语）：

地球的沉默就是我们的盲目。

我们国家的沉默就是你们的耳聋。

然后，我们写下了我们的"伦敦自由国际大学给卡塞尔自由国际大学的六个问题"（也翻译为德语了）：

为什么自由国际大学（Free International University，简称FIU）对其他国家没有那么多的好奇心？

你们为什么不讨论权力、财富和阶级的问题呢？

FIU在卡塞尔有多大程度的实际参与？

什么时候理论讨论才会伴随着实际行动？

关于生态危机，你们的自我责任理论有多深入？

拒绝听取任何对其创始人的批评，FIU是否会变得僵化——就像一个只有信徒彼此交谈的教堂一样？

7. "如他们所闻，郁金香在这里开放/这些树篱随风凌乱/一束英国野玫瑰……"摘自鲁伯特·布鲁克（Rupert Brooke）1912年在柏林创作的《格兰切斯特的牧师老宅》（*The Old Vicarage, Grantchester*）。

8. 这位加拿大短跑运动员叫本·约翰逊。1987年8月30日，创造了新的世界纪录。我们在特维斯特酒吧里看到的新的世界纪录，并不是我当时认为的9秒85，而是9秒83（我非常认真的文字编辑告诉我的）。然而，约翰逊随后承认在1981年至1988年期间使用了类固醇，因此这一世界纪录在1989年9月被国际田联理事会从官方记录中删除了。

9. "我领悟了：我所欲之，必先予之……"安妮·麦珂尔丝的《漂泊手记》的最后一行。

10. 《浩劫》最终于1985年上映，首映式于1985年4月在巴黎举行。之后的几个月里，这部电影在不同的国家上映——美国的首映是在1985年10月的纽约，1986年春天在英国首映。它立即被誉为开创性的作品，被西蒙娜·德·波伏娃称为"纯粹的杰作"，被伟大的电影制作人马塞尔·奥菲尔斯（Marcel Ophüls）称为"有史以来关于当代历史的最伟大的纪录片"。

我1987年初的日记记录了1月2日和3日：

> 我终于在寇松看到了令人惊叹的《浩劫》——一部关于大屠杀（"Shoah"在希伯来语中是毁灭的意思）的时长10个小时的电影。值得注意的原因有很多，但尤其是没有感伤或表演。削减到骨头，创造自己的节奏……没有真正戏剧性的高潮，不需要它——它给你空间，永远不会让你无聊。直到最后……我想看更多。我还可以再看二三十个小时。朗兹曼花了11年的时间来制作这部电影——11年和数百个小时的电影，多少有些时间——最后怎么缩减到九个半小时的？怎么办到的？这是一种奉献，是一种噩梦般的任务。现在这些画面深深地印在我的脑海里……

11. 完整的备忘录——"II D 3 a（9）NI. 214/42 G.R.S.柏林，1942年6月5日对目前服役和正在生产的特殊货车的技术调整"——转载于由科贡（Kogon）、朗拜因（Langbein）和拉克尔（Ruckerl）编著的《纳粹大屠杀：使用毒气的历史纪事》（*Nazi Mass Murder: A Documentary History of the Use of Poison Gas*），耶鲁大学出版社，1993年。

12. 备忘录的第二部分非常复杂，给翻译人员造成了一定的困惑。

朗兹曼在《浩劫》中的版本是这样翻译的：

正常负荷是每平方米9人。苏拉公司的车辆非常宽敞，最大限度地利用空间是不可能的，这并不是因为任何超载，而是因为装载到满负荷会影响车辆的稳定性。

耶鲁大学出版社出版的《纳粹大屠杀：使用毒气的历史纪事》翻译如下：

这种货车的正常载客量是每平方米9—10人。较大的苏拉特殊货车的载重量就没有那么大了。问题不在于超载，而在于在各种地形下的越野性，在这辆货车上被严重削弱了。

13. 其他卡车，包括欧宝闪电、雷诺、道奇、钻石和马基路斯也被用作毒气车，而苏拉是主要使用的卡车。

这一章的材料摘自伯杰尔委员会（最终报告）——可在www.uek.ch/en/上找到，也可在《独立报》的伯杰尔讣告（2010年1月19日）和《每日电讯报》的讣告（2009年11月4日）上找到。

14. 关于斯佩尔1936年夏天第一次去伦敦的信息，摘自他的自传《第三帝国内幕》第八章。斯佩尔在这里犯了一个奇怪的错误，他认为里宾特洛甫希望德国大使馆的修缮工作能"在1937年春天乔治六世加冕之前"完成。然而，当斯佩尔在1936年夏天访问伦敦时，爱德华八世是国王，所以他的加冕仪式被安排在1937年春天，而不是乔治六世的（当然，由于爱德华八世在1936年12月退位，他的加冕典礼从未举行）。

15. 关于希特勒在帝国总理府将自己的夹克送给斯佩尔的资料来自瑟伦利的《阿尔伯

特·斯佩尔：他与真理的战斗》第三章"兴奋得头晕眼花"。

第三章：机构的暴力

本章大部分引用肯·萨罗威瓦的话都来自我对他最后一次采访所做的抄本——《没有墙：肯·萨罗威瓦，被绞死的人；尼日利亚之耻》，由万隆制作，1995年11月由第四频道播出。

1. "黑人大屠杀"一词已被广泛用于描述在400年的奴隶制和奴隶贸易期间对数百万非洲男人、女人和儿童的种族灭绝。这也是美国学者和活动家S.E.安德森（S. E. Anderson）写作，于1995年由作家与读者出版社出版的《给初学者的黑人大屠杀》（the Black Holocaust for Beginners）一书的书名。

2. "军队进入城镇和村庄时随意射击，而村民们则逃到周围的灌木丛中……"这篇关于ISTF突袭奥戈尼地区的目击者证词出现在人权观察组织（Human Rights Watch）1995年发表的报告《奥戈尼危机：尼日利亚东南部军事镇压的个案研究》中。

3. 1995年6月，英国律师迈克尔·伯恩鲍姆（Michael Birnbaum）发表了一份强有力的报告《尼日利亚：被剥夺的基本权利，肯·萨罗威瓦等人的审判报告》。他曾是部分审判的观察员，他的报告发现"审判从根本上是有缺陷的，有严重的理由担心，它的继续将代表严重的不公正和对人权的践踏"。

4. 在奥戈尼九人被处决后，纳尔逊·曼德拉对尼日利亚和阿巴查发动了严厉的抨击，呼吁立即制裁，他说："我们现在提出的是简短而尖锐的措施，这将产生尼日利亚和世界所希望的结果。我们要对付的是一个非法的、野蛮的、傲慢的军事独裁政权，他们利用袋鼠法庭和假证据谋杀了活动人士。"他这样告诉新闻媒体……曼德拉还猛烈抨击了壳牌石油公司，因为该公司决定继续在尼日利亚投资40亿美元的天然气项目，不顾全世界都认为该项目应该被搁置的呼声。他说，他上周在约翰内斯堡告诉壳牌高管，南非希望该公司暂停该项目，以示抗议："当他们犹豫是否要这么做时，我警告他们，我们将在这个国家对他们采取行动，因为我们不能允许人们在涉及人类生命的时候只考虑他们的利益。这就是我在这方面所做的努力。"曼德拉威胁要在南非呼吁抵制壳牌。会议结束后，壳牌南非公司在南非媒体上刊登了整版广告，为其在尼日利亚的人权记录辩护（摘自1995年11月27日《独立报》中的《曼德拉向尼日利亚独裁者开炮》一文）。

5. 伯恩鲍姆于1995年12月发表了一份关于法庭和判决的进一步报告，题为《对法律和正义的歪曲：对肯·萨罗威瓦和其他人案件判决的分析》，该报告于1995年12月由《第十九条》发表。伯恩鲍姆的结论是："法庭的判决不仅仅是错误的、不合逻辑的或反常的，它就是彻头彻尾的不诚实。法庭不断提出任何有经验的律师都不可能认为合乎逻辑或公正的论点。我认为，法庭首先对其裁决作出决定，然后寻求理由为其辩护。欲加之罪，何患无辞。"

6. "我精神很好……毫无疑问，我的想法最终会成功，但我将不得不承受此刻的痛苦……"这封写给威廉·博伊德的信也作为《一年和一天》的序言结尾发表。

很明显，肯·萨罗威瓦在被杀的前几年里对自己可能的死亡想了很多。对于他的激进主义的潜在风险，他有着非凡的坚韧和敏锐的洞察力。他的父亲帕·威瓦在2005年去世前向另一位活动人士艾克·奥孔塔（Ike Okonta）讲述了这个故事：

> 他告诉我，很久以前的一个早晨，肯来找他，请求他允许自己带领奥戈尼人从壳牌公司和尼日利亚政府的暴政下获得自由。"这对我来说是一个艰难的决定。"帕·威瓦告诉我。
>
> "我问我儿子，他们杀了你之后，谁来埋葬我呢？"这个问题我问了他三次。但他仍然决心要做些什么来拯救我们的人民。最后，我祝福了他。[引用自罗威尔（Rowell）、万豪（Marriott）和斯托克曼（Stockman）合著的《下一个海湾》（The Next Gulf）。]

同样引人注目的是，在萨罗威瓦的小说中，主人公有两次在第二天就面临死刑。在1989年出版的关于尼日利亚腐败系统本质的讽刺短篇小说《非洲杀死她的太阳》（Africa Kills Her Sun）中，主人公巴纳（Bana）和两名同事在一个早晨面临行刑队的死刑。他给他儿时的女友写了最后一封信，告诉她："今天上午晚些时候发生的事情，将是沉重负担的解脱。这是……你们这些在监狱里的活人……你的幸福是无知的幸福"。在他死后的1996年出版的中篇小说《莱莫纳的故事》（Lemona's Tale）中，一位前妓女在她即将被处以绞刑的前一天，向一位特殊的访客讲述了自己一生的故事。尽管这个故事过于简单和夸张，但它是一个引人注目的移情想象练习，也是对尼日利亚这样一个高度父权社会中女性日益政治化的极度同情心的描绘。有一次，她说："那是我的问题，不是吗？一切都发生在我身上。我没有伤害任何人或任何东西。每次我试图去做，结果都是灾难。"

7. 约翰·伯格引用的"强大的恐惧艺术……"出自他非常有力的短文《矿工》，摘自《保持约会》一书。

8. 这句"然而，你会哭泣，你知道这是为什么"的诗是杰拉尔德·曼利·霍普金斯的《春与秋》。

9. "本公司绝不会干预影响审判结果，一切与本公司无关……我们的事是继续开展石油业务。"壳牌尼日利亚公司总经理布莱恩·安德森的这段话来自伦敦路透社（保罗·哈里斯，伦敦新闻室）对壳牌公司1996年5月15日股东大会的报道："荷兰皇家壳牌公司周三表示，它不会干预19名奥戈尼活动家在尼日利亚被监禁的案件……壳牌尼日利亚公司总经理布莱恩·安德森在公司的年会上说，干预不是公司的职责。"

10. 从司徒慕德的法律证词中摘录的片段来自"2004年4月15日星期四上午9点35分开始，在利戴律师事务所的办公室对马克·司徒慕德爵士进行口头质询的证词，伦敦圣约翰巷25号EC1M 4LB，报道来源：塞尔玛·哈里斯，MBIVR，ACR"的第106页到135页之间的文字记录中的逐字引用。

11. "我会毙了所有游手好闲的人……"摘自迪特丁的自传《一个国际石油商》。

本章介绍的关于迪特丁和壳牌公司与纳粹主义的联系，以及更广泛的企业资助纳粹主义的材料，来自格林·罗伯茨的《世界上最有权力的人：亨利·迪特丁爵士的一生》，尼尔·福布斯的《与纳粹做生意：英国与德国的经济和金融关系1931—1936》，安东尼·桑普森的《忠于公司的人》，路易斯·洛赫纳的《大亨与暴君》，詹姆斯·波尔的《谁资助了希特勒》，艾伦·布洛克的《希特勒——暴政研究》，约翰·哈格雷夫的《蒙塔古·诺曼》，埃德加·莫尔的《德国让时间倒流》，威廉·恩达赫的《一个世纪的战争：英美石油政治与世界新秩序》，安东尼·C. 萨顿的《华尔街与希特勒崛起》。伊恩·康明斯和约翰·比桑特的《壳牌冲击：一个石油巨头的秘密和网络》，克里斯·惠顿的《希特勒的财富》，以及1945年11月10日法本公司董事会成员乔治·冯·施尼茨勒的宣誓书，关于1933年2月工业家与希特勒的一次会议，这场会议上沙赫特提议筹集选举基金，以及我在这个领域广泛阅读的其他文章和杂项研究。20世纪30年代的许多报纸报道也是一个重要的材料来源，这一点在本章中有所提及。

关于纳粹主义的企业资助，我还参考了亚当·图兹（Adam Tooze）的《毁灭的代价：纳粹经济的形成与破碎》（The Wages of Destruction: the Making and Breaking of the Nazi Economy）。关于1933年2月20日会议的重要性，图兹写道："2月20日的会议及其后果是德国大企业愿意帮助希特勒建立独裁政权的最臭名昭著的例子。证据是无法回避的。"

如果想要对壳牌与纳粹德国的企业关系有一个非常有限的认识，读一下该公司的官方历史也会很有启发意义——扬·卢滕·范·赞登（Jan Luiten van Zanden）和乔斯特·琼克（Joost Jonker）合著的《从挑战者到联合行业领袖，1890—1939：荷兰皇家壳牌历史》（From Challenger to Joint Industry Leader, 1890-1939: a history of Royal Dutch Shell）。

12. 本节相关叙述摘自2004年9月20日我与艾拉·迪特丁的访谈记录。

13. 艾拉称迪特丁在梅克伦堡的庄园为"多比纳"（它的正式名称是"多宾"，但孩子们称它为"多比纳"）。

第四章：火与水

1. RSA的中国之行于2006年5月举行，由当时RSA艺术与生态项目总监米凯拉·克里明组织。

2. 《沃根》是BBC电视台的一个聊天节目，由同名的特里·沃根（Terry Wogan）主持。像"共谋"这样一个所谓实验性剧团出现在这样一个主流节目中，确实显得非常奇怪，但因为接下来发生的事情，我对这一事件的记忆尤为清晰。

3. 2010年7月11日，BBC广播第四台的《荒岛光盘》节目对格温·阿兹黑德（Gwen Adshead）进行了采访。虽然我非常同情阿兹黑德博士和她的同事们，以及他们在工作中试图实现的目标，但我也想知道，布罗德穆尔精神病院患者的亲属在听了这个节目后会有什么感受，以及他们是否得到了相应的世界级治疗护理，以帮助他们从伴侣、孩子、父母被杀后的悲痛中解脱出来。对恐怖行为的肇事者的关怀和对幸存者的关怀之间的平衡是什么？这两个群体肯定都是"灾难的幸存者"吗？

4. 对于汤姆·塞格夫（Tom Segev）关于施坦格尔执行每项任务都为下一项任务做好了心理准备的评论（摘自《邪恶的士兵：纳粹集中营的指挥官》），我经常想知道那些在"安乐死"和灭绝计划中的权威人士——比如艾克和沃斯——在训练他们的人进行大规模屠杀的过程中，是否有机会接触医学，特别是心理学家。

5. 我认为这篇文章（《解决你所有问题的101种方法》）是迈克尔·文图拉写的，但也可能是詹姆斯·希尔曼写的。

6. 我仍然会记录每次游泳的所用时间和长度。如果我能设法将以前的用时缩短10—15秒，我就会感到非常满意，尽管随着我年龄的增长，情况相反的可能性更大。我确实意识到，这有点像强迫症。今天写这篇文章时，我意识到我在刮胡子时也是数字排序的奴隶——在我开始刮胡子之前，我需要计算出需要在脸上泼多少热水——至少要泼28次才能刮两天的胡茬。但是，如果我能从这种计算中解放出来，将是一种极大的解脱。而且，说实话，时不时地，我真的想知道这一切到底是怎么回事？当你退一步思考生活时，从更广泛的角度来看，无论你是游了32个长度还是36个长度似乎完全没有意义，而且我甚至不确定所有这些狂热的行为是否健康。我有时会想，以我的方式游泳，很有可能会要了我的命——我在某个晚上做得太过火了，想比我的最快时间再少两秒，而我对生命的最后看法是成为游泳池的天花板：游泳池里的一个服务员弯着腰拍打着我的脸；然后，我想象着朋友们的冷幽默——"天啊，所有关于健身和游泳的话题，看看他最后是怎么死的！而我们还在这里酗酒和抽烟……"

7. 这是游泳时经常产生的奇怪想法的另一个例子。最近，当我在游我的三个泳池长度时——我完全不知道为什么——我突然开始思考电影中的鞋子和脚，以及它们与死亡的关系。以及这样的表述有多么重要，但我从来没听人说过：

> ·《定理》（*Theorem*）中的最后一幕，富有的实业家在米兰法西斯火车站脱衣。这一段是从上方拍摄的，所以我们可以看到他的腰带和裤子垂在他的脚踝上，他的两只赤脚穿过分开的人群。然后是他的尖叫，像圣马太受难一样跑过火山景观。自从我在大学电影俱乐部第一次看到这部电影，它就一直困扰着我。
>
> ·在《罪与错》（*Crimes and Misdemeanors*）中，我们第一次看到要除掉安吉莉卡·休斯顿的职业杀手（这位情妇已经成为眼科医生马丁·兰道的一大麻烦）。我们看到凶手从一辆不起眼的吉普车里出来，然后瞥见了他的鞋子，也许不超过一两秒。他们看起来很舒服，中年，暇步士或类似的东西，鞋底有软垫。这和我们认为的"杀手"穿得很不一样，因此更令人不安。
>
> ·在《死亡诗社》（*Dead Poets Society*）的结尾处，就在那个漂亮、害羞的男孩（他被专制的父亲告知他不能再演戏了，而且要被转到军事学校）自杀之前，我们看到他晚上赤裸着脚在房子里走来走去。紧接着，我们看到他的父亲以数学般的精准度把他的拖鞋整齐地排在床下。这种无菌的形象，暗示着生活的每一个方面可能都被控制与规定了。这些冰冷的拖鞋象征着生命中的死亡。这股力量将杀死他自己的儿子。

8. 斯图亚特·霍尔与比尔·施瓦茨的对话后来发表在《声音》杂志上，也可在https://www.lwbooks.co.uk/sites/default/files/s37_15hall_schwarz.pdf这一网站上查阅。

9. 关于理查德·贝尔目睹一个小女孩"像火炬一样燃烧……"的引文，我相信这句话来自我在20世纪90年代末在维纳图书馆研究的一份出版物。我知道这是一个准确的引用，因为我在笔记中用语音符号记录了它，但我无法确认准确的来源，欢迎验证。

第五章：走进桌面屠夫的世界——四次旅行

1. "自第三帝国成立以来，德国境内一场情感最强烈、观点最明确、范围最广泛的抗议运动。"出自理德·埃文斯的《战时的第三帝国》。

2. 尽管希特勒在1941年8月底正式中止了T4计划，但这并不意味着在六家精神病院的杀戮活动结束了。希姆莱和布勒在1941年4月开始了新的行动，以处理那些病得不能工作或被视为

"多余的压舱物"的集中营囚犯。从1941年4月起，医生小组将前往集中营，挑选囚犯进行"清除"。T4集中营随后被用来杀害那些被选中的人——1941年夏天，布痕瓦尔德集中营的450名囚犯和奥斯维辛集中营的575名囚犯在索南施泰因集中营被毒杀，毛特豪森集中营的1000名囚犯在哈特海姆集中营被毒杀；1941年秋天，达豪集中营的3000名囚犯也在哈特海姆集中营被毒杀；1942年春天，拉文斯布鲁克的1600名妇女被选中，并在伯恩堡被毒杀。

由于这种"安乐死"杀戮的持续，以及最近对民主德国档案的研究发现，被杀害的人数远远超过最初的估计，现在认为1939年至1945年期间的受害者总数在27.5万至30万之间（其中约20万在德国和奥地利境内，另外10万在被占领土）。

3. 7%的医生是党卫军成员这一数据来自亚历山德拉·科莱安尼于2012年发表在《医学伦理杂志》的文章《长长的阴影：纳粹医生、道德脆弱性和当代医学文化》。

4. 摘自《卫报》上的古雷维奇的文章《第15街的噩梦》，1999年12月4日。

5. 外交部的档案实际上存放在四个不同的堡垒里——法尔肯斯泰因宫、德根豪森宫、法尔肯斯泰因堡和斯托尔贝格宫。

6. 对"克里斯蒂安"的采访摘自我当时的笔记。

7. 这张图片来自《"美好的旧时光"：作恶者与旁观者眼中的大屠杀》（由克利，德雷森和里斯编著），出现在"处决作为流行娱乐"的部分，标题为"12名头领和一顶小帽子：一份'部队福利同志'报告"。

8. 恩岑伯格的评论是："任何白痴都可以扔炸弹，拆除一个炸弹要困难1000倍。"摘自1989年圣诞节《格兰塔》的一篇文章。

9. 莱维和阿伦特在这些引文中对施害者的看法如此相似，这让我非常震惊，以至于我开始好奇他们是否在20世纪60年代有过联系。我确实问过杰罗姆·科恩（阿伦特的同事和文学执行人），但他不知道他们之间有任何直接联系。

10. 关于海德里希在布拉格的一些背景细节是由卡勒姆·麦克唐纳的《刺杀党卫军上将莱因哈德·海德里希》（*The Killing of SS Obergruppenführer Reinhard Heydrich*）提供的。其他细节来自《万湖会议和欧洲犹太人的种族灭绝》（*The Wannsee Conference and the Genocide of the European Jews*），由万湖会议纪念馆和教育基地出版；《参与者》（*The Participants*），由贾施和克鲁兹穆勒编著；《别墅、湖泊、会议》（*The Villa, the Lake, the Meeting*），罗斯曼著；《艾希曼在耶路撒冷》（*Eichmann in Jerusalem*），阿伦特著，以及我自己在伦敦维纳图书馆档案馆的研究。

11. "二战"后，科赫尔博士没有因为其为艾希曼、海德里希和希姆莱提供有关欧洲各地犹太人口的详细信息而受到起诉。他后来在联邦德国的联邦财政部工作，于1989年去世，享年86岁。

12. 对艾希曼"这些先生们……坐在一起,用非常直白的语言提到了这件事……"的引用,摘自马克·罗斯曼的《别墅、湖泊、会议》的第五章。

13. "毫无疑问,由施图克特本人起草或批准的法律和法令是几乎完全灭绝犹太人的计划的基石。"摘自《参与者》(由贾施和克鲁兹穆勒编著)。

14. 2000年3月,我在剑桥见到了朗兹曼,当时他正在放映他最近上映的电影《活着的访客》(A Visitor from the Living)——对瑞士红十字会小组高级成员莫里斯·鲁塞尔的一次引人注目的采访,该小组在1944年检查了特莱西恩施塔特,并将其作为一个合适的拘留营。放映结束后,朗兹曼邀请我、J和主办这次活动的学者们共进晚餐。我们最后在桥街一家相当嘈杂的土耳其餐馆的地下室,谈了一个多小时——关于苏拉备忘录(以及《浩劫》中这一部分的拍摄),关于沃尔特·斯蒂尔的采访,关于万湖会议,以及撰写此类文件所需的极端心理划分,还有这种思维模式在我们的世界,在我们公司和政府的"桌面屠夫"的行为中绝对存在的事实。朗兹曼对我当时刚刚开始的研究非常感兴趣,并说他很乐意向我展示他在巴黎为《浩劫》拍摄的其他材料,这些材料与我正在调查的那种"桌面屠夫"的心态有关。

我们的谈话被一些奇怪的事情打断了,这种奇怪的事情完全可以放进科恩兄弟的电影中。我们正在讨论毒气车发展的确切细节,这时,一个身着安纳托利亚色彩的半裸女子,在演奏者演奏的雷鸣般的传统音乐中走进地下室,并开始在我们的桌子上跳舞!朗兹曼并没有被这样的打断吓倒,他从钱包里翻出小费给舞者,然后继续我们的讨论。

15. 豪斯纳的讲话摘自1961年4月17日对艾希曼的审判记录,也被阿伦特引用在《艾希曼在耶路撒冷》中。

16. "我们人之为人的明确方法"是杰弗里·格里格森为W.H.奥登写得最好的诗,出自其1975年出版的《W.H.奥登:一份致敬》(由斯蒂芬·斯彭德编辑):"如果我们跟着他走,当他庆祝、调查、抛弃、补充、重新尝试的时候,我们会在他身上发现为人的明确秘诀。"

17. 在伊恩·汤姆森(Ian Tomson)写的莱维传记《普里莫·莱维传》中,他指出,在普里莫·莱维前往奥斯维辛的车队中,还有至少37个叫莱维的人(尽管当天运送到奥斯维辛的650人中有161人无法确定姓名)。

18. 伊兹比卡,有时也被称为伊兹比卡-卢贝尔斯卡,位于贝尔泽克以北约30千米处,被用作前往贝尔泽克的犹太人的"犹太人中转区"。当中转区满员时,铁轨旁边、靠近村庄的田地被当作临时营地,但没有任何建筑物。管理该营地的两名党卫军男子——库尔特·恩格尔和路德维希·克莱姆都是20多岁,被称为"生与死的主宰"。吉尔伯特估计,在1942年3月至1943年3月期间,有4万至5万名犹太人被带到这里——这里应该是特莱西恩施塔特和贝尔泽克之间的一个中转站,却有成千上万的人死在伊兹比卡这里。

19. 克莱普勒引自LTI——Lingua Tertii Imperii(1947),英文版本为《第三帝国的语言》

（ *The Language of the Third Reich* ）。

20. "我爬下月台，借机伸伸腿……"莱维引自《休战》第三章。

21. 我并不是要贬低森普伦关于社会"倾听能力"的概念，但同样值得注意的是，可能有一些特殊的原因和情况，使人们开始倾听莱维关于集中营的话题——他和森普伦的书在1961年初春出版，是在奥斯维辛最后一位指挥官理查德·贝尔（1960年12月被发现在汉堡附近做林业工人）被捕和1961年4月在特拉维夫开始审判阿道夫·艾希曼之间。因此，自1945至1946年纽伦堡审判以来，第一次出现了全球性的对大屠杀及其肇事者实质性的关注。

同样有趣的是，劳尔·希尔伯格的巨著《欧洲犹太人的毁灭》（ *The Destruction of the European Jews* ）在同一时期也经历了类似的曲折的出版历程——在被主流出版社拒绝数年后，直到1961年，它才由小型出版社"四方院图书"出版，得见天日。埃利·威塞尔的作品问世也有着同样复杂的经历——《夜》最初是在1956年在阿根廷以意第绪语出版的，名为《世界保持沉默》（ *Un di velt hot geshvign* ）。直到1960年，该书才获得了一家美国出版商"希尔与王"的签约，即便如此，该书最初的销量也非常有限。

22. "一开始，人群突然安静下来……"菲利普·穆勒的证词来自《目击奥斯维辛：在毒气室的三年》（ *Eyewitness Auschwitz: Three Years in the Gas Chambers* ），1979年由芝加哥的伊万·R.迪伊出版社首次出版，1999年重印（伊万·R.迪伊与美国大屠杀纪念博物馆合作）。穆勒也是朗兹曼的受访者之一，他在《浩劫》中对这一事件给出了几乎完全相同的叙述。

23. 对"Hier ist kein warum"（这里没有为什么）的进一步思考。我对克劳德·朗兹曼的作品，尤其是《浩劫》深表钦佩，但在一个核心的重要问题上，我不同意他的观点。他曾多次撰文并谈到他同与大屠杀有关的"为什么"问题的战争——也就是说，试图解释它为什么发生是一种下流的行为，我们只应该问它是如何发生的问题。这种教条式的主张也解释了他对汉娜·阿伦特、基塔·瑟伦利和其他为调查大屠杀施害者的背景和心态做了大量工作的人的工作的蔑视。他专制地拒绝让人们问"为什么"。在我看来，朗兹曼将自己置于危险的虚无主义境地，就像莫诺维茨集中营的党卫军守卫从莱维手中夺走冰柱一样。

24. 关于罗兹西北部的犹太社区——兹盖日、奥尔佐科夫、文奇察、丹比——被摧毁的信息来自马丁·吉尔伯特的《纳粹屠犹之旅》。

25. 兹齐斯瓦夫关于莫迪凯·祖拉夫斯基（Mordechai Zurawski）的信息是正确的。我后来发现，他是海乌姆诺集中营最后一个犹太人特遣队的成员，他在1945年1月集中营被清算时逃跑了。总的来说，在1941年12月至1945年1月期间，海乌姆诺集中营只有九名幸存者——除西蒙·斯雷尼（Simon Srebnik）外，他们全部来自犹太人特遣队。除了斯雷尼和祖拉夫斯基（1945年1月的幸存者）之外，还有7人在1941年至1942年的冬季设法逃脱，分别是莫迪凯·波德赫莱布尼克（Mordechai Podchlebnik）、雅科夫·格罗亚诺夫斯基（Yakov Grojanowski）、米尔纳克·迈耶（Milnak Meyer）、亚伯拉罕·陶伯（Abraham Tauber）、艾布拉姆·罗伊（Abram Roj）、伊扎克·贾斯特曼（Yitzhak Justman）和柴姆·维达夫斯基（Chaim Widawski）。战后，斯雷尼、波德赫莱布尼克和祖拉夫斯基在海乌姆诺集中营审判和1961年在耶路撒冷对艾希曼的审判中作证。克劳德·朗兹曼在拍摄《浩劫》时，设法在以色列找到了斯雷尼和波德赫莱布尼克，他们的证词是影片中最引人注目的。然而，就像他在电影开头说的那样，朗兹曼声称"只有两人从海乌姆诺集中营活着出来"是错误的。

26. 雅科夫·格罗贾诺夫斯基的证词摘自马丁·吉尔伯特的《大屠杀》第16章，"大规模屠杀的目击者"。今天我们知道，"雅科夫·格罗亚诺夫斯基"是一个假名，而格罗亚诺夫斯基实际上是什拉马·贝尔·维纳。在格拉博告诉拉比海乌姆诺集中营发生的事情后，维纳最终到了华沙，在那里，他还向历史学家伊曼纽尔·林格布鲁姆讲述了自己的经历。这份口头报告随后被详细抄录，并以波兰语和德语分发。后来，维纳到达了扎莫希奇，但在1942年4月底被捕并被驱逐到贝尔泽克，他在那里被杀害了。

27. 弗朗茨·沙林的叙述，"我们的岗哨就在城堡前面……"出自《浩劫》。

28. 马门斯·戈德曼的叙述，"他们（克沃达瓦的犹太人）初至古堡营时……"也出自吉尔伯特的《大屠杀》。戈德曼躲在一个小房间里（就在城堡里温暖的"接待室"外面，他和其他犹太人在那里脱了衣服），才得以幸存。但是，在躲藏了24小时之后，天气变得非常寒冷，他试图离开藏身处，结果被抓到了（1月12日），并与犹太人特遣队一起被囚禁在城堡里。当天晚上，他告诉了他们他所目睹的一切；第二天，戈德曼和他在犹太人特遣队的伙伴们一起被带到了茹楚夫森林，但在一天的工作开始之前，他就被射杀在一个万人坑里。

29. 在海乌姆诺集中营被杀害的36万人的数字来自战后早期罗兹地区法院的贝德纳兹法官的估计，他是最早调查在海乌姆诺集中营发生的大规模谋杀的人之一，当时是调查德国在波兰罪行中央调查委员会的一部分。现在认为该数字高估了；然而，对该遗址死亡人数的估计仍有很大差异。死亡人数从15.2万人（劳尔·希尔伯格的数字）到"超过15.2万人"（克里斯托弗·布朗宁的估计），到16万—17万人（切姆诺烈士纪念馆的数字），到32万人（维纳大屠杀和种族灭绝研究图书馆和亚德·瓦谢姆的数字）。

30. "那里有一个房间——如果我没有记错的话——大概有今天这间屋子的五倍大……"摘自马丁·吉尔伯特的《大屠杀》第十七章中引用的艾希曼于1961年受审时的证词。阿伦特在《艾希曼在耶路撒冷》中也引用了这段证词，但在文字上有一些差异，可能是由于阿伦特在法庭上直接翻译了艾希曼所说的德语。